高等院校金融数学丛书

非寿险索赔准备金评估

统计模型与方法

段白鸽 著

北京大学出版社
PEKING UNIVERSITY PRESS

图书在版编目(CIP)数据

非寿险索赔准备金评估：统计模型与方法/段白鸽著．—北京：北京大学出版社，2017.12
（高等院校金融数学丛书）
ISBN 978-7-301-29052-1

Ⅰ.①非… Ⅱ.①段… Ⅲ.①财产保险—索赔—准备金—评估方法—统计模型—中国
Ⅳ.①F842.65

中国版本图书馆 CIP 数据核字（2017）第 306813 号

书　　名	非寿险索赔准备金评估：统计模型与方法 FEISHOUXIAN SUOPEI ZHUNBEIJIN PINGGU：TONGJI MOXING YU FANGFA
著作责任者	段白鸽　著
责任编辑	曾琬婷
标准书号	ISBN 978-7-301-29052-1
出版发行	北京大学出版社
地　　址	北京市海淀区成府路 205 号　100871
网　　址	http://www.pup.cn　新浪微博：@北京大学出版社
电子信箱	zpup@pup.cn
电　　话	邮购部 62752015　发行部 62750672　编辑部 62767347
印 刷 者	北京宏伟双华印刷有限公司
经 销 者	新华书店
	889 毫米×1194 毫米　16 开本　17.75 印张　370 千字
	2017 年 12 月第 1 版　2017 年 12 月第 1 次印刷
定　　价	58.00 元

内容简介

本书在吸取索赔准备金评估经典著作的基础上，提出一元评估随机性方法的三个层次(即无分布假设、有分布假设、在分层结构下考虑各种分布假设)，并将其扩展到两类多元评估随机性方法中. 本书叙述遵循由简单到复杂的写作思路，在结构安排上做到循序渐进、由浅入深、深入浅出. 全书内容共分七章：第一章为引言，第二至四章介绍一元评估随机性方法；第五、六章介绍两类多元评估随机性方法；第七章探讨各种评估方法的稳健推断工具.

本书特色在于：第一，涵盖了一元和两类多元评估方法；第二，将一元和两类多元评估的波动性度量从二阶矩 MSEP 估计提升到预测分布模拟，拓展了准备金评估的不确定性风险度量研究；第三，各章内容涉及复杂的数值计算，故每章给出了大量的数值实例，便于读者理解和参考；第四，使用 R 软件和 WinBUGS 软件对各种评估方法进行编程实现，算法极具灵活性和可移植性(对相应的算法程序感兴趣的读者可与作者联系：duanbaige@fudan. edu. cn).

本书适用于高校保险精算专业研究生教学，也是精算从业人员掌握准备金评估技术的重要参考书.

前　言

索赔准备金是非寿险公司资产负债表中份额最大的负债之一. 在确定非寿险公司经营业绩和偿付能力方面,都依赖于索赔准备金的准确评估. 一方面,索赔准备金评估的准确性是真实反映非寿险公司经营成果的基础,也是非寿险公司在经营管理中进行科学决策的依据;另一方面,索赔准备金的充足性对非寿险公司的偿付能力和风险状况会产生重大影响,也是监管部门进行偿付能力监管的基本要求. 因此,科学合理评估索赔准备金对非寿险公司经营和监管意义重大.

在国际非寿险精算领域中,存在聚合索赔模型和个体索赔模型两类索赔准备金评估模型. 目前聚合索赔模型在精算理论和实务中仍处于主流地位. 聚合索赔模型中对索赔准备金评估已不再局限于点估计,开始逐渐涉及波动性度量,如预测均方误差(MSEP)估计、区间估计等概念,而为了从理论上阐述这些概念,就需要深入研究索赔准备金评估的随机性模型与方法. 2008 年,瑞士苏黎世联邦理工学院(ETHZ)数学系的 Wüthrich 和 Merz 教授出版了国际上第一部系统介绍索赔准备金评估随机性方法的著作 *Stochastic Claims Reserving Methods in Insurance*. 该著作针对一些经典索赔准备金评估随机性方法,详细推导了索赔准备金估计和 MSEP 估计的解析形式,并附有大量数值实例. 这是一部划时代著作,得到著名精算专家 Bühlmann 的高度评价. 国内第一部系统介绍索赔准备金评估随机性方法的著作是作者的博士生导师张连增教授在 2008 年出版的专著《未决赔款准备金评估的随机性模型与方法》. 在两部著作基础上,结合索赔准备金评估新进展,张连增和作者于 2013 年出版了新著作《非寿险索赔准备金评估随机性方法》.

鉴于索赔准备金评估的随机性方法相对来说更复杂,目前国内外仅有的三部著作都是在聚合索赔模型框架下研究索赔准备金评估的各种随机性模型与方法. 总结来看,已有的三部著作主要集中于一元索赔准备金评估的各种随机性方法,且国内两部著作尚未涉足当前国际精算准备金评估领域的前沿与热点,即考虑相依结构的两类多元索赔准备金评估随机性方法,它们分别将基于已决赔款与已报案赔款之间的相关性和基于不同业务线之间的相依性体现在索赔准备金评估的分析框架中. 同时,在索赔准备金波动性度量上,三部著作更多关注于 MSEP 估计,鲜少涉及预测分布的模拟问题. 而预测分布作为更完整的波动性度量,包含了更充分的信息,不但可以得到索赔准备金的均值、标准差、分位数等相关分布特征,合理度量风险边际,对索赔准备金负债评估的准确性和充足性具有重要的研究价值,而且在预测分布这个统一框架下可以计算各种风险测度，如在险价值(VaR)、尾部在险价值(TVaR)、预期短缺(ES)、条件尾部期望(CTE)等，这在新的偿付能力监管中也具有尤为突出的作用.

伴随着 2016 年中国第二代偿付能力监管制度体系，即中国风险导向的偿付能力体系(China Risk Oriented Solvency System, C-ROSS)的正式实施，非寿险精算实务中对索赔准备金评估随机性方法的技术需求日益凸显，出版一部系统介绍一元和多元索赔准备金评估随机性方法的著作具有重要的理论意义和应用价值. 鉴于此，本书沿用聚合索赔模型的分析框架，结合多年的前期研究积累及对前沿方向的把握，逐渐凝练并提出一元索赔准备金评估随机性方法的三个层次(即无分布假设、有分布假设、在分层结构下考虑各种分布假设)，并将其扩展到上述两类多元索赔准备金评估随机性方法中，基于更严格的统计模型与方法视角，将一元和两类多元索赔准备金评估的波动性度量从二阶矩 MSEP 估计提升到预测分布的模拟问题. 这些探索研究必将进一步拓展索赔准备金评估不确定性风险度量的研究，推动精算学中定量风险管理技术的发展.

全书共分七章. 第一章为引言. 第二至四章介绍考虑单个流量三角形的一元索赔准备金评估随机性模型与方法，包括无分布假设的随机性链梯法、有分布假设的随机性方法、考虑流量三角形数据纵向特征的分层模型. 第五、六章介绍存在相依结构的多个流量三角形的两类多元索赔准备金评估随机性模型与方法：一类是基于已决赔款和已报案赔款相关性的多元索赔准备金评估；另一类是基于不同业务线相依性的多元索赔准备金评估. 第二至六章中假设聚合流量三角形数据正确，不存在离群的异常赔款额. 第七章针对流量三角形中可能存在的离群值，研究各种评估方法的稳健推断工具，并将基于数据和模型的稳健性问题进一步提升为索赔准备金评估的统计诊断与检验和模型选择问题.

需要指出，本书各章内容涉及大量复杂的数值计算，每章都附有大量数值实例，这很大程度上归功于当前日益先进的计算机技术和统计软件的支持. R 软件是当前国际上日益流行的免费开发软件，它有非常多的软件包. 本书使用 R 软件对各种索赔准备金评估随机性模型与方法进行了完整的编程实现，所有算法模块化且具有较高的灵活性和可移植性. 目前，R 软件在金融工程、定量风险管理、统计与精算学中的应用日益广泛，在国际精算学术界应用 R 软件解决精算数值问题也已经成为一种发展趋势. 另外，本书部分章节也使用了专门用于贝叶斯统计分析的 WinBUGS 软件进行算法实现.

综上所述，本书主要贡献在于，在国内非寿险精算领域首次提出多元索赔准备金评估方法、一元和多元框架下索赔准备金评估的分层模型、考虑离群值的稳健评估方法以及各种评估模型的统计诊断与检验，并对这四个专题提出了一些有待深入探索的新思路，尤其在采用严格的统计模型与方法模拟索赔准备金的预测分布方面，结合非寿险精算中普遍存在的具有层次性及相关性的数据结构，以分层模型全新视角研究索赔准备金评估方法，将贝叶斯方法、随机模拟、信度理论、数据分析技术、科学计算融合其中.这对提升我国非寿险精算学科的统计分析体系,促进我国非寿险精算学科发展具有重要的科学研究意义,也有望为国内非寿险公司的随机性索赔准备金评估提供理论支持和实务参考.

本书的出版得到了国家自然科学基金青年项目"基于相依结构的多元索赔准备金评估随机性方法研究"(No.71401041)和复旦大学理论经济学Ⅰ类高峰计划项目(高峰学术专著系列)"非寿险随机性索赔准备金评估统计模型与方法"的资助,在此表示衷心的感谢.

段白鸽
2017 年 6 月

目　　录

第一章 引 言

第一节 索赔准备金评估简介

1.1.1 评估背景

保险行业的显著特点是负债经营.保险公司在出售保险产品时并不知道产品的真实成本,按照会计核算的权责发生制原则,一般需要在每个会计年末提取各种责任准备金以应对未来负债.责任准备金可理解为:相对于某一评估时点,保险公司应承担的保单责任大小的一种估计.一般选取会计年末作为评估时点.

特别地,对于非寿险公司来说,在评估时点,需要根据保单期限内保险事故是否已经发生,将保险责任分为未到期责任和未决赔款责任两部分.未到期责任,是指保单期限尚未满期,仍有可能发生保险事故的责任,需要提取未到期责任准备金;未决赔款责任,是指保单期限内已发生保险事故但尚未结案的责任,需要提取未决赔款责任准备金(Outstanding Claims Liabilities Reserves),也称索赔准备金①(Claims Reserves)或损失准备金(Loss Reserves).通常,未到期责任准备金评估较为简单直接,而索赔准备金评估在理论方法和实务操作中都存在很多复杂的技术难点.由于存在报案延迟、领取赔偿金的司法程序等原因,使得责任保险等非寿险业务具有长尾索赔性质,这就为索赔准备金评估提出了一些独特的分析挑战,也是非寿险精算技术得以存在的主要原因之一.

1.1.2 评估数据结构

索赔准备金评估存在两类数据结构:一类是基于流量三角形的聚合数据结构;另一类是基于个体索赔的微观数据结构.在聚合数据结构下,可以仅考虑单个流量三角形,如单个累计赔款或增量赔款流量三角形;也可以同时考虑存在相依结构的多个流量三角形,如同一家公司整体业务层面的已决赔款与已报案赔款流量三角形,同一家公司同种业务不同赔付类型的流量三角形,不同公司感兴趣的同种产品、业务或险种的流量三角形.

---

① 目前国内学者和保险业内人士大多将“索赔准备金”称为“未决赔款准备金”.随着非寿险准备金评估随机性方法的发展,大多数国外文献已直接采用“Claims Reserves”这一专业术语.为了与国际精算前沿研究保持一致,本书使用“索赔准备金”这一专业术语.

为了区分两类数据结构下的评估方法，Taylor 等(2003)将相应的评估模型分为聚合索赔模型(Aggregate Claims Models)和个体索赔模型(Individual Claims Models)两大类. 目前，聚合索赔模型在精算理论和实务中仍处于主流地位. 本书沿用聚合索赔模型的分析框架.

1.1.3 评估分类

如图 1.1 所示，在聚合数据结构下，单个流量三角形对应于一元索赔准备金评估，多个流量三角形对应于多元索赔准备金评估，其中多元索赔准备金评估可以考虑不同流量三角形之间存在的相依结构，进一步可以细分为基于不同类型赔款数据(如已决赔款和已报案赔款)相关性的多元索赔准备金评估和基于不同业务线相依性的多元索赔准备金评估两类.

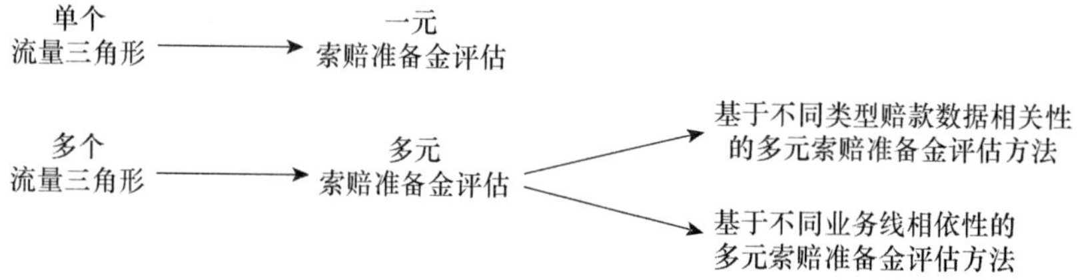

图 1.1 聚合数据结构下索赔准备金评估的分类

第二节 索赔准备金评估方法

1.2.1 评估方法的发展历程

从国际精算实务的历史发展来看，很多年以来一直沿用传统的确定性方法评估索赔准备金. 由确定性方法只能得到索赔准备金的点估计(即均值估计)，无法度量波动性. 在总结了过去多年以来保险公司偿付能力不足的教训之后，国际精算师协会对索赔准备金评估的不确定性风险逐渐予以关注. 目前，对索赔准备金评估已不再局限于孤立的点估计，开始逐渐涉及区间估计的概念，而为了从理论上阐述这些概念，就需要深入研究索赔准备金评估的各种随机性模型与方法. 图 1.2 给出了索赔准备金评估方法的发展历程.

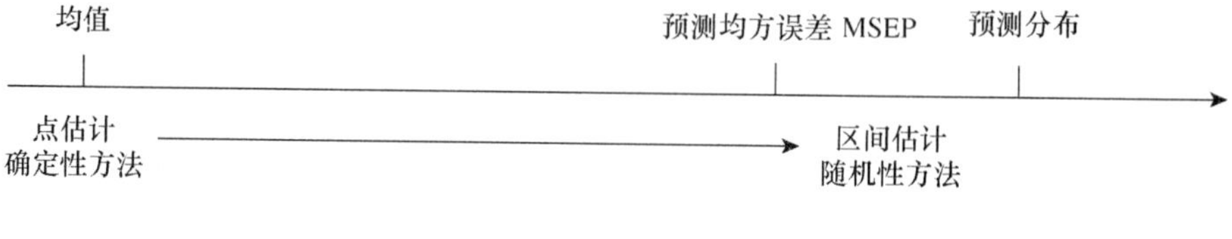

图 1.2 索赔准备金评估方法的发展历程

总体来看，关于索赔准备金评估随机性方法的较早文献出现于20世纪80年代.早期关注的焦点是采用预测均方误差(Mean Square Error of Prediction, MSEP)描述索赔准备金估计的波动性.2002年，England和Verrall首次提出了需要考虑索赔准备金的预测分布问题.2005年，美国非寿险精算协会(CAS)开展了量化索赔准备金估计波动性的研究工作，随后涌现出大量采用严格统计模型与方法评估索赔准备金，度量索赔准备金波动性以及模拟索赔准备金预测分布的研究文献.

特别指出，Wüthrich和Merz(2008)出版了国际上第一部系统介绍索赔准备金评估随机性方法的著作.该著作针对一些经典的索赔准备金评估方法，详细推导了索赔准备金的均值估计和MSEP估计的解析形式，并附有大量数值实例.这是一部划时代著作，得到著名精算专家Bühlmann的高度评价.在国内，第一部系统介绍准备金评估随机性方法的著作是作者的博士生导师张连增教授在2008年出版的著作《未决赔款准备金评估的随机性模型与方法》.在这两部著作基础上，结合索赔准备金评估领域的新进展，张连增和作者于2013年出版了新著作《非寿险索赔准备金评估随机性方法》.这两部国内著作基本涵盖了当前国际精算研究中一元索赔准备金评估随机性方法的各个分支.

目前，关于一元索赔准备金评估已有大量的研究文献.作为最新发展趋势，考虑相依结构的多元索赔准备金评估已经引起精算学术界的广泛关注.无论是一元还是多元索赔准备金评估，都经历了由确定性方法向随机性方法转变的过程.

1.2.2　一元评估随机性方法

大多数确定性方法出现在一元索赔准备金评估，主要包括：链梯(CL)法、案均赔款法、准备金进展法、赔付率法、B-F法[①]等，其中准备金进展法同时考虑了已决赔款与已报案赔款，已具备多元评估方法的雏形.确定性方法无法度量波动性，需要引入随机性方法.目前，随机性方法已有长足发展，其文献汇总见德国TU Dresden大学Schmidt教授的主页[②]，最新进展见ETHZ数学系Wüthrich教授的主页[③].

一元索赔准备金评估随机性方法可分为三个层次.第一个层次是无分布假设的随机性链梯法，该方法直接对传统链梯法建立随机模型，没有赔款额分布假设，主要包括Mack模型和非参数Bootstrap方法.在无分布假设下，一般仅可以估计均值和MSEP，无法模拟预测分布，而预测分布包含了更完整的分布信息，可以度量风险边际及任意感兴趣的风险测度.为此，需要引入第二个层次.

---

① B-F法是一种将赔付率法和链梯法相结合的方法.

② https://www.math.tu-dresden.de/sto/schmidt/publications_online.html. A Bibliography on Loss Reserving.

③ https://people.math.ethz.ch/～wueth/papers3.html.

第二个层次是有分布假设的随机性方法.常见分布模型主要包括：对数正态模型、广义线性模型(Generalized Linear Models，GLM)及其扩展模型、索赔进展过程曲线拟合模型(非线性模型)、贝叶斯模型等.显然，在有分布假设下，不但可以得到索赔准备金的均值估计和MSEP估计，而且可以模拟索赔准备金的预测分布.

作为最新进展，第三个层次是在分层结构下考虑各种分布假设的随机性方法.常见的分层模型主要包括：线性分层模型(Hierarchical Linear Models，HLM)、广义线性分层模型(Hierarchical Generalized Linear Models，HGLM)、非线性分层模型及贝叶斯框架下的分层模型.之所以要引入分层结构下的分布模型，是因为在分层结构下研究索赔准备金评估问题具有很多优势：第一，在分布模型假设下，往往存在各种不同的模型假设.以流行的GLM为例，在GLM中要求增量赔款满足独立性假设，而独立性假设一般很难采用统计方法进行检验.而在分层模型中，可以自然地考虑累计赔款反复观测值的纵向特征，合理避免了考虑增量赔款的独立性假设.第二，与以往的分布模型相比，分层模型可以避免模型参数过度化问题.在索赔准备金评估中，相对于已知的上三角赔款样本数据来说，各种分布模型中需要估计的参数个数往往过多.第三，与以往的分布模型相比，分层模型可以自然地考虑不同事故年赔付情况的异质性.第四，在分层结构下，结合各种分布假设，同样可以估计均值和MSEP，并模拟预测分布.目前，分层模型与贝叶斯方法相结合的文献已经出现，如HGLM与贝叶斯方法相结合的较新文献见Gigante等(2013).这源于在贝叶斯框架下，可以内嵌式地应用马尔科夫蒙特卡洛(MCMC)方法实施贝叶斯推断，进而模拟预测分布.

1.2.3　多元评估随机性方法

在聚合数据结构下，同时研究多个流量三角形的主要优势在于：多个流量三角形之间的相依性产生的效应对索赔准备金的均值估计和波动性度量(MSEP、预测分布)具有重要意义.如前所述，在多元框架下，评估方法可以细分为基于不同类型赔款数据相关性和基于不同业务线相依性两大类.

一、考虑不同类型赔款数据相关性的多元评估随机性方法

研究基于不同类型赔款数据相关性的多元索赔准备金评估方法的意义在于：一方面，在实务操作中，基于已决赔款和已报案赔款数据估计的索赔准备金往往存在显著差异，会导致精算师对两类赔款数据的选择产生困惑.另一方面，由于已决赔款包含于已报案赔款中，而已报案赔款又包含了额外的信息，这将影响未来的已决赔款，故这两类赔款数据本身存在相关性.然而，针对单个流量三角形的一元索赔准备金评估方法却无法考虑这种相关性.

这类多元评估随机性方法主要包括：考虑已决赔款与已报案赔款相关性的随机性准备金进展法、考虑已决赔款与已报案赔款相关性的随机性Munich链梯法、考虑已决赔款与已报案赔款的互补损失率(Complementary Loss Ratio，CLR)方法、已决-已报案链(Paid-incurred Chain，PIC)方法、贝叶斯PIC方法.

二、基于不同业务线相依性的多元评估随机性方法

研究基于不同业务线相依性的多元索赔准备金评估方法的意义在于这种多元评估方法具有两大优势：一是可以解决相依性问题；二是可以解决可加性问题. 就相依性问题而言，这种方法允许同时研究各个子业务. 从总体业务的角度来讲，不但可以合理区分小额或大额子业务的索赔行为，而且可以处理不同业务线流量三角形的相依性问题，如车辆责任保险和一般责任保险中的人身伤害. 此外，同时研究各个子业务也为估计总体业务的 MSEP 及模拟总体业务的预测分布提供了一种统一方式. 就可加性问题而言，一元索赔准备金评估都是基于合并业务流量三角形来估计加总索赔准备金和相应的不确定性的. 然而，正如 Ajne (1994)，Klemmt(2004)所述，当子业务流量三角形满足一元模型假设，而加总业务流量三角形并不满足一元模型假设时，直接加总处理可能并不是一种有效的解决方案，采用多元索赔准备金评估无疑是一种更好的处理方式. 此外，在精算实务中，通过把流量三角形按业务特征细分为多个不同的流量三角形，可以使每个流量三角形满足某些齐次性条件，这些条件在应用随机性方法时是本质的假设.

这类多元评估随机性方法主要包括：无分布假设的多元 CL 法、多元可加损失准备金评估(ALR)方法、多元 CL 和 ALR 混合方法. 类似于一元评估随机性方法，在无分布假设下仅可以估计均值和 MSEP，无法模拟预测分布，需要引入有分布假设的多元评估方法. 目前，基于同步 Bootstrap 方法、Copula 函数来考虑多个流量三角形之间相依性的文献已经出现. 类似于一元评估随机性方法的第三个层次，在分层结构下考虑各种分布假设无疑是多元评估随机性方法的最新发展方向. 在这方面，Zhang 等(2012)首次在分层建模框架下，将贝叶斯非线性模型应用于美国 10 家大型非寿险公司劳工赔款保险业务的准备金评估中，但该文献更多关注于如何从统计分析的角度来检验模型假设的合理性及评估模型的充足性和预测能力，并未给出这 10 家非寿险公司的索赔准备金预测分布的模拟结果.

1.2.4 本书内容结构

本书沿用聚合索赔模型分析框架，结合作者多年研究积累及对前沿方向的把握，从无分布假设、有分布假设、在分层结构下考虑各种分布假设三个层次，系统整理并总结了一元和两类多元索赔准备金评估随机性方法的研究成果.

本书基于更严格的统计模型与方法视角，将一元和两类多元索赔准备金评估的波动性度量从二阶矩 MSEP 估计提升到预测分布的模拟问题，有望使我国在随机性索赔准备金评估领域的精算教学和科研工作与国际前沿水平接轨.

图 1.3 给出了本书各章内容的基本架构.

- 模型与方法
  - 确定性方法
    - 链梯(CL)法
    - 案均赔款法
    - 准备金进展法：同时考虑了已决赔款和已报案赔款两类赔款数据
    - 赔付率法
    - B-F法：将赔付率法和链梯法结合起来
    - ……
  - 随机性方法
    - 一元情况
      - 无分布假设的随机性链梯法
        - ——Mack 模型
        - ——非参数 Bootstrap 方法
      - 分布模型
        - ——对数正态模型
        - ——广义线性模型(GLM)及其扩展模型
        - ——索赔进展过程曲线拟合模型(非线性模型)
        - ——贝叶斯模型
      - 分层模型
        - ——线性分层模型(HLM)
        - ——广义线性分层模型(HGLM)
        - ——非线性分层模型
        - ——贝叶斯框架下的 HLM，HGLM 与非线性分层模型
    - 多元情况
      - 考虑不同类型赔款数据相关性的多元索赔准备金评估随机性方法
        - ——考虑已决赔款和已报案赔款相关性的随机性准备金进展法
        - ——考虑已决赔款和已报案赔款相关性的随机性 Munich 链梯法
        - ——考虑已决赔款和已报案赔款相关性的分层模型
      - 基于不同业务线相依性的多元索赔准备金评估随机性方法
        - ——无分布假设的多元 CL 法
        - ——多元可加损失准备金评估(ALR)方法
        - ——多元 CL 和 ALR 混合方法
        - ——多元分层模型

（指向分布模型、分层模型及多元情况各方法的方框：）

模拟预测分布两种方法：
Bootstrap 方法
——参数 Bootstrap 方法
——非参数 Bootstrap 方法
MCMC 方法(贝叶斯框架下)
模拟预测分布的统计软件：
R 软件
WinBUGS 软件

图 1.3　本书内容架构图

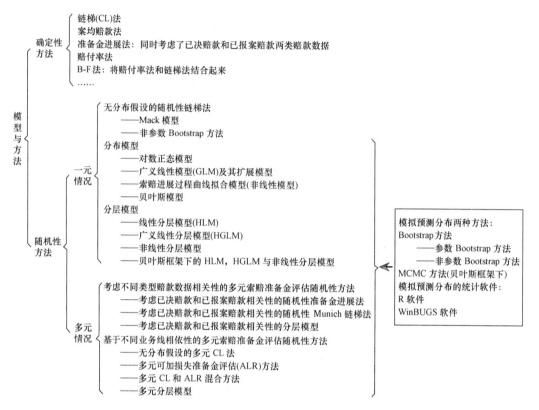

第二章　无分布假设的随机性链梯法

第一节　无分布假设的 Mack 模型

链梯法是索赔准备金评估的一种最常用的确定性方法，它应用流量三角形评估未来赔款进展模式.将随机模型和链梯法结合起来就可以得到随机性链梯法.目前，对于非参数随机性链梯法已有深入的研究，该方法直接对传统链梯法的假设步骤建立随机模型，而且没有具体的赔款额分布假设.该方法相应的模型最早见于文献 Mack(1993)，因此也称为 Mack 模型.

本节将系统介绍利用 Mack 模型估计索赔准备金的 MSEP 的详细过程，并通过数值实例加以说明，其中数值实例由当前国际上日益流行的统计软件 R 加以实现.本节内容共分三小节：第一小节介绍 Mack 模型；第二小节介绍 Mack 模型中 MSEP 的估计；第三小节结合两个数值实例给出 Mack 模型的估计结果和主要结论.

2.1.1　Mack 模型

一、Mack 模型基本假设

链梯法是基于累计赔款流量三角形评估索赔准备金的一种经典方法.令 $C_{i,j}(0\leqslant i\leqslant I,0\leqslant j\leqslant J)$表示事故年 i、进展年 j 的累计赔款额，且不失一般性，假设 $I=J$.令 R_i 表示事故年 i 的索赔准备金，R 表示所有事故年总的索赔准备金.显然 $R_i=C_{i,J}-C_{i,I-i}$，$R=\sum\limits_{i=1}^{I}R_i$ [①].进而，利用链梯法评估索赔准备金的基本步骤可以描述为

$$\hat{f}_j=\sum_{i=0}^{I-j-1}\frac{C_{i,j}}{\sum\limits_{k=0}^{I-j-1}C_{k,j}}\cdot\frac{C_{i,j+1}}{C_{i,j}}=\frac{\sum\limits_{i=0}^{I-j-1}C_{i,j+1}}{\sum\limits_{i=0}^{I-j-1}C_{i,j}}\quad(0\leqslant j\leqslant J-1),\tag{2.1}$$

$$\hat{C}_{i,J}=C_{i,I-i}\hat{f}_{I-i}\cdots\hat{f}_{J-1}\quad(1\leqslant i\leqslant I),\tag{2.2}$$

$$\hat{R}_i=\hat{C}_{i,J}-C_{i,I-i}=C_{i,I-i}\hat{f}_{I-i}\cdots\hat{f}_{J-1}-C_{i,I-i}\quad(1\leqslant i\leqslant I),\tag{2.3}$$

$$\hat{R}=\hat{R}_1+\hat{R}_2+\cdots+\hat{R}_I=\sum_{i=1}^{I}\hat{R}_i.\tag{2.4}$$

---

① 这里假设第 0 个事故年索赔进展完全，即不考虑第 $J,J+1,\cdots$ 个进展年的尾部进展因子.有关尾部进展因子的讨论详见第三、四章.

可以看出，这种基于流量三角形的聚合数据评估方法既简单直观又便于应用，表 2.1 给出了累计赔款流量三角形的一般结构及链梯法的评估过程.

在链梯法基础上，下面引入 Mack 模型. 在 Mack 模型中，$C_{i,j}(0\leqslant i\leqslant I, 0\leqslant j\leqslant J)$被视为随机变量. 考虑以下两个基本假设：

（1）对不同事故年 i，$C_{i,j}$是相互独立的；

（2）对所有 $0\leqslant i\leqslant I, 1\leqslant j\leqslant J$，存在进展因子序列 $f_0,\cdots,f_{J-1}>0$ 和方差参数序列 $\sigma_0^2,\cdots,\sigma_{J-1}^2>0$，使得

$$\mathrm{E}(C_{i,j}|C_{i,j-1})=f_{j-1}C_{i,j-1}, \tag{2.5}$$

$$\mathrm{Var}(C_{i,j}|C_{i,j-1})=\sigma_{j-1}^2 C_{i,j-1}. \tag{2.6}$$

假设(1)表明，不同事故年的累计赔款额相互独立，因而是不相关的；假设(2)表明，不同事故年有相同的进展因子序列，且使用最近进展年的观察值来预测未来的赔款. 故可以将 Mack 模型视为一种基于马尔科夫链(Markov Chain)的随机链梯模型.

表 2.1　累计赔款流量三角形的一般结构及链梯法的评估过程

事故年＼进展年	0	1	…	$J-2$	$J-1$	J
0	$C_{0,0}$	$C_{0,1}$	…	$C_{0,J-2}$	$C_{0,J-1}$	$C_{0,J}$
1	$C_{1,0}$	$C_{1,1}$	…	$C_{1,J-2}$	$C_{1,J-1}$	
⋮	⋮	⋮	⋮	⋮		
$I-2$	$C_{I-2,0}$	$C_{I-2,1}$	$C_{I-2,2}$			
$I-1$	$C_{I-1,0}$	$C_{I-1,1}$				
I	$C_{I,0}$					

$$\hat{f}_j=\frac{\sum_{i=0}^{I-j-1}C_{i,j+1}}{\sum_{i=0}^{I-j-1}C_{i,j}}\quad(0\leqslant j\leqslant J-1)$$

$$\Downarrow$$

$$\hat{C}_{i,I-i+1}=C_{i,I-i}\,\hat{f}_{I-i}\quad(1\leqslant i\leqslant I)$$

$$\hat{C}_{i,j+1}=\hat{C}_{i,j}\,\hat{f}_j\quad(i+j\geqslant I+1)$$

$$\Downarrow$$

$$\hat{R}_i=\hat{C}_{i,J}-C_{i,I-i}\quad(1\leqslant i\leqslant I)$$

$$\Downarrow$$

$$\hat{R}=\sum_{i=1}^{I}\hat{R}_i$$

二、Mack 模型中估计量的无偏性

基于 Mack 模型的两个假设，可以证明式(2.1)～(2.4)给出的估计量分别是 f_j，$C_{i,J}$，R_i 和 R 的无偏估计量. 另外，Mack(1993)也给出了关于 σ_j^2 的估计：

$$\widehat{\sigma_j^2}=\frac{1}{I-j-1}\sum_{i=0}^{I-j-1}C_{i,j}\left(\frac{C_{i,j+1}}{C_{i,j}}-\hat{f}_j\right)^2\quad(0\leqslant j\leqslant J-2). \tag{2.7}$$

这里式(2.7)并没有给出关于 σ_{J-1}^2 的估计，这是因为在进展年 $J-1$ 和 J 之间仅有一个观察值 $C_{i,J}/C_{i,J-1}$，不足以估计两个参数 f_{J-1} 和 σ_{J-1}^2. 下面给出 σ_{J-1}^2 的一种近似估计：

$$\widehat{\sigma_{J-1}^2}=\min\left\{\frac{\widehat{\sigma_{J-2}^4}}{\widehat{\sigma_{J-3}^2}},\widehat{\sigma_{J-3}^2},\widehat{\sigma_{J-2}^2}\right\}. \tag{2.8}$$

下面首先证明式(2.1)～(2.4)分别是 f_j，$C_{i,J}$，R_i 和 R 的无偏估计；然后证明在式(2.6)

的假设下，$\hat{f}_j$ 是关于 f_j 的方差最小的无偏估计线性组合；最后证明式(2.7)所示的 σ_j^2 的估计量的无偏性.

1. 估计量 $\hat{f}_j$，$\hat{C}_{i,J}$，$\hat{R}_i$ 和 $\hat{R}$ 的无偏性

实际上，仅需证明下面两个定理就可以得出式(2.1)～(2.4)所示的估计量的无偏性.

定理 2.1　定义已知的上三角流量数据集合为 $\mathcal{D}_I=\{C_{i,j}\mid i+j\leqslant I\}$. 根据假设(1)和(2)，有 $\mathrm{E}(C_{i,J}\mid\mathcal{D}_I)=C_{i,I-i}f_{I-i}\cdots f_{J-1}$.

证明　记 $\mathrm{E}_i(X)=\mathrm{E}(X\mid C_{i,1},\cdots,C_{i,I-i})$，根据假设(1)中不同事故年 i 的累计赔款额 $C_{i,j}$ 的独立性，可知

$$\mathrm{E}(C_{i,J}\mid\mathcal{D}_I)=\mathrm{E}(C_{i,J}\mid C_{i,1},\cdots,C_{i,I-i})=\mathrm{E}_i(C_{i,J}).$$

结合式(2.5)，可以得出如下递推公式：

$$\mathrm{E}_i(C_{i,J})=\mathrm{E}_i(\mathrm{E}(C_{i,J}\mid C_{i,1},\cdots,C_{i,J-1}))=\mathrm{E}_i(C_{i,J-1})f_{J-1}.$$

迭代整理，最终得出

$$\mathrm{E}(C_{i,J}\mid\mathcal{D}_I)=\mathrm{E}_i(C_{i,J})=\mathrm{E}_i(C_{i,J-1})f_{J-1}=\mathrm{E}_i(C_{i,I-i})f_{I-i}\cdots f_{J-1}=C_{i,I-i}f_{I-i}\cdots f_{J-1},$$

即定理 2.1 得证.

定理 2.2　在假设(1)和假设(2)下，$\hat{f}_j(0\leqslant j\leqslant J-1)$是 f_j 的无偏估计，且对于不同进展年 k 和 j，进展因子 $\hat{f}_k$ 和 $\hat{f}_j$ 也是不相关的.

证明　记 $\mathcal{B}_j=\{C_{i,k}\mid k\leqslant j,i+k\leqslant I\}(0\leqslant j\leqslant J-1)$，根据假设(1)和假设(2)，得到

$$\mathrm{E}(C_{i,j+1}\mid\mathcal{B}_j)=\mathrm{E}(C_{i,j+1}\mid C_{i,1},\cdots,C_{i,j})=C_{i,j}f_j.$$

结合式(2.1)，得到

$$\mathrm{E}(\hat{f}_j\mid\mathcal{B}_j)=\frac{\sum_{i=0}^{I-j-1}\mathrm{E}(C_{i,j+1}\mid\mathcal{B}_j)}{\sum_{i=0}^{I-j-1}C_{i,j}}=\frac{\sum_{i=0}^{I-j-1}C_{i,j}f_j}{\sum_{i=0}^{I-j-1}C_{i,j}}=f_j,$$

进而得到

$$\mathrm{E}(\hat{f}_j)=\mathrm{E}(\mathrm{E}(\hat{f}_j\mid\mathcal{B}_j))=f_j. \tag{2.9}$$

对于不同进展年 k 和 j，令 $k<j$，则有

$$\mathrm{E}(\hat{f}_k\hat{f}_j)=\mathrm{E}(\mathrm{E}(\hat{f}_k\hat{f}_j\mid\mathcal{B}_j))=\mathrm{E}(\hat{f}_k\mathrm{E}(\hat{f}_j\mid\mathcal{B}_j))=\mathrm{E}(\hat{f}_k)f_j=\mathrm{E}(\hat{f}_k)\mathrm{E}(\hat{f}_j).$$

综上所述，定理 2.2 得证.

根据定理 2.2，显然 $\mathrm{E}(\hat{f}_{I-i}\cdots\hat{f}_{J-1})=\mathrm{E}(\hat{f}_{I-i})\cdots\mathrm{E}(\hat{f}_{J-1})=f_{I-i}\cdots f_{J-1}$ 成立. 再结合定理 2.1，就可以得出

$$\mathrm{E}(\hat{C}_{i,J})=C_{i,I-i}\mathrm{E}(\hat{f}_{I-i}\cdots\hat{f}_{J-1})=C_{i,I-i}f_{I-i}\cdots f_{J-1}=\mathrm{E}(C_{i,J}\mid\mathcal{D}_I),$$

$$\mathrm{E}(\hat{R}_i)=\mathrm{E}(\hat{C}_{i,J}-C_{i,I-i})=\mathrm{E}(C_{i,J}\mid\mathcal{D}_I)-C_{i,I-i},$$

$$\mathrm{E}(\hat{R})=\mathrm{E}\left(\sum_{i=1}^{I}\hat{R}_i\right)=\sum_{i=1}^{I}(\mathrm{E}(C_{i,J}\mid\mathcal{D}_I)-C_{i,I-i}).$$

综上所述，式(2.1)～(2.4)所示的估计量的无偏性得证.

2．关于 f_j 的方差最小的无偏估计线性组合是 $\hat{f}_j$

为了证明 $\hat{f}_j$ 是关于 f_j 的方差最小的无偏估计线性组合，下面先证明一个引理．该引理能说明如何利用已知的某随机变量的无偏估计量来构造方差最小的无偏估计线性组合．

引理 设 $X_1, X_2, \cdots, X_n$ 为一组相互独立的随机变量，且满足 $\mathrm{E}(X_i)=\mu (1\leqslant i\leqslant n)$．在约束条件 $\sum_{i=1}^{n} w_i = 1$ 下，如果要使该组随机变量的线性组合 $X=\sum_{i=1}^{n} w_i X_i$ 的方差达到最小，那么

$$w_i = c/\mathrm{Var}(X_i)\ (1\leqslant i\leqslant n),\quad 其中\quad c=\mathrm{Var}(X).$$

证明 该引理等价于确定多元函数 $\mathrm{Var}(X)=\sum_{i=1}^{n} w_i^2 \mathrm{Var}(X_i)$ 的条件极值，其中约束条件为 $\sum_{i=1}^{n} w_i=1$．为此，构造拉格朗日函数．

$$L(w_1, \cdots, w_n; \lambda) = \sum_{i=1}^{n} w_i^2 \mathrm{Var}(X_i) + \lambda\left(\sum_{i=1}^{n} w_i - 1\right),$$

并令其偏导数为零，得到如下方程组：

$$\begin{cases} \dfrac{\partial}{\partial w_i}\left(\sum_{i=1}^{n} w_i^2 \mathrm{Var}(X_i)+\lambda\left(\sum_{i=1}^{n} w_i - 1\right)\right) = 0\ (i = 1, 2, \cdots, n), \\ \sum_{i=1}^{n} w_i = 1. \end{cases}$$

求解该方程组，可以得出

$$w_i = -\frac{\lambda}{2\mathrm{Var}(X_i)},\quad \sum_{i=1}^{n} w_i = \sum_{i=1}^{n}\left(-\frac{\lambda}{2\mathrm{Var}(X_i)}\right) = 1.$$

令 $c=-\dfrac{\lambda}{2}$，有 $w_i=\dfrac{c}{\mathrm{Var}(X_i)}$，其中 $c=\left(\sum_{i=1}^{n}(\mathrm{Var}(X_i))^{-1}\right)^{-1}$．

于是，使方差达到最小的随机变量的线性组合 X 可以表示为

$$X = \sum_{i=1}^{n} w_i X_i = \frac{1}{\sum_{i=1}^{n}(\mathrm{Var}(X_i))^{-1}}\sum_{i=1}^{n}\frac{X_i}{\mathrm{Var}(X_i)} = \sum_{i=1}^{n}\frac{(\mathrm{Var}(X_i))^{-1}}{\sum_{i=1}^{n}(\mathrm{Var}(X_i))^{-1}} X_i,$$

相应的方差为

$$\mathrm{Var}(X) = \mathrm{Var}\left(\sum_{i=1}^{n}\frac{(\mathrm{Var}(X_i))^{-1}}{\sum_{i=1}^{n}(\mathrm{Var}(X_i))^{-1}} X_i\right) = \frac{\sum_{i=1}^{n}\mathrm{Var}((\mathrm{Var}(X_i))^{-1}X_i)}{\left(\sum_{i=1}^{n}(\mathrm{Var}(X_i))^{-1}\right)^2}$$

$$= \left(\sum_{i=1}^{n}(\mathrm{Var}(X_i))^{-1}\right)^{-1} = c.$$

综上所述，引理得证．

定义单个进展因子 $F_{i,j+1}=\dfrac{C_{i,j+1}}{C_{i,j}}$,则由式(2.1)可得

$$\hat{f}_j=\sum_{i=0}^{I-j-1}\frac{C_{i,j}}{\sum\limits_{k=0}^{I-j-1}C_{k,j}}F_{i,j+1}\quad(0\leqslant j\leqslant J-1).\tag{2.10}$$

进一步,由引理可知式(2.10)定义的$\hat{f}_j$ 是使方差达到最小的 $F_{i,j+1}$ 的线性组合,再结合式(2.9)就可以得出 $\hat{f}_j$ 是关于 f_j 的方差最小的无偏估计线性组合.事实上,

$$\mathrm{Var}(F_{i,j+1}\mid\mathcal{B}_j)=\mathrm{Var}(F_{i,j+1}\mid C_{i,j})=\mathrm{Var}\left(\frac{C_{i,j+1}}{C_{i,j}}\middle|C_{i,j}\right)=\frac{\sigma_j^2}{C_{i,j}},$$

$$\mathrm{Var}(\hat{f}_j\mid\mathcal{B}_j)=\left(\sum_{i=0}^{I-j-1}(\mathrm{Var}(F_{i,j+1}\mid\mathcal{B}_j))^{-1}\right)^{-1}=\left(\sum_{i=0}^{I-j-1}\frac{C_{i,j}}{\sigma_j^2}\right)^{-1}=\frac{\sigma_j^2}{\sum\limits_{i=0}^{I-j-1}C_{i,j}},$$

$$w_i=\frac{C_{i,j}}{\sum\limits_{k=0}^{I-j-1}C_{k,j}}=\frac{C_{i,j}/\sigma_j^2}{\sum\limits_{k=0}^{I-j-1}C_{k,j}\Big/\sigma_j^2}=\frac{(\mathrm{Var}(F_{i,j+1}\mid\mathcal{B}_j))^{-1}}{(\mathrm{Var}(\hat{f}_j\mid\mathcal{B}_j))^{-1}}=\frac{\mathrm{Var}(\hat{f}_j\mid\mathcal{B}_j)}{\mathrm{Var}(F_{i,j+1}\mid\mathcal{B}_j)},$$

从中很容易看出

$$\mathrm{Var}(\hat{f}_j\mid\mathcal{B}_j)<\mathrm{Var}(F_{i,j+1}\mid\mathcal{B}_j).$$

3. 式(2.7)所示的 σ_j^2 的估计量的无偏性

为了证明式(2.7)所示的$\widehat{\sigma_j^2}$ 的无偏性,考虑

$$\begin{aligned}\mathrm{E}\left(\left(\frac{C_{i,j+1}}{C_{i,j}}-\hat{f}_j\right)^2\middle|\mathcal{B}_j\right)&=\mathrm{E}\left(\left(\frac{C_{i,j+1}}{C_{i,j}}-f_j-(\hat{f}_j-f_j)\right)^2\middle|\mathcal{B}_j\right)\\&=\mathrm{E}\left(\left(\frac{C_{i,j+1}}{C_{i,j}}-f_j\right)^2\middle|\mathcal{B}_j\right)-2\mathrm{E}\left(\left(\frac{C_{i,j+1}}{C_{i,j}}-f_j\right)(\hat{f}_j-f_j)\middle|\mathcal{B}_j\right)\\&\quad+\mathrm{E}((\hat{f}_j-f_j)^2\mid\mathcal{B}_j).\end{aligned}$$

上式后一个等号右边三项可以进一步表示为

$$\mathrm{E}\left(\left(\frac{C_{i,j+1}}{C_{i,j}}-f_j\right)^2\middle|\mathcal{B}_j\right)=\mathrm{Var}\left(\frac{C_{i,j+1}}{C_{i,j}}\middle|\mathcal{B}_j\right)=\mathrm{Var}(F_{i,j+1}\mid C_{i,j})=\frac{\sigma_j^2}{C_{i,j}},$$

$$\mathrm{E}\left(\left(\frac{C_{i,j+1}}{C_{i,j}}-f_j\right)(\hat{f}_j-f_j)\middle|\mathcal{B}_j\right)=\mathrm{Cov}\left(\frac{C_{i,j+1}}{C_{i,j}},\hat{f}_j\middle|\mathcal{B}_j\right)=\frac{C_{i,j}}{\sum\limits_{i=0}^{I-j-1}C_{i,j}}\mathrm{Var}\left(\frac{C_{i,j+1}}{C_{i,j}}\middle|\mathcal{B}_j\right)=\frac{\sigma_j^2}{\sum\limits_{i=0}^{I-j-1}C_{i,j}},$$

$$\mathrm{E}((\hat{f}_j-f_j)^2\mid\mathcal{B}_j)=\mathrm{Var}(\hat{f}_j\mid\mathcal{B}_j)=\frac{\sigma_j^2}{\sum\limits_{i=0}^{I-j-1}C_{i,j}}.$$

整理后得出

$$\mathrm{E}\left(\left(\frac{C_{i,j+1}}{C_{i,j}}-\hat{f}_j\right)^2\middle|\mathcal{B}_j\right)=\sigma_j^2\left(\frac{1}{C_{i,j}}-\frac{1}{\sum\limits_{i=0}^{I-j-1}C_{i,j}}\right).$$

结合式(2.7),可以得出

$$\mathrm{E}(\widehat{\sigma_j^2}\mid\mathcal{B}_j)=\frac{1}{I-j-1}\sum_{i=0}^{I-j-1}C_{i,j}\mathrm{E}\left(\left(\frac{C_{i,j+1}}{C_{i,j}}-\hat{f}_j\right)^2\middle|\mathcal{B}_j\right)=\frac{1}{I-j-1}\sum_{i=0}^{I-j-1}C_{i,j}\sigma_j^2\left(\frac{1}{C_{i,j}}-\frac{1}{\sum_{i=0}^{I-j-1}C_{i,j}}\right)=\sigma_j^2,$$

因此有

$$\mathrm{E}(\widehat{\sigma_j^2})=\mathrm{E}(\mathrm{E}(\widehat{\sigma_j^2}\mid\mathcal{B}_j))=\sigma_j^2.$$

综上所述,式(2.7)所示的 σ_j^2 的估计量的无偏性得证.

2.1.2 Mack 模型中条件 MSEP 的定义和估计

一、条件 MSEP 的定义

事故年 $i(1\leqslant i\leqslant I)$的最终损失①估计量 $\hat{C}_{i,J}$ 的条件 MSEP 可以表示为

$$\mathrm{MSEP}_{C_{i,J}\mid\mathcal{D}_I}(\hat{C}_{i,J})=\mathrm{E}((\hat{C}_{i,J}-C_{i,J})^2\mid\mathcal{D}_I)=\mathrm{Var}(C_{i,J}\mid\mathcal{D}_I)+(\hat{C}_{i,J}-\mathrm{E}(C_{i,J}\mid\mathcal{D}_I))^2,$$

其中 $\mathrm{Var}(C_{i,J}\mid\mathcal{D}_I)$为过程方差,用来描述纯粹的随机误差;$(\hat{C}_{i,J}-\mathrm{E}(C_{i,J}\mid\mathcal{D}_I))^2$ 为参数误差,用来描述估计值与期望值之间的偏差.

所有事故年总的最终损失估计量 $\sum_{i=1}^{I}\hat{C}_{i,J}$ 的条件 MSEP 可以表示为

$$\begin{aligned}\mathrm{MSEP}_{\sum_i C_{i,J}\mid\mathcal{D}_I}\left(\sum_{i=1}^{I}\hat{C}_{i,J}\right)&=\mathrm{E}\left(\left(\sum_{i=1}^{I}\hat{C}_{i,J}-\sum_{i=1}^{I}C_{i,J}\right)^2\middle|\mathcal{D}_I\right)\\&=\mathrm{Var}\left(\sum_{i=1}^{I}C_{i,J}\middle|\mathcal{D}_I\right)+\left(\sum_{i=1}^{I}\hat{C}_{i,J}-\mathrm{E}\left(\sum_{i=1}^{I}C_{i,J}\middle|\mathcal{D}_I\right)\right)^2.\end{aligned}$$

很显然,事故年 $i(1\leqslant i\leqslant I)$的索赔准备金估计量 $\hat{R}_i$ 的条件 MSEP 可以表示为

$$\mathrm{MSEP}_{R_i\mid\mathcal{D}_I}(\hat{R}_i)=\mathrm{MSEP}_{C_{i,J}\mid\mathcal{D}_I}(\hat{C}_{i,J}-C_{i,I-i})=\mathrm{MSEP}_{C_{i,J}\mid\mathcal{D}_I}(\hat{C}_{i,J}),$$

所有事故年总的索赔准备金估计量 $\hat{R}$ 的条件 MSEP 可以表示为

$$\begin{aligned}\mathrm{MSEP}_{\sum_i R_i\mid\mathcal{D}_I}\left(\sum_{i=1}^{I}\hat{R}_i\right)&=\mathrm{MSEP}_{\sum_i C_{i,J}\mid\mathcal{D}_I}\left(\sum_{i=1}^{I}(\hat{C}_{i,J}-C_{i,I-i})\right)\\&=\mathrm{MSEP}_{\sum_i C_{i,J}\mid\mathcal{D}_I}\left(\sum_{i=1}^{I}\hat{C}_{i,J}\right).\end{aligned}$$

也就是说,在 Mack 模型中,无论单个事故年 i,还是所有事故年,由于最终损失和索赔准备金的估计只相差一个常数,故相应的条件 MSEP 估计相同.因此,下文不再明确区分最终损失和索赔准备金的条件 MSEP.另外,值得注意的是,这里条件 MSEP 的定义是基于已知流量三角形数据的条件期望,而不是无条件期望 $\mathrm{E}((\hat{C}_{i,J}-C_{i,J})^2)$.这是因为建立在已知数据上的估计量 $\hat{C}_{i,J}$ 的条件 MSEP 可以揭示出 $\hat{C}_{i,J}$ 与 $C_{i,J}$之间由于随机性引起的平均偏差.

① 正如前文所述,假设第 0 个事故年的索赔进展完全,这里也不考虑该事故年最终损失的 MSEP 估计.

从这个意义上讲,考虑条件期望更有研究价值.

二、条件 MSEP 的估计

1. 单个事故年条件 MSEP 的估计

1）条件过程方差的估计

考虑事故年 $i(1\leqslant i\leqslant I)$的条件过程方差.根据 Mack 模型的假设(1)和假设(2),可以得出如下递推公式:

$$\begin{aligned}\mathrm{Var}(C_{i,J}\mid\mathcal{D}_I)&=\mathrm{Var}(C_{i,J}\mid C_{i,I-i})=\mathrm{E}(\mathrm{Var}(C_{i,J}\mid C_{i,J-1})\mid C_{i,I-i})+\mathrm{Var}(\mathrm{E}(C_{i,J}\mid C_{i,J-1})\mid C_{i,I-i})\\&=\sigma_{J-1}^2\mathrm{E}(C_{i,J-1}\mid C_{i,I-i})+f_{J-1}^2\mathrm{Var}(C_{i,J-1}\mid C_{i,I-i})\\&=\sigma_{J-1}^2C_{i,I-i}\prod_{m=I-i}^{J-2}f_m+f_{J-1}^2\mathrm{Var}(C_{i,J-1}\mid C_{i,I-i}).\end{aligned}$$

迭代整理后得出

$$\begin{aligned}\mathrm{Var}(C_{i,J}\mid\mathcal{D}_I)=\mathrm{Var}(C_{i,J}\mid C_{i,I-i})&=C_{i,I-i}\sum_{j=I-i}^{J-1}\prod_{n=j+1}^{J-1}f_n^2\sigma_j^2\prod_{m=I-i}^{j-1}f_m\\&=\sum_{j=I-i}^{J-1}\prod_{n=j+1}^{J-1}f_n^2\sigma_j^2\mathrm{E}(C_{i,j}\mid C_{i,I-i})\\&=(\mathrm{E}(C_{i,J}\mid C_{i,I-i}))^2\sum_{j=I-i}^{J-1}\frac{\sigma_j^2/f_j^2}{\mathrm{E}(C_{i,j}\mid C_{i,I-i})}.\end{aligned}$$

进而,将参数 f_j 和 σ_j^2 分别替换为相应的估计量 $\hat{f}_j$ 和 $\widehat{\sigma_j^2}$,即可得到事故年 $i(1\leqslant i\leqslant I)$的条件过程方差的估计

$$\widehat{\mathrm{Var}}(C_{i,J}\mid\mathcal{D}_I)=\hat{C}_{i,J}^2\sum_{j=I-i}^{J-1}\frac{\widehat{\sigma_j^2}/\hat{f}_j^{\,2}}{\hat{C}_{i,j}}.\tag{2.11}$$

2）条件参数误差的估计

考虑事故年 $i(1\leqslant i\leqslant I)$的条件参数误差.根据 Mack 模型的假设(1)和假设(2),可以得到

$$(\hat{C}_{i,J}-\mathrm{E}(C_{i,J}\mid\mathcal{D}_I))^2=C_{i,I-i}^2(\hat{f}_{I-i}\cdots\hat{f}_{J-1}-f_{I-i}\cdots f_{J-1})^2.\tag{2.12}$$

在式(2.12)中,不能简单地将 $f_j(I-i\leqslant j\leqslant J-1)$替换为 $\hat{f}_j$,而需要采取合适的方法估计该项参数误差.

由于恒等式 $\hat{a}\hat{b}\hat{c}-abc=(\hat{a}-a)\hat{b}\hat{c}+a(\hat{b}-b)\hat{c}+ab(\hat{c}-c)$成立,这里引入符号 $T_j=f_{I-i}\cdots f_{j-1}(\hat{f}_j-f_j)\hat{f}_{j+1}\cdots\hat{f}_{J-1}$,进而得出

$$\hat{f}_{I-i}\cdots\hat{f}_{J-1}-f_{I-i}\cdots f_{J-1}=T_{I-i}+\cdots+T_{J-1},$$

那么就有

$$(\hat{f}_{I-i}\cdots\hat{f}_{J-1}-f_{I-i}\cdots f_{J-1})^2=\left(\sum_{j=I-i}^{J-1}T_j\right)^2.$$

代入式(2.12),得到

$$(\hat{C}_{i,J}-\mathrm{E}(C_{i,J}\,|\,\mathcal{D}_I))^2=C_{i,I-i}^2\left(\sum_{j=I-i}^{J-1}T_j\right)^2=C_{i,I-i}^2\left(\sum_{j=I-i}^{J-1}T_j^2+2\sum_{I-i\leqslant k<j\leqslant J-1}T_kT_j\right).$$

进一步，用 $\mathrm{E}(T_j^2\,|\,\mathcal{B}_j)$ 替换 T_j^2，用 $\mathrm{E}(T_kT_j\,|\,\mathcal{B}_j)$ 替换 T_kT_j，由定理 2.2 可知

$$\mathrm{E}(\hat{f}_j-f_j\,|\,\mathcal{B}_j)=0,\quad 故\quad \mathrm{E}(T_kT_j\,|\,\mathcal{B}_j)=0\ (k<j).$$

另外，由于

$$\begin{aligned}\mathrm{E}(T_j^2\,|\,\mathcal{B}_j)&=f_{I-i}^2\cdots f_{j-1}^2\mathrm{E}((\hat{f}_j-f_j)^2\,|\,\mathcal{B}_j)\hat{f}_{j+1}^2\cdots\hat{f}_{J-1}^2\\&=f_{I-i}^2\cdots f_{j-1}^2\hat{f}_{j+1}^2\cdots\hat{f}_{J-1}^2\mathrm{Var}(\hat{f}_j\,|\,\mathcal{B}_j)\\&=f_{I-i}^2\cdots f_{j-1}^2\hat{f}_{j+1}^2\cdots\hat{f}_{J-1}^2\frac{\sigma_j^2}{\sum_{i=0}^{I-j-1}C_{i,j}},\end{aligned}$$

将未知参数 $f_{I-i},\cdots,f_{j-1}$ 和 σ_j^2 分别替换为相应的无偏估计 $\hat{f}_{I-i},\cdots,\hat{f}_{j-1}$ 和 $\widehat{\sigma_j^2}$，即可得到事故年 $i(1\leqslant i\leqslant I)$ 的条件参数误差的估计：

$$\widehat{\mathrm{Var}}(\hat{C}_{i,J}\,|\,\mathcal{D}_I)=C_{i,I-i}^2\sum_{j=I-i}^{J-1}\left(\hat{f}_{I-i}^2\cdots\hat{f}_{j-1}^2\,\hat{f}_{j+1}^2\cdots\hat{f}_{J-1}^2\frac{\widehat{\sigma_j^2}}{\sum_{i=0}^{I-j-1}C_{i,j}}\right)=\hat{C}_{i,J}^2\sum_{j=I-i}^{J-1}\frac{\widehat{\sigma_j^2}/\hat{f}_j^2}{\sum_{i=0}^{I-j-1}C_{i,j}}.\quad(2.13)$$

3) 条件 MSEP 的估计

由式(2.11)和式(2.13)可以得到事故年 $i(1\leqslant i\leqslant I)$ 的条件 MSEP 的估计：

$$\widehat{\mathrm{MSEP}}_{C_{i,J}|\mathcal{D}_I}(\hat{C}_{i,J})=\hat{C}_{i,J}^2\sum_{j=I-i}^{J-1}\frac{\widehat{\sigma_j^2}}{\hat{f}_j^2}\left(\frac{1}{\hat{C}_{i,j}}+\frac{1}{\sum_{i=0}^{I-j-1}C_{i,j}}\right).\quad(2.14)$$

2. 所有事故年条件 MSEP 的估计

由不同事故年的独立性假设，结合式(2.11)可以得出所有事故年的条件过程方差的估计：

$$\widehat{\mathrm{Var}}\left(\sum_{i=1}^{I}C_{i,J}\,|\mathcal{D}_I\right)=\sum_{i=1}^{I}\widehat{\mathrm{Var}}(C_{i,J}\,|\mathcal{D}_I)=\sum_{i=1}^{I}\hat{C}_{i,J}^2\sum_{j=I-i}^{J-1}\frac{\widehat{\sigma_j^2}/\hat{f}_j^2}{\hat{C}_{i,j}}.$$

然而，所有事故年的条件参数误差的估计则不能直接表示成式(2.13)的求和形式. 这是因为，对于不同事故年 i 和 k，$\hat{C}_{i,J}$ 和 $\hat{C}_{k,J}$ 的均值和方差估计都取决于无偏估计 $\hat{f}_j$ 和 $\widehat{\sigma_j^2}(0\leqslant j\leqslant J-1)$，故 $\hat{C}_{i,J}$ 和 $\hat{C}_{k,J}$ 并不相互独立. 为此，下面给出估计所有事故年的条件参数误差的两种思路，进而给出所有事故年的条件 MSEP 的两种估计方法.

1) 条件 MSEP 的第一种估计方法

为了估计所有事故年的条件 MSEP，首先考虑两个事故年 i 和 k 的情况. 令 $i<k$，则有

$$\begin{aligned}\mathrm{MSEP}_{C_{i,J}+C_{k,J}|\mathcal{D}_I}(\hat{C}_{i,J}+\hat{C}_{k,J})&=\mathrm{E}((\hat{C}_{i,J}+\hat{C}_{k,J}-(C_{i,J}+C_{k,J}))^2\,|\,\mathcal{D}_I)\\&=\mathrm{Var}(C_{i,J}+C_{k,J}\,|\,\mathcal{D}_I)+(\hat{C}_{i,J}+\hat{C}_{k,J}-\mathrm{E}(C_{i,J}+C_{k,J}\,|\,\mathcal{D}_I))^2.\end{aligned}$$

对于上式第二个等号右边第一项，由不同事故年的独立性假设可得

$$\mathrm{Var}(C_{i,J}+C_{k,J}\mid\mathcal{D}_I)=\mathrm{Var}(C_{i,J}\mid\mathcal{D}_I)+\mathrm{Var}(C_{k,J}\mid\mathcal{D}_I);$$

对于第二项，可以进一步展开为

$$\begin{aligned}(\hat{C}_{i,J}+\hat{C}_{k,J}-\mathrm{E}(C_{i,J}+C_{k,J}\mid\mathcal{D}_I))^2=&(\hat{C}_{i,J}-\mathrm{E}(C_{i,J}\mid\mathcal{D}_I))^2+(\hat{C}_{k,J}-\mathrm{E}(C_{k,J}\mid\mathcal{D}_I))^2\\&+2(\hat{C}_{i,J}-\mathrm{E}(C_{i,J}\mid\mathcal{D}_I))(\hat{C}_{k,J}-\mathrm{E}(C_{k,J}\mid\mathcal{D}_I)).\end{aligned}$$

因此，两个事故年 i 和 $k(i<k)$ 的条件 MSEP 可以表示为

$$\begin{aligned}\mathrm{E}((\hat{C}_{i,J}+\hat{C}_{k,J}-(C_{i,J}+C_{k,J}))^2\mid\mathcal{D}_I)=&\mathrm{E}((\hat{C}_{i,J}-C_{i,J})^2\mid\mathcal{D}_I)+\mathrm{E}((\hat{C}_{k,J}-C_{k,J})^2\mid\mathcal{D}_I)\\&+2(\hat{C}_{i,J}-\mathrm{E}(C_{i,J}\mid\mathcal{D}_I))(\hat{C}_{k,J}-\mathrm{E}(C_{k,J}\mid\mathcal{D}_I)),\end{aligned}$$

即有

$$\begin{aligned}\mathrm{MSEP}_{C_{i,J}+C_{k,J}\mid\mathcal{D}_I}(\hat{C}_{i,J}+\hat{C}_{k,J})=&\mathrm{MSEP}_{C_{i,J}\mid\mathcal{D}_I}(\hat{C}_{i,J})+\mathrm{MSEP}_{C_{k,J}\mid\mathcal{D}_I}(\hat{C}_{k,J})\\&+2(\hat{C}_{i,J}-\mathrm{E}(C_{i,J}\mid\mathcal{D}_I))(\hat{C}_{k,J}-\mathrm{E}(C_{k,J}\mid\mathcal{D}_I)).\end{aligned}$$

从上式可以看出，在两个事故年 i 和 $k(i<k)$ 的条件 MSEP 中，除了包含单一事故年 i 和单一事故年 k 的条件 MSEP 之外，还包含如下交叉乘积项：

$$\begin{aligned}&(\hat{C}_{i,J}-\mathrm{E}(C_{i,J}\mid\mathcal{D}_I))(\hat{C}_{k,J}-\mathrm{E}(C_{k,J}\mid\mathcal{D}_I))\\
&=C_{i,I-i}(\hat{f}_{I-i}\cdots\hat{f}_{J-1}-f_{I-i}\cdots f_{J-1})C_{k,I-k}(\hat{f}_{I-k}\cdots\hat{f}_{J-1}-f_{I-k}\cdots f_{J-1})\\
&=C_{i,I-i}C_{k,I-k}\mathrm{E}\left(\left(\prod_{j=I-i}^{J-1}\hat{f}_j-\prod_{j=I-i}^{J-1}f_j\right)\left(\prod_{j=I-k}^{J-1}\hat{f}_j-\prod_{j=I-k}^{J-1}f_j\right)\right)\\
&=C_{i,I-i}C_{k,I-k}\mathrm{Cov}\left(\prod_{j=I-i}^{J-1}\hat{f}_j,\prod_{j=I-k}^{J-1}\hat{f}_j\right)\\
&=C_{i,I-i}C_{k,I-k}\mathrm{Cov}\left(\prod_{j=I-i}^{J-1}\hat{f}_j,f_{I-k}\cdots f_{I-i-1}\prod_{j=I-i}^{J-1}\hat{f}_j\right)\\
&=C_{i,I-i}C_{k,I-k}f_{I-k}\cdots f_{I-i-1}\mathrm{Var}\left(\prod_{j=I-i}^{J-1}\hat{f}_j\right)\\
&=C_{i,I-i}C_{k,I-k}f_{I-k}\cdots f_{I-i-1}\left(\prod_{j=I-i}^{J-1}\mathrm{E}(\hat{f}_j^2)-\prod_{j=I-i}^{J-1}f_j^2\right)\\
&=C_{i,I-i}\mathrm{E}(C_{k,I-i}\mid\mathcal{D}_I)\left(\prod_{j=I-i}^{J-1}\left(f_j^2+\frac{\sigma_j^2}{S_j^{[I-j-1]}}\right)-\prod_{j=I-i}^{J-1}f_j^2\right)\\
&=C_{i,I-i}\mathrm{E}(C_{k,I-i}\mid\mathcal{D}_I)\left(\prod_{j=I-i}^{J-1}f_j^2\left(1+\frac{\sigma_j^2/f_j^2}{S_j^{[I-j-1]}}\right)-\prod_{j=I-i}^{J-1}f_j^2\right),\end{aligned}$$

这里为了简化表示，引入符号 $S_j^{[I-j-1]}=\sum_{i=0}^{I-j-1}C_{i,j}$. 进一步近似，得到

$$\begin{aligned}&(\hat{C}_{i,J}-\mathrm{E}(C_{i,J}|\mathcal{D}_I))(\hat{C}_{k,J}-\mathrm{E}(C_{k,J}|\mathcal{D}_I))\\
&\approx C_{i,I-i}\mathrm{E}(C_{k,I-i}|\mathcal{D}_I)\left(\prod_{j=I-i}^{J-1}f_j^2\left(1+\sum_{j=I-i}^{J-1}\frac{\sigma_j^2/f_j^2}{S_j^{[I-j-1]}}\right)-\prod_{j=I-i}^{J-1}f_j^2\right)\end{aligned}$$

$$=C_{i,I-i}\mathrm{E}(C_{k,I-i}|\mathcal{D}_I)\prod_{j=I-i}^{J-1}f_j^2\sum_{j=I-i}^{J-1}\frac{\sigma_j^2/f_j^2}{S_j^{[I-j-1]}}.$$

综上所述，两个事故年 i 和 $k(i<k)$ 的条件 MSEP 可以表示为

$$\mathrm{MSEP}_{C_{i,J}+C_{k,J}|\mathcal{D}_I}(\hat{C}_{i,J}+\hat{C}_{k,J})=\mathrm{MSEP}_{C_{i,J}|\mathcal{D}_I}(\hat{C}_{i,J})+\mathrm{MSEP}_{C_{k,J}|\mathcal{D}_I}(\hat{C}_{k,J})$$
$$+2C_{i,I-i}\mathrm{E}(C_{k,I-i}\mid\mathcal{D}_I)\prod_{j=I-i}^{J-1}f_j^2\sum_{j=I-i}^{J-1}\frac{\sigma_j^2/f_j^2}{S_j^{[I-j-1]}},$$

进而所有事故年的条件 MSEP 可以表示为

$$\mathrm{MSEP}_{\sum_i C_{i,J}|\mathcal{D}_I}\left(\sum_{i=1}^{I}\hat{C}_{i,J}\right)=\mathrm{E}\left(\left(\sum_{i=1}^{I}\hat{C}_{i,J}-\sum_{i=1}^{I}C_{i,J}\right)^2\middle|\mathcal{D}_I\right)$$
$$=\sum_{i=1}^{I}\mathrm{MSEP}_{C_{i,J}|\mathcal{D}_I}(\hat{C}_{i,J})+2\sum_{1\leqslant i<k\leqslant I}C_{i,I-i}\mathrm{E}(C_{k,I-i}|\mathcal{D}_I)\prod_{j=I-i}^{J-1}f_j^2\sum_{j=I-i}^{J-1}\frac{\sigma_j^2/f_j^2}{S_j^{[I-j-1]}},$$

相应的估计量为

$$\widehat{\mathrm{MSEP}}_{\sum_i C_{i,J}|\mathcal{D}_I}\left(\sum_{i=1}^{I}\hat{C}_{i,J}\right)=\sum_{i=1}^{I}\widehat{\mathrm{MSEP}}_{C_{i,J}|\mathcal{D}_I}(\hat{C}_{i,J})+2\sum_{1\leqslant i<k\leqslant I}C_{i,I-i}\hat{C}_{k,I-i}\prod_{j=I-i}^{J-1}\hat{f}_j^2\sum_{j=I-i}^{J-1}\frac{\widehat{\sigma}_j^2/\hat{f}_j^2}{S_j^{[I-j-1]}},$$
$$=\sum_{i=1}^{I}\widehat{\mathrm{MSEP}}_{C_{i,J}|\mathcal{D}_I}(\hat{C}_{i,J})+2\sum_{1\leqslant i<k\leqslant I}\hat{C}_{i,J}\hat{C}_{k,J}\sum_{j=I-i}^{J-1}\frac{\widehat{\sigma}_j^2/\hat{f}_j^2}{S_j^{[I-j-1]}}.$$

2）条件 MSEP 的第二种估计方法

所有事故年的条件 MSEP 可以表示为

$$\mathrm{MSEP}_{\sum_i C_{i,J}|\mathcal{D}_I}\left(\sum_{i=1}^{I}\hat{C}_{i,J}\right)=\mathrm{E}\left(\left(\sum_{i=1}^{I}\hat{C}_{i,J}-\sum_{i=1}^{I}C_{i,J}\right)^2\middle|\mathcal{D}_I\right)$$
$$=\mathrm{Var}\left(\sum_{i=1}^{I}C_{i,J}\middle|\mathcal{D}_I\right)+\left(\sum_{i=1}^{I}\hat{C}_{i,J}-\mathrm{E}\left(\sum_{i=1}^{I}C_{i,J}\middle|\mathcal{D}_I\right)\right)^2.$$

由不同事故年的独立性假设可知，上式后一个等号右边第一项可以表示为

$$\mathrm{Var}\left(\sum_{i=1}^{I}C_{i,J}\mid\mathcal{D}_I\right)=\sum_{i=1}^{I}\mathrm{Var}(C_{i,J}\mid\mathcal{D}_I).\tag{2.15}$$

对于第二项，类似于单一事故年的条件参数误差的推导，考虑

$$T_j=f_{I-i}\cdots f_{j-1}(\hat{f}_j-f_j)\hat{f}_{j+1}\cdots\hat{f}_{J-1},$$

则有

$$f_{I-k}\cdots f_{I-i-1}f_{I-i}\cdots f_{j-1}(\hat{f}_j-f_j)\hat{f}_{j+1}\cdots\hat{f}_{J-1}=f_{I-k}\cdots f_{I-i-1}T_j,$$
$$\hat{f}_{I-k}\cdots\hat{f}_{J-1}-f_{I-k}\cdots f_{J-1}$$
$$\approx f_{I-k}\cdots f_{I-i-1}\hat{f}_{I-i}\cdots\hat{f}_{J-1}-f_{I-k}\cdots f_{I-i-1}f_{I-i}\cdots f_{J-1}$$
$$=f_{I-k}\cdots f_{I-i-1}(\hat{f}_{I-i}\cdots\hat{f}_{J-1}-f_{I-i}\cdots f_{J-1})$$
$$=f_{I-k}\cdots f_{I-i-1}(T_{I-i}+\cdots+T_{J-1}),$$

进而所有事故年的条件参数误差可以表示为

$$
\begin{aligned}
&\left(\sum_{i=1}^{I}\hat{C}_{i,J}-\mathrm{E}\left(\sum_{i=1}^{I}C_{i,J}\,\middle|\,\mathcal{D}_I\right)\right)^2\\
&=\left(\sum_{i=1}^{I}(\hat{C}_{i,J}-\mathrm{E}(C_{i,J}\mid\mathcal{D}_I))\right)^2=\sum_{i,k}(\hat{C}_{i,J}-\mathrm{E}(C_{i,J}\mid\mathcal{D}_I))(\hat{C}_{k,J}-\mathrm{E}(C_{k,J}\mid\mathcal{D}_I))\\
&=\sum_{i,k}C_{i,I-i}(\hat{f}_{I-i}\cdots\hat{f}_{J-1}-f_{I-i}\cdots f_{J-1})C_{k,I-k}(\hat{f}_{I-k}\cdots\hat{f}_{J-1}-f_{I-k}\cdots f_{J-1})\\
&\approx\sum_{i,k}C_{i,I-i}C_{k,I-k}f_{I-k}\cdots f_{I-i-1}\,(T_{I-i}+\cdots+T_{J-1})^2\\
&=\sum_{i,k}C_{i,I-i}C_{k,I-k}f_{I-k}\cdots f_{I-i-1}\left(\sum_{j=I-i}^{J-1}T_j\right)^2\\
&\approx\sum_{i,k}C_{i,I-i}C_{k,I-k}f_{I-k}\cdots f_{I-i-1}\left(\sum_{j=I-i}^{J-1}T_j^2\right).
\end{aligned}
$$

将上式中 $i=k$ 的项分离出来，与式(2.15)中对应的项合并，可以得出

$$
\mathrm{MSEP}_{\sum_i C_{i,J}\mid\mathcal{D}_I}\left(\sum_{i=1}^{I}\hat{C}_{i,J}\right)=\sum_{i=1}^{I}\mathrm{MSEP}_{C_{i,J}\mid\mathcal{D}_I}(\hat{C}_{i,J})+2\sum_{1\leqslant i<k\leqslant I}C_{i,I-i}C_{k,I-k}f_{I-k}\cdots f_{I-i-1}\left(\sum_{j=I-i}^{J-1}T_j^2\right),
$$

相应的估计量为

$$
\begin{aligned}
&\widehat{\mathrm{MSEP}}_{\sum_i C_{i,J}\mid\mathcal{D}_I}\left(\sum_{i=1}^{I}\hat{C}_{i,J}\right)\\
&=\sum_{i=1}^{I}\widehat{\mathrm{MSEP}}_{C_{i,J}\mid\mathcal{D}_I}(\hat{C}_{i,J})+2\sum_{1\leqslant i<k\leqslant I}C_{i,I-i}C_{k,I-k}\hat{f}_{I-k}\cdots\hat{f}_{I-i-1}\left(\sum_{j=I-i}^{J-1}\hat{f}_{I-i}^2\cdots\hat{f}_{j-1}^2\hat{f}_{j+1}^2\cdots\hat{f}_{J-1}^2\,\frac{\widehat{\sigma}_j^2}{\sum_{i=0}^{I-j-1}C_{i,j}}\right)\\
&=\sum_{i=1}^{I}\widehat{\mathrm{MSEP}}_{C_{i,J}\mid\mathcal{D}_I}(\hat{C}_{i,J})+2\sum_{1\leqslant i<k\leqslant I}\hat{C}_{i,J}\hat{C}_{k,J}\left(\sum_{j=I-i}^{J-1}\frac{\widehat{\sigma}_j^2/\hat{f}_j^2}{S_j^{[I-j-1]}}\right).
\end{aligned}
$$

2.1.3　数值实例

一、数据来源

下面通过两个数值实例来说明如何利用 Mack 模型估计事故年 $i(1\leqslant i\leqslant I)$和所有事故年的条件 MSEP，并采用 R 软件对其进行数值实现. 其中，第一个实例的累计赔款流量三角形数据如表 2.2 所示，这些数据来源于 Wüthrich 和 Merz(2008)；第二个实例的增量赔款流量三角形数据如表 2.3 所示，这些数据最早见于 Taylor 和 Ashe(1983). 值得指出的是，在非寿险索赔准备金评估中，表 2.3 中的数据在随后的精算文献中多次被引用，可视为经典数据. 为了更好地与已有研究进行比较，本书各章也多次使用该经典数据.

表 2.2 第一个实例的累计赔款流量三角形

事故年＼进展年	0	1	2	3	4	5	6	7	8	9
0	5 946 975	9 668 212	10 563 929	10 771 690	10 978 394	11 040 518	11 106 331	11 121 181	11 132 310	11 148 124
1	6 346 756	9 593 162	10 316 383	10 468 180	10 536 004	10 572 608	10 625 360	10 636 546	10 648 192	
2	6 269 090	9 245 313	10 092 366	10 355 134	10 507 837	10 573 282	10 626 827	10 635 751		
3	5 863 015	8 546 239	9 268 771	9 459 424	9 592 399	9 680 740	9 724 068			
4	5 778 885	8 524 114	9 178 009	9 451 404	9 681 692	9 786 916				
5	6 184 793	9 013 132	9 585 897	9 830 796	9 935 753					
6	5 600 184	8 493 391	9 056 505	9 282 022						
7	5 288 066	7 728 169	8 256 211							
8	5 290 793	7 648 729								
9	5 675 568									

数据来源：数据来自 Wüthrich 和 Merz(2008).

表 2.3 第二个实例的增量赔款流量三角形

事故年＼进展年	0	1	2	3	4	5	6	7	8	9
0	357 848	766 940	610 542	482 940	527 326	574 398	146 342	139 950	227 229	67 948
1	352 118	884 021	933 894	1 183 289	445 745	320 996	527 804	266 172	425 046	
2	290 507	1 001 799	926 219	1 016 654	750 816	146 923	495 992	280 405		
3	310 608	1 108 250	776 189	1 562 400	272 482	352 053	206 286			
4	443 160	693 190	991 983	769 488	504 851	470 639				
5	396 132	937 085	847 498	805 037	705 960					
6	440 832	847 631	1 131 398	1 063 269						
7	359 480	1 061 648	1 443 370							
8	376 686	986 608								
9	344 014									

数据来源：数据来自 Taylor 和 Ashe(1983).

二、Mack 模型的估计结果

应用上一小节的结论，编程计算得到基于 Mack 模型的最终损失和索赔准备金的估计值及相应的条件 MSEP 估计. 表 2.4 和表 2.5 分别给出了第一个实例和第二个实例的主要数值结论，其中两个表最后一列给出的预测误差由第 6 列除以第 3 列得到，分别表示事故年 i 和所有事故年的 MSEP 的平方根占估计的索赔准备金的比例,用来衡量估计的索赔准备金的波动性,其定义类似于通常所说的变异系数.

表 2.4 第一个实例中基于 Mack 模型得到的均值估计和 MSEP 估计

事故年 i	$\hat{C}_{i,J}$	$\hat{R}_i$	$\sqrt{\widehat{\mathrm{Var}}(C_{i,J}\mid\mathcal{D}_I)}$	$\sqrt{\widehat{\mathrm{Var}}(\hat{C}_{i,J}\mid\mathcal{D}_I)}$	$\sqrt{\widehat{\mathrm{MSEP}}_{C_{i,J}\mid\mathcal{D}_I}(\hat{C}_{i,J})}$	预测误差
0	11 148 124					
1	10 663 318	15 126	191	187	268	1.77%
2	10 662 008	26 257	742	535	915	3.48%
3	9 758 606	34 538	2 669	1 493	3 059	8.86%
4	9 872 218	85 302	6 832	3 392	7 628	8.94%
5	10 092 247	156 494	30 478	13 517	33 341	21.30%
6	9 568 143	286 121	68 212	27 286	73 467	25.68%
7	8 705 378	449 167	80 076	29 675	85 398	19.01%
8	8 691 971	1 043 242	126 960	43 903	134 336	12.88%
9	9 626 383	3 950 815	389 783	129 769	410 817	10.40%
协方差项				116 811		
总计		6 047 064	424 379	185 026	462 960	7.66%

表 2.5 第二个实例中基于 Mack 模型得到的均值估计和 MSEP 估计

事故年 i	$\hat{C}_{i,J}$	$\hat{R}_i$	$\sqrt{\widehat{\mathrm{Var}}(C_{i,J}\mid\mathcal{D}_I)}$	$\sqrt{\widehat{\mathrm{Var}}(\hat{C}_{i,J}\mid\mathcal{D}_I)}$	$\sqrt{\widehat{\mathrm{MSEP}}_{C_{i,J}\mid\mathcal{D}_I}(\hat{C}_{i,J})}$	预测误差
0	3 901 463					
1	5 433 719	94 634	48 832	57 628	75 535	79.82%
2	5 378 826	469 511	90 524	81 338	121 699	25.92%
3	5 297 906	709 638	102 622	85 464	133 549	18.82%
4	4 858 200	984 889	227 880	128 078	261 406	26.54%
5	5 111 171	1 419 459	366 582	185 867	411 010	28.96%
6	5 660 771	2 177 641	500 202	248 023	558 317	25.64%
7	6 784 799	3 920 301	785 741	385 759	875 328	22.33%
8	5 642 266	4 278 972	895 570	375 893	971 258	22.70%
9	4 969 825	4 625 811	1 284 882	455 270	1 363 155	29.47%
协方差项				1 353 961		
总计		18 680 856	1 878 292	1 568 888	2 447 323	13.10%

三、主要结论

由上述两个数值实例可以得出以下结论:

(1) 索赔准备金的 MSEP 的估计值随着事故年已知信息的减少而增加. 举例来讲,针对第 9 个事故年,仅有一个赔款数据,此时信息最少,所以估计的 MSEP 最大. 该结论与实际相符,因为已知的信息越少,估计的误差就越大.

(2) 估计结果的稳定性. 在 Mack 模型假设下,得到的总的索赔准备金估计的波动性比较小,部分地说明了该方法比较稳定.

（3）Mack 模型比较容易理解，在计算机上易于编程计算.

第二节　非参数 Bootstrap 方法

本节介绍应用非参数 Bootstrap 方法估计索赔准备金的 MSEP 的详细过程. 本节共分三小节：第一小节介绍基于非参数 Bootstrap 方法的随机性链梯法；第二小节介绍非参数 Bootstrap 方法中 MSEP 的估计；第三小节结合经典流量三角形数据给出非参数 Bootstrap 方法的估计结果和主要结论.

2.2.1　基于非参数 Bootstrap 方法的随机性链梯法

一、在链梯法中应用非参数 Bootstrap 方法的基本思路

令 $X_{i,j}$ 和 $C_{i,j}$（$0\leqslant i\leqslant I, 0\leqslant j\leqslant J$）分别表示事故年 i、进展年 j 的增量赔款额和累计赔款额，且不失一般性，假设 $I=J$；R_i 和 R 分别表示事故年 i 的索赔准备金和所有事故年总的索赔准备金. 在链梯法中应用非参数 Bootstrap 方法的基本步骤可以描述如下：

（1）对给定的累计赔款流量三角形，应用链梯法估计事故年 i、进展年 j 的累计赔款额 $\hat{C}_{i,j}$（$i+j\geqslant I+1$），进而得到事故年 i 的索赔准备金 R_i 和所有事故年总的索赔准备金 R 的均值估计 $\hat{R}_i$ 和 $\hat{R}$，其估计过程如表 2.1 所示.

（2）保持对角线的最近评估日历年累计赔款额 $C_{i,I-i}$（$0\leqslant i\leqslant I$）不变，由累计进展因子和对角线数据，逆向计算得到以往每个进展年的累计赔款额的拟合值 $\widetilde{C}_{i,j}$（$i+j\leqslant I-1$），进而得到上三角增量赔款额的拟合值 $\widetilde{X}_{i,j}$（$i+j\leqslant I$），即

$$
\begin{aligned}
&\widetilde{C}_{i,j} = C_{i,I-i}\Big/\prod_{k=j}^{I-i-1}\hat{f}_k, \quad \widetilde{X}_{i,0} = \widetilde{C}_{i,0}, \\
&\widetilde{X}_{i,j} = \widetilde{C}_{i,j} - \widetilde{C}_{i,j-1} \quad (i+j\leqslant I-1).
\end{aligned} \tag{2.16}
$$

显然，对角线两端点处的增量赔款额拟合值保持不变，即

$$\widetilde{X}_{0,I}=X_{0,I}, \quad \widetilde{X}_{I,0}=X_{I,0},$$

其他增量赔款额拟合值满足

$$\widetilde{X}_{i,I-i}=C_{i,I-i}-\widetilde{C}_{i,I-i-1} \quad (1\leqslant i\leqslant I-1).$$

（3）上三角增量赔款额的拟合值 $\widetilde{X}_{i,j}$ 与给定的增量赔款额 $X_{i,j}$ 之差就是残差. 通过对残差进行分析，选定合适的残差类型，并对残差进行调整[①]，然后对调整后的残差进行 Bootstrap 重抽样，再对 Bootstrap 重抽样进行变换，得到一次模拟的上三角增量赔款额 $X^*_{i,j}$ 和累计赔款额 $C^*_{i,j}$（$i+j\leqslant I$）.

---

① 本节后续部分将介绍残差的调整细节，也可参考第三章关于残差的调整过程.

(4) 应用链梯法计算一次模拟的下三角累计赔款额 $\hat{C}^*_{i,j}$ 和增量赔款额 $\hat{X}^*_{i,j}(i+j\geqslant I+1)$，将这些模拟的增量赔款额求和可得到一次模拟的事故年 $i(1\leqslant i\leqslant I)$ 和所有事故年的索赔准备金的估计 $\hat{R}^*_i$ 和 $\hat{R}^*$，即

$$\hat{R}^*_i=\sum_{j=I-i+1}^{J}\hat{X}^*_{i,j},\quad \hat{R}^*=\sum_{i=1}^{I}\hat{R}^*_i. \tag{2.17}$$

(5) 对调整后的残差进行多次 Bootstrap 重抽样，重复步骤(3)，(4)，可得到多次模拟的索赔准备金估计值和相应的 MSEP 的非参数 Bootstrap 估计[①].

二、残差的类型

对于上三角流量三角形的每个单元格(i,j)，常见的残差有以下三种类型：

(1) Pearson 残差

$$r_{\mathrm{P}}^{(i,j)}=\frac{X_{i,j}-\widetilde{X}_{i,j}}{\sqrt{\widetilde{X}_{i,j}}}; \tag{2.18}$$

(2) Deviance 残差

$$r_{\mathrm{D}}^{(i,j)}=\mathrm{sgn}(X_{i,j}-\widetilde{X}_{i,j})\sqrt{2X_{i,j}\ln(X_{i,j}/\widetilde{X}_{i,j})-X_{i,j}+\widetilde{X}_{i,j}}; \tag{2.19}$$

(3) Anscombe 残差

$$r_{\mathrm{A}}^{(i,j)}=\frac{\frac{3}{2}(X_{i,j}^{2/3}-\widetilde{X}_{i,j}^{2/3})}{\widetilde{X}_{i,j}^{1/6}}. \tag{2.20}$$

这里 $X_{i,j}(i+j\leqslant I)$ 表示给定流量三角形中的真实增量赔款额，$\widetilde{X}_{i,j}(i+j\leqslant I)$ 表示逆向计算得到的增量赔款额的拟合值.

从上述三种残差的定义可以看出，选定残差类型和增量赔款额的拟合值 $\widetilde{X}_{i,j}$ 后，为得到真实增量赔款额 $X_{i,j}$，最简单的方法就是选取 Pearson 残差 $r_{\mathrm{P}}^{(i,j)}$. 也就是说，在保持增量赔款额拟合值 $\widetilde{X}_{i,j}$ 不变的情况下，利用 Bootstrap 方法重新抽取 Pearson 残差 $r_{\mathrm{P}}^{*(i,j)}$，就可以得到如下增量赔款额 $X_{i,j}$ 的 Bootstrap 样本：

$$X^*_{i,j}=r_{\mathrm{P}}^{*(i,j)}\sqrt{\widetilde{X}_{i,j}}+\widetilde{X}_{i,j}. \tag{2.21}$$

上述过程重复多次，每次都可以得到增量赔款额 $X_{i,j}$ 的一个新的 Bootstrap 样本，进而按照前面介绍的步骤进行模拟计算.

最后指出，标准化的残差一般接近于标准正态分布. 可以从不同的角度出发，通过绘制各种类型残差诊断图[②]的方式对残差加以分析，如可以分析各个事故年、进展年、日历年的残

---

① 本节后续部分将详细介绍 MSEP 的非参数 Bootstrap 估计.

② 有关残差诊断图的详细描述也可参考第四章.

差数据. 如果残差在相应的图中呈现出对称分布，那么就可以认为选取的模型对过去赔款数据进行了较好的拟合.

2.2.2 非参数 Bootstrap 方法中 MSEP 的定义和估计

一、MSEP 的定义

在上述基于非参数 Bootstrap 方法的随机性链梯法中，不但可以得到索赔准备金的均值估计，而且可以得到相应的 MSEP 估计，其中索赔准备金的均值估计就是链梯法得到的索赔准备金的估计值，参数估计误差可以描述为多次 Bootstrap 模拟得到的索赔准备金估计值的样本方差，而过程方差通过分散参数 ϕ 乘以多次 Bootstrap 模拟得到的索赔准备金估计值的样本均值进行计算. 通常来说，多次模拟得到的样本均值与链梯法估计的索赔准备金很接近，故可采用分散参数 ϕ 乘以链梯法估计的索赔准备金进行计算[①]. 这里分散参数 ϕ 可以通过 Pearson χ^2 统计量除以自由度得到，其中 Pearson χ^2 统计量为 Pearson 残差平方和，自由度为上三角已有数据个数减去模型中的参数个数，即分散参数 ϕ 的估计量可以表示为

$$\hat{\phi}=\frac{\sum\limits_{i+j\leqslant I}(r_{\mathrm{P}}^{(i,j)})^2}{N-p}=\frac{\sum\limits_{i+j\leqslant I}((X_{i,j}-\widetilde{X}_{i,j})^2/\widetilde{X}_{i,j})}{N-p},\tag{2.22}$$

其中 $N=(I+1)(J+2)/2$ 为样本容量，p 为模型待估参数的个数，且 $p=I+J+1$[②].

二、MSEP 的非参数 Bootstrap 估计

值得注意的是，存在两种计算参数误差的可行处理方式. 下面结合两种处理方式，给出相应的 MSEP 的两种估计方法. 与本章第一节不同的是，在基于非参数 Bootstrap 方法的随机性链梯法中，由于每次模拟计算得到的对角线数据不同，因此最终损失和索赔准备金的估计值虽然也相差一个常数，但并不是一个固定的常数，故最终损失和索赔准备金的 MSEP 估计值并不完全相同，不过差异并不显著. 下面仅给出索赔准备金的 MSEP 的估计形式.

1. 对残差进行 Bootstrap 重抽样，调整得到参数误差

通常来说，在应用非参数 Bootstrap 方法对残差进行有放回的重抽样时，没有考虑模型待估参数的个数，进而低估了参数误差. 为了修正估计偏差，需要考虑参数的个数 p. 为此，可将参数误差乘以 $N/(N-p)$ 加以调整. 故事故年 $i(1\leqslant i\leqslant I)$ 的索赔准备金的 MSEP 的估计量为

---

① 这里过程方差的计算使用了增量赔款额 $X_{i,j}$ 服从过度分散泊松（ODP）分布的假设，有关细节详见第三章.

② 关于 ODP 分布模型中待估参数的个数的介绍详见第三章.

$$\widehat{\mathrm{MSEP}}_{\mathrm{bs}}(i)=\frac{N}{N-p}(\mathrm{SE}_{\mathrm{bs}}(\hat{R}_i))^2+\hat{\phi}\hat{R}_i,\tag{2.23}$$

所有事故年总的索赔准备金的 MSEP 的估计量为

$$\widehat{\mathrm{MSEP}}_{\mathrm{bs}}=\frac{N}{N-p}\left(\mathrm{SE}_{\mathrm{bs}}\left(\sum_i\hat{R}_i\right)\right)^2+\hat{\phi}\sum_i\hat{R}_i.\tag{2.24}$$

上两式中右边第一项表示参数误差,第二项表示过程方差;$\mathrm{SE}_{\mathrm{bs}}(\hat{R}_i)$和 $\mathrm{SE}_{\mathrm{bs}}\left(\sum_i\hat{R}_i\right)$分别表示多次模拟得到的事故年 i 和所有事故年的索赔准备金估计的样本标准差.

2. 对调整后的残差进行 Bootstrap 重抽样

通过将残差乘以因子 $\sqrt{N/(N-p)}$ 进行调整,就得到调整后的残差 $r_{\mathrm{P}}^{\prime(i,j)}$,即

$$r_{\mathrm{P}}^{\prime(i,j)}=\sqrt{\frac{N}{N-p}}r_{\mathrm{P}}^{(i,j)}=\sqrt{\frac{N}{N-p}}\frac{X_{i,j}-\widetilde{X}_{i,j}}{\sqrt{\widetilde{X}_{i,j}}}\quad(i+j\leqslant I),\tag{2.25}$$

进而事故年 $i(1\leqslant i\leqslant I)$的索赔准备金的 MSEP 的估计量为

$$\widehat{\mathrm{MSEP}}_{\mathrm{bs}}(i)=(\mathrm{SE}_{\mathrm{bs}}^{\prime}(\hat{R}_i))^2+\hat{\phi}\hat{R}_i,\tag{2.26}$$

所有事故年总的索赔准备金的 MSEP 的估计量为

$$\widehat{\mathrm{MSEP}}_{\mathrm{bs}}=\left(\mathrm{SE}_{\mathrm{bs}}^{\prime}\left(\sum_i\hat{R}_i\right)\right)^2+\hat{\phi}\sum_i\hat{R}_i,\tag{2.27}$$

其中$(\mathrm{SE}_{\mathrm{bs}}^{\prime}(\hat{R}_i))^2$ 和$\left(\mathrm{SE}_{\mathrm{bs}}^{\prime}\left(\sum_i\hat{R}_i\right)\right)^2$ 表示对调整后的残差重抽样得到的参数误差.

三、MSEP 估计中的合理处理

计算残差 $r_{\mathrm{P}}^{(i,j)}$ 和调整后的残差 $r_{\mathrm{P}}^{\prime(i,j)}$ 时,会发现

$$r_{\mathrm{P}}^{(0,J)}=r_{\mathrm{P}}^{\prime(0,J)}=0,$$

$$r_{\mathrm{P}}^{(I,0)}=r_{\mathrm{P}}^{\prime(I,0)}=0,$$

即流量三角形对角线两端点的残差和调整后的残差都为 0. 理论上这两个残差不应该参与重抽样. 当这两个残差不参与重抽样时,对索赔准备金的均值估计影响很小,却减小了方差. 为了防止方差被低估,本节允许这两个残差参与重抽样.

2.2.3　数值实例

一、数据来源

下面以数值实例说明如何应用非参数 Bootstrap 方法估计索赔准备金的 MSEP. 这里采用 R 软件对其进行数值实现,其累计赔款流量三角形数据如表 2.6 所示,这些数据来源于 England 和 Verrall(1999).

表 2.6　累计赔款流量三角形

事故年＼进展年	0	1	2	3	4	5	6	7	8	9
0	357 848	1 124 788	1 735 330	2 218 270	2 745 596	3 319 994	3 466 336	3 606 286	3 833 515	3 901 463
1	352 118	1 236 139	2 170 033	3 353 322	3 799 067	4 120 063	4 647 867	4 914 039	5 339 085	
2	290 507	1 292 306	2 218 525	3 235 179	3 985 995	4 132 918	4 628 910	4 909 315		
3	310 608	1 418 858	2 195 047	3 757 447	4 029 929	4 381 982	4 588 268			
4	443 160	1 136 350	2 128 333	2 897 821	3 402 672	3 873 311				
5	396 132	1 333 217	2 180 715	2 985 752	3 691 712					
6	440 832	1 288 463	2 419 861	3 483 130						
7	359 480	1 421 128	2 864 498							
8	376 686	1 363 294								
9	344 014									

数据来源：数据来自 England 和 Verrall(1999)，其对应于表 2.3 中的增量赔款数据.

二、应用非参数 Bootstrap 方法估计 MSEP 的具体步骤

下面给出应用非参数 Bootstrap 方法估计索赔准备金的 MSEP 的详细过程：

第一步，利用加权算术平均法计算年度进展因子 $\hat{f}_j(0\leqslant j\leqslant 8)$，其结果如表 2.7 所示，进而按照式(2.16)拟合上三角累计赔款数据，得到伪过去累计赔款数据，它等于对角线上的累计赔款数据除以各年度的累计进展因子. 表 2.8 给出了计算得到的伪过去累计赔款数据.

表 2.7　链梯法估计的年度进展因子

进展年 j	0	1	2	3	4	5	6	7	8
进展因子 $\hat{f}_j$	3.49	1.75	1.46	1.17	1.10	1.09	1.05	1.08	1.02

表 2.8　伪过去累计赔款流量三角形

事故年＼进展年	0	1	2	3	4	5	6	7	8	9
0	270 061	942 678	1 647 172	2 400 610	2 817 960	3 110 531	3 378 874	3 560 909	3 833 515	3 901 463
1	376 125	1 312 904	2 294 081	3 343 423	3 924 682	4 332 157	4 705 889	4 959 416	5 339 085	
2	372 325	1 299 641	2 270 905	3 309 647	3 885 035	4 288 393	4 658 349	4 909 315		
3	366 724	1 280 089	2 236 741	3 259 856	3 826 587	4 223 877	4 588 268			
4	336 287	1 173 846	2 051 100	2 989 300	3 508 995	3 873 311				
5	353 798	1 234 970	2 157 903	3 144 956	3 691 712					
6	391 842	1 367 765	2 389 941	3 483 130						
7	469 648	1 639 355	2 864 498							
8	390 561	1 363 294								
9	344 014									

第二步,计算观测到的真实增量赔款数据和伪过去增量赔款数据.表 2.9 和表 2.10 分别给出了这两类数据.

表 2.9　观测到的真实增量赔款流量三角形

事故年 \ 进展年	0	1	2	3	4	5	6	7	8	9
0	357 848	766 940	610 542	482 940	527 326	574 398	146 342	139 950	227 229	67 948
1	352 118	884 021	933 894	1 183 289	445 745	320 996	527 804	266 172	425 046	
2	290 507	1 001 799	926 219	1 016 654	750 816	146 923	495 992	280 405		
3	310 608	1 108 250	776 189	1 562 400	272 482	352 053	206 286			
4	443 160	693 190	991 983	769 488	504 851	470 639				
5	396 132	937 085	847 498	805 037	705 960					
6	440 832	847 631	1 131 398	1 063 269						
7	359 480	1 061 648	1 443 370							
8	376 686	986 608								
9	344 014									

表 2.10　伪过去增量赔款流量三角形

事故年 \ 进展年	0	1	2	3	4	5	6	7	8	9
0	270 061	672 617	704 494	753 438	417 350	292 571	268 344	182 035	272 606	67 948
1	376 125	936 779	981 176	1 049 342	581 260	407 474	373 732	253 527	379 669	
2	372 325	927 316	971 264	1 038 741	575 388	403 358	369 957	250 966		
3	366 724	913 365	956 652	1 023 114	566 731	397 290	364 391			
4	336 287	837 559	877 254	938 200	519 695	364 316				
5	353 798	881 172	922 933	987 053	546 756					
6	391 842	975 923	1 022 175	1 093 189						
7	469 648	1 169 707	1 225 143							
8	390 561	972 733								
9	344 014									

第三步,由式(2.18)和式(2.25)计算 $r_{\mathrm{P}}^{(i,j)}$ 和 $r_{\mathrm{P}}'^{(i,j)}$. 表 2.11 和表 2.12 分别给出了这两类残差数据,其中 $r_{\mathrm{P}}'^{(i,j)}=\sqrt{55/(55-19)}\,r_{\mathrm{P}}^{(i,j)}=\sqrt{55/36}\,r_{\mathrm{P}}^{(i,j)}=1.2360r_{\mathrm{P}}^{(i,j)}$. 另外,利用式(2.22)也可以得到分散参数 ϕ 的估计值 $\hat{\phi}=52\ 601$.

表 2.11 Pearson 残差流量三角形

事故年＼进展年	0	1	2	3	4	5	6	7	8	9
0	168.93	115.01	−111.94	−311.63	170.23	521.04	−235.52	−98.64	−86.91	0.00
1	−39.14	−54.51	−47.73	130.76	−177.75	−135.47	252.02	25.11	73.64	
2	−134.09	77.35	−45.71	−21.67	231.27	−403.77	207.21	58.77		
3	−92.67	203.92	−184.51	533.16	−390.87	−71.77	−261.92			
4	184.29	−157.75	122.49	−174.18	−20.59	176.15				
5	71.17	59.56	−78.52	−183.21	215.31					
6	78.26	−129.87	108.03	−28.62						
7	−160.76	−99.91	197.16							
8	−22.20	14.07								
9	0.00									

表 2.12 调整后的 Pearson 残差流量三角形

事故年＼进展年	0	1	2	3	4	5	6	7	8	9
0	208.80	142.16	−138.36	−385.19	210.42	644.02	−291.11	−121.92	−107.42	0.00
1	−48.38	−67.38	−59.00	161.62	−219.70	−167.45	311.51	31.04	91.03	
2	−165.74	95.60	−56.50	−26.79	285.86	−499.07	256.12	72.64		
3	−114.54	252.05	−228.06	659.00	−483.12	−88.71	−323.74			
4	227.79	−194.98	151.41	−215.29	−25.45	217.73				
5	87.97	73.62	−97.06	−226.45	266.13					
6	96.74	−160.52	133.53	−35.37						
7	−198.70	−123.50	243.69							
8	−27.44	17.39								
9	0.00									

第四步，对表 2.12 中的 $r_{\mathrm{P}}'^{(i,j)}$ 进行有放回重抽样，从而代替上面求出的调整后的 Pearson 残差. 表 2.13 给出了一次随机抽取的调整后的 Pearson 残差样本 $r_{\mathrm{P}}'^{*(i,j)}$.

表 2.13　随机抽取的调整后的 Pearson 残差流量三角形

事故年 \ 进展年	0	1	2	3	4	5	6	7	8	9
0	-215.29	285.86	0.00	-291.11	73.62	-385.19	-35.37	644.02	285.86	252.05
1	-138.36	72.64	-97.06	-97.06	285.86	227.79	-138.36	-323.74	-198.70	
2	-26.79	-291.11	-499.07	-27.44	-198.70	-226.45	-97.06	-138.36		
3	644.02	142.16	-483.12	-56.50	217.73	0.00	-26.79			
4	-67.38	-160.52	-88.71	133.53	-194.98	161.62				
5	-483.12	208.80	227.79	-228.06	-198.70					
6	-97.06	-48.38	-385.19	-323.74						
7	243.69	-226.45	-160.52							
8	-291.11	-88.71								
9	95.60									

第五步，由表 2.13 中随机抽取的样本 $r_P'^{*(i,j)}$ 和表 2.10 中的伪过去增量赔款数据 $\widetilde{X}_{i,j}$，利用式(2.21)计算非参数 Bootstrap 方法模拟的上三角增量赔款数据样本 $X_{i,j}^*$，进而得出累计赔款数据样本 $C_{i,j}^*$，再根据链梯法就可以得到一次模拟的索赔准备金估计值 $\hat{R}_i^*$ 和 $\hat{R}^*$. 表 2.14～表 2.18 分别给出了这一步的计算结果.

表 2.14　非参数 Bootstrap 方法中一次模拟的增量赔款流量三角形

事故年 \ 进展年	0	1	2	3	4	5	6	7	8	9
0	158 180	907 058	704 494	500 756	464 913	84 224	250 021	456 808	421 857	133 649
1	291 273	1 007 082	885 039	949 921	799 198	552 884	289 150	90 521	257 235	
2	355 980	646 990	479 416	1 010 773	424 665	259 540	310 924	181 654		
3	756 727	1 049 224	484 117	965 970	730 642	397 290	348 221			
4	297 216	690 656	794 167	1 067 538	379 132	461 870				
5	66 432	1 077 172	1 141 774	760 478	399 831					
6	331 088	928 125	632 742	754 704						
7	636 653	924 797	1 047 472							
8	208 635	885 242								
9	400 088									

表 2.15 非参数 Bootstrap 方法中一次模拟的累计赔款流量三角形

事故年\进展年	0	1	2	3	4	5	6	7	8	9
0	158 180	1 065 237	1 769 731	2 270 488	2 735 400	2 819 625	3 069 645	3 526 454	3 948 311	4 081 960
1	291 273	1 298 355	2 183 393	3 133 314	3 932 513	4 485 396	4 774 547	4 865 067	5 122 303	
2	355 980	1 002 970	1 482 387	2 493 160	2 917 825	3 177 365	3 488 289	3 669 943		
3	756 727	1 805 950	2 290 068	3 256 037	3 986 679	4 383 969	4 732 190			
4	297 216	987 872	1 782 039	2 849 577	3 228 709	3 690 579				
5	66 432	1 143 605	2 285 378	3 045 856	3 445 687					
6	331 088	1 259 213	1 891 955	2 646 659						
7	636 653	1 561 450	2 608 922							
8	208 635	1 093 877								
9	400 088									

表 2.16 非参数 Bootstrap 方法中一次模拟的下三角累计赔款流量三角形

事故年\进展年	0	1	2	3	4	5	6	7	8	9
0										4 081 960
1									5 122 303	5 213 094
2								3 669 943	3 951 156	4 021 189
3							4 732 190	4 986 357	5 368 442	5 463 596
4						3 690 579	4 009 975	4 225 352	4 549 123	4 629 755
5					3 445 687	3 816 267	4 146 540	4 369 251	4 704 050	4 787 428
6				2 646 659	3 110 463	3 444 989	3 743 131	3 944 175	4 246 402	4 321 668
7			2 608 922	3 812 197	4 480 250	4 962 095	5 391 533	5 681 113	6 116 434	6 224 846
8		1 093 877	1 909 245	2 789 818	3 278 709	3 631 330	3 945 598	4 157 517	4 476 092	4 555 429
9	400 088	1 519 959	2 652 926	3 876 496	4 555 818	5 045 790	5 482 470	5 776 935	6 219 599	6 329 840

表 2.17 非参数 Bootstrap 方法中一次模拟的下三角增量赔款流量三角形

事故年＼进展年	0	1	2	3	4	5	6	7	8	9
0										
1										90 791
2									281 213	70 033
3								254 167	382 085	95 154
4							319 396	215 377	323 772	80 632
5						370 579	330 273	222 712	334 798	83 378
6					463 804	334 526	298 142	201 044	302 227	75 266
7				1 203 275	668 054	481 845	429 437	289 581	435 321	108 412
8			815 368	880 573	488 891	352 621	314 268	211 919	318 574	79 337
9		1 119 871	1 132 967	1 223 570	679 322	489 972	436 681	294 465	442 664	110 241

表 2.18 非参数 Bootstrap 方法中一次模拟的索赔准备金估计值

事故年 i	一次模拟的索赔准备金估计值 $\hat{R}_i^*$ 和 $\hat{R}^*$
0	
1	90 791
2	351 246
3	731 406
4	939 176
5	1 341 740
6	1 675 009
7	3 615 924
8	3 461 552
9	5 929 752
总计	18 136 597

第六步，多次重复上面的过程，这里重复次数为 10 000 次，每次得到一个新的 Bootstrap 样本和索赔准备金估计值，最后利用式(2.26)和式(2.27)分别得到事故年 i 和所有事故年的索赔准备金的 MSEP 的估计结果，如表 2.19 所示，其中事故年 $i(1\leqslant i\leqslant I)$ 的预测误差是通过 $\sqrt{\widehat{\mathrm{MSEP}}_{\mathrm{bs}}(i)}$ 除以链梯法估计的索赔准备金 $\hat{R}_i$ 得到的，所有事故年的预测误差是通过 $\sqrt{\widehat{\mathrm{MSEP}}_{\mathrm{bs}}}$ 除以 $\hat{R}$ 得到的.

表 2.19 非参数 Bootstrap 方法模拟得到的 MSEP 的估计

事故年 i	链梯法估计的 $\hat{R}_i$	$\sqrt{\hat{\phi}\hat{R}_i}$	$SE'_{bs}(\hat{R}_i)$	$\sqrt{\widehat{MSEP}_{bs}(i)}$	预测误差
0					
1	94 634	70 554	9 063	71 134	75%
2	469 511	157 153	48 041	164 332	35%
3	709 638	193 204	74 836	207 192	29%
4	984 889	227 610	117 811	256 293	26%
5	1 419 459	273 250	181 655	328 122	23%
6	2 177 641	338 448	274 575	435 819	20%
7	3 920 301	454 107	560 452	721 331	18%
8	4 278 972	474 426	918 533	1 033 820	24%
9	4 625 811	493 279	1 917 645	1 980 073	43%
总计	18 680 856	991 281	2 214 855	2 426 566	13%

三、主要结论

从表 2.19 所示的 MSEP 的估计结果可以得出以下结论：

(1) 非参数 Bootstrap 方法估计的 MSEP 随事故年已知信息的减少而增加. 举例来讲，第 9 个事故年仅有 1 个赔款数据，此时信息最少，估计误差最大，故其索赔准备金的 MSEP 最大. 该结论符合实际情况.

(2) 估计结果的合理性. 由非参数 Bootstrap 方法得到的索赔准备金估计的预测误差比较小，部分地说明了该方法比较合理.

(3) Bootstrap 方法简单有效，比较容易理解，在计算机上易于编程计算.

(4) 本节数值实例部分仅对调整后的 Pearson 残差进行重抽样，如果对 Pearson 残差进行重抽样，然后按照式(2.23)和式(2.24)计算 MSEP，结果会稍大一点，进而预测误差也略大一些，但总的来说，差异不大.

(5)与表 2.5 中 Mack 模型的估计结果相比，基于非参数 Bootstrap 方法得到的过程方差更小一些，参数误差更大一些，而 MSEP 的估计结果却很接近. 从一定程度上讲，这两种方法都比较有效.

第三节 本 章 小 结

作为研究的基础，本章详细介绍了两种无分布假设的随机性链梯法，即基于 Mack 模型的随机性链梯法和基于非参数 Bootstrap 方法的随机性链梯法. 总体来看，两种随机性链梯法都是与传统链梯法等价的随机性方法，即两种随机性链梯法下索赔准备金的估计值与传统链梯法下索赔准备金的估计值相同. 在估计 MSEP 时，由于 Mack 模型中推导参数误差的解析形式相对比较困难，可以使用非参数 Bootstrap 方法代替 Mack 模型的解析计算，而且 Bootstrap 方法也能结合具体分布模型假设模拟索赔准备金的预测分布，故 Bootstrap 方法更具优势.

在保险精算实务中，理论模型及其数值实现都很重要. 在深入、系统的理论研究的基础上，本章采用 R 软件进行算法实现，所有算法模块化，可操作性强，处理速度快，实现过程灵活性高. 例如，事故年和进展年可根据需要自由选择；输入流量三角形数据后，所有结果自动实现；等等. 随着精算实务中对索赔准备金波动性度量的日益重视，本章所研究的内容对我国财险公司引入两种最基本的索赔准备金评估随机性方法——Mack 模型和 Bootstrap 方法，具有重要理论意义和实践价值.

第三章　随机性索赔准备金评估的分布模型

在索赔准备金评估的各种随机性方法中，Mack 模型是一种无分布假设的随机性链梯法. 利用 Mack 模型可以得到索赔准备金的 MSEP 估计. 由于 MSEP 只考虑了一阶矩和二阶矩，对索赔准备金的波动性度量还不是很充分. 作为进一步研究，本章考虑基于分布模型的随机性方法. 常见的分布模型主要有 GLM、对数正态模型、索赔进展过程的曲线拟合模型、贝叶斯模型. 本章介绍前三种分布模型，第四章介绍贝叶斯模型.

第一节　广义线性模型

本节在 GLM 框架下研究索赔准备金的 MSEP 估计和预测分布模拟问题，将参数 Bootstrap 方法和非参数 Bootstrap 方法分别应用于一类特殊的 GLM——过度分散泊松(Over-dispersed Poisson, ODP)模型，结合模型假设，提出将传统链梯法合理转化为随机性链梯法的两种思路，进而模拟得到两种思路下索赔准备金的 MSEP 估计和预测分布，并通过精算实务中的数值实例应用 R 软件加以分析.

3.1.1　GLM 的基本框架

一、模型结构

在 GLM 中，假设事故年 i、进展年 j 的增量赔款额 $X_{i,j}$($0\leqslant i\leqslant I, 0\leqslant j\leqslant J$)满足如下结构，且不失一般性，仍假设 $I=J$.

1. 随机部分

假设对于不同的 i 和 j，增量赔款额 $X_{i,j}$($0\leqslant i\leqslant I, 0\leqslant j\leqslant J$)相互独立，且服从 EDF 分布，其密度函数可以表示为

$$f(x;\theta_{i,j},\phi_{i,j},w_{i,j})=a\left(x,\frac{\phi_{i,j}}{w_{i,j}}\right)\exp\left\{\frac{x\theta_{i,j}-b(\theta_{i,j})}{\phi_{i,j}/w_{i,j}}\right\},\tag{3.1}$$

其中 $b(\cdot)$为实值二次可微函数，使得$(b')^{-1}(\cdot)$存在；$\theta_{i,j}$为自然参数；$\phi_{i,j}$为大于 0 的分散参数；$w_{i,j}$为某个大于 0 的已知常数，表示风险暴露权数；$a(\cdot,\cdot)$为适当的实值函数，使得上述密度函数积分等于 1. 可以证明

$$\mathrm{E}(X_{i,j})=x_{i,j}=b'(\theta_{i,j}),\quad \mathrm{Var}(X_{i,j})=\frac{\phi_{i,j}}{w_{i,j}}b''(\theta_{i,j}).\tag{3.2}$$

也就是说，随机部分 $X_{i,j}$ 满足如下条件：

$$\mathrm{E}(X_{i,j}) = x_{i,j}, \quad \mathrm{Var}(X_{i,j}) = \frac{\phi_{i,j}}{w_{i,j}} V(x_{i,j}), \tag{3.3}$$

其中分散参数 $\phi_{i,j}>0$，$V(\cdot)$ 为适当的方差函数，$w_{i,j}$ 为已知的权重，且 $w_{i,j}>0$.

在这种情况下，模型包含 $(I+1)(J+1)$ 个未知参数 $x_{i,j}$，其中 $x_{i,j}$ 为 $X_{i,j}$ 的期望值. 我们需要利用上三角流量三角形 $\mathcal{D}_I=\{X_{i,j} \mid i+j\leqslant I\}$ 估计 $x_{i,j}$，进而预测下三角数据 $\mathcal{D}_I^c=\{X_{i,j} \mid i+j>I\}$. 这意味着需要把已知的上三角信息合理转移到下三角附加结构中，即需要减少未知参数的个数. 这可以通过下面的系统部分来解决.

2. 系统部分

假设 $x_{i,j}(0\leqslant i\leqslant I, 0\leqslant j\leqslant J)$ 可通过由较少未知参数构成的向量 $\boldsymbol{b}=(b_1,\cdots,b_p)^{\mathrm{T}}$ 来确定，并且由 $\boldsymbol{b}$ 可产生一个线性预估量 $\boldsymbol{\eta}=(\eta_{i,j})$，其中 $\eta_{i,j}$ 定义为

$$\eta_{i,j} = \boldsymbol{\Gamma}_{i,j}\boldsymbol{b}, \tag{3.4}$$

这里 $\boldsymbol{\Gamma}_{i,j}$ 为适当的 $1\times p$ 维设计矩阵，也称为模型矩阵.

3. 响应函数和联结函数

随机部分和系统部分之间可以通过一个响应函数 $h(\cdot)$ 联结起来，即

$$x_{i,j} = h(\eta_{i,j}). \tag{3.5}$$

如果响应函数 $h(\cdot)$ 的反函数 $g=h^{-1}$ 存在，即

$$g(x_{i,j}) = \eta_{i,j} = \boldsymbol{\Gamma}_{i,j}\boldsymbol{b}, \tag{3.6}$$

那么称 $g(\cdot)$ 为联结函数.

二、模型待估参数的个数

下面进一步假设 $X_{i,j}$ 的均值满足如下乘积结构：

$$x_{i,j} = \mu_i\gamma_j, \tag{3.7}$$

其中 μ_i 表示事故年 i 的风险暴露数①，γ_j 表示不同进展年 j 的进展模式②.

式(3.7)所示的乘积结构不但可以准确定义信息如何从上三角转移到下三角，而且能将未知参数的个数从 $(I+1)(J+1)$ 减少到 $I+J+2$. 另外，对于这种乘积结构，可以很直接地选择对数联结函数 $g(\cdot)=h^{-1}(\cdot)=\ln(\cdot)$，即

$$\eta_{i,j} = \ln x_{i,j} = \ln\mu_i + \ln\gamma_j. \tag{3.8}$$

从式(3.7)可以看出，对于任意常数 $c>0$，$\tilde{\mu}_i=c\mu_i$ 和 $\tilde{\gamma}_j=\gamma_j/c$ 也会给出 $x_{i,j}$ 的相同估计值. 如果设 $\mu_0=1$，则有 $\ln\mu_0=0$，那么 $\eta_{0,j}=\ln\gamma_j$，进而可以推导出

$$\boldsymbol{b} = (0,\ln\mu_1,\cdots,\ln\mu_I,\ln\gamma_0,\cdots,\ln\gamma_J)^{\mathrm{T}}, \tag{3.9}$$

对应的事故年 0、进展年 j 的设计矩阵可以表示为

---

① 根据不同类型的流量三角形，风险暴露数可以取为预期索赔额、预期索赔次数、预期保单数等.

② 类似地，可以考虑预期索赔、预期报案、预期现金流等进展模式.

$$\boldsymbol{\Gamma}_{0,j} = (0,\cdots,0,0,0,\cdots,0,e_{I+j+1},0,\cdots,0), \tag{3.10}$$

其中第 $I+j+1$ 个分量取值为 1,其他分量取值都为 0.

类似地,事故年 i、进展年 j 的设计矩阵为

$$\boldsymbol{\Gamma}_{i,j} = (0,\cdots,0,e_i,0,\cdots,0,e_{I+j+1},0,\cdots,0) \quad (0\leqslant i\leqslant I,0\leqslant j\leqslant J), \tag{3.11}$$

其中第 $i+1$ 个和第 $I+j+2$ 个分量取值为 1,其他分量取值都为 0.

因此,由式(3.4)的定义可以看出,在这种情况下,就可以将 $(I+1)(J+1)$ 个未知参数 $x_{i,j}$ 转化到 $p=I+J+1$ 个未知参数 μ_i 和 γ_j.

三、模型参数估计

对于给定的上三角数据 $\mathcal{D}_I=\{X_{i,j}\mid i+j\leqslant I\}$,可用极大似然估计(MLE)方法来估计未知参数向量 $\boldsymbol{b}$. 也就是说,最大化如下对数似然函数:

$$\begin{aligned} l_{\mathcal{D}_I}(\boldsymbol{b}) &= \ln\prod_{i+j\leqslant I} f(X_{i,j};(b')^{-1}(x_{i,j}),\phi_{i,j},w_{i,j}) \triangleq \sum_{i+j\leqslant I} l(X_{i,j};x_{i,j},\phi_{i,j},w_{i,j}) \\ &= \sum_{i+j\leqslant I} l(X_{i,j};\mu_i\gamma_j,\phi_{i,j},w_{i,j}). \end{aligned} \tag{3.12}$$

令关于未知参数 μ_i 和 γ_j 的 $I+J+1$ 个偏导数等于 0,来最大化式(3.12)所示的对数似然函数 $l_{\mathcal{D}_I}(\boldsymbol{b})$,这样就可以得到 μ_i 和 γ_j 的估计量,进而得到未知参数向量 $\boldsymbol{b}$ 的估计量为

$$\hat{\boldsymbol{b}} = (\widehat{\ln\mu_1},\cdots,\widehat{\ln\mu_I},\widehat{\ln\gamma_0},\cdots,\widehat{\ln\gamma_J})^{\mathrm{T}}, \tag{3.13}$$

这里 $\widehat{\ln\mu_i}=\ln\hat{\mu}_i$, $\widehat{\ln\gamma_j}=\ln\hat{\gamma}_j$. 因此,均值 $x_{i,j}$ 的估计值为

$$\hat{x}_{i,j} = \exp(\hat{\eta}_{i,j}) = \exp(\boldsymbol{\Gamma}_{i,j}\,\hat{\boldsymbol{b}}) = \exp(\widehat{\ln\mu_i}+\widehat{\ln\gamma_j}) = \hat{\mu}_i\hat{\gamma}_j. \tag{3.14}$$

对于下三角数据 $\mathcal{D}_I^c=\{X_{i,j}\mid i+j>I\}$,均值 $x_{i,j}$ 的预测值为

$$\hat{x}_{i,j} = \hat{\mathrm{E}}(X_{i,j}\mid \mathcal{D}_I) = \hat{\mu}_i\hat{\gamma}_j. \tag{3.15}$$

这里有两点需要注意:一是为了估计 $x_{i,j}$,并不需要知道 $\phi_{i,j}$ 和 $w_{i,j}$ 的具体值,只要保证对于任意 i 和 j,$\phi_{i,j}/w_{i,j}$ 为常数即可;二是与经典线性模型不同,GLM 中求解极大似然估计 $\hat{\boldsymbol{b}}$ 时,需要求解非线性方程组. 标准统计软件中 GLM 模块经常使用 Newton-Raphson 算法的变形,即通过诸如 Fisher 计分法(迭代加权最小二乘法 IWLS)的迭代程序来求解. 这种算法也将用于后面 MSEP 的估计中.

3.1.2 基于过度分散泊松模型的随机性链梯法

一、随机性链梯法的模型假设

设事故年 i、进展年 j 的增量赔款额 $X_{i,j}(0\leqslant i\leqslant I,0\leqslant j\leqslant J)$ 服从 ODP 分布,则 ODP 模型可描述为:对所有 i 和 j,$X_{i,j}$ 相互独立且 $X_{i,j}$ 的期望和方差分别为

$$\mathrm{E}(X_{i,j}) = x_{i,j} = \mathrm{e}^{\eta_{i,j}} = \mathrm{e}^{\mu_i+\gamma_j}, \quad \mathrm{Var}(X_{i,j}) = \phi\,\mathrm{E}(X_{i,j}) = \phi\,x_{i,j}, \tag{3.16}$$

其中 μ_i 和 γ_j 分别表示由事故年 i 和进展年 j 决定的因子,ϕ 为分散参数,$\eta_{i,j}$ 为线性预估量.

从式(3.16)可以看出,该模型是一种特殊的 GLM,进而对增量赔款额 $X_{i,j}$ 的均值取对数后就转化为线性模型. 为了唯一确定该模型中的所有参数 μ_i 和 $\gamma_j(0\leqslant i\leqslant I,0\leqslant j\leqslant J)$,假

设 $\mu_0=0$，即该模型只需要估计 $I+J+1$ 个参数[①]，进一步应用 MLE 方法就可以得到 $X_{i,j}$ 的拟合值及预测值.

这里之所以选择这种特殊的 GLM，出于两方面考虑：一是已有理论证明，ODP 模型是与传统链梯法等价的分布模型[②]，在 ODP 模型假设下，索赔准备金的 MLE 和传统链梯法的估计值相同. 这是一个很早就被发现的结论，可以追溯到 1975 年. 二是该模型同时考虑了由事故年和进展年决定的效应，即假设不同事故年 i 和进展年 j 的增量赔款额满足一种乘积结构，形式上比较直观自然.

二、在 ODP 模型中应用 Bootstrap 方法的两种基本思路

传统链梯法从累计赔款流量三角形出发估计索赔准备金，是评估索赔准备金的一种确定性方法，它只能得到索赔准备金的均值估计，不能得到波动性度量. 针对链梯法存在的这一不足之处，可在 ODP 模型中应用 Bootstrap 方法，加以补充. 下面给出在 ODP 模型中应用 Bootstrap 方法的两种基本思路.

1. 应用参数 Bootstrap 方法模拟预测分布的基本思路

（1）定义事故年 i、进展年 j 的累计赔款额 $C_{i,j}\,(0\leqslant i+j\leqslant I)$，并将给定的累计赔款额 $C_{i,j}$ 转化为增量赔款额 $X_{i,j}$. 按照模型假设，求解模型中所有参数 μ_i 和 γ_j 的极大似然估计 $\hat{\mu}_i$ 和 $\hat{\gamma}_j$，进而得到 $X_{i,j}$ 的拟合值和预测值，即

$$\hat{X}_{i,j}=\exp(\hat{\mu}_i+\hat{\gamma}_j)\quad (0\leqslant i\leqslant I,0\leqslant j\leqslant J). \tag{3.17}$$

（2）计算分散参数 ϕ. 类似于 2.2.2 小节中的式(2.22)，分散参数 ϕ 的估计量为

$$\hat{\phi}=\frac{\sum\limits_{i+j\leqslant I}(r_{\mathrm{P}}^{(i,j)})^2}{N-p}=\frac{\sum\limits_{i+j\leqslant I}((X_{i,j}-\hat{X}_{i,j})^2/\hat{X}_{i,j})}{N-p}, \tag{3.18}$$

其中 $N=(I+1)(J+2)/2$ 表示已知上三角数据的个数，$p=I+J+1$ 表示模型参数的个数.

（3）由于模型假设事故年 i、进展年 j 的增量赔款额 $X_{i,j}$ 服从 ODP 分布，故可以将拟合值 $\hat{X}_{i,j}\,(i+j\leqslant I)$ 视为事故年 i、进展年 j 的增量赔款额随机变量的均值，这样就可以从均值为 $\hat{X}_{i,j}$，方差为 $\hat{\phi}\hat{X}_{i,j}$ 的 ODP 分布中抽取随机数，作为模拟的上三角增量赔款额 $X_{i,j}^*\,(i+j\leqslant I)$，并得出模拟数据对应的模型参数的极大似然估计 $\hat{\mu}_i^*$，$\hat{\gamma}_j^*\,(0\leqslant i\leqslant I,0\leqslant j\leqslant J)$，进而得到 $X_{i,j}^*$ 的下三角预测值

$$\hat{X}_{i,j}^*=\exp(\hat{\mu}_i^*+\hat{\gamma}_j^*)\quad (i+j>I). \tag{3.19}$$

（4）对于 $i+j>I$，从均值为 $\hat{X}_{i,j}^*$，方差为 $\hat{\phi}\hat{X}_{i,j}^*$ 的 ODP 分布中随机抽取增量赔款额，并将其求和，即实现了所有事故年总的索赔准备金的预测分布的一次模拟.

（5）多次 Bootstrap 重抽样后，就可以得到总的索赔准备金的预测分布，进而得到均值、

---

① 这 $I+J+1$ 个参数中不包括分散参数 ϕ. 本节后续部分将介绍分散参数 ϕ 的确定.

② 这里需要补充的是，ODP 模型并不是唯一与链梯法等价的随机性模型，Mack 模型也是一种与链梯法等价的随机性模型.

标准差、分位数等相关的分布度量. 考虑到一般情况下，抽样 1000 次即可获得较满意的参数估计值，通常将抽样次数定为 1000 次. 实际上，即使抽取 10 000 次，在 R 软件上的运算所需时间也只是 1 分钟左右.

2. 应用非参数 Bootstrap 方法模拟预测分布的基本思路

正如上文所述，对于 GLM 中的 ODP 模型，由 MLE 方法和链梯法得到的索赔准备金估计是相同的. 可以预期，当选择的残差类型一致时，在 ODP 模型中分别应用参数 Bootstrap 方法和非参数 Bootstrap 方法所得到的结果也应是接近的，而且应用非参数 Bootstrap 方法时，处理会更直观. 其基本思路如下：

(1) 对给定的上三角累计赔款数据，应用链梯法估计下三角中事故年 i、进展年 j 的累计赔款额 $\hat{C}_{i,j}(i+j>I)$，进而得到索赔准备金的均值估计 $\hat{R}_i$ 和 $\hat{R}$.

(2) 保持最近评估日历年累计赔款数据不变，由累计进展因子和对角线数据逆向计算[①]，得到以往每个进展年的累计赔款额的拟合值，然后得到上三角增量赔款额的拟合值，此值与给定的增量赔款额之差就是残差. 默认选取 Pearson 残差.

(3) 对残差进行了调整[②]，再对调整后的残差进行 Bootstrap 重抽样，然后对 Bootstrap 重抽样进行变换，得到一次模拟的上三角增量赔款额，进而得到模拟的累计赔款额.

(4) 应用链梯法计算一次模拟的下三角累计赔款额，并计算模拟的增量赔款额 $\hat{X}_{i,j}^*$ $(i+j>I)$，求和即为一次模拟得到的索赔准备金的均值估计.

(5) 这些模拟的增量赔款额 $\hat{X}_{i,j}^*(i+j>I)$ 也可以视为事故年 i、进展年 j 的增量赔款额随机变量的均值. 这样就可以从均值为 $\hat{X}_{i,j}^*$，方差为 $\hat{\phi}\hat{X}_{i,j}^*$ 的 ODP 分布中抽取随机数，最后把下三角中抽取的增量赔款随机数求和，即实现了对所有事故年总的索赔准备金的预测分布的一次模拟.

(6) 对调整后的残差进行 Bootstrap 重抽样，重复以上过程. 多次 Bootstrap 重抽样后，可得到总的索赔准备金的预测分布，进而得到各种相关的分布度量.

三、MSEP 的估计

1. 利用解析解估计 MSEP

一般使用 MSEP 来描述最终损失和索赔准备金的不确定性. 显然，与 Mack 模型一样，应用 GLM 的一般理论和方法也可以得到最终损失和索赔准备金的 MSEP 估计的解析形式，且最终损失和索赔准备金具有相同的 MSEP 估计值. 由于 ODP 分布属于 EDF 分布，不失一般性，下面在增量赔款额 $X_{i,j}$ 服从 EDF 分布的假设下，分别给出单一事故年和所有事故年的条件 MSEP 和无条件 MSEP 的估计量.

所有事故年的条件 MSEP 的估计量可以表示为

---

① 这种逆向计算能保证 ODP 模型和链梯法的一致性，有关证明详见附录 A.

② 本章后续部分将介绍关于残差的调整.

$$\widehat{\mathrm{MSEP}}_{\sum_i C_{i,J}|\mathcal{D}_I}\left(\sum_{i=1}^{I}\hat{C}_{i,J}\right)=\mathrm{E}\left(\left(\sum_{i=1}^{I}\hat{C}_{i,J}-\sum_{i=1}^{I}C_{i,J}\right)^2\middle|\mathcal{D}_I\right)$$
$$=\mathrm{E}\left(\left(\sum_{i+j>I}\hat{X}_{i,j}-\sum_{i+j>I}X_{i,j}\right)^2\middle|\mathcal{D}_I\right).\quad(3.20)$$

对于 $\mathcal{D}_I$ 可测的估计量 $\sum_{i+j>I}\hat{X}_{i,j}$，式(3.20)的最后一项也可以分解为条件过程方差和条件参数误差两个部分，即

$$\widehat{\mathrm{MSEP}}_{\sum_i C_{i,J}|\mathcal{D}_I}\left(\sum_{i=1}^{I}\hat{C}_{i,J}\right)=\mathrm{Var}\left(\sum_{i+j>I}X_{i,j}\middle|\mathcal{D}_I\right)+\left(\sum_{i+j>I}(\hat{X}_{i,j}-\mathrm{E}(X_{i,j}|\mathcal{D}_I))\right)^2$$
$$=\mathrm{Var}\left(\sum_{i+j>I}X_{i,j}\right)+\left(\sum_{i+j>I}(\hat{X}_{i,j}-\mathrm{E}(X_{i,j}))\right)^2.\quad(3.21)$$

结合式(3.3)，式(3.21)可以进一步表示为

$$\widehat{\mathrm{MSEP}}_{\sum_i C_{i,J}|\mathcal{D}_I}\left(\sum_{i=1}^{I}\hat{C}_{i,J}\right)=\sum_{i+j>I}\mathrm{Var}(X_{i,j})+\left(\sum_{i+j>I}(\hat{X}_{i,j}-\mathrm{E}(X_{i,j}))\right)^2$$
$$=\sum_{i+j>I}\frac{\phi_{i,j}}{w_{i,j}}V(x_{i,j})+\left(\sum_{i+j>I}(\hat{X}_{i,j}-\mathrm{E}(X_{i,j}))\right)^2.\quad(3.22)$$

在式(3.22)中，通过均值 $x_{i,j}$ 引入了方差函数 $V(x_{i,j})=b''((b')^{-1}(x_{i,j}))$[①]. 在给定方差函数 $V(x_{i,j})$ 和参数 $\phi_{i,j}$，$w_{i,j}$ 的情况下，式(3.22)后一等号右边第一项的条件过程方差很容易计算，难点在于计算第二项的条件参数误差.

对式(3.22)两边取期望，可以得到所有事故年的无条件 MSEP 的估计量为

$$\widehat{\mathrm{MSEP}}_{\sum_i C_{i,J}}\left(\sum_{i=1}^{I}\hat{C}_{i,J}\right)=\mathrm{E}\left(\mathrm{MSEP}_{\sum_i C_{i,J}|\mathcal{D}_I}\left(\sum_{i=1}^{I}\hat{C}_{i,J}\right)\right)$$
$$=\sum_{i+j>I}\frac{\phi_{i,j}}{w_{i,j}}V(x_{i,j})+\mathrm{E}\left(\left(\sum_{i+j>I}(\hat{X}_{i,j}-\mathrm{E}(X_{i,j}))\right)^2\right).\quad(3.23)$$

类似地，计算式(3.23)的难点在于最后一项参数误差的估计，这一项可以进一步表示成

$$\mathrm{E}\left(\left(\sum_{i+j>I}(\hat{X}_{i,j}-\mathrm{E}(X_{i,j}))\right)^2\right)=\sum_{i+j>I,m+n>I}\mathrm{E}((\hat{X}_{i,j}-\mathrm{E}(X_{i,j}))(\hat{X}_{m,n}-\mathrm{E}(X_{m,n}))).$$
$$(3.24)$$

一般来说，极大似然估计 $\hat{X}_{i,j}$ 并不是 $\mathrm{E}(X_{i,j})$ 的无偏估计，故式(3.24)中各项的估计可能会有偏差，不过在实际应用中该偏差相对参数误差来讲通常可以忽略不计. 因此式(3.24)中的各项可以通过以下协方差来近似：平方项可以近似为

$$\mathrm{Var}(\hat{X}_{i,j})=\mathrm{Var}(\exp(\hat{\eta}_{i,j}))=\exp(2\eta_{i,j})\mathrm{Var}(\exp(\hat{\eta}_{i,j}-\eta_{i,j}))$$
$$\approx\exp(2\eta_{i,j})\mathrm{Var}(\hat{\eta}_{i,j})=x_{i,j}^2\boldsymbol{\Gamma}_{i,j}\mathrm{Cov}(\hat{\boldsymbol{b}},\hat{\boldsymbol{b}})\boldsymbol{\Gamma}_{i,j}^{\mathrm{T}},\quad(3.25)$$

① 这可以参见式(3.2).

这里用到了$\hat{x}_{i,j}=\exp(\hat{\eta}_{i,j})$，$\hat{\eta}_{i,j}=\boldsymbol{\Gamma}_{i,j}\hat{\boldsymbol{b}}$，以及当 $z\approx 0$ 时，有线性近似 $\exp(z)\approx 1+z$；类似地，交叉项可以近似为

$$\begin{aligned}\mathrm{Cov}(\hat{X}_{i,j},\hat{X}_{m,n}) &\approx \exp(\eta_{i,j}+\eta_{m,n})\mathrm{Cov}(\hat{\eta}_{i,j},\hat{\eta}_{m,n}) \\ &= x_{i,j}x_{m,n}\boldsymbol{\Gamma}_{i,j}\mathrm{Cov}(\hat{\boldsymbol{b}},\hat{\boldsymbol{b}})\boldsymbol{\Gamma}_{m,n}^{\mathrm{T}}.\end{aligned} \tag{3.26}$$

从式(3.25)和式(3.26)可以看出，为了估计参数误差，需要计算 $\hat{\boldsymbol{b}}$ 的协方差阵.这可以通过 Fisher 信息阵 $H(\hat{\boldsymbol{b}})$的逆矩阵来估计，而 $H(\hat{\boldsymbol{b}})$则是统计软件中 GLM 模块的标准输出.

综上所述，在 EDF 分布假设下，所有事故年总的索赔准备金的无条件 MSEP 估计量为

$$\widehat{\mathrm{MSEP}}_{\sum_i C_{i,J}}\left(\sum_{i=1}^{I}\hat{C}_{i,J}\right)=\sum_{i+j>I}\frac{\phi_{i,j}}{w_{i,j}}V(\hat{x}_{i,j})+\sum_{i+j>I,m+n>I}\hat{x}_{i,j}\,\hat{x}_{m,n}\boldsymbol{\Gamma}_{i,j}(H(\hat{\boldsymbol{b}}))^{-1}\boldsymbol{\Gamma}_{m,n}^{\mathrm{T}}. \tag{3.27}$$

同样，按照上面的推导，也可以得出事故年 $i(1\leqslant i\leqslant I)$的索赔准备金的无条件 MSEP 估计量为

$$\widehat{\mathrm{MSEP}}_{C_{i,J}}(\hat{C}_{i,J})=\sum_{I-i<j\leqslant J}\frac{\phi_{i,j}}{w_{i,j}}V(\hat{x}_{i,j})+\sum_{i+j>I,i+k>I}\hat{x}_{i,j}\hat{x}_{i,k}\boldsymbol{\Gamma}_{i,j}(H(\hat{\boldsymbol{b}}))^{-1}\boldsymbol{\Gamma}_{i,k}^{\mathrm{T}}. \tag{3.28}$$

2. 两种 Bootstrap 方法中 MSEP 的估计

在利用式(3.27)和式(3.28)所示的解析形式估计 MSEP 时，涉及相关性处理，计算量非常大.为了避免相关性计算的复杂性，下面考虑两种 Bootstrap 方法中 MSEP 的估计.

在上述应用 Bootstrap 方法计算索赔准备金预测分布的过程中，同时也可以得到 MSEP 的估计[①]，其中参数误差采用 Bootstrap 模拟得到.为了得到参数误差，需要多次重复上述过程得到一系列索赔准备金的均值估计，进而参数误差就是多次 Bootstrap 模拟的索赔准备金估计值的样本方差.对于过程方差，存在两种处理方式：第一种方式是按照 ODP 分布假设，过程方差可通过分散参数的估计量 $\hat{\phi}$ 乘以由链梯法估计的索赔准备金求得.第二种方式是通过从下三角的 ODP 分布假设中抽取随机数，其过程也体现了过程方差.也就是说，事故年 i 的索赔准备金的过程方差可以表示为 $\hat{\phi}$ 与多次模拟得到的事故年 i 的索赔准备金估计值乘积的样本均值.类似地，所有事故年总的索赔准备金的过程方差为 $\hat{\phi}$ 与多次模拟得到的所有事故年总的索赔准备金估计值乘积的样本均值.

最后指出，在估计 MSEP 时，参数 Bootstrap 方法采用式(3.18)估计分散参数 ϕ，非参数 Bootstrap 方法采用式(2.22)估计分散参数 ϕ.我们已验证非参数 Bootstrap 方法中采用逆向计算的增量赔款额拟合值 $\widetilde{X}_{i,j}$与参数 Bootstrap 方法估计的拟合值 $\hat{X}_{i,j}$相同.这证实了两种 Bootstrap 方法的一致性.换句话说，两种 Bootstrap 方法估计的分散参数 ϕ 相同，也体现了逆向计算与 ODP 模型的等价性.

① 正如 2.2.2 小节所述，两种 Bootstrap 方法模拟得到的最终损失和索赔准备金的 MSEP 估计值并不完全相同.

四、非参数 Bootstrap 方法模拟预测分布中的合理处理

1. 调整 Pearson 残差

与应用非参数 Bootstrap 方法估计 MSEP 时的调整类似，在实施模拟预测分布之前，需要先对 $r_P^{(i,j)}$ 进行调整，即将残差乘以 $\sqrt{N/(N-p)}$，进而得到调整后的 $r_P'^{(i,j)}$. 在模拟预测分布中只能对 $r_P'^{(i,j)}$ 进行重抽样. 这是因为，在 $X_{i,j}$ 服从 ODP 分布的假设下，$r_P^{(i,j)}/\sqrt{\phi}=(X_{i,j}-\hat{x}_{i,j})/\sqrt{\phi\,\hat{x}_{i,j}}$ 的均值应为 0，方差应为 1. 但是，已有理论证明①，$r_P^{(i,j)}/\sqrt{\phi}$ 的方差小于 1，因此需要对残差进行调整. 对数值实例中的数据进行验证得出，$r_P^{(i,j)}/\sqrt{\phi}$ 的均值为 0.0026，方差为 0.6667，调整后的均值为 0.0032，方差为 1.0185. 这种调整使得在均值变化不大的情况下，方差接近于 1.

2. 残差重抽样的个数

在计算 $r_P^{(i,j)}$ 和 $r_P'^{(i,j)}$ 的过程中，会发现 $r_P^{(0,J)}=r_P'^{(0,J)}=0$，$r_P^{(I,0)}=r_P'^{(I,0)}=0$，即流量三角形对角线两端点的残差为 0. 理论上，这两个残差不应该参与重抽样. 当这两个残差不参与重抽样时，对索赔准备金估计的均值影响很小，却减小了方差. 为了防止方差被低估，本节允许这两个残差参与重抽样.

3. ODP 模型中的随机抽样问题

在 $X_{i,j}(i+j>I)$ 服从 ODP 分布的假设下，从均值为 $\hat{X}_{i,j}^*$，方差为 $\hat{\phi}\,\hat{X}_{i,j}^*$ 的 ODP 分布中抽取随机数可以转化为从均值为 $\hat{X}_{i,j}^*/\hat{\phi}$ 的泊松分布中抽取随机数，最后乘以 $\hat{\phi}$. 另外，在对调整后的残差 $r_P'^{(i,j)}$ 重抽样时，如果对角线两端点的残差参与重抽样，在模拟预测分布过程中可能出现最后的进展因子 $f_{J-1}<1$ 的情况，从而可能导致模拟的最后一个进展年的增量赔款额 $\hat{X}_{i,J}^*(1\leqslant i\leqslant I)$ 为负的，但泊松分布的均值不能为负的，这样从下三角增量赔款额中随机抽取样本就会出现错误. 为了解决这个问题，本节对模拟出的下三角增量赔款额定义了如下符号函数：

$$\operatorname{sgn}(\hat{X}_{i,j}^*)=\begin{cases}-1, & \hat{X}_{i,j}^*<0,\\ 0, & \hat{X}_{i,j}^*=0,\quad (i+j>I).\\ 1, & \hat{X}_{i,j}^*>0\end{cases}\tag{3.29}$$

在抽取随机数时，先从均值为 $|\hat{X}_{i,j}^*|/\hat{\phi}$ 的泊松分布中抽取，再乘以 $\hat{\phi}\operatorname{sgn}(\hat{X}_{i,j}^*)$.

此外，由于泊松分布的均值是大于 0 的，当模拟得到的进展因子等于 1 时，也会导致增量赔款额为 0. 但这种情形几乎不可能发生，故不会影响预测分布的模拟过程. 为了更完善，也可以对模拟得到的等于 1 的进展因子进行调整，比如将等于 1 的进展因子调整为 $1+10^{-9}$ 等.

---

① 关于残差调整的证明可参见 Wüthrich 和 Merz (2008)的第 7 章第 233～255 页.

3.1.3　数值实例

一、数据来源

本小节中数值实例部分使用的累计赔款流量三角形数据如表 3.1 所示，该经典数据来源于 England 和 Verrall(1999).

表 3.1　累计赔款流量三角形

事故年＼进展年	0	1	2	3	4	5	6	7	8	9
0	357 848	1 124 788	1 735 330	2 218 270	2 745 596	3 319 994	3 466 336	3 606 286	3 833 515	3 901 463
1	352 118	1 236 139	2 170 033	3 353 322	3 799 067	4 120 063	4 647 867	4 914 039	5 339 085	
2	290 507	1 292 306	2 218 525	3 235 179	3 985 995	4 132 918	4 628 910	4 909 315		
3	310 608	1 418 858	2 195 047	3 757 447	4 029 929	4 381 982	4 588 268			
4	443 160	1 136 350	2 128 333	2 897 821	3 402 672	3 873 311				
5	396 132	1 333 217	2 180 715	2 985 752	3 691 712					
6	440 832	1 288 463	2 419 861	3 483 130						
7	359 480	1 421 128	2 864 498							
8	376 686	1 363 294								
9	344 014									

数据来源：数据来自 England 和 Verrall(1999)，与表 2.6 中的数据相同.

二、MSEP 的估计和预测分布的模拟结果

下面以数值实例加以分析. 我们按照 3.1.2 小节的思路，详细给出利用解析解、参数 Bootstrap方法和非参数 Bootstrap 方法估计的 MSEP，并对三种方法得到的结果进行对比分析. 在此基础上，进一步给出利用两种 Bootstrap 方法模拟的索赔准备金的预测分布和相关的分布特征. 这里采用 R 软件对其进行数值实现.

表 3.2～表 3.4 分别给出了利用解析解、参数 Bootstrap 方法和非参数 Bootstrap 方法估计的 MSEP，其中 $\sqrt{\hat{\phi}\hat{R}_i}$ 为过程标准差，是过程方差的平方根，而预测误差是通过 $\sqrt{\widehat{\mathrm{MSEP}}_{\mathrm{bs}}(i)}$ 除以链梯法估计的索赔准备金 $\hat{R}_i$ 得到的. 另外，由于每次模拟得到的索赔准备金的均值估计跟链梯法的估计值差不多，因此在计算过程方差时，可以直接利用链梯法得到的索赔准备金的估计值进行计算，也就是采用前面提到的第一种处理方式. 为了更好地比较前面提到的两种处理过程方差的方式，这里在参数 Bootstrap 方法中采用第二种处理方式，得到的过程方差如表 3.3 的第 3 列所示；在非参数 Bootstrap 方法中采用第一种处理方式，其结果如表 3.4 的第 3 列所示.

表 3.2　由解析解得到的 MSEP 估计

事故年 i	链梯法估计的 $\hat{R}_i$	$\sqrt{\hat{\phi}\hat{R}_i}$	$SE(\hat{R}_i)$	$\sqrt{\widehat{MSEP}(i)}$	预测误差
0					
1	94 634	70 554	84 520	110 098	116%
2	469 511	157 153	148 246	216 041	46%
3	709 638	193 204	175 286	260 870	37%
4	984 889	227 610	200 836	303 548	31%
5	1 419 459	273 250	256 843	375 012	26%
6	2 177 641	338 448	361 732	495 375	23%
7	3 920 301	454 107	646 389	789 957	20%
8	4 278 972	474 426	932 791	1 046 508	24%
9	4 625 811	493 279	1 917 664	1 980 091	43%
总计	18 680 856	991 281	2 773 836	2 945 641	16%

表 3.3　由参数 Bootstrap 方法模拟得到的 MSEP 估计

事故年 i	链梯法估计的 $\hat{R}_i$	$\sqrt{\hat{\phi}\hat{R}_i}$	$SE_{bs}(\hat{R}_i)$	$\sqrt{\widehat{MSEP}_{bs}(i)}$	预测误差
0					
1	94 634	71 381	86 575	112 208	119%
2	469 511	157 773	151 471	218 714	47%
3	709 638	193 738	178 617	263 512	37%
4	984 889	228 136	200 353	303 624	31%
5	1 419 459	273 800	258 765	376 731	27%
6	2 177 641	339 542	370 148	502 294	23%
7	3 920 301	454 869	657 719	799 688	20%
8	4 278 972	476 382	950 266	1 062 989	25%
9	4 625 811	498 324	1 989 568	2 051 026	44%
总计	18 680 856	995 990	2 859 715	3 028 195	16%

表 3.4　由非参数 Bootstrap 方法模拟得到的 MSEP 估计

事故年 i	链梯法估计的 $\hat{R}_i$	$\sqrt{\hat{\phi}\hat{R}_i}$	$SE'_{bs}(\hat{R}_i)$	$\sqrt{\widehat{MSEP}_{bs}(i)}$	预测误差
0					
1	94 634	70 554	9 063	71 134	75%
2	469 511	157 153	48 041	164 332	35%
3	709 638	193 204	74 836	207 192	29%
4	984 889	227 610	117 811	256 293	26%
5	1 419 459	273 250	181 655	328 122	23%

续表

事故年 i	链梯法估计的 $\hat{R}_i$	$\sqrt{\hat{\phi}\hat{R}_i}$	$SE'_{bs}(\hat{R}_i)$	$\sqrt{\widehat{MSEP}_{bs}(i)}$	预测误差
6	2 177 641	338 448	274 575	435 819	20%
7	3 920 301	454 107	560 452	721 331	18%
8	4 278 972	474 426	918 533	1 033 820	24%
9	4 625 811	493 279	1 917 645	1 980 073	43%
总计	18 680 856	991 281	2 214 855	2 426 566	13%

图 3.1 给出了参数 Bootstrap 方法和非参数 Bootstrap 方法模拟的所有事故年总的索赔准备金的完整的预测分布，其对应的分布特征如表 3.5 所示.

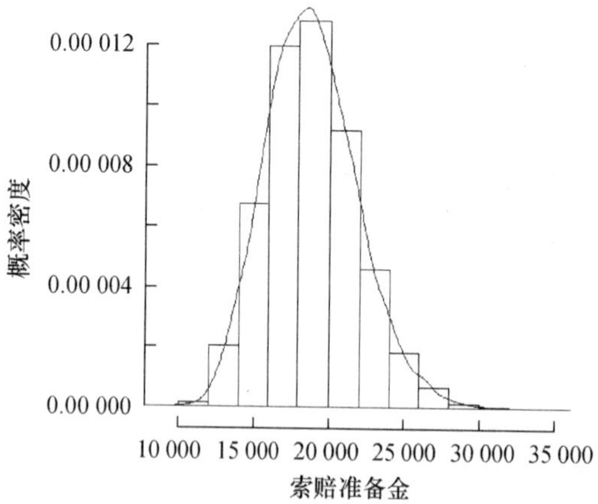

(a) 参数 Bootstrap 方法

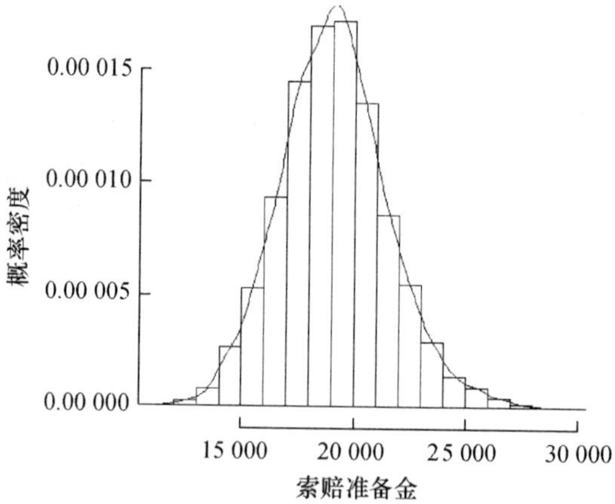

(b) 非参数 Bootstrap 方法

图 3.1　两种 Bootstrap 方法模拟的索赔准备金的预测分布

表 3.5　两种 Bootstrap 方法模拟的索赔准备金的预测分布的分布特征

分布特征	参数 Bootstrap 方法	非参数 Bootstrap 方法
模拟次数	10 000	10 000
均值	18 830 000	19 120 000
标准差	3 040 091	2 386 645
变异系数	0.16	0.12
最小值	9 144 000	11 470 000
25%分位数	16 680 000	17 520 000
中位数	18 640 000	19 040 000
75%分位数	20 740 000	20 620 000
最大值	34 100 000	29 400 000

三、主要结论

从上面的数值结果可以得出以下结论：

(1) 从表 3.3 和表 3.4 可以看出，无论是参数 Bootstrap 方法，还是非参数 Bootstrap 方法，其 MSEP 的估计值都随事故年已知信息的减少而增大. 这与表 3.2 中利用解析解估计得到的结论一致. 举例来讲，对第 9 个事故年，仅有一个赔款数据，此时信息最少，所以估计的 MSEP 最大. 该结论是符合实际的，因为实际中可获得的已知信息越少，估计的误差就会越大，精确度就会降低.

(2) 从表 3.3 和表 3.4 也可以看出，由两种 Bootstrap 方法得到的过程方差、参数误差和 MSEP 都与解析解估计的结果很接近，另外预测误差都比较小. 具体来说，由非参数 Bootstrap方法得到的 MSEP 略低于由解析解得到的估计值，由参数 Bootstrap 方法得到的 MSEP 略高于由解析解得到的估计值. 部分原因取决于两种 Bootstrap 方法计算过程方差的方式. 如果采用统一的方式，由两种方法得到的 MSEP 估计值会更接近一些，但总体来说，差异不大.

(3) Bootstrap 方法思路简单、容易理解、可靠有效，且易于编程实现.

(4) 本节在采用非参数 Bootstrap 方法时，是对调整后的 Pearson 残差进行重抽样. 这种处理方式可以同时得到索赔准备金的 MSEP 估计和预测分布，对索赔准备金的波动性度量更加完善. 如果对 Pearson 残差进行重抽样，然后按照式(2.23)和式(2.24)计算 MSEP，结果会稍大一点，进而预测误差也略大一些.

第二节　对数正态模型

对数正态模型是索赔准备金评估中的分布模型之一. 本节根据流量三角形的具体数据特征，假设累计赔款单个进展因子服从对数正态分布，进而将参数 Bootstrap 方法和非参数 Bootstrap 方法应用于对数正态模型中，得到了索赔准备金的预测分布，并通过精算实务中的数值实例加以分析. 本节的数值实例由当前国际上日益流行的统计软件 R 加以实现.

3.2.1　对数正态模型

一、模型结构

令 $C_{i,j}(0\leqslant i\leqslant I,0\leqslant j\leqslant J)$表示事故年 i、进展年 j 的累计赔款额，假设 $I=J$. 引入单个进展因子 $F_{i,j}=C_{i,j}/C_{i,j-1}$，这里记 $C_{i,-1}=1$，则对数正态模型可以描述如下：

(1) 对于所有 $0\leqslant i\leqslant I,0\leqslant j\leqslant J$，单个进展因子 $F_{i,j}$服从对数正态分布，即 $\eta_{i,j}=\ln F_{i,j}$服从正态分布 $N(\xi_j,\sigma_j^2)$，进而 $F_{i,j}$的期望和方差可以分别表示为

$$\mathrm{E}(F_{i,j})=\exp\left(\xi_j+\frac{1}{2}\sigma_j^2\right),\tag{3.30}$$

$$\mathrm{Var}(F_{i,j})=\exp(2\xi_j+\sigma_j^2)(\exp(\sigma_j^2)-1)=(\mathrm{E}(F_{i,j}))^2(\exp(\sigma_j^2)-1).\tag{3.31}$$

(2) 对于所有 $0\leqslant i\leqslant I,0\leqslant j\leqslant J$，$\eta_{i,j}$是相互独立的.

二、最终损失和索赔准备金的估计

显然，很容易得出参数 ξ_j 和 σ_j^2 的估计量：

$$\hat{\xi}_j = \frac{1}{I-j+1}\sum_{i=0}^{I-j}\eta_{i,j}, \tag{3.32}$$

$$\widehat{\sigma_j^2} = \frac{1}{I-j}\sum_{i=0}^{I-j}(\eta_{i,j}-\hat{\xi}_j)^2. \tag{3.33}$$

引入 $Z_{i,j}=\ln C_{i,j}$，可以推导出

$$Z_{i,J} = Z_{i,I-i}+\sum_{j=I-i+1}^{J}\eta_{i,j}, \quad \hat{Z}_{i,J} = Z_{i,I-i}+\sum_{j=I-i+1}^{J}\hat{\xi}_j, \tag{3.34}$$

进而可以得出事故年 $i(1\leqslant i\leqslant I)$ 的最终损失 $C_{i,J}$ 和索赔准备金 R_i 的估计量

$$\hat{C}_{i,J} = \exp\left(\hat{Z}_{i,J}+\frac{1}{2}\sum_{j=I-i+1}^{J}\widehat{\sigma_j^2}\left(1-\frac{1}{I-j+1}\right)\right), \quad \hat{R}_i = \hat{C}_{i,J}-C_{i,I-i}, \tag{3.35}$$

以及所有事故年总的最终损失 ULT 和索赔准备金 R 的估计量

$$ULT = \sum_{i=0}^{I}\hat{C}_{i,J}, \quad \hat{R} = \sum_{i=1}^{I}\hat{R}_i. \tag{3.36}$$

式(3.35)中估计量 $\hat{C}_{i,J}$ 含有修正因子，其目的是为了保证 $\hat{C}_{i,J}$ 是 $\mathrm{E}(C_{i,J}\mid C_{i,I-i})$ 的近似无偏估计. 实际上，Wüthrich 和 Merz(2008)指出，对于 σ_j^2 已知或未知的情形，分别有不同的估计. 当 σ_j^2 已知时，$\hat{C}_{i,J}$ 记为 $\hat{C}_{i,J}^{\mathrm{LN}}$；当 σ_j^2 未知时，分别有 $\hat{C}_{i,J}^{\mathrm{LN}\sigma,1}$，$\hat{C}_{i,J}^{\mathrm{LN}\sigma,2}$ 等. 考虑到一般要从给定的流量三角形数据估计 σ_j^2，式(3.35)中的 $\hat{C}_{i,J}$ 就是 $\hat{C}_{i,J}^{\mathrm{LN}\sigma,2}$.

另外，由式(3.34)可知，给定 $Z_{i,I-i}$ 条件下，$Z_{i,J}$ 服从方差为 $\sum_{j=I-i+1}^{I}\sigma_j^2$ 的正态分布. 这等价于给定 $C_{i,I-i}$ 条件下，$C_{i,J}$ 服从方差参数为 $\sum_{j=I-i+1}^{I}\sigma_j^2$ 的对数正态分布，即

$$\mathrm{E}(C_{i,J}\mid C_{i,I-i}) = C_{i,I-i}\exp\left(\sum_{j=I-i+1}^{I}\xi_j+\frac{1}{2}\sum_{j=I-i+1}^{I}\sigma_j^2\right), \tag{3.37}$$

$$\mathrm{Var}(C_{i,J}\mid C_{i,I-i}) = (\mathrm{E}(C_{i,J}\mid C_{i,I-i}))^2\exp\left(\sum_{j=I-i+1}^{I}\sigma_j^2-1\right), \tag{3.38}$$

进而可以利用式(3.37)和式(3.38)估计下三角累计赔款额 $C_{i,j}(i+j>I)$.

3.2.2 在对数正态模型中应用 Bootstrap 方法模拟预测分布

在以往关于索赔准备金不确定性的研究中，大多数集中于 MSEP. 由于 MSEP 只考虑了一阶矩和二阶矩，对索赔准备金波动性度量还不是很充分. 作为进一步的研究，在应用 Bootstrap 方法得到 MSEP 的参数误差的同时，结合单个进展因子满足对数正态模型的假设，进一步通过随机模拟，考虑过程方差，最终得到索赔准备金的预测分布. 具体来说，每次 Bootstrap 抽

样后，再应用随机模拟产生下三角流量三角形最后进展年的累计赔款额 $C_{i,J}$[①]的随机数，进而得到索赔准备金的一次模拟值. 重复多次模拟运算，便可得到索赔准备金完整的预测分布. 这里对流量三角形最后进展年产生随机数的目的正是把过程方差考虑进来.

一、在对数正态模型中应用 Bootstrap 方法模拟预测分布的基本思路

Bootstrap 方法包含参数 Bootstrap 方法和非参数 Bootstrap 方法. 下面分别介绍基于这两种方法模拟预测分布的基本思路.

1. 应用参数 Bootstrap 方法模拟预测分布的基本思路

(1) 对给定的上三角累计赔款数据 $C_{i,j}$，首先构造 $\eta_{i,j}$.

(2) 由式(3.32)和式(3.33)估计 $\hat{\xi}_j$ 和 $\widehat{\sigma_j^2}$.

(3) 应用参数 Bootstrap 方法，从正态分布 $N(\hat{\xi}_j,\widehat{\sigma_j^2})$ 中产生独立的随机数 $\eta_{i,j}^*$. 类似于式(3.32)和式(3.33)，估计参数 ξ_j^* 和 σ_j^{2*}：

$$\hat{\xi}_j^* = \frac{1}{I-j+1}\sum_{i=0}^{I-j}\eta_{i,j}^*, \quad \widehat{\sigma_j^{2^*}} = \frac{1}{I-j}\sum_{i=0}^{I-j}(\eta_{i,j}^* - \hat{\xi}_j^*)^2. \tag{3.39}$$

(4) 应用式(3.35)计算模拟的事故年 $i(1\leqslant i\leqslant I)$ 的最终损失估计值 $\hat{C}_{i,J}^*$和索赔准备金估计值 $\hat{R}_i^*$，其中

$$\hat{R}_i^* = \hat{C}_{i,J}^* - C_{i,I-i} = C_{i,I-i}\left(\exp\left(\sum_{j=I-i+1}^{J}\hat{\xi}_j^* + \frac{1}{2}\sum_{j=I-i+1}^{J}\widehat{\sigma_j^{2^*}}\left(1-\frac{1}{I-j+1}\right)\right)-1\right). \tag{3.40}$$

(5) 显然，在正态分布假设下，模拟得到的下三角最后进展年的累计赔款额服从对数正态分布，方差参数为 $\sum_{j=I-i+1}^{I}\widehat{\sigma_j^{2^*}}$，且通过对数正态分布的均值公式可以得出如下均值参数：

$$\ln\hat{C}_{i,J}^* - \frac{1}{2}\sum_{j=I-i+1}^{I}\widehat{\sigma_j^{2^*}}. \tag{3.41}$$

然后从这一对数正态分布中抽取随机数，再根据式(3.40)就可计算出随机抽取的事故年 $i(1\leqslant i\leqslant I)$的索赔准备金，最后把随机抽取的所有事故年的索赔准备金相加，即实现了所有事故年总的索赔准备金的预测分布的一次模拟.

(6) 重复步骤(3)～(5). 多次 Bootstrap 重抽样后，最终得到所有事故年总的索赔准备金的预测分布，进而得到均值、标准差、分位数等相关的分布度量.

2. 应用非参数 Bootstrap 方法模拟预测分布的基本思路

(1) 对给定的上三角累计赔款数据 $C_{i,j}$，首先构造 $\eta_{i,j}$；

(2) 由式(3.32)和式(3.33)估计 $\hat{\xi}_j$ 和 $\widehat{\sigma_j^2}$；

(3) 定义如下残差：

$$D_{i,j} = \frac{\eta_{i,j} - \hat{\xi}_j}{\hat{\sigma}_j} \quad (0\leqslant i\leqslant I, 1\leqslant j\leqslant J); \tag{3.42}$$

---

① 显然，$C_{i,J}$ 服从对数正态分布，其条件均值和方差如式(3.37)和式(3.38)所示.

(4) 从 $D_{i,j}(0\leqslant i\leqslant I,1\leqslant j\leqslant J)$ 中产生独立的随机数 $D_{i,j}^{*}$，然后定义

$$\eta_{i,j}^{*}=\hat{\sigma}_{j}D_{i,j}^{*}+\hat{\xi}_{j}. \tag{3.43}$$

后面的步骤与应用参数 Bootstrap 方法时的步骤(3)～(6)类似.

二、非参数 Bootstrap 方法中对残差的调整

应用非参数 Bootstrap 方法时，由原始数据得到残差数据 $D_{i,j}(0\leqslant i\leqslant I,1\leqslant j\leqslant J)$. 我们期望该残差数据均值为 0，方差为 1. 但实际上，这些残差数据的方差往往小于 1. 这会导致由非参数 Bootstrap 方法得到的参数误差偏小. 为了处理这一问题，需要对残差加以调整，即将残差乘以因子 $\sqrt{N/(N-p)}$，得到如下调整后的残差数据：

$$D'_{i,j}=\sqrt{\frac{N}{N-p}}D_{i,j}\quad(0\leqslant i\leqslant I,1\leqslant j\leqslant J), \tag{3.44}$$

其中 $N=(I+1)(J+2)/2$，p 为待估参数的个数，即有 $p=I+J+1$.

3.2.3 数值实例

一、数据来源

数值实例中使用的累计赔款流量三角形数据来源于 Wüthrich 和 Merz(2008)，如表 3.6 所示. 下面按照 3.2.2 小节中的两种思路，给出在对数正态模型中应用参数 Bootstrap 方法和非参数 Bootstrap 方法模拟所有事故年总的索赔准备金的预测分布的详细过程，进一步给出由预测分布得到的各个分位数及相关的分布度量(如均值、方差、变异系数等). 这里采用 R 软件对其进行数值实现.

表 3.6 累计赔款流量三角形

事故年＼进展年	0	1	2	3	4	5	6	7	8	9
0	5 946.98	9 668.21	10 563.93	10 771.69	10 978.39	11 040.52	11 106.33	11 121.18	11 132.31	11 148.12
1	6 346.76	9 593.16	10 316.38	10 468.18	10 536.00	10 572.61	10 625.36	10 636.55	10 648.19	
2	6 269.09	9 245.31	10 092.37	10 355.13	10 507.84	10 573.28	10 626.83	10 635.75		
3	5 863.02	8 546.24	9 268.77	9 459.42	9 592.40	9 680.74	9 724.07			
4	5 778.89	8 524.11	9 178.01	9 451.40	9 681.69	9 786.92				
5	6 184.79	9 013.13	9 585.90	9 830.80	9 935.75					
6	5 600.18	8 493.39	9 056.51	9 282.02						
7	5 288.07	7 728.17	8 256.21							
8	5 290.79	7 648.73								
9	5 675.57									

数据来源：数据来自 Wüthrich 和 Merz(2008).

二、参数 Bootstrap 方法模拟预测分布的具体步骤

第一步，由表 3.6 得到单个进展因子 $F_{i,j}$，进而得到 $\eta_{i,j}=\ln F_{i,j}$，并估计参数 ξ_j 和 σ_j，结果如表 3.7 所示.

表 3.7　$\eta_{i,j}$ 的值及参数 ξ_j 和 σ_j 的估计值

事故年＼进展年	0	1	2	3	4	5	6	7	8	9
0		0.4860	0.0886	0.0195	0.0190	0.0056	0.0059	0.0013	0.0010	0.0014
1		0.4131	0.0727	0.0146	0.0065	0.0035	0.0050	0.0011	0.0011	
2		0.3885	0.0877	0.0257	0.0146	0.0062	0.0051	0.0008		
3		0.3768	0.0812	0.0204	0.0140	0.0092	0.0045			
4		0.3887	0.0739	0.0294	0.0241	0.0108				
5		0.3766	0.0616	0.0252	0.0106					
6		0.4165	0.0642	0.0246						
7		0.3794	0.0661							
8		0.3686								
9										
$\hat{\xi}_j$		0.3993	0.0745	0.0228	0.0148	0.0071	0.0051	0.0011	0.0010	0.0014
$\hat{\sigma}_j$		0.0364	0.0104	0.0049	0.0062	0.0029	0.0006	0.0002	0.0001	0.0001

第二步，应用式(3.35)得到事故年 i ($1\leqslant i\leqslant I$)的索赔准备金的估计值 $\hat{R}_i$，如表 3.8 所示.

第三步，应用参数 Bootstrap 方法，每次产生独立的随机数 $\eta_{i,j}^{*}$，并由式(3.39)估计参数 ξ_j^{*} 和 σ_j^{2*}.

第四步，应用式(3.40)和式(3.41)得到各事故年索赔准备金的随机数，进而求和得到所有事故年总的索赔准备金的一次模拟值.

第五步，回到第三步，重复以上过程 10 000 次，最后得到索赔准备金的预测分布以及均值、标准差、分位数等分布度量.

表 3.8　各事故年索赔准备金的估计

事故年	索赔准备金
0	
1	15.13
2	26.27
3	34.51
4	85.05
5	157.37
6	287.69

续表

事故年	索赔准备金
7	451.95
8	1 043.00
9	3 945.35
总计	6 046.31

综上所述，参数 Bootstrap 方法模拟的所有事故年总的索赔准备金的预测分布如图 3.2(a)所示，其对应的分布特征如表 3.9 的第 2 列所示.

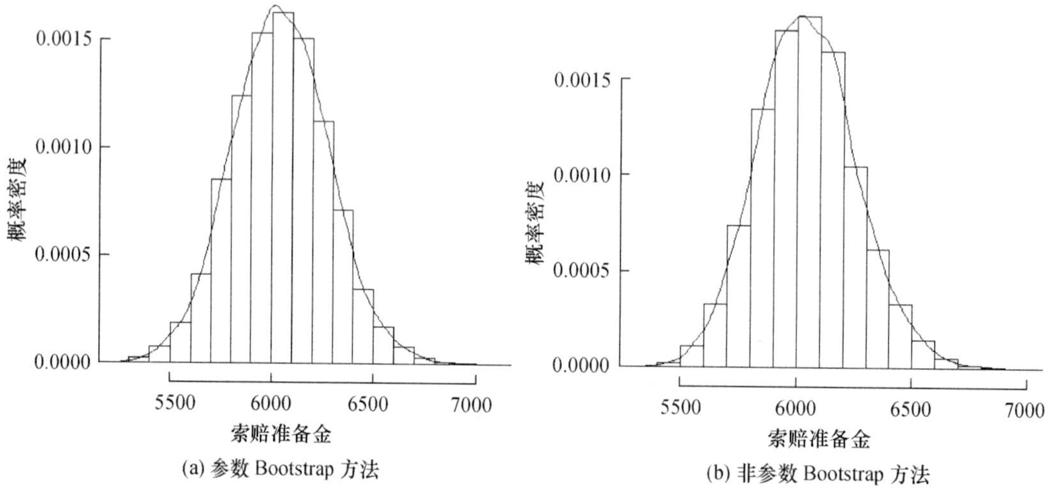

图 3.2 两种 Bootstrap 方法模拟的索赔准备金的预测分布

表 3.9 两种 Bootstrap 方法模拟的索赔准备金预测分布的分布特征

分布特征	参数 Bootstrap 方法	非参数 Bootstrap 方法
模拟次数	10 000	10 000
均值	6 041.93	6 045.31
标准差	238.63	215.51
变异系数	0.04	0.04
50%分位数	6 037.52	6 037.21
75%分位数	6 199.96	6 182.83
90%分位数	6 346.39	6 323.33
95%分位数	6 346.59	6 415.38
97.5%分位数	6 525.41	6 496.59
99%分位数	6 625.25	6 587.34
99.5%分位数	6 696.60	6 658.54

三、非参数 Bootstrap 方法模拟预测分布的具体步骤

第一步,与参数 Bootstrap 方法一样,由表 3.6 得到单个进展因子 $F_{i,j}$,并得到 $\eta_{i,j}=\ln F_{i,j}$,再估计参数 ξ_j 和 σ_j,然后根据式(3.42)计算残差,结果如表 3.10 所示.

表 3.10　残差 $D_{i,j}$ 的值

事故年＼进展年	0	1	2	3	4	5	6	7	8	9
0		2.3810	1.3516	−0.6690	0.6811	−0.4849	1.3584	1.0442	−0.7071	0.0000
1		0.3782	−0.1731	−1.6609	−1.3468	−1.2293	−0.2155	−0.0952	0.7071	
2		−0.2986	1.2616	0.5994	−0.0249	−0.2911	−0.0945	−0.9490		
3		−0.6191	0.6388	−0.4888	−0.1347	0.7216	−1.0485			
4		−0.2931	−0.0554	1.3429	1.4996	1.2838				
5		−0.6257	−1.2335	0.5024	−0.6743					
6		0.4712	−0.9860	0.3739						
7		−0.5479	−0.8041							
8		−0.8461								
9										

第二步,从 $D_{i,j}(0\leqslant i\leqslant I,1\leqslant j\leqslant J)$中产生独立随机数 $D_{i,j}^*$,然后由式(3.43)定义 $\eta_{i,j}^*$,并由式(3.39)估计参数 ξ_j^* 和σ_j^{2*}.

后续步骤类似于应用参数 Bootstrap 方法时的第四、五步. 重复模拟运算 10 000 次后,得到所有事故年总的索赔准备金的预测分布以及均值、标准差、分位数等分布度量. 非参数 Bootstrap 方法模拟的所有事故年总的索赔准备金的预测分布如图 3.2(b)所示,其对应的分布特征如表 3.9 的第 3 列所示.

四、两种残差调整后的非参数 Bootstrap 方法

1. 第一种残差调整后的非参数 Bootstrap 方法

比较表 3.9 中两种 Bootstrap 方法模拟的预测分布的分布特征,较明显的差别在于标准差,其中由非参数 Bootstrap 方法得到的预测分布的标准差更小一些. 从中可以看出,如果不对残差加以调整,那么索赔准备金的标准差就会被低估. 导致这种后果的原因在于残差的标准差较小. 可以验证,对表 3.10 中的残差数据,如果不考虑右上角的 0,而考虑 44 个残差,标准差为 0.915. 因此,可以按照式(3.44)给出的方法调整残差,注意这里数据个数为 55,参数个数为 19. 进而,得到残差调整后的非参数 Bootstrap 方法模拟的所有事故年总的索赔准备金的预测分布,如图 3.3(a)所示,其对应的分布特征如表 3.11 的第 2 列所示.

2. 第二种残差调整后的非参数 Bootstrap 方法

比较表 3.9 的第 3 列和表 3.11 的第 2 列，发现残差调整后，索赔准备金的标准差增大. 再与表 3.9 的第 2 列相比，感觉残差调整后，索赔准备金的标准差有被高估的可能. 为此，这里给出另一种残差调整方法. 这种调整的思路在于把原来的残差 $D_{i,j}$ 除以所有残差的标准差，这种处理使得调整后的残差的标准差正好为 1. 这种调整后的结论如图 3.3(b)和表 3.11 的第 3 列所示. 比较表 3.9 的第 2 列和表 3.11 的第 3 列中的预测分布的分布特征，可见二者的标准差很接近.

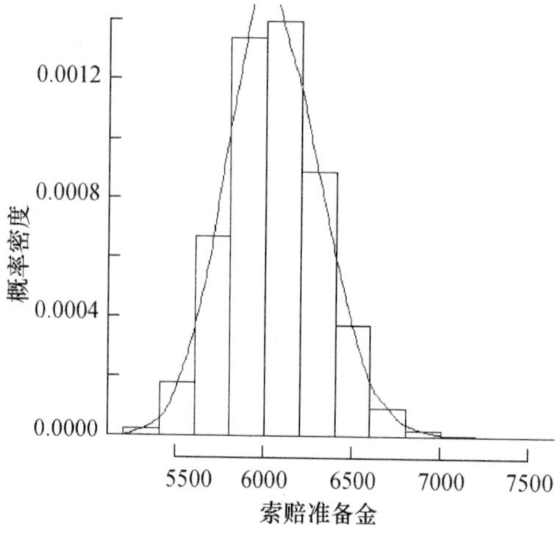

(a) 第一种残差调整

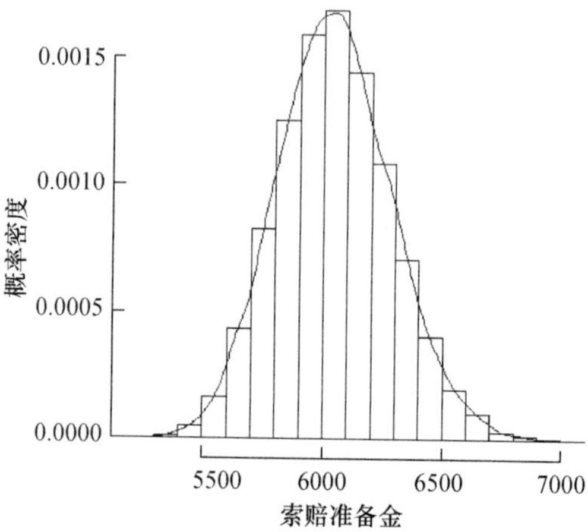

(b) 第二种残差调整

图 3.3 两种残差调整后的非参数 Bootstrap 方法模拟的索赔准备金的预测分布

表 3.11 两种残差调整后的非参数 Bootstrap 方法模拟的索赔准备金的预测分布的分布特征

分布特征	第一种残差调整	第二种残差调整
模拟次数	10 000	10 000
均值	6 047.97	6 048.69
标准差	268.41	239.86
变异系数	0.04	0.04
50%分位数	6 035.13	6 039.94
75%分位数	6 220.85	6 204.25
90%分位数	6 397.87	6 357.36
95%分位数	6 504.29	6 461.33
97.5%分位数	6 597.23	6 548.20
99%分位数	6 715.96	6 647.00
99.5%分位数	6 804.87	6 712.04

五、主要结论

从表 3.9 和表 3.11 的模拟结果可以得出以下结论：

(1) 估计结果的一致性. 由参数 Bootstrap 方法、非参数 Bootstrap 方法以及两种残差调整后的非参数 Bootstrap 方法得到的索赔准备金都很接近，部分地说明了这两种 Bootstrap 方法具有一致性.

(2) Bootstrap 方法简单有效，比较容易理解，在计算机上易于编程计算.

第三节 索赔进展过程的曲线拟合模型

本节考虑描述索赔进展过程的两类非线性增长曲线，结合损失进展因子(Loss Development Factor，LDF)方法和 Cape Cod 方法，使用极大似然估计 MLE 为索赔进展过程建模，进而得到索赔准备金的均值估计和波动性度量. 在此基础上，扩展该模型用于折现索赔准备金的均值估计和波动性度量，并结合精算实务中的数值实例应用 R 软件给出详细的分析结果. 本节描述的索赔进展过程建模方法通过纳入增长曲线，有效避免了尾部进展因子的选择问题. 另外，作为一种降低波动性的方式，也将保费、风险暴露数等信息加入赔款流量三角形中，并进一步讨论精算实务中关注的估计误差和外推问题.

3.3.1 索赔进展过程建模

一、期望索赔进展模式

考虑事故年 i、进展年 j 的赔款流量三角形①. 由于随着进展年 j 的增大，期望索赔进展比例逐渐从 0 进展到 100%，故本节假设这种进展模式可以使用分布函数②来描述. 为了方便起见，这里考虑两类常见的分布函数，即 Weibull 增长曲线和 Loglogistic 增长曲线. Weibull 增长曲线可以表示为

$$G(x\mid\omega,\theta)=1-\exp(-(x/\theta)^{\omega}),\tag{3.45}$$

而 Loglogistic 增长曲线可以表示为

$$G(x\mid\omega,\theta)=\frac{x^{\omega}}{x^{\omega}+\theta^{\omega}}.\tag{3.46}$$

这两类增长曲线都包含形状参数 ω 和尺度参数 θ. 这里 x 表示从事故发生平均日期到评估日的索赔进展时间. 由于各事故年损失可能发生在该年内的任何时刻，一般假设事故发生时间在年内服从均匀分布，故引入事故发生平均日期这一概念.

从式(3.45)和式(3.46)可以看出，Loglogistic 增长曲线比 Weibull 增长曲线厚尾. 在非

① 这里流量三角形可以是累计已决赔款流量三角形，也可以是累计已报案赔款流量三角形.

② 本节使用分布函数形式，并不意味着要使用任何概率模型. 另外，与以往研究中将报案延迟(时滞)视为随机变量不同，本节将赔款额视为随机变量.

寿险索赔准备金评估中，精算师经常使用这两类曲线，并将 Loglogistic 增长曲线称为"Inverse Power". 例如，Sherman(1984)使用 Loglogistic 增长曲线描述年度链梯比率，本节则使用该增长曲线描述索赔进展到最终的模式.

需要指出的是，下面在使用这两类增长曲线为索赔进展过程建模时，考虑的是增量赔款形式，而不是累计赔款形式. 其目的是，采用增量形式使得进展年 j 的赔款额不至于影响到后续各个进展年. 这在一定程度上体现了增量赔款额的独立性假设①. 下面基于这两类增长曲线，结合 LDF 方法和 Cape Cod 方法，估计各事故年的期望索赔进展模式，进而估计各事故年的最终损失和索赔准备金，其中 LDF 方法假设不同事故年的最终损失相互独立，Cape Cod 方法假设不同事故年的期望最终损失和暴露基础之间存在一个已知的关系. 这里暴露基础通常取为均衡保费，也可以使用诸如保单数量等其他指标，且这些暴露基础都可以合理假设为与期望索赔成正比. 有关暴露基础的文献可以参考 Halliwell (1996).

令 $X_{i,j}(1\leqslant i\leqslant n, j\geqslant 1)$②表示事故年 i、进展年 j 的增量赔款额，$\mathrm{E}(X_{i,j})=\mu_{i,j}$，$\mu_{i,j\to k}$ 表示进展年 j 和进展年 k 之间的期望增量赔款. 在 LDF 方法中，有

$$\mu_{i,j}=\begin{cases} ULT_i \cdot G(0.5|\omega,\theta), & j=1, \\ ULT_i(G((j-0.5)|\omega,\theta)-G((j-1.5)|\omega,\theta)), & j\geqslant 2, \end{cases} \tag{3.47}$$

$$\mu_{i,j\to k}=ULT_i(G((k-0.5)|\omega,\theta)-G((j-0.5)|\omega,\theta)), \tag{3.48}$$

其中 ULT_i 表示事故年 i 的最终损失. 从式(3.47)和式(3.48)可以看出，该模型包含 $n+2$ 个未知参数：$ULT_1,\cdots,ULT_n,\omega,\theta$.

在 Cape Cod 方法中，有

$$\mu_{i,j}=\begin{cases} prem_i \cdot ELR \cdot G(0.5|\omega,\theta), & j=1, \\ prem_i \cdot ELR(G((j-0.5)|\omega,\theta)-G((j-1.5)|\omega,\theta)), & j\geqslant 2, \end{cases} \tag{3.49}$$

$$\mu_{i,j\to k}=prem_i \cdot ELR(G((k-0.5)|\omega,\theta)-G((j-0.5)|\omega,\theta)), \tag{3.50}$$

其中 $prem_i$ 表示事故年 i 的均衡保费，为已知量；ELR 表示所有事故年的期望损失率，为未知量. 从中可以看出，该模型仅包含 3 个未知参数：ELR,ω,θ.

最后指出，这里不考虑分数进展年的情况，附录 B 分别给出了在事故年和保单年流量三角形中考虑分数进展年的不同暴露期的调整.

二、增量赔款额的分布假设

假三角增量赔款额 $X_{i,j}(i\geqslant 1, j\geqslant 1, i+j\leqslant n+1)$相互独立，且服从 ODP 分布，其概率函数可以表示为

$$\Pr(X_{i,j}=x_{i,j})=\frac{\lambda_{i,j}^{x_{i,j}/\phi}\mathrm{e}^{-\lambda_{i,j}}}{(x_{i,j}/\phi)!}. \tag{3.51}$$

---

① 在本节数值实例中，将使用残差分析方法来检验这一假设.

② 与前面章节的符号表示不同，这里令$(1\leqslant i\leqslant n, j\geqslant 1)$，且不需要事故年和进展年年数都为 n 的假设，也就是说，该模型可以考虑 $j>n$ 的尾部进展情况.

也就是说，$X_{i,j}$可以表示为泊松随机变量$X_{i,j}/\phi$乘以分散参数ϕ的形式，进而$X_{i,j}$的均值和方差分别为

$$\mathrm{E}(X_{i,j})=\phi\lambda_{i,j}=\mu_{i,j},\quad \mathrm{Var}(X_{i,j})=\phi^2\lambda_{i,j}=\phi\mu_{i,j}. \tag{3.52}$$

正如第一节所述，在GLM框架下，ODP模型是与传统链梯法等价的随机性模型，在ODP分布假设下，索赔准备金的MLE和传统链梯法的估计值相同. 这也正是很多著名精算专家广泛使用这一假设的主要原因，代表性文献有Renshaw和Verrall(1998)，Clark(2003)，England和Verrall(2007)等.

三、利用MLE方法估计模型参数

在上三角增量赔款额$X_{i,j}(i\geqslant 1,j\geqslant 1,i+j\leqslant n+1)$服从ODP分布假设下，其似然函数可以表示为

$$L=\prod_{i,j}\Pr(X_{i,j}=x_{i,j})=\prod_{i,j}\frac{\lambda_{i,j}^{x_{i,j}/\phi}\mathrm{e}^{-\lambda_{i,j}}}{(x_{i,j}/\phi)!}=\prod_{i,j}\frac{(\mu_{i,j}/\phi)^{x_{i,j}/\phi}\mathrm{e}^{-\mu_{i,j}/\phi}}{(x_{i,j}/\phi)!}, \tag{3.53}$$

相应的对数似然函数可以表示为

$$\ln L=\sum_{i,j}((x_{i,j}/\phi)\ln(\mu_{i,j}/\phi)-\mu_{i,j}/\phi-\ln(x_{i,j}/\phi)!). \tag{3.54}$$

当分散参数ϕ已知①时，最大化式(3.54)所示的对数似然函数等价于最大化下面的函数：

$$\ln L^*=\sum_{i,j}(x_{i,j}\ln\mu_{i,j}-\mu_{i,j}). \tag{3.55}$$

在LDF方法中，将式(3.47)代入式(3.55)中，得到

$$\ln L^*=\sum_{i,j}(x_{i,j}\ln(ULT_i(G(j-0.5)-G(j-1.5)))-ULT_i(G(j-0.5)-G(j-1.5))), \tag{3.56}$$

其中当$j=1$时，令$G(j-1.5)=0$.

令式(3.56)关于模型参数ULT_i，ω和θ的一阶偏导数等于0，即

$$\frac{\partial\ln L^*}{\partial ULT_i}=\sum_j\left(\frac{x_{i,j}}{ULT_i}-(G(j-0.5)-G(j-1.5))\right)=0, \tag{3.57}$$

$$\frac{\partial\ln L^*}{\partial\omega}=\sum_{i,j}\left(\left(\frac{x_{i,j}}{G(j-0.5)-G(j-1.5)}-ULT_i\right)\left(\frac{\partial G(j-0.5)}{\partial\omega}-\frac{\partial G(j-1.5)}{\partial\omega}\right)\right)=0, \tag{3.58}$$

$$\frac{\partial\ln L^*}{\partial\theta}=\sum_{i,j}\left(\left(\frac{x_{i,j}}{G(j-0.5)-G(j-1.5)}-ULT_i\right)\left(\frac{\partial G(j-0.5)}{\partial\theta}-\frac{\partial G(j-1.5)}{\partial\theta}\right)\right)=0. \tag{3.59}$$

由式(3.57)可以得出

---

① 下一小节将进一步给出分散参数ϕ的估计量. 有关分散参数ϕ的估计量也可以参考本章第一节.

$$\widehat{ULT}_i = \frac{\sum_j x_{i,j}}{\sum_j (G(j-0.5)-G(j-1.5))} = \frac{C_{i,n+1-i}}{G(n+1-i-0.5)} = \frac{C_{i,n+1-i}}{G(n+0.5-i)}, \tag{3.60}$$

其中 $C_{i,n+1-i}$ 表示事故年 i、进展年 $n+1-i$ 的累计赔款额，即评估日第 $n+1$ 年末的累计赔款额.

从式(3.60)可以看出，事故年 i 的 ULT_i 的 MLE 等价于 LDF 方法的估计值，且该 MLE 也是基于模型参数 ω 和 θ 的估计值. 因此，在 LDF 方法中，实际上只需要求解 ω 和 θ 这两个参数. 另外，结合式(3.47)，可以推导出

$$\sum_{i+j\leqslant n} \hat{\mu}_{i,j} = \sum_{i+j\leqslant n} x_{i,j}. \tag{3.61}$$

从式(3.61)可以看出，上三角所有增量赔款额的拟合值 $\hat{\mu}_{i,j}$ 之和等于所有真实增量赔款额 $x_{i,j}$ 之和. 这表明该 MLE 具有无偏性.

类似地，在 Cape Cod 方法中，式(3.55)可以表示为

$$\begin{aligned}\ln L^* = \sum_{i,j} (&x_{i,j}\ln(prem_i \cdot ELR(G(j-0.5)-G(j-1.5))) \\ &- prem_i \cdot ELR(G(j-0.5)-G(j-1.5))).\end{aligned} \tag{3.62}$$

令式(3.62)关于模型参数 ELR，ω 和 θ 的一阶偏导数为 0，即

$$\frac{\partial \ln L^*}{\partial ELR} = \sum_{i,j}\left(\frac{x_{i,j}}{ELR} - prem_i(G(j-0.5)-G(j-1.5))\right) = 0, \tag{3.63}$$

$$\begin{aligned}\frac{\partial \ln L^*}{\partial \omega} = \sum_{i,j}\Bigg(&\left(\frac{x_{i,j}}{G(j-0.5)-G(j-1.5)} - prem_i \cdot ELR\right) \\ &\cdot \left(\frac{\partial G(j-0.5)}{\partial \omega} - \frac{\partial G(j-1.5)}{\partial \omega}\right)\Bigg) = 0,\end{aligned} \tag{3.64}$$

$$\begin{aligned}\frac{\partial \ln L^*}{\partial \theta} = \sum_{i,j}\Bigg(&\left(\frac{x_{i,j}}{G(j-0.5)-G(j-1.5)} - prem_i \cdot ELR\right) \\ &\cdot \left(\frac{\partial G(j-0.5)}{\partial \theta} - \frac{\partial G(j-1.5)}{\partial \theta}\right)\Bigg) = 0.\end{aligned} \tag{3.65}$$

由式(3.63)可以得出

$$\widehat{ELR} = \frac{\sum_{i,j} x_{i,j}}{\sum_{i,j} prem_i(G(j-0.5)-G(j-1.5))} = \frac{\sum_i C_{i,n+1-i}}{\sum_i prem_i G(n+0.5-i)}. \tag{3.66}$$

从式(3.66)可以看出，ELR 的 MLE 等价于 Cape Cod 方法估计的期望损失率，且该 MLE 也是基于模型参数 ω 和 θ 的估计值. 因此，在 Cape Cod 方法中，也只需求解两个参数. 另外，在 Cape Cod 方法中，也可以推导出式(3.61)成立，即相应的 MLE 也具有无偏性.

最后指出，对于这两种索赔进展过程建模方法，极大似然函数法的求解过程中只需要增量赔款额的真实值 $x_{i,j}$，并不需要 $x_{i,j}$ 的对数值. 因此，即使真实数据中存在一些增量赔款额为 0 或负数的情况，这两种方法也同样适用.

3.3.2 索赔准备金的估计和波动性度量

一、索赔准备金的估计

在 LDF 方法中，由式(3.60)所示的事故年 $i(1\leqslant i\leqslant n)$的最终损失估计量 $\widehat{ULT}_i$，可以得出索赔准备金 R_i 的估计量为

$$\hat{R}_i=\widehat{ULT}_i-C_{i,n+1-i}, \tag{3.67}$$

所有事故年总的索赔准备金 R 的估计量为

$$\hat{R}=\sum_{i=1}^{n}\hat{R}_i=\sum_{i=1}^{n}(\widehat{ULT}_i-C_{i,n+1-i}). \tag{3.68}$$

在 Cape Cod 方法中，由事故年 $i(1\leqslant i\leqslant n)$的均衡保费 $prem_i$ 和期望损失率的估计量 $\widehat{ELR}$，可以得出索赔准备金 R_i 和最终损失 ULT_i 的估计量分别为

$$\hat{R}_i=prem_i\cdot\widehat{ELR}(1-\hat{G}(n+0.5-i)),\quad \widehat{ULT}_i=\hat{R}_i+C_{i,n+1-i}, \tag{3.69}$$

所有事故年总的索赔准备金 R 和最终损失 ULT 的估计量分别为

$$\hat{R}=\sum_{i=1}^{n}\hat{R}_i=\sum_{i=1}^{n}(prem_i\cdot\widehat{ELR}(1-\hat{G}(n+0.5-i))), \tag{3.70}$$

$$\widehat{ULT}=\sum_{i=1}^{n}\widehat{ULT}_i=\sum_{i=1}^{n}(\hat{R}_i+C_{i,n+1-i}). \tag{3.71}$$

最后指出，与前面章节有所不同，由于这两种建模方法都可以考虑 $j>n$ 的尾部进展情况，故最早事故年(事故年 1)的最终损失和索赔准备金的估计值并不为 0. 也就是说，所有事故年总的最终损失和索赔准备金的估计量中也应包含事故年 1 的情况.

二、索赔准备金的波动性度量

索赔准备金的波动性度量主要包括两方面内容：一是需要估计由索赔进展过程中赔款额的随机性导致的波动性，即过程方差；二是需要估计由模型参数估计值的不确定性导致的波动性，即参数误差. 这两部分内容合起来即为 MSEP.

对于事故年 i、进展年 j 的增量赔款额 $X_{i,j}$，其 MSEP$(\hat{X}_{i,j})$可以表示为

$$\mathrm{MSEP}(\hat{X}_{i,j})=\mathrm{E}((\hat{X}_{i,j}-X_{i,j})^2)=\mathrm{Var}(X_{i,j})+\mathrm{Var}(\hat{X}_{i,j}), \tag{3.72}$$

其中 $\mathrm{Var}(X_{i,j})$为过程方差，$\mathrm{Var}(\hat{X}_{i,j})$为参数误差.

1. 过程方差的估计

在上角形增量赔款额 $X_{i,j}(i\geqslant 1,j\geqslant 1,i+j\leqslant n+1)$服从 ODP 分布的假设下，两种方法中，事故年 $i(1\leqslant i\leqslant n)$的索赔准备金 R_i 和所有事故年总的索赔准备金 R 的过程方差估计量分别为

$$\widehat{\mathrm{Var}}(R_i)=\phi R_i,\quad \widehat{\mathrm{Var}}(R)=\phi R, \tag{3.73}$$

其中分散参数 ϕ 通过 Pearson 残差平方和除以自由度来估计，即

$$\hat{\phi}=\frac{1}{N-p}\sum_{i+j\leqslant n+1}\frac{(X_{i,j}-\hat{\mu}_{i,j})^2}{\hat{\mu}_{i,j}}, \tag{3.74}$$

这里 N 表示上三角数据个数，即 $N=(1+n)n/2$；p 表示模型参数个数，在 LDF 方法中，$p=n+2$，在 Cape Cod 方法中，$p=3$.

值得注意的是，在严格的 MLE 理论中，分散参数 ϕ 应同时与模型的其他参数一起估计，且参数 ϕ 的估计值的方差也应包含在协方差阵中. 然而，在索赔进展过程建模中，包含参数 ϕ 将使计算变得非常困难. 为了便于计算，这里将参数 ϕ 看作常数实属一种近似. 有时称这种估计为拟似然估计. McCullough 和 Nelder (1989)中为这种近似提供了进一步支持.

2. 参数误差的估计

作为一种近似，参数误差的估计基于 Rao-Cramer 下界，需要使用信息阵 $\boldsymbol{I}$，通过经典的 Δ 方法来计算.

在 LDF 方法中，信息阵 $\boldsymbol{I}$ 是$(n+2)\times(n+2)$维矩阵. 假设各事故年的 ULT_i 是不同的，则该信息阵 $\boldsymbol{I}$ 可以表示为

$$\boldsymbol{I}=\begin{pmatrix}
\sum_j \frac{\partial^2 \ln L_{1,j}^*}{\partial ULT_1^2} & 0 & \cdots & 0 & \sum_j \frac{\partial^2 \ln L_{1,j}^*}{\partial ULT_1 \partial \omega} & \sum_j \frac{\partial^2 \ln L_{1,j}^*}{\partial ULT_1 \partial \theta} \\
0 & \sum_j \frac{\partial^2 \ln L_{2,j}^*}{\partial ULT_2^2} & \cdots & 0 & \sum_j \frac{\partial^2 \ln L_{2,j}^*}{\partial ULT_2 \partial \omega} & \sum_j \frac{\partial^2 \ln L_{2,j}^*}{\partial ULT_2 \partial \theta} \\
\vdots & \vdots & \ddots & \vdots & \vdots & \vdots \\
0 & 0 & \cdots & \sum_j \frac{\partial^2 \ln L_{n,j}^*}{\partial ULT_n^2} & \sum_j \frac{\partial^2 \ln L_{n,j}^*}{\partial ULT_n \partial \omega} & \sum_j \frac{\partial^2 \ln L_{n,j}^*}{\partial ULT_n \partial \theta} \\
\sum_j \frac{\partial^2 \ln L_{1,j}^*}{\partial \omega \partial ULT_1} & \sum_j \frac{\partial^2 \ln L_{2,j}^*}{\partial \omega \partial ULT_2} & \cdots & \sum_j \frac{\partial^2 \ln L_{n,j}^*}{\partial \omega \partial ULT_n} & \sum_{i,j} \frac{\partial^2 \ln L_{i,j}^*}{\partial \omega^2} & \sum_{i,j} \frac{\partial^2 \ln L_{i,j}^*}{\partial \omega \partial \theta} \\
\sum_j \frac{\partial^2 \ln L_{1,j}^*}{\partial \theta \partial ULT_1} & \sum_j \frac{\partial^2 \ln L_{2,j}^*}{\partial \theta \partial ULT_2} & \cdots & \sum_j \frac{\partial^2 \ln L_{n,j}^*}{\partial \theta \partial ULT_n} & \sum_{i,j} \frac{\partial^2 \ln L_{i,j}^*}{\partial \theta \partial \omega} & \sum_{i,j} \frac{\partial^2 \ln L_{i,j}^*}{\partial \theta^2}
\end{pmatrix}. \tag{3.75}$$

相应的协方差阵 $\boldsymbol{\Sigma}$ 也可以通过信息阵 $\boldsymbol{I}$ 的逆矩阵来近似计算，但是在 LDF 方法中，信息阵 $\boldsymbol{I}$ 的维数非常大，故计算相对比较复杂.

在 Cape Cod 方法中，信息阵 $\boldsymbol{I}$ 是 3×3 维矩阵，假设各事故年的 ELR 是相同的，则该信息阵 $\boldsymbol{I}$ 可以表示为

$$\boldsymbol{I}=\begin{pmatrix}
\sum_{i,j} \frac{\partial^2 \ln L_{i,j}^*}{\partial ELR^2} & \sum_{i,j} \frac{\partial^2 \ln L_{i,j}^*}{\partial ELR \partial \omega} & \sum_{i,j} \frac{\partial^2 \ln L_{i,j}^*}{\partial ELR \partial \theta} \\
\sum_{i,j} \frac{\partial^2 \ln L_{i,j}^*}{\partial \omega \partial ELR} & \sum_{i,j} \frac{\partial^2 \ln L_{i,j}^*}{\partial \omega^2} & \sum_{i,j} \frac{\partial^2 \ln L_{i,j}^*}{\partial \omega \partial \theta} \\
\sum_{i,j} \frac{\partial^2 \ln L_{i,j}^*}{\partial \theta \partial ELR} & \sum_{i,j} \frac{\partial^2 \ln L_{i,j}^*}{\partial \theta \partial \omega} & \sum_{i,j} \frac{\partial^2 \ln L_{i,j}^*}{\partial \theta^2}
\end{pmatrix}, \tag{3.76}$$

进而通过信息阵 $\boldsymbol{I}$ 的逆矩阵得到相应的协方差阵 $\boldsymbol{\Sigma}$ 为

$$\boldsymbol{\Sigma}=\begin{pmatrix}\mathrm{Var}(ELR) & \mathrm{Cov}(ELR,\omega) & \mathrm{Cov}(ELR,\theta)\\ \mathrm{Cov}(\omega,ELR) & \mathrm{Var}(\omega) & \mathrm{Cov}(\omega,\theta)\\ \mathrm{Cov}(\theta,ELR) & \mathrm{Cov}(\theta,\omega) & \mathrm{Var}(\theta)\end{pmatrix}. \tag{3.77}$$

索赔准备金的参数误差需要使用上面介绍的协方差阵 $\boldsymbol{\Sigma}$ 来计算. 在两种方法中，事故年 i $(1\leqslant i\leqslant n)$的索赔准备金 R_i 和所有事故年总的索赔准备金 R 的参数误差的估计量可以表示为

$$\mathrm{Var}(\hat{R}_i)=\partial R_i\boldsymbol{\Sigma}(\partial R_i)^{\mathrm{T}},\quad \mathrm{Var}(\hat{R})=\partial R\,\boldsymbol{\Sigma}(\partial R)^{\mathrm{T}}, \tag{3.78}$$

其中在 LDF 方法中，有

$$\partial R_i=\left(\frac{\partial R_i}{\partial ULT_1},\cdots,\frac{\partial R_i}{\partial ULT_n},\frac{\partial R_i}{\partial\omega},\frac{\partial R_i}{\partial\theta}\right),\quad \partial R=\left(\frac{\partial R}{\partial ULT_1},\cdots,\frac{\partial R}{\partial ULT_n},\frac{\partial R}{\partial\omega},\frac{\partial R}{\partial\theta}\right); \tag{3.79}$$

在 Cape Cod 方法中，有

$$\partial R_i=\left(\frac{\partial R_i}{\partial ELR},\frac{\partial R_i}{\partial\omega},\frac{\partial R_i}{\partial\theta}\right),\quad \partial R=\left(\frac{\partial R}{\partial ELR},\frac{\partial R}{\partial\omega},\frac{\partial R}{\partial\theta}\right). \tag{3.80}$$

这里需要注意两点：第一，从式(3.54)可以看出，精确的对数似然函数在求导过程中要求所有项都除以分散参数 ϕ. 如式(3.76)和式(3.77)所示，在 Cape Cod 方法中，计算信息阵 $\boldsymbol{I}$ 时忽略了该常数，最后在计算协方差阵 $\boldsymbol{\Sigma}$ 时再考虑它. 这种处理同样适用于 LDF 方法. 第二，对于线性增长函数来说，基于信息阵得到的方差估计是一种精确估计；而对于非线性增长函数(增长曲线)来说，方差估计是 Rao-Cramer 下界. 从技术上讲，Rao-Cramer 下界是基于信息阵的真实期望值. 由于本书在参数估计值中使用了近似，因此有时将这种矩阵称为观测信息阵，而不是期望信息阵. 对很多统计模型来说，这是一个共同限制，归因于大多数情况下我们并不知道真实参数这一事实.

3. MSEP 的估计

在两种方法中，事故年 $i(1\leqslant i\leqslant n)$的索赔准备金 R_i 的 MSEP 估计可以表示为

$$\mathrm{MSEP}(\hat{R}_i)=\mathrm{E}((\hat{R}_i-R_i)^2)=\mathrm{Var}(R_i)+\mathrm{Var}(\hat{R}_i), \tag{3.81}$$

所有事故年总的索赔准备金 R 的 MSEP 估计可以表示为

$$\mathrm{MSEP}(\hat{R})=\mathrm{E}((\hat{R}-R)^2)=\mathrm{Var}(R)+\mathrm{Var}(\hat{R}). \tag{3.82}$$

进一步，由式(3.67)～(3.71)可以看出，事故年 $i(1\leqslant i\leqslant n)$的最终损失 ULT_i 与索赔准备金 R_i 相差一个常数，所有事故年总的最终损失 ULT 与索赔准备金 R 也相差一个常数，故最终损失和索赔准备金的 MSEP 估计相同，这里不再单独给出最终损失的 MSEP 估计.

最后指出，对于选取的两类增长曲线，在计算过程方差和参数误差的过程中，所有的数学计算都是采用分析方式进行的，不需要任何数值近似. 附录 C 给出了估计过程方差和参数误差的所有数学计算.

三、折现索赔准备金的均值估计和波动性度量

下面以 LDF 方法为例，给出所有事故年总的折现索赔准备金的均值估计和波动性度

量. Cape Cod 方法的情况与此类似，这里不再赘述.

1. 折现索赔准备金的均值估计

在 LDF 方法中，所有事故年总的索赔准备金 R 的估计量可以表示为

$$\hat{R}=\sum_{i+j>n+1}\hat{\mu}_{i,j}=\sum_{i+j>n+1}\widehat{ULT}_i(G((j-0.5)|\hat{\omega},\hat{\theta})-G((j-1.5)|\hat{\omega},\hat{\theta})),\tag{3.83}$$

进而可以更精确地表示为如下连续函数形式：

$$\hat{R}=\sum_{i=1}^{n}\widehat{ULT}_i\int_{n+2-i}^{J}g(j)\mathrm{d}j,\tag{3.84}$$

其中 $g(j)=\dfrac{\partial G(j)}{\partial j}$，$J$ 表示按增长曲线计算的最终进展年或相应的截尾进展年[①].

假设利率 $\tilde{i}$ 为常数[②]，进而所有事故年总的折现索赔准备金 R_d 的估计量可以表示为

$$\hat{R}_\mathrm{d}=\sum_{i=1}^{n}\widehat{ULT}_i\int_{n+2-i}^{J}v^{j-(n+2-i)}g(j)\mathrm{d}j,\tag{3.85}$$

其中 $v=1/(1+\tilde{i})$.

值得注意的是，时刻 0 的折现索赔形式与增长曲线分布函数对应的矩生成函数(Moment Generating Function, MGF)是直接相关的，即

$$\int_0^{+\infty}v^t g(t)\mathrm{d}t=\int_0^{+\infty}\mathrm{e}^{-t\ln(1+\tilde{i})}g(t)\mathrm{d}t=\mathrm{MGF}(-\ln(1+\tilde{i})),\tag{3.86}$$

不幸的是，对于 Loglogistic 增长曲线和 Weibull 增长曲线来说，计算 MGF 都相当困难. 出于实务考虑，使用增量形式进行近似，即截止到当前准备金评估日历年 $n+1-i$，则所有事故年总的折现索赔准备金 R_d 的估计量可以近似表示为

$$\hat{R}_\mathrm{d}\approx\sum_{i+j>n+1}\widehat{ULT}_i v^{k-1/2}(G((j-0.5)|\hat{\omega},\hat{\theta})-G((j-1.5)|\hat{\omega},\hat{\theta})),\tag{3.87}$$

其中 $k=j-(n+1-i)$.

2. 折现索赔准备金的波动性度量

1）过程方差的估计

由 $\mathrm{Var}(v^k R)=v^{2k}\mathrm{Var}(R)$ 可知，所有事故年总的折现索赔准备金 R_d 的过程方差估计量为

$$\widehat{\mathrm{Var}}(R_\mathrm{d})\approx\phi\sum_{i+j>n+1}ULT_i\cdot v^{2k-1}(G((j-0.5)|\hat{\omega},\hat{\theta})-G((j-1.5)|\hat{\omega},\hat{\theta})).\tag{3.88}$$

2）参数误差的估计

利用模型参数的协方差阵 $\boldsymbol{\Sigma}$，得到所有事故年总的折现索赔准备金 R_d 的参数误差估计量为

$$\widehat{\mathrm{Var}}(\hat{R}_\mathrm{d})=\partial R_\mathrm{d}\boldsymbol{\Sigma}(\partial R_\mathrm{d})^\mathrm{T},\tag{3.89}$$

---

① 理论上讲，J 可以是无穷大的进展年. 而在实务中，即使长尾索赔，进展到某一时期后，相应的增量赔款额已经非常小，可以忽略，故这里引入截尾进展年的概念.

② 实际中，利率可以取为市场利率. 为了简化，这里考虑常数利率的情况.

其中
$$\partial R_d=\left(\frac{\partial R_d}{\partial ULT_1},\cdots,\frac{\partial R_d}{\partial ULT_n},\frac{\partial R_d}{\partial \omega},\frac{\partial R_d}{\partial \theta}\right).$$

3）MSEP 的估计

所有事故年总的折现索赔准备金 R_d 的 MSEP 估计量的计算公式为

$$\widehat{\mathrm{MSEP}}(\hat{R}_d)=\mathrm{E}((\hat{R}_d-R_d)^2)\approx \mathrm{Var}(R_d)+\mathrm{Var}(\hat{R}_d). \tag{3.90}$$

综上所述，折现索赔准备金 R_d 的波动性度量与索赔准备金 R 的波动性度量的计算非常相似，且它们都对每个增量赔款额的计算进行了扩展，以体现时间维度，其计算的复杂性并没有改变，只是大大增加了完成这一过程的次数.

3.3.3　数值实例

一、数据来源

数值实例中的数据来源于 Mack(1993)，如表 3.12 所示. 这些数据在随机性索赔准备金评估的精算文献中多次被引用. 有关这方面的内容也可以参考 Clark(2003)，Guszcza(2008)，Björkwall(2011)等.

表 3.12　累计赔款流量三角形

事故年＼进展年	1	2	3	4	5	6	7	8	9	10
1	357 848	1 124 788	1 735 330	2 182 708	2 745 596	3 319 994	3 466 336	3 606 286	3 833 515	3 901 463
2	352 118	1 236 139	2 170 033	3 353 322	3 799 067	4 120 063	4 647 867	4 914 039	5 339 085	
3	290 507	1 292 306	2 218 525	3 235 179	3 985 995	4 132 918	4 628 910	4 909 315		
4	310 608	1 418 858	2 195 047	3 757 447	4 029 929	4 381 982	4 588 268			
5	443 160	1 136 350	2 128 333	2 897 821	3 402 672	3 873 311				
6	396 132	1 333 217	2 180 715	2 985 752	3 691 712					
7	440 832	1 288 463	2 419 861	3 483 130						
8	359 480	1 421 128	2 864 498							
9	376 686	1 363 294								
10	344 014									

数据来源：数据来自 Mack(1993).

二、LDF 方法的估计结果

1. 基于两类增长曲线的索赔准备金均值估计

在基于 Loglogistic 增长曲线的 LDF 方法中，使用 MLE 得到参数 ω 和 θ 的估计值分别为 $\hat{\omega}=1.4345$，$\hat{\theta}=4.0499$，进而可以得到各事故年最终损失 ULT_i 和索赔准备金 R_i 的估计值，如表 3.13 所示. 在表 3.13 中，第 6 列为第 5 列的倒数，表示拟合的 LDF；第 7 列等于第 2 列乘以第 6 列；第 8 列等于第 7 列减去第 2 列.

表 3.13 由基于 Loglogistic 增长曲线的 LDF 方法得到的最终损失和索赔准备金估计

i	$C_{i,11-i}$	$11-i$	$10.5-i$	$\hat{G}(10.5-i)$	$1/\hat{G}(10.5-i)$	$\widehat{ULT}_i$	$\hat{R}_i$
1	3 901 463	10	9.5	77.26%	1.2943	5 049 738	1 148 275
2	5 339 085	9	8.5	74.34%	1.3452	7 182 319	1 843 234
3	4 909 315	8	7.5	70.76%	1.4131	6 937 526	2 028 211
4	4 588 268	7	6.5	66.34%	1.5073	6 915 796	2 327 528
5	3 873 311	6	5.5	60.80%	1.6446	6 370 238	2 496 927
6	3 691 712	5	4.5	53.77%	1.8597	6 865 457	3 173 745
7	3 483 130	4	3.5	44.79%	2.2329	7 777 373	4 294 243
8	2 864 498	3	2.5	33.36%	2.9978	8 587 089	5 722 591
9	1 363 294	2	1.5	19.39%	5.1572	7 030 718	5 667 424
10	344 014	1	0.5	4.74%	21.1024	7 259 525	6 915 511
总计	34 358 090					69 975 780	35 617 690

从表 3.13 可以看出，截止到第 10 个进展年末，由 Loglogistic 增长曲线估计的赔款额占最终损失的比例仅为 77.26%，且 Loglogistic 增长曲线比 Weibull 增长曲线厚尾，使用 Loglogistic 增长曲线可以外推到无穷大的进展年，因此应慎重使用该曲线外推尾部因子.

另外，出于实务的考虑，可以选定合适的截断点，如假设第 20 个进展年末各事故年的索赔进展完全，进而得到各事故年截尾最终损失 $ULT_{i,20}$ 和索赔准备金 $R_{i,20}$ 的估计值，如表 3.14 所示，其中第 7 列为第 5 列的倒数，表示拟合的 LDF；第 8 列等于第 6 列除以第 5 列，表示截尾的 LDF；第 9 列等于第 2 列乘以第 8 列；第 10 列等于第 9 列减去第 2 列.

类似地，在基于 Weibull 增长曲线的 LDF 方法中，利用 MLE 得到参数 ω 和 θ 的估计值分别为 $\hat{\omega}=1.2969$，$\hat{\theta}=4.0748$，进而得到各事故年最终损失 ULT_i 和索赔准备金 R_i 的估计值，如表 3.15 所示.

表 3.14 由基于 Loglogistic 增长曲线的 LDF 方法得到的截尾最终损失和索赔准备金估计

i	$C_{i,11-i}$	$11-i$	$10.5-i$	$\hat{G}(10.5-i)$	$\hat{G}(20.5-1)$	$\frac{1}{\hat{G}(10.5-i)}$	$\frac{\hat{G}(20.5-1)}{\hat{G}(10.5-i)}$	$\widehat{ULT}_{i,20}$	$\hat{R}_{i,20}$
1	3 901 463	10	9.5	77.26%	90.51%	1.2943	1.1714	4 570 294	668 831
2	5 339 085	9	8.5	74.34%	90.51%	1.3452	1.2175	6 500 398	1 161 313
3	4 909 315	8	7.5	70.76%	90.51%	1.4131	1.2790	6 278 847	1 369 532
4	4 588 268	7	6.5	66.34%	90.51%	1.5073	1.3642	6 259 180	1 670 912
5	3 873 311	6	5.5	60.80%	90.51%	1.6446	1.4885	5 765 419	1 892 108
6	3 691 712	5	4.5	53.77%	90.51%	1.8597	1.6831	6 213 620	2 521 908
7	3 483 130	4	3.5	44.79%	90.51%	2.2329	2.0209	7 038 955	3 555 825
8	2 864 498	3	2.5	33.36%	90.51%	2.9978	2.7131	7 771 793	4 907 295
9	1 363 294	2	1.5	19.39%	90.51%	5.1572	4.6675	6 363 191	4 999 897
10	344 014	1	0.5	4.74%	90.51%	21.1024	19.0989	6 570 273	6 226 259
总计	34 358 090							63 331 969	28 973 879

表 3.15 由基于 Weibull 增长曲线的 LDF 方法得到的最终损失和索赔准备金估计

i	$C_{i,11-i}$	$11-i$	$10.5-i$	$\hat{G}(10.5-i)$	$1/\hat{G}(10.5-i)$	$\widehat{ULT}_i$	$\hat{R}_i$
1	3 901 463	10	9.5	95.01%	1.0525	4 106 417	204 954
2	5 339 085	9	8.5	92.53%	1.0807	5 769 835	430 750
3	4 909 315	8	7.5	88.99%	1.1238	5 516 907	607 592
4	4 588 268	7	6.5	84.00%	1.1905	5 462 417	874 149
5	3 873 311	6	5.5	77.13%	1.2965	5 021 619	1 148 308
6	3 691 712	5	4.5	67.93%	1.4720	5 434 264	1 742 552
7	3 483 130	4	3.5	56.00%	1.7857	6 219 686	2 736 556
8	2 864 498	3	2.5	41.18%	2.4284	6 956 039	4 091 541
9	1 363 294	2	1.5	23.94%	4.1777	5 695 405	4 332 111
10	344 014	1	0.5	6.37%	15.6989	5 400 645	5 056 631
总计	34 358 090					55 583 235	21 225 145

从表 3.13～表 3.15 可以看出，与 Loglogistic 增长曲线得到的尾部因子 1.2943 相比，Weibull 增长曲线得到了较低的尾部因子 1.0525. 这可能更符合精算师对保险业务的预期. 这两类增长曲线形式的差异也表明，仅仅依赖模型假设，机械地使用外推公式是不充分的，在采用厚尾 Loglogistic 增长曲线时，选取一个合适的截断点不失为一种降低依赖外推结果的有效方法.

2. 基于两类增长曲线的索赔准备金波动性度量

在基于 Loglogistic 增长曲线的 LDF 方法中，利用式(3.74)得到参数 ϕ 的估计值为 $\hat{\phi}=$ 65 035.98. 表 3.16 给出了考虑进展到 20 年末这一截断点的索赔准备金波动性度量，其中 CV_1 和 CV_2 分别表示 $\sqrt{\mathrm{Var}(R_i)}$ 和 $\sqrt{\mathrm{Var}(\hat{R}_i)}$ 占索赔准备金估计值 $\hat{R}_i$ 的比例，CV 表示 $\sqrt{\mathrm{MSEP}(\hat{R}_i)}$ 占索赔准备金估计值 $\hat{R}_i$ 的比例. 通常也将 CV_1，CV_2 和 CV 称为变异系数. 显然有 $\mathrm{CV}=\mathrm{CV}_1+\mathrm{CV}_2$.

表 3.16 由基于 Loglogistic 增长曲线的 LDF 方法得到的索赔准备金波动性度量(考虑截断点)

i	$\hat{R}_i$	$\sqrt{\mathrm{Var}(R_i)}$	CV_1	$\sqrt{\mathrm{Var}(\hat{R}_i)}$	CV_2	$\sqrt{\mathrm{MSEP}(\hat{R}_i)}$	CV
1	668 831	210 973	31.54%	157 905	23.61%	263 522	39.40%
2	1161 313	277 424	23.89%	256 894	22.12%	378 099	32.56%
3	1 369 532	300 761	21.96%	298 279	21.78%	423 589	30.93%
4	1 670 912	331 734	19.85%	356 398	21.33%	486 895	29.14%
5	1 892 108	352 597	18.64%	400 968	21.19%	533 948	28.22%
6	2 521 908	406 673	16.13%	517 688	20.53%	658 319	26.10%
7	3 555 825	482 499	13.57%	703 859	19.79%	853 359	24.00%
8	4 907 295	566 446	11.54%	968 067	19.73%	1 121 612	22.86%
9	4 999 897	571 363	11.43%	1 226 786	24.54%	1 353 314	27.07%
10	6 226 259	637 196	10.23%	2 835 919	45.55%	2 906 622	46.68%
总计	2 8973 879	1 377 617	4.75%	4 683 055	16.16%	4 881 478	16.85%

类似地，在基于 Weibull 增长曲线的 LDF 方法中，利用式(3.74)得到参数 ϕ 的估计值为 $\hat{\phi}=63\ 438.38$. 表 3.17 给出了相应的索赔准备金波动性度量.

表 3.17 基于 Weibull 增长曲线的 LDF 方法得到的索赔准备金波动性度量

i	$\hat{R}_i$	$\sqrt{\text{Var}(R_i)}$	CV_1	$\sqrt{\text{Var}(\hat{R}_i)}$	CV_2	$\sqrt{\text{MSEP}(\hat{R}_i)}$	CV
1	204 954	114 024	55.63%	97 686	47.66%	150 146	73.26%
2	430 750	165 304	38.38%	175 174	40.67%	240 855	55.92%
3	607 592	196 326	32.31%	212 382	34.95%	289 223	47.60%
4	874 149	235 483	26.94%	261 921	29.96%	352 214	40.29%
5	1 148 308	269 895	23.50%	299 173	26.05%	402 924	35.09%
6	1 742 552	332 480	19.08%	394 434	22.64%	515 870	29.60%
7	2 736 556	416 670	15.23%	549 072	20.06%	689 271	25.19%
8	4 091 541	509 479	12.45%	781 290	19.10%	932 729	22.80%
9	4 332 111	524 259	12.10%	1 035 584	23.90%	1 160 724	26.79%
10	5 056 631	567 442	11.22%	2 273 507	44.96%	2 343 251	46.34%
总计	2 1225 145	1 160 918	5.47%	3 725 826	17.55%	3 902 501	18.39%

从表 3.16 和表 3.17 可以看出，两类增长曲线下由 LDF 方法得到的索赔准备金的参数误差比过程方差更大. 其主要原因是，在 LDF 方法中，模型存在过度参数化问题，即相对模型的 12 个参数来说，仅仅使用上三角 55 个数据点进行估计是不充分的. 有关模型过度参数化的讨论也可以进一步参考 Zehnwirth(1994).

三、Cape Cod 方法的估计结果

1. 基于两类增长曲线的索赔准备金均值估计

沿用 Clark(2003)和 Guszcza(2008)假设，即事故年 1 的均衡保费 $prem_1$ 为 1000 万，其后每年增加 40 万. 在基于 Loglogistic 增长曲线的 Cape Cod 方法中，参数的 MLE 分别为 $\hat{\omega}=1.4476$，$\hat{\theta}=4.0018$，$\widehat{ELR}=0.5978$，进而得到各事故年最终损失 ULT_i 和索赔准备金 R_i 的估计值，如表 3.18 所示，其中第 7 列各事故年最终损失率 LR_i 等于第 6 列除以第 5 列；第 8 列各事故年期望最终损失等于第 2 列均衡保费 $prem_i$ 乘以 $\widehat{ELR}$；第 9 列 $\hat{R}_i$ 的计算公式为

$$\hat{R}_i=prem_i\cdot\widehat{ELR}\cdot(1-\hat{G}(10.5-i))；$$

第 10 列等于第 6 列与第 9 列之和.

表 3.18　由基于 Loglogistic 增长曲线的 Cape Cod 方法得到的最终损失和索赔准备金估计

i	$prem_i$	$10.5-i$	$\hat{G}(10.5-i)$	$prem_i\cdot\hat{G}(10.5-i)$	$C_{i,11-i}$	LR_i	$prem_i\cdot\widehat{ELR}$	$\hat{R}_i$	$\widehat{ULT}_i$
1	10 000 000	9.5	77.76%	7 775 610	3 901 463	50.18%	5 977 808	1 329 698	5 231 161
2	10 400 000	8.5	74.85%	7 784 148	5 339 085	68.59%	6 216 921	1 563 706	6 902 791
3	10 800 000	7.5	71.29%	7 698 885	4 909 315	63.77%	6 456 033	1 853 787	6 763 102
4	11 200 000	6.5	66.87%	7 489 068	4 588 268	61.27%	6 695 145	2 218 324	6 806 592
5	11 600 000	5.5	61.31%	7 111 885	3 873 311	54.46%	6 934 258	2 682 909	6 556 220
6	12 000 000	4.5	54.24%	6 508 312	3 691 712	56.72%	7 173 370	3 282 826	6 974 538
7	12 400 000	3.5	45.17%	5 600 611	3 483 130	62.19%	7 412 482	4 064 545	7 547 675
8	12 800 000	2.5	33.60%	4 301 194	2 864 498	66.60%	7 651 595	5 080 423	7 944 921
9	13 200 000	1.5	19.46%	2 568 494	1 363 294	53.08%	7 890 707	6 355 310	7 718 604
10	13 600 000	0.5	4.69%	638 359	344 014	53.89%	8 129 819	7 748 221	8 092 235
总计	118 000 000			57 476 565	34 358 090	59.78%	70 538 138	36 179 749	70 537 839

类似地，选定第 20 个进展年末为截断点，得到各事故年截尾最终损失 $ULT_{i,20}$ 和索赔准备金 $R_{i,20}$ 的估计值如表 3.19 所示，其中第 8 列等于第 7 列乘以第 6 列；第 9 列等于第 8 列加上表 3.18 的第 6 列.

表 3.19　由基于 Loglogistic 增长曲线的 Cape Cod 方法得到的截尾最终损失和索赔准备金估计

i	$prem_i$	$10.5-i$	$\hat{G}(10.5-i)$	$\hat{G}(20.5-1)$	$\hat{G}(20.5-1)-\hat{G}(10.5-i)$	$prem_i\cdot\widehat{ELR}$	$\hat{R}_{i,20}$	$\widehat{ULT}_{i,20}$
1	10 000 000	9.5	77.76%	90.83%	13.07%	5 977 808	781 262	4 682 725
2	10 400 000	8.5	74.85%	90.83%	15.98%	6 216 921	993 333	6 332 418
3	10 800 000	7.5	71.29%	90.83%	19.54%	6 456 033	1 261 476	6 170 791
4	11 200 000	6.5	66.87%	90.83%	23.96%	6 695 145	1 604 075	6 192 343
5	11 600 000	5.5	61.31%	90.83%	29.52%	6 934 258	2 046 723	5 920 034
6	12 000 000	4.5	54.24%	90.83%	36.59%	7 173 370	2 624 702	6 316 414
7	12 400 000	3.5	45.17%	90.83%	45.66%	7 412 482	3 384 484	6 867 614
8	12 800 000	2.5	33.60%	90.83%	57.22%	7 651 595	4 378 425	7 242 923
9	13 200 000	1.5	19.46%	90.83%	71.37%	7 890 707	5 631 375	6 994 669
10	13 600 000	0.5	4.69%	90.83%	86.13%	8 129 819	7 002 347	7 346 361
总计	118 000 000					70 538 138	29 708 204	64 066 294

类似地，在基于 Weibull 增长曲线的 Cape Cod 方法中，利用 MLE 得到的参数估计值分别为 $\hat{\omega}=1.3055$，$\hat{\theta}=4.0572$，$\widehat{ELR}=0.4795$，进而得到各事故年最终损失 ULT_i 和索赔准备

金 R_i 的估计值，如表 3.20 所示.

表 3.20 由基于 Weibull 增长曲线的 Cape Cod 方法得到的最终损失和索赔准备金估计

i	$prem_i$	$10.5-i$	$\hat{G}(10.5-i)$	$prem_i \cdot \hat{G}(10.5-i)$	$C_{i,11-i}$	LR_i	$prem_i \cdot \widehat{ELR}$	$\hat{R}_i$	$\widehat{ULT}_i$
1	10 000 000	9.5	95.20%	9 519 920	3 901 463	40.98%	4 795 011	230 199	4 131 662
2	10 400 000	8.5	92.76%	9 647 393	5 339 085	55.34%	4 986 812	360 876	5 699 961
3	10 800 000	7.5	89.25%	9 638 881	4 909 315	50.93%	5 178 612	556 758	5 466 073
4	11 200 000	6.5	84.28%	9 439 196	4 588 268	48.61%	5 370 413	844 307	5 432 575
5	11 600 000	5.5	77.41%	8 979 466	3 873 311	43.14%	5 562 213	1 256 549	5 129 860
6	12 000 000	4.5	68.17%	8 180 489	3 691 712	45.13%	5 754 013	1 831 460	5 523 172
7	12 400 000	3.5	56.16%	6 963 686	3 483 130	50.02%	5 945 814	2 606 719	6 089 849
8	12 800 000	2.5	41.23%	5 276 914	2 864 498	54.28%	6 137 614	3 607 328	6 471 826
9	13 200 000	1.5	23.88%	3 151 695	1 363 294	43.26%	6 329 415	4 818 173	6 181 467
10	13 600 000	0.5	6.29%	856 060	344 014	40.19%	6 521 215	6 110 734	6 454 748
总计	118 000 000			71 653 701	34 358 090	47.95%	56 581 133	22 223 102	56 581 192

2. 基于两类增长曲线的索赔准备金波动性度量

在基于 Loglogistic 增长曲线的 Cape Cod 方法中，利用式(3.74)得到参数 ϕ 的估计值为 $\hat{\phi}=61\ 576.67$. 表 3.21 给出了考虑进展到 20 年末这一截断点的索赔准备金波动性度量.

表 3.21 由基于 Loglogistic 增长曲线的 Cape Cod 方法得到的索赔准备金波动性度量(考虑截断点)

i	$\hat{R}_i$	$\sqrt{\mathrm{Var}(R_i)}$	CV_1	$\sqrt{\mathrm{Var}(\hat{R}_i)}$	CV_2	$\sqrt{\mathrm{MSEP}(\hat{R}_i)}$	CV
1	781 262	219 334	28.07%	158 913	20.34%	270 852	34.67%
2	993 333	247 318	24.90%	192 102	19.34%	313 160	31.53%
3	1 261 476	278 707	22.09%	229 521	18.19%	361 050	28.62%
4	1 604 075	314 283	19.59%	270 787	16.88%	414 848	25.86%
5	2 046 723	355 008	17.35%	314 624	15.37%	474 361	23.18%
6	2 624 702	402 020	15.32%	358 194	13.65%	538 445	20.51%
7	3 384 484	456 514	13.49%	396 345	11.71%	604 562	17.86%
8	4 378 425	519 239	11.86%	421 927	9.64%	669 053	15.28%
9	5 631 375	588 864	10.46%	430 869	7.65%	729 664	12.96%
10	7 002 347	656 644	9.38%	439 440	6.28%	790 120	11.28%
总计	2 9708 204	1 352 528	4.55%	3 143 931	10.58%	3 422 519	11.52%

在基于 Weibull 增长曲线的 Cape Cod 方法中，利用式(3.74)得到参数 ϕ 的估计值为 $\hat{\phi}=60\ 882.95$. 表 3.22 给出了相应的索赔准备金波动性度量.

表 3.22　由基于 Weibull 增长曲线的 Cape Cod 方法得到的索赔准备金波动性度量

i	$\hat{R}_i$	$\sqrt{\mathrm{Var}(R_i)}$	CV_1	$\sqrt{\mathrm{Var}(\hat{R}_i)}$	CV_2	$\sqrt{\mathrm{MSEP}(\hat{R}_i)}$	CV
1	230 199	118 386	51.43%	103 386	44.91%	157 174	68.28%
2	360 876	148 227	41.07%	137 114	37.99%	201 919	55.95%
3	556 758	184 112	33.07%	176 001	31.61%	254 702	45.75%
4	844 307	226 724	26.85%	217 840	25.80%	314 417	37.24%
5	1 256 549	276 591	22.01%	258 965	20.61%	378 900	30.15%
6	1 831 460	333 923	18.23%	294 725	16.09%	445 385	24.32%
7	2 606 719	398 378	15.28%	321 008	12.31%	511 616	19.63%
8	3 607 328	468 641	12.99%	336 875	9.34%	577 156	16.00%
9	4 818 173	541 613	11.24%	347 026	7.20%	643 251	13.35%
10	6 110 734	609 950	9.98%	363 861	5.95%	710 236	11.62%
总计	22 223 102	1 163 189	5.23%	2 458 115	11.06%	2 719 437	12.24%

从表 3.16，表 3.17 和表 3.21，表 3.22 可以看出，Cape Cod 方法估计的 $\sqrt{\mathrm{MSEP}(\hat{R}_i)}$ 更小. 这种更小的结果主要来自最近 3 个事故年. 可见，在 Cape Cod 方法中使用保费信息通常可以减小索赔准备金的波动性. 较低的波动性往往意味着更好的估计.

四、模型假设的检验诊断

为了检验模型假设，可以绘制各种类型的残差诊断图. 这里，增量赔款额的标准化残差 $r_{i,j}$ 的计算公式为

$$r_{i,j}=\frac{X_{i,j}-\hat{\mu}_{i,j}}{\sqrt{\hat{\phi}\,\hat{\mu}_{i,j}}}. \tag{3.91}$$

下面分别给出基于两类增长曲线的 LDF 方法和 Cape Cod 方法下，标准化残差和增量赔款额拟合值的检验诊断，如图 3.4～图 3.7 所示.

这些诊断图表明，基于两类增长曲线的 LDF 方法和 Cape Cod 方法的模型拟合效果都非常好. 上三角增量赔款额拟合值，所有事故年、所有进展年的标准化残差图都表明，大部分标准化残差的绝对值都小于 2，且随机散布在零线周围，波动幅度基本保持不变. 上三角增量赔款额拟合值的标准化残差图可以检验分散参数 ϕ 是否为常数. 如果 ϕ 不是常数，那么相应诊断图一端的残差应接近于零线. 进一步，从图 3.4～图 3.7 中的(a)可以看出，ϕ 为常数的假设是合理的. 与此一致，上三角增量赔款额真实值和拟合值的图也表明了非常好的拟合效果(图 3.4～图 3.7 中的(d)). 图 3.4～图 3.7 中的(e)，(f)表明，标准化残差近似服从正

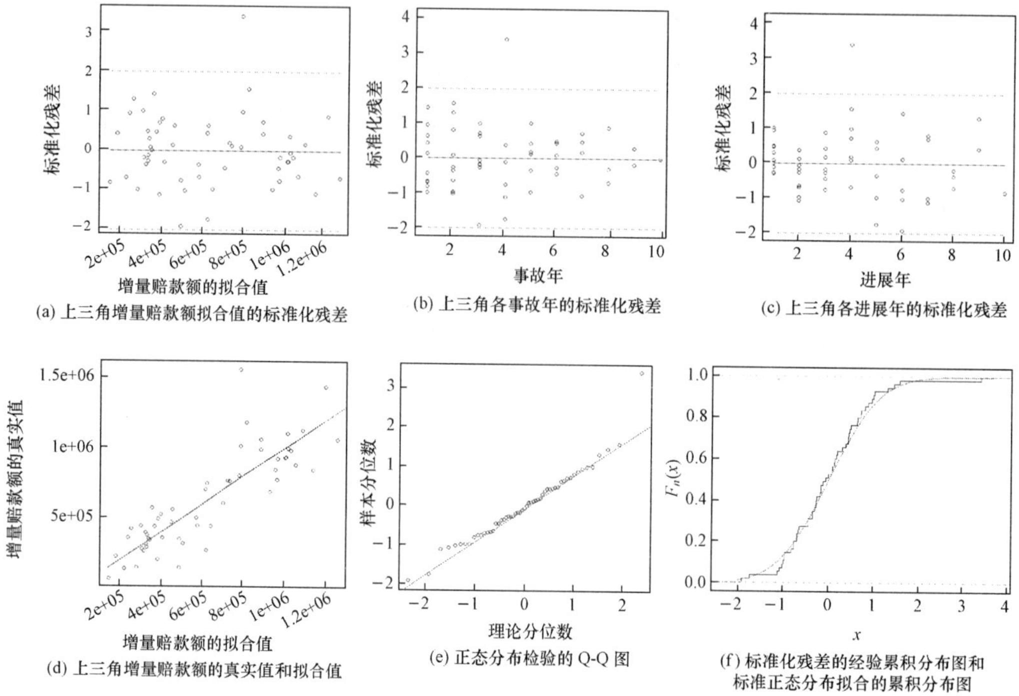

图 3.4 基于 Loglogistic 增长曲线的 LDF 方法下，标准化残差和增量赔款额拟合值的检验诊断

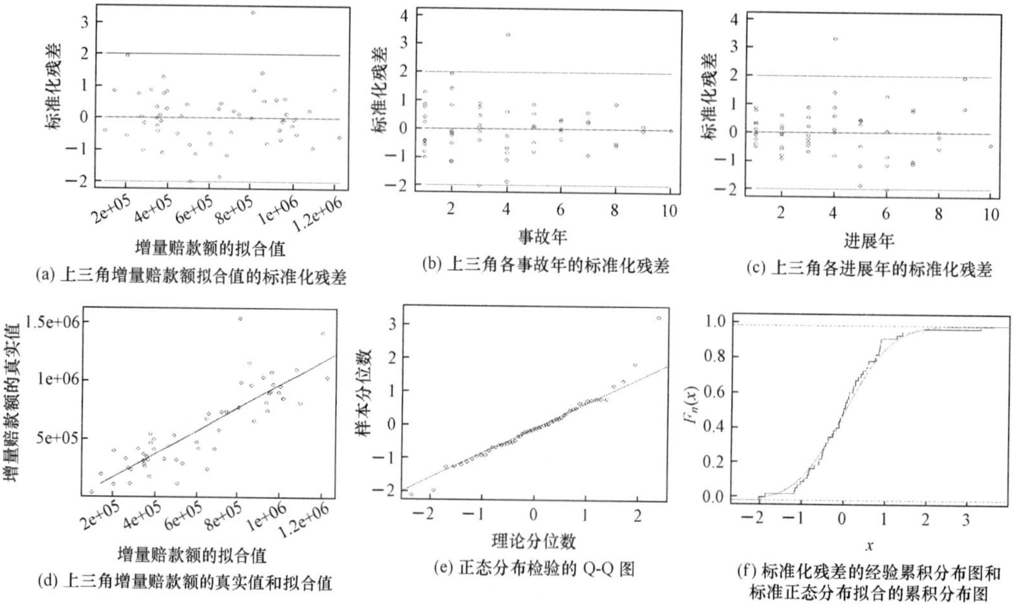

图 3.5 基于 Weibull 增长曲线的 LDF 方法下，标准化残差和增量赔款额拟合值的检验诊断

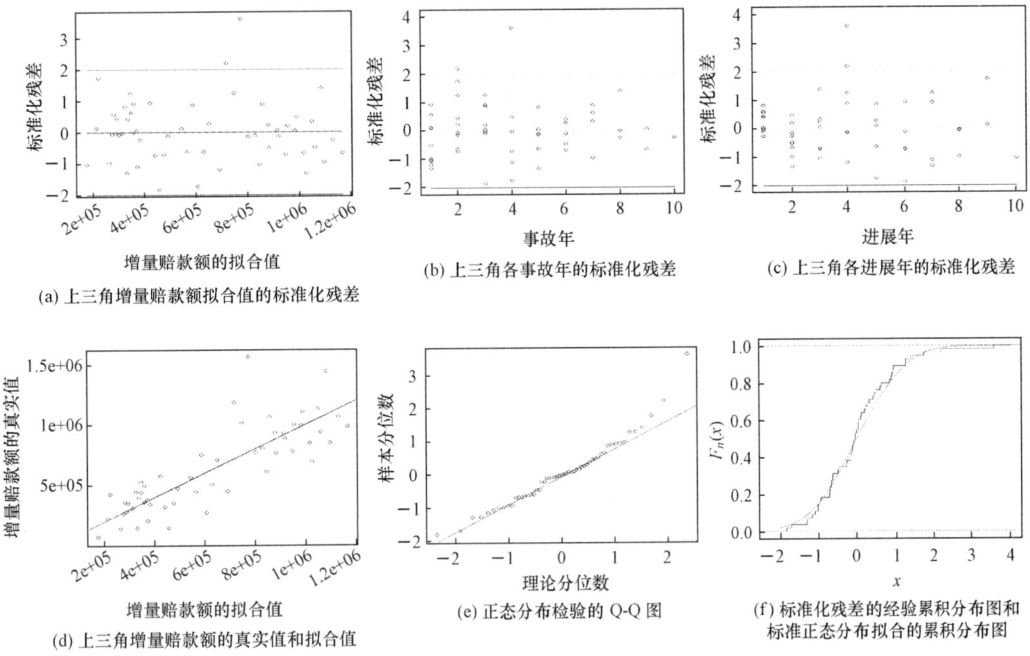

(a) 上三角增量赔款额拟合值的标准化残差　(b) 上三角各事故年的标准化残差　(c) 上三角各进展年的标准化残差

(d) 上三角增量赔款额的真实值和拟合值　(e) 正态分布检验的 Q-Q 图　(f) 标准化残差的经验累积分布图和标准正态分布拟合的累积分布图

图 3.6　基于 Loglogistic 增长曲线的 Cape Cod 方法下,标准化残差和增量赔款额拟合值的检验诊断

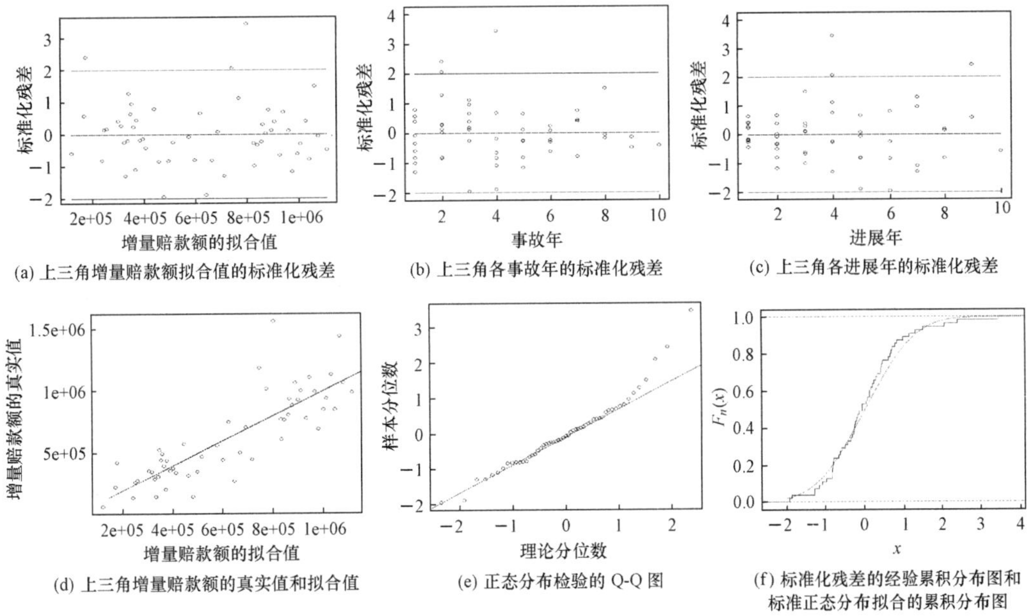

(a) 上三角增量赔款额拟合值的标准化残差　(b) 上三角各事故年的标准化残差　(c) 上三角各进展年的标准化残差

(d) 上三角增量赔款额的真实值和拟合值　(e) 正态分布检验的 Q-Q 图　(f) 标准化残差的经验累积分布图和标准正态分布拟合的累积分布图

图 3.7　基于 Weibull 增长曲线的 Cape Cod 方法下,标准化残差和增量赔款额拟合值的检验诊断

态分布. 另外，对于标准化残差是否服从正态分布，更规范的检验方法有 Kolmogorov-Smirnov 检验. 由该检验方法得到的 p 值为 0.9567，因此该检验方法也表明标准化残差服从正态分布. 此外，也可以绘制日历年的残差图，用于检验对角线效应，或者其他感兴趣变量的残差图. 这些残差图的期望结果始终是残差应随机散布在零线的周围，任何明显的变化或自相关特征都表明模型的某些假设是不合理的.

另外，在 Cape Cod 方法中，可以通过绘制不同事故年 $i(1\leqslant i\leqslant 10)$ 的最终损失率 LR_i 的图形来快速检验所有事故年总的期望损失率 ELR 为常数的假设是否合理. 假设表 3.12 给出的是累计已报案赔款流量三角形数据，进而表 3.23 和表 3.24 分别给出了基于两类增长曲线的累计已报案赔款流量三角形对应的最终损失率、已报案赔款额的占比和未报案索赔准备金(IBNR)的占比，图 3.8 和图 3.9 分别给出了相应的图形. 表 3.23 和表 3.24 的第 4 列分别来自表 3.18 和表 3.20 的第 7 列，第 5 列等于第 3 列除以第 2 列，第 6 列等于第 4 列减去第 5 列.

表 3.23 基于 Loglogistic 增长曲线的 Cape Cod 方法下的最终损失率、已报案赔款额的占比和 IBNR 的占比

事故年 i	均衡保费	已报案赔款额	最终损失率	已报案赔款额的占比	IBNR 的占比
1	10 000 000	3 901 463	50.18%	39.01%	11.16%
2	10 400 000	5 339 085	68.59%	51.34%	17.25%
3	10 800 000	4 909 315	63.77%	45.46%	18.31%
4	11 200 000	4 588 268	61.27%	40.97%	20.30%
5	11 600 000	3 873 311	54.46%	33.39%	21.07%
6	12 000 000	3 691 712	56.72%	30.76%	25.96%
7	12 400 000	3 483 130	62.19%	28.09%	34.10%
8	12 800 000	2 864 498	66.60%	22.38%	44.22%
9	13 200 000	1 363 294	53.08%	10.33%	42.75%
10	13 600 000	344 014	53.89%	2.53%	51.36%
总计	118 000 000	34 358 090	59.78%	29.12%	30.66%

表 3.24 基于 Weibull 增长曲线的 Cape Cod 方法下的最终损失率、已报案赔款额的占比和 IBNR 的占比

事故年 i	均衡保费	已报案赔款额	最终损失率	已报案赔款额的占比	IBNR 的占比
1	10 000 000	3 901 463	40.98%	39.01%	1.97%
2	10 400 000	5 339 085	55.34%	51.34%	4.00%
3	10 800 000	4 909 315	50.93%	45.46%	5.48%
4	11 200 000	4 588 268	48.61%	40.97%	7.64%
5	11 600 000	3 873 311	43.14%	33.39%	9.74%
6	12 000 000	3 691 712	45.13%	30.76%	14.36%
7	12 400 000	3 483 130	50.02%	28.09%	21.93%
8	12 800 000	2 864 498	54.28%	22.38%	31.90%
9	13 200 000	1 363 294	43.26%	10.33%	32.93%
10	13 600 000	344 014	40.19%	2.53%	37.66%
总计	118 000 000	34 358 090	47.95%	29.12%	18.83%

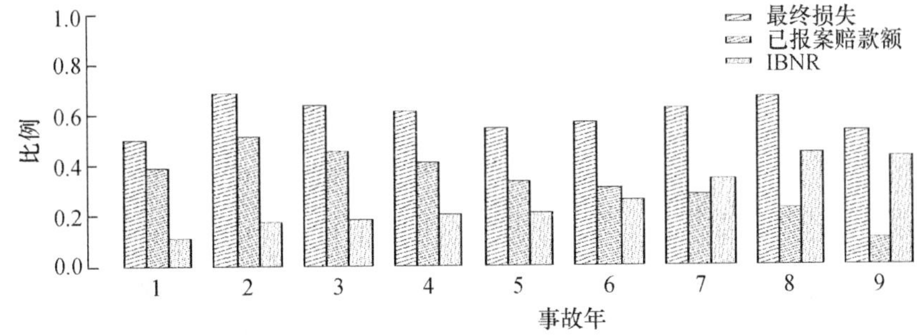

图 3.8 基于 Loglogistic 增长曲线的 Cape Cod 方法下的最终损失率、已报案赔款额的占比和 IBNR 的占比

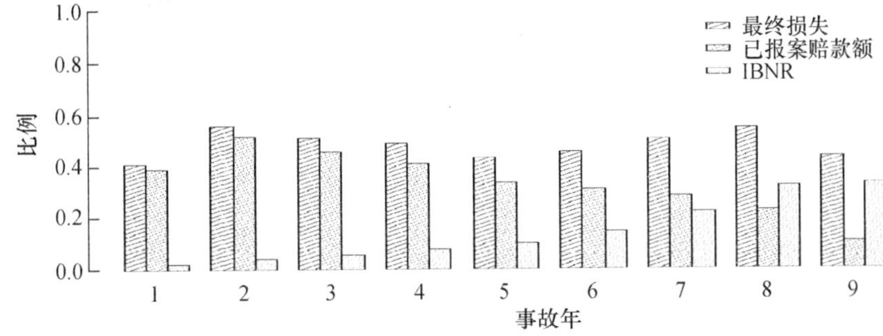

图 3.9 基于 Weibull 增长曲线的 Cape Cod 方法下的最终损失率、已报案赔款额的占比和 IBNR 的占比

从图 3.8 和图 3.9 可以看出，在两类增长曲线下，各事故年的最终损失率似乎并没有表现出较强的自相关模式或者其他不明原因的趋势. 如果观察到最终损失率存在一个递增或递减的模式，那么应在索赔准备金估计中引入偏差调整.

五、折现索赔准备金的估计和波动性度量①

假设利率为 6%，表 3.25 给出了在基于 Loglogistic 增长曲线的 Cape Cod 方法中，选择第 20 个进展年末为截断点得到的折现索赔准备金的估计和波动性度量.

从表 3.21 和表 3.25 可以看出，所有事故年总的索赔准备金 R 的估计值为 29 708 204，相应的 CV 为 11.52%；所有事故年总的折现索赔准备金 R_d 的估计值为 23 454 619，相应的 CV 为 10.46%. 可见，折现索赔准备金的 CV 更小些. 这是因为，索赔进展越接近尾部，相应的参数误差就越大，折现的额度就越大，从而导致最终折现后的 CV 变小.

① 出于实务考虑，这种分析一般仅适用于已决赔款数据.

表 3.25 基于 Loglogistic 增长曲线的 Cape Cod 方法得到的折现索赔准备金的估计和波动性度量(考虑截断点)

i	$\hat{R}_{d_i}$	$\sqrt{\mathrm{Var}(R_{d_i})}$	CV_1	$\sqrt{\mathrm{Var}(\hat{R}_{d_i})}$	CV_2	$\sqrt{\mathrm{MSEP}(\hat{R}_{d_i})}$	CV
1	632 994	179 807	28.41%	125 961	19.90%	219 537	34.68%
2	796 673	201 069	25.24%	149 689	18.79%	250 670	31.46%
3	1 003 814	225 216	22.44%	175 899	17.52%	285 767	28.47%
4	1 269 444	252 987	19.93%	204 084	16.08%	325 042	25.61%
5	1 614 648	285 275	17.67%	232 952	14.43%	368 305	22.81%
6	2 068 608	323 114	15.62%	259 904	12.56%	414 672	20.05%
7	2 669 556	367 518	13.77%	280 605	10.51%	462 395	17.32%
8	3 459 054	418 912	12.11%	289 876	8.38%	509 426	14.73%
9	4 449 317	475 291	10.68%	286 857	6.45%	555 147	12.48%
10	5 490 511	526 186	9.58%	284 582	5.18%	598 213	10.90%
总计	23 454 619	1 089 311	4.64%	2 198 224	9.37%	2 453 322	10.46%

3.3.4 主要结论

一、索赔进展建模方法的优势

本节提出的索赔进展建模方法具有以下优势：

(1) 可以灵活处理流量三角形数据．这体现在以下四个方面：第一，当上三角流量三角形数据不完整时(如仅可以获得最近三个评估日期的赔款额数据)，该建模方法同样适用；第二，这种建模方法很容易转化成考虑进展月的情况；第三，这种建模方法不要求严格给定规则的评估日期(如每个日历年末进行评估)，也适用于不规则评估日期的情况(如最近评估日可以选取为该日历年第三季度末)；第四，这种建模方法同时适用于已决或已报案两种赔款流量三角形．

(2) 使用参数化增长曲线描述期望索赔进展模式，具有一定的优势．这体现在：第一，可以简化估计问题，因为 Loglogistic 增长曲线和 Weibull 增长曲线都只需要估计 2 个参数；第二，索赔进展比例是一条光滑的增长曲线，而非不同事故年损失进展因子的随机运动；第三，这些曲线可以外推尾部进展因子，对于长尾业务，合理避免了尾部进展因子的选择问题；第四，本节 Loglogistic 增长曲线和 Weibull 增长曲线中使用的是平均进展，而不是从事故年初开始计算．这是出于实务的考虑，这种处理也可以改进分数进展期的拟合效果．当考虑分数进展年和分数进展月的情况时，需要进行适当的调整．这种调整的公式详见附录 B．

(3) 对于 LDF 方法和 Cape Cod 方法，极大似然函数法求解过程中只需要增量赔款额的真实值，并不需要其对数值，因此即使真实数据中存在一些增量赔款额为 0 或负数，这两种方法也同样适用.另外,在这两种方法中,MLE 都具有无偏性,即上三角真实增量赔款额之和等于拟合值之和.

二、两种随机性索赔准备金评估方法的主要结论

(1) Cape Cod 方法是 LDF 方法的一种改进.这是因为 Cape Cod 方法中加入了保费信息,这些信息往往可以改进索赔准备金估计,尤其对那些数据稀少的最近事故年.在 Cape Cod 方法中,较早事故年可获得更多索赔进展数据,故索赔准备金估计很少受保费信息的影响;相反,越是最近事故年,可获得的索赔进展数据越少,此时索赔准备金估计更多依赖于模型参数 ELR 的估计和保费信息.

(2) LDF 方法包含 12 个参数,使得索赔准备金的参数误差比过程方差更大一些.索赔准备金评估中的不确定性主要来自无法可靠地得到索赔准备金的均值估计,而不是随机事件.因此,在随机性索赔准备金评估中,最迫切需要的并不是更复杂的模型,而是更完整的数据.在这一方向指导下,向赔款流量三角形中添加事故年的暴露信息是一种很好的选择.另外,Cape Cod 方法估计的过程方差略高一些,然而却产生了相对较小的参数误差.这是由于额外的暴露信息导致了较小的估计误差.总之,赋予模型越多的信息,由参数误差带来的索赔准备金的波动性就会越小.

(3) 从某种程度上讲,基于 MLE 方法得到的索赔准备金的波动性度量也可以为采用其他统计模型评估索赔准备金提供参考.此外,索赔准备金波动范围的选择也需要考虑不同业务组合和处理索赔过程的变化,进一步包含这些模型假设之外的因素可能会得出更符合实际的结论.

(4) 本节在应用 MLE 方法评估索赔准备金时,考虑了 Loglogistic 和 Weibull 两类增长曲线,这两类增长曲线往往都能合适地拟合相应的经验数据,且在索赔准备金的均值估计和波动性度量中,关于对数似然函数的一阶导数和二阶导数的计算不需要任何数值近似.然而,MLE 方法并不局限于这两类增长曲线,其他取值从 0 增长到 1 的光滑曲线也是适用的.

(5) 在索赔准备金评估中,一般假设上三角增量赔款额独立同分布.独立性假设通常可以使用残差分析进行检验.如果所有时期受索赔通胀变化的同等影响,实际上可能存在正相关性;如果一个时期存在较大的结案来代替后续时期的赔款现金流,这时可能存在负相关性.从原则上讲,我们很难检验同分布假设.一般假设所有事故年的索赔进展模式是相同的.显然这是一种简化处理.从对保险现象的基本认识可以看出,历史期签发的不同保单和业务组合往往会受不同的索赔处理和结案策略的影响.

(6) 本节提出的基于索赔进展过程建模的随机性索赔准备金评估可以为我国财险公司随机性索赔准备金评估提供指导.鉴于非寿险业务的复杂性,并不能期待通过模型代替具体的实务分析,然而模型可以作为一个关键指标以辅助选择最终的索赔准备金.此外,本节为索赔准备金波动范围的估计提供了一种方式,索赔准备金的波动范围归因于随机过程方差和期望值估计的不确定性导致的参数误差.也就是说,基于统计模型的随机性索赔准备金评估包含两个关键要素：一是期望赔款额的分布；二是真实值围绕期望赔款额的分布. 最后指出，在使用随机性索赔准备金评估模型时，需要谨记模型的主要假设. 一般地，相比模型本身产生的波动性来说，未来赔款额的出现具有更大的潜在波动性.

第四节　本章小结

本章考虑随机性索赔准备金评估的几类分布模型，详细介绍了基于 GLM、对数正态模型和索赔进展过程的曲线拟合模型的随机性索赔准备金评估. 本章在合理的模型分布假设下，模拟得到了索赔准备金的预测分布，这为索赔准备金评估的确定性方法向随机性方法转化提供了思路和方向.

进一步的研究方向是基于 GLM 框架下的其他 EDF 分布，以及考虑 GLM 的各种扩展模型（如广义可加模型 GAM，广义线性混合模型 GLMM 和 HGLM）、各种扩展模型与贝叶斯模型相结合的随机性索赔准备金评估. 需要指出，在以往关于 GLM 的索赔准备金评估研究中，侧重于事先给定分布假设，在此基础上进行评估，但很少研究分布假设的合理性. 这些研究涉及复杂的统计模型检验诊断与选择问题. 作为更深入的研究，我们将进一步探讨不同险种的流量三角形分布拟合问题. 为此，需要对流量三角形数据关于进展年、事故年甚至日历年因子建立 GLM，在不同的模型结构假设下，按照一定的准则寻找最优的模型.

类似地，也可以考虑将第三节的非线性曲线拟合模型与贝叶斯方法相结合的索赔准备金评估随机性方法. 显然，在索赔进展过程建模中，结合分布假设就可以模拟出索赔准备金的预测分布. 第四章将进一步把这一模型扩展到分层模型框架下，并结合贝叶斯方法，考虑预测分布的模拟问题. 另外，与 GLM 和对数正态模型相比，这种非线性曲线拟合模型可以考虑尾部进展情况，对于长尾业务更具有优势.

第四章 索赔准备金评估的分层模型

第一节 分 层 模 型

4.1.1 分层模型的基本思想

分层模型(Hierarchical Models)是20世纪90年代在国际上形成并正在被迅速推广应用的新的统计分析技术.分层模型通过设置自身的概率子模型来确定模型参数的方式,扩展了标准线性模型(LM)、GLM和非线性模型.在进行统计分析时,这些标准模型通常要求观测数据来自独立变量,而在很多精算和统计问题中,更多的是需要处理纵向数据、空间聚类数据甚至更一般的聚类数据,这些数据都不满足独立性假设且具有一定层次结构.由数据的层次结构可将数据划分为不同层次的"目标"组,进而引入分层模型的概念.这种分层建模方式可以将复杂问题分解为相互联系的各个组成部分,为科学研究提供了一种新的分析框架.现今,分层模型已经在环境科学、生态学、社会学中得到了广泛应用.

分层模型的基本思想在于:模型的某些参数本身需要建模,即在分层模型中,一些模型参数是通过样本数据直接估计的,这些参数称为固定效应参数;另外一些模型参数不是直接通过样本数据来估计的,这些参数称为随机效应变量,它们通过模型超参数[①]来估计,而超参数则使用MLE或相关的优化技术来估计.也就是说,分层模型的核心思想是通过在预测量中引入随机效应,来体现"目标"组内数据的相关性和不同"目标"组间的异质性.有关分层模型的经典著作有Pinheiro和Bates(2000),Raudenbush和Bryk(2002),Gelman和Hill(2007).

4.1.2 分层模型的模型结构

一、线性分层模型的模型结构

一般来说,当数据按一些重要方式进行分组时,都可以使用分层模型,如二维面板数据、三维空间数据甚至更高维的聚类数据等.为了便于理解,下面结合一个二维面板数据的例子,给出线性分层模型(HLM)的模型结构.

假设某保险公司在$i(1\leqslant i\leqslant I)$个不同地区销售个人汽车保险产品,且拥有截至第$j(1\leqslant j\leqslant J)$年的分地区的有效保单数据.令$y_{i,j}$表示第$i$个地区、截至第$j$年的有效保单数.为了预测未来几年各地区的有效保单数,下面给出几种直观的建模方法.

---

① 这里超参数包括:固定效应参数、随机效应变量的分布参数和模型随机误差项的分布参数.

1. 混合模型

将 I 个地区的数据简单混合在一起，建立如下线性回归模型：

$$y_j=\alpha+\beta j+\varepsilon_j, \tag{4.1}$$

其中
$$y_j=\sum_{i=1}^{I}y_{i,j},\quad \varepsilon_j\sim N(0,\sigma^2).$$

从式(4.1)可以看出，该模型中所有地区的截距 α 和斜率 β 都相同，即该模型忽略了各地区间的差异，使用 $I\times J$ 个数据估计模型的 3 个参数：α,β,σ.

2. 分离模型

为每个地区建立一个线性回归模型，即

$$y_j^{(i)}=\alpha^{(i)}+\beta^{(i)}j+\varepsilon_j^{(i)}, \tag{4.2}$$

其中 $y_j^{(i)}=y_{i,j}$，$\varepsilon_j^{(i)}\sim N(0,(\sigma^{(i)})^2)$，$\alpha^{(i)}$ 和 $\beta^{(i)}$ 分别表示第 i 个地区的截距和斜率.

从式(4.2)可以看出，分离模型中各地区的截距 $\alpha^{(i)}$ 和斜率 $\beta^{(i)}$ 都不相同，充分考虑了各地区间的差异，即建立了 I 个模型，其中每个模型使用 J 个数据估计模型的 3 个参数：$\alpha^{(i)},\beta^{(i)},\sigma^{(i)}$.

为了比较这两种最简单的建模方法，下面考虑 8 个地区在 2005—2008 年的有效保单数据集[①]. 这两种模型拟合的有效保单数如图 4.1 所示，其中点线代表混合模型，可以看出各地区回归结果相同；虚线代表分离模型，可以看出回归结果因地区而异. 进一步看，这两种模型的估计结果都不令人满意. 一方面，混合模型的拟合效果非常差，如地区 1，地区 4 和地区 6；另一方面，每个地区仅有 4 个数据，却要估计 3 个参数，也就存在着数据能否足以支持含 8 个特定地区的模型的拟合问题. 此外，分离模型的可信度也值得怀疑，如地区 3 中 2005 年的观测值明显对模型参数估计发挥了过多的杠杆作用，一个近似混合模型的斜率可能更具有可信度.

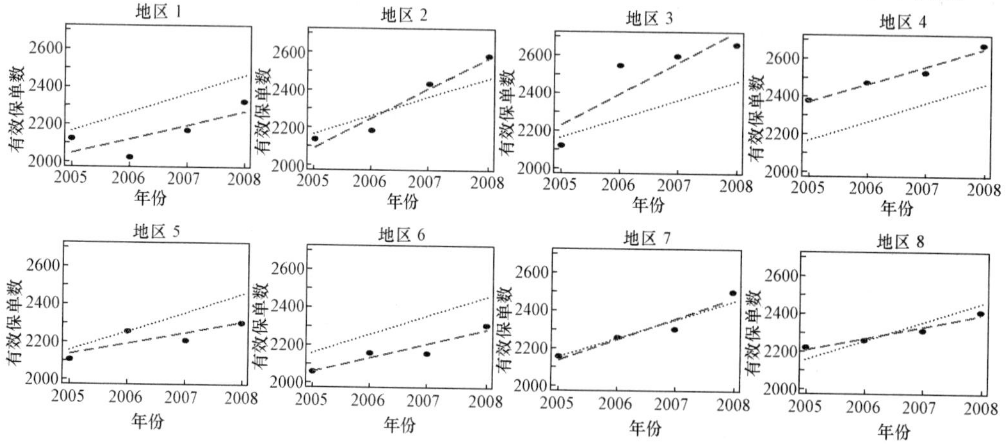

图 4.1 混合模型和分离模型拟合的有效保单数

① 数据来源于 Guszcza(2008).

3. 包含地区指示变量的模型①

考虑一个不含截距项但包含每个地区指示变量 D_i 的模型，即

$$y_j=\sum_{i=1}^{I}\alpha^{(i)}D_i+\beta j+\varepsilon_j, \tag{4.3}$$

其中 $$y_j=\sum_{i=1}^{I}y_{i,j},\quad D_i=\begin{cases}1, & \text{地区 } i\\ 0, & \text{其他地区}\end{cases},\quad \varepsilon_j\sim N(0,\sigma^2).$$

从式(4.3)可以看出，该模型是混合模型和分离模型的折中. 类似于混合模型，该模型可以视为一种能拟合所有数据的单一混合模型；类似于分离模型，该模型能一定程度上描述不同地区的差异，即可以认为该模型中各个地区相应的斜率 $\beta^{(i)}$ 相同，而截距 $\alpha^{(i)}$ 不同. 相对于混合模型和分离模型来说，这是一种改进，但可能并不理想. 这是因为，需要使用 $I\times J$ 个数据估计模型的 $I+2$ 个参数：$\alpha^{(1)},\cdots,\alpha^{(I)},\beta,\sigma$. 当数据量很小时，也会面临模型过度参数化的可能. 当然，并不是所有 I 个地区的指示变量都必须显示地出现在模型中. 尽管如此，如果需要体现出不同地区相应的斜率差异，仍需要考虑指示变量与年份 j 的交叉项. 在需要同时体现出不同地区相应的截距和斜率差异的极端情况下，就需要估计模型中 I 个不同的截距项和 J 个不同的斜率项，这本质上就是分离模型.

4. 含随机截距项的 HLM

与含地区指示变量的模型相比，HLM 提供了一种不同类型的折中方式. 在该模型中，不是直接从数据中估计 I 个地区的参数，而是为 I 个地区的截距项参数 $\alpha_1,\cdots,\alpha_I$ 定义了一个高斯子模型，通过高斯子模型的超参数来估计这些随机截距项参数. 因此，这个含随机截距项的 HLM 可以表示为

$$y_{i,j}=\alpha_i+\beta j+\varepsilon_{i,j}, \tag{4.4}$$

其中 $$\alpha_i\sim N(\mu_\alpha,\sigma_\alpha^2),\quad \varepsilon_{i,j}\sim N(0,\sigma^2),$$

或者更简洁地将它表示为

$$y_{i,j}\sim N(\alpha_i+\beta j,\sigma^2), \tag{4.5}$$

其中 $$\alpha_i\sim N(\mu_\alpha,\sigma_\alpha^2).$$

在模型(4.4)中，参数 β 称为固定效应；参数 $\alpha_1,\cdots,\alpha_I$ 称为随机效应. 这些随机效应参数不是直接通过样本数据来估计的，而是假设它们服从正态分布，通过正态分布的超参数来估计的. 故该模型包含 4 个超参数：$\mu_\alpha,\beta,\sigma,\sigma_\alpha$，这些超参数是通过 MLE 或相关的优化技术进行估计的. 与信度理论的结论类似，可以得出估计随机截距项 $\alpha_1,\cdots,\alpha_I$ 的如下公式：

$$\hat{\alpha}_i=Z_i(\bar{y}_i-\beta\bar{j})+(1-Z_i)\mu_\alpha, \tag{4.6}$$

其中 $$y_i=\sum_{j=1}^{J}y_{i,j},\quad \bar{y}_i=\frac{1}{J}y_i,\quad \bar{j}=\frac{1}{J}\sum_{j=1}^{J}j,\quad Z_i=\frac{y_i}{y_i+\sigma^2/\sigma_\alpha^2}.$$

按照信度理论的说法，随机截距项 α_i 是地区 i 的截距项 $\bar{y}_i-\beta\bar{j}$ 和所有地区截距项的均值 μ_α 的信度加权平均，其中信度因子 Z_i 是通过地区 i 的观测保单数、截距项的方差 σ_α^2 和残

① 在计量经济学中，通常将这种特殊的解释变量称为虚拟变量.

差的波动性 σ^2 确定的.

这里有三点值得注意：第一，上面介绍的混合模型和含地区指示变量的模型都是含随机截距项的 HLM 的特例. 也就是说，当 $\sigma_\alpha^2 \to 0$ 时，$Z_i \to 0$，这个分层模型就退化为混合模型；当 $\sigma_\alpha^2 \to \infty$ 时，$Z_i \to 1$，这个分层模型就相当于含地区指示变量的模型. 另外，与含地区指示变量的模型中每个地区都含有 1 个指示变量的非分层回归模型需要估计 $I+2$ 个参数相比，含随机截距项的 HLM 只需要估计 4 个超参数，进而使用式(4.6)可得到随机截距项的估计. 第二，有时将含随机截距项的 HLM 称为线性混合效应(Linear Mixed Effects, LME)模型. 在 LME 模型中，既含固定效应，又含随机效应，且随机效应服从正态分布. LME 模型的更一般推广是 HLM，此时随机效应的分布可不局限于正态分布. 第三，Bühlmann 信度模型是分层模型的特例. 如果删去式(4.4)中所含的斜率项，则相应的模型变为

$$y_{i,j} \sim N(\alpha_i, \sigma^2), \tag{4.7}$$

其中 $\alpha_i \sim N(\mu_\alpha, \sigma_\alpha^2)$. 进而，信度加权表达式变为

$$\hat{\alpha}_i = Z_i \bar{y}_i + (1-Z_i)\mu_\alpha, \tag{4.8}$$

其中

$$Z_i = \frac{y_i}{y_i + \sigma^2/\sigma_\alpha^2}.$$

进一步指出，Frees(2010)中的第 18 章对 Bühlmann 模型、Bühlman-Straub 模型、Hachemeister 模型、Jewell 模型、Dannenburg 交互分类模型等几个著名的信度模型作为分层模型的特定类型进行了详细的讨论.

下面利用 8 个地区在 2005—2008 年的有效保单数据集，得出含随机截距项的 HLM 的 4 个超参数 $\mu_\alpha, \beta, \sigma, \sigma_\alpha$ 的估计值分别为 $\hat{\mu}_\alpha = 2068$，$\hat{\beta} = 100.06$，$\hat{\sigma} = 81.13$，$\hat{\sigma}_\alpha = 123.94$. 进而，在图 4.1 中加入含随机截距项的 HLM 的拟合值，得到图 4.2，其中实线代表含随机截距项的 HLM. 可以看出，对于地区 1 和地区 3 来说，含随机截距项的 HLM 似乎是分离模型的一种改进. 这是因为，2005 年的观测值对含随机截距项的 HLM 的影响更小一些. 然而，对于地区 2 和地区 8 来说，分离模型的拟合效果则更好一些.

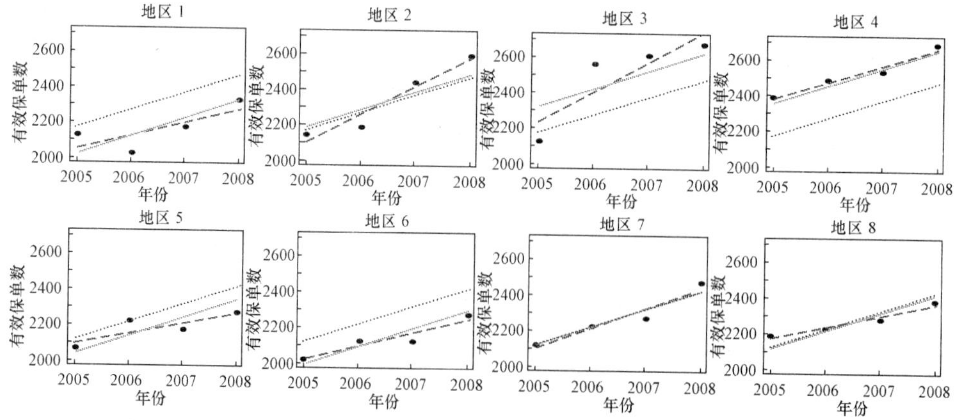

图 4.2　混合模型、分离模型和含随机截距项的 HLM 拟合的有效保单数

5. 含随机截距项和随机斜率项的 HLM

有时含随机截距项的 HLM 的拟合效果并不理想，在这种情况下，可以考虑在含随机截距项的 HLM 中添加随机斜率项，即

$$y_{i,j} \sim N(\alpha_i + \beta_i j, \sigma^2), \tag{4.9}$$

其中
$$\begin{pmatrix}\alpha_i \\ \beta_i\end{pmatrix} \sim N((\mu_\alpha, \mu_\beta), \boldsymbol{\Sigma}), \quad \boldsymbol{\Sigma} = \begin{pmatrix}\sigma_\alpha^2 & \sigma_{\alpha\beta} \\ \sigma_{\alpha\beta} & \sigma_\beta^2\end{pmatrix}.$$

可以看出，该模型包含 6 个超参数：$\mu_\alpha, \mu_\beta, \sigma_\alpha, \sigma_\beta, \sigma_{\alpha\beta}, \sigma$，比含随机截距项的 HLM 多了 2 个. 由于这两个模型是嵌套模型，故可通过对数似然统计量（$\ln L$）、赤池信息准则（AIC）统计量、贝叶斯信息准则（BIC）统计量比较不同模型预测结果的准确性，在权衡模型的复杂性和拟合效果基础上选择最合适的模型. AIC 统计量和 BIC 统计量分别定义如下：

$$\mathrm{AIC} = -2\ln L + 2d, \quad \mathrm{BIC} = -2\ln L + d\ln n,$$

其中 $\ln L$ 为对数似然统计量，d 为自由度，即模型的超参数个数，n 为样本容量. 与 $\ln L$ 相比，AIC 统计量和 BIC 统计量包含了对模型中超参数个数的对数似然惩罚. 一般这两个统计量越小越好，选择小的统计量所对应的模型可以看作在模型复杂性和拟合效果之间的一种权衡.

总结来看，与前三个非分层模型相比，后两个分层模型具有以下四个特点：第一，采用分层模型将会避免模型过度参数化. 第二，在分层模型中，随机效应通过模型超参数估计，采用信度加权平均来计算. 混合模型和分离模型都是分层模型的特例. 第三，Bühlmann 信度模型也是分层模型的特例. Frees(2010) 中的第 18 章也对几个著名的信度模型作为分层模型的特定类型进行了详细讨论. 第四，对嵌套的分层模型，可以使用对数似然统计量、AIC 统计量和 BIC 统计量来比较不同模型的拟合效果和预测结果的准确性.

二、非线性分层模型

在实际中，变量之间也可能存在非线性关系. 对于那些不可线性化的非线性模型以及更适合采用非线性模型来描述的问题，采用一个具体的非线性函数表达形式可以清晰地对这些问题进行建模分析.

需要指出，在使用 HLM 估计模型参数时不需要设定参数初始值，而使用非线性分层模型估计模型参数时则需要设定参数初始值，且参数估计是否收敛在很大程度上依赖于初始值的设定，不同初始值会导致模型不一定收敛，或者收敛到一个不正确的结果. 通过观察残差图有助于判断结果是否正确. 在大多数情况下，可以通过简单分析方法辅助选择初始值. 例如，在贝叶斯非线性分层模型中，可以参考参数的 MLE 选取合适的先验分布来得到参数的后验分布.

三、更一般结构的分层模型

分层模型不一定要有明确的线性或非线性表达式，可以仅设定模型的层次结构和概率

分布假设，使用贝叶斯方法进行统计分析. 从这一点上讲，分层模型可以将贝叶斯方法融入其中，但是可能很难把握模型的结构，这需要对具体问题有更深入的理论知识.

第二节 索赔准备金评估的非线性分层模型

分层模型通过设置自身的概率子模型来确定模型参数的方式，扩展了标准的 LM，GLM 或非线性模型. 分层模型也可以作为贝叶斯信度理论的一种扩展，使得为包含多层次或多水平(Multilevel)维度的分组数据建模成为可能. 特别地，分层模型能用于分析纵向数据集(Longitudinal Datasets)，这些数据集包含了各个"目标"的多个观测值. 本节持有的一种观点是，传统索赔准备金评估的赔款流量三角形可以自然视为纵向数据集. 为此，考虑赔款流量三角形中同一事故年的赔款额随时间反复观测的纵向特征，将赔款流量三角形视为分层数据，并结合描述索赔进展过程的增长曲线，提出两种索赔准备金评估的非线性分层增长曲线模型，即基于 LDF 方法的分层增长曲线模型和基于 Cape Cod 方法的分层增长曲线模型，并通过精算实务中的数值实例应用软件 R 加以分析. 本节提出的非线性分层模型为考虑多个事故年的索赔进展建模提供了一种自然灵活的框架，不但使得建立的模型易于理解，而且在分层建模中纳入了增长曲线，也有效避免了尾部进展因子的选定问题.

4.2.1 非线性分层增长曲线模型

一、索赔进展过程中增长曲线的选择

沿用第三章考虑的索赔进展过程的两类增长曲线——Weibull 增长曲线和 Loglogistic 增长曲线，其中 Weibull 增长曲线的形式为

$$G(x|\omega,\theta)=1-\exp(-(x/\theta)^{\omega}), \tag{4.10}$$

Loglogistic 增长曲线的形式为

$$G(x|\omega,\theta)=\frac{x^{\omega}}{x^{\omega}+\theta^{\omega}}, \tag{4.11}$$

其中 ω 为形状参数，θ 为尺度参数，x 表示从事故发生的平均日期[①]到评估日的索赔进展时间，一般假设事故发生时间在年内服从均匀分布.

从式(4.10)和式(4.11)可以看出，Loglogistic 增长曲线比 Weibull 增长曲线厚尾. 这意味着，在采用这两类增长曲线评估索赔准备金时，预计 Loglogistic 增长曲线相比 Weibull 增长曲线会有更长的索赔进展过程和更大的最终损失估计. 在实务中，对索赔进展过程的背景知识的了解有助于确定选择哪一类增长曲线，或是采用其他的增长曲线. 此外，使用同一条增长曲线来描述所有事故年的索赔进展过程并不能体现出不同事故年增长模式的差异. 为

① 由于每个事故年的损失可能发生在该年内的任何时刻，故引入事故发生的平均日期这一概念.

此，下面结合这两类增长曲线和索赔进展过程的建模方式给出索赔准备金评估的分层模型.

二、非线性分层增长曲线模型

1. 索赔进展过程的两种建模方法

在事故发生时间在年内服从均匀分布的假设下，考虑第三章给出的两种索赔进展过程建模方法：LDF 方法和 Cape Cod 方法. 与第三章的建模方法有所不同，为了更能反映累计赔款额的增长模式，本节采用累计赔款形式. 下面给出基于累计赔款额的两种建模方法.

令 $C_{i,j}(1\leqslant i\leqslant n, j\geqslant 1)$表示事故年 i、进展年 j 的累计赔款额①，$\mathrm{E}(C_{i,j})=\mu_{i,j}$. 在 LDF 方法中，有

$$\mu_{i,j}=ULT_i\cdot G((j-0.5)|\omega,\theta), \tag{4.12}$$

其中 ULT_i 表示事故年 i 的最终损失. 该方法包含 $n+2$ 个未知参数：$ULT_1,\cdots,ULT_n,\omega,\theta$.

在 Cape Cod 方法中，有

$$\mu_{i,j}=prem_i\cdot ELR\cdot G((j-0.5)|\omega,\theta), \tag{4.13}$$

其中 $prem_i$ 为已知量，表示事故年 i 的均衡保费；ELR 为未知量，表示所有事故年的期望损失率. 与式(4.12)所示的 LDF 方法包含 $n+2$ 个未知参数相比，该方法仅包含 3 个未知参数：ELR,ω,θ.

另外，在这两种方法中，函数 G 都可以选择 Weibull 增长函数和 Loglogistic 增长函数以及其他合适的增长函数.

2. 基于 LDF 方法的分层增长曲线模型

1）基于 LDF 方法的基础分层增长曲线模型

(1) 基础 LDF 分层 Weibull 增长曲线模型：

$$C_{i,j}=ULT_i(1-\exp(-((j-0.5)/\theta)^{\omega}))+\varepsilon_{i,j}; \tag{4.14}$$

(2) 基础 LDF 分层 Loglogistic 增长曲线模型：

$$C_{i,j}=ULT_i\,\frac{(j-0.5)^{\omega}}{(j-0.5)^{\omega}+\theta^{\omega}}+\varepsilon_{i,j}. \tag{4.15}$$

这里
$$ULT_i\sim N(\mu_{ULT},\sigma_{ULT}^2),\quad \mathrm{Var}(\varepsilon_{i,j})=\sigma^2\hat{C}_{i,j}.$$

可以看出，这两个基础模型都包含 5 个超参数：$\mu_{ULT},\omega,\theta,\sigma_{ULT},\sigma$. 需要注意，这里不是假设每个累计赔款额的方差为常数，而是假设组内方差与累计赔款额的拟合值 $\hat{C}_{i,j}$ 成比例，σ^2 是比例常数. 这与第三章的 ODP 分布假设一致.

2）放松过程方差假设的 LDF 分层增长曲线模型

在两个基础模型中，假设组内方差与拟合值成比例. 我们可以使用更一般的假设：

$$\mathrm{Var}(\varepsilon_{i,j})=\sigma^2(\hat{C}_{i,j})^{2\zeta}. \tag{4.16}$$

---

① 与第三章第三节一样，这里令 $1\leqslant i\leqslant n, j\geqslant 1$，且不需要事故年和进展年的年数都为 n 的假设. 也就是说，本章给出的分层模型也可以考虑 $j>n$ 尾部进展情况.

也就是说，代替基础模型中预先设定的 $\zeta=0.5$，这里将 ζ 看作进一步的模型超参数. 因此，该模型需要估计 6 个超参数：μ_{ULT}，ω，θ，σ_{ULT}，σ，ζ.

3）考虑随机形状效应的 LDF 分层增长曲线模型

在基础模型的基础上，可以通过考虑形状参数 ω 随事故年变化来扩展基础模型，即模型包含了随事故年变化的形状参数：$\omega_1,\cdots,\omega_n$.

（1）考虑随机形状效应的 LDF 分层 Weibull 增长曲线模型可以表示为

$$C_{i,j}=ULT_i(1-\exp(-((j-0.5)/\theta)^{\omega_i}))+\varepsilon_{i,j};\tag{4.17}$$

（2）考虑随机形状效应的 LDF 分层 Loglogistic 增长曲线模型可以表示为

$$C_{i,j}=ULT_i\frac{(j-0.5)^{\omega_i}}{(j-0.5)^{\omega_i}+\theta^{\omega_i}}+\varepsilon_{i,j}.\tag{4.18}$$

这里 $\begin{pmatrix}ULT_i\\ \omega_i\end{pmatrix}\sim N\left(\begin{pmatrix}\mu_{ULT}\\ \mu_\omega\end{pmatrix},\boldsymbol{\Sigma}\right)$，$\boldsymbol{\Sigma}=\begin{pmatrix}\sigma_{ULT}^2 & \sigma_{ULT,\omega}\\ \sigma_{ULT,\omega} & \sigma_\omega^2\end{pmatrix}$，$\mathrm{Var}(\varepsilon_{i,j})=\sigma^2\hat{C}_{i,j}$.

可以看出，扩展模型除了包含基础模型的 5 个超参数之外，还包含 2 个新的超参数 σ_ω 和 $\sigma_{ULT,\omega}$，故包含了 7 个超参数：μ_{ULT}，μ_ω，θ，σ_{ULT}，σ_ω，$\sigma_{ULT,\omega}$，σ.

4）考虑随机尺度效应的 LDF 分层增长曲线模型

在基础模型的基础上，也可以通过考虑尺度参数 θ 随事故年变化来扩展基础模型，即模型包含了随事故年变化的尺度参数：$\theta_1,\cdots,\theta_n$.

（1）考虑随机尺度效应的 LDF 分层 Weibull 增长曲线模型可以表示为

$$C_{i,j}=ULT_i(1-\exp(-((j-0.5)/\theta_i)^{\omega}))+\varepsilon_{i,j};\tag{4.19}$$

（2）考虑随机尺度效应的 LDF 分层 Loglogistic 增长曲线模型可以表示为

$$C_{i,j}=ULT_i\frac{(j-0.5)^{\omega}}{(j-0.5)^{\omega}+\theta_i^{\omega}}+\varepsilon_{i,j}.\tag{4.20}$$

这里 $\begin{pmatrix}ULT_i\\ \theta_i\end{pmatrix}\sim N\left(\begin{pmatrix}\mu_{ULT}\\ \mu_\theta\end{pmatrix},\boldsymbol{\Sigma}\right)$，$\boldsymbol{\Sigma}=\begin{pmatrix}\sigma_{ULT}^2 & \sigma_{ULT,\theta}\\ \sigma_{ULT,\theta} & \sigma_\theta^2\end{pmatrix}$，$\mathrm{Var}(\varepsilon_{i,j})=\sigma^2\hat{C}_{i,j}$.

类似地，扩展模型除了包含基础模型的 5 个超参数之外，还包含 2 个新的超参数 σ_θ 和 $\sigma_{ULT,\theta}$，故包含了 7 个超参数：μ_{ULT}，ω，μ_θ，σ_{ULT}，σ_θ，$\sigma_{ULT,\theta}$，σ.

3. 基于 Cape Cod 方法的分层增长曲线模型

如果可以获得保费信息，那么很容易将基于 LDF 方法的分层模型改写成 Cape Cod 形式. 在 Cape Cod 方法中，假设各事故年的 *ELR* 为常数，这个常数除了可以直接从数据中估计出来之外，也可以视为假设变量引入模型中. 在分层建模框架下，将考虑这一假设. 正如基于 LDF 方法的分层模型使用子模型来考虑不同事故年最终损失的变化，这里也使用子模型来考虑不同事故年最终损失率的变化，即需要包含一个考虑所有事故年平均损失率的模型超参数.

1）基于 Cape Cod 方法的基础分层增长曲线模型

（1）基础 Cape Cod 分层 Weibull 增长曲线模型：

$$C_{i,j}=prem_i\cdot LR_i(1-\exp(-((j-0.5)/\theta)^{\omega}))+\varepsilon_{i,j};\tag{4.21}$$

(2) 基础 Cape Cod 分层 Loglogistic 增长曲线模型：

$$C_{i,j}=prem_i\cdot LR_i\,\frac{(j-0.5)^{\omega}}{(j-0.5)^{\omega}+\theta^{\omega}}+\varepsilon_{i,j}. \tag{4.22}$$

这里 $prem_i$ 为已知量，表示事故年 i 的均衡保费，LR_i 表示事故年 i 的最终损失率，且 $LR_i\sim N(\mu_{LR},\sigma_{LR}^2)$，$\mathrm{Var}(\varepsilon_{i,j})=\sigma^2\hat{C}_{i,j}$. 故该模型包含 5 个超参数：$\mu_{LR},\omega,\theta,\sigma_{LR},\sigma$.

2) 放松过程方差假设的 Cape Cod 分层增长曲线模型

在基础模型中，假设组内方差与拟合值成比例. 我们可以使用如下更一般的假设：

$$\mathrm{Var}(\varepsilon_{i,j})=\sigma^2(\hat{C}_{i,j})^{2\zeta}. \tag{4.23}$$

类似地，这时模型需要估计 6 个超参数：$\mu_{LR},\omega,\theta,\sigma_{LR},\sigma,\zeta$.

3) 考虑随机形状效应的 Cape Cod 分层增长曲线模型

(1) 考虑随机形状效应的 Cape Cod 分层 Weibull 增长曲线模型可以表示为

$$C_{i,j}=prem_i\cdot LR_i(1-\exp(-((j-0.5)/\theta)^{\omega_i}))+\varepsilon_{i,j}; \tag{4.24}$$

(2) 考虑随机形状效应的 Cape Cod 分层 Loglogistic 增长曲线模型可以表示为

$$C_{i,j}=prem_i\cdot LR_i\,\frac{(j-0.5)^{\omega_i}}{(j-0.5)^{\omega_i}+\theta^{\omega_i}}+\varepsilon_{i,j}, \tag{4.25}$$

这里 $$\begin{pmatrix}LR_i\\ \omega_i\end{pmatrix}\sim N\left(\begin{pmatrix}\mu_{LR}\\ \mu_{\omega}\end{pmatrix},\boldsymbol{\Sigma}\right),\quad \boldsymbol{\Sigma}=\begin{pmatrix}\sigma_{LR}^2 & \sigma_{LR,\omega}\\ \sigma_{LR,\omega} & \sigma_{\omega}^2\end{pmatrix},\quad \mathrm{Var}(\varepsilon_{i,j})=\sigma^2\hat{C}_{i,j}.$$

故该扩展模型包含 7 个超参数：$\mu_{LR},\mu_{\omega},\theta,\sigma_{LR},\sigma_{\omega},\sigma_{LR,\omega},\sigma$.

4) 考虑随机尺度效应的 Cape Cod 分层增长曲线模型

(1) 考虑随机尺度效应的 Cape Cod 分层 Weibull 增长曲线模型可以表示为

$$C_{i,j}=prem_i\cdot LR_i(1-\exp(-((j-0.5)/\theta_i)^{\omega}))+\varepsilon_{i,j}; \tag{4.26}$$

(2) 考虑随机尺度效应的 Cape Cod 分层 Loglogistic 增长曲线模型可以表示为

$$C_{i,j}=prem_i\cdot LR_i\,\frac{(j-0.5)^{\omega}}{(j-0.5)^{\omega}+\theta_i^{\omega}}+\varepsilon_{i,j}. \tag{4.27}$$

这里 $$\begin{pmatrix}LR_i\\ \theta_i\end{pmatrix}\sim N\left(\begin{pmatrix}\mu_{LR}\\ \mu_{\theta}\end{pmatrix},\boldsymbol{\Sigma}\right),\quad \boldsymbol{\Sigma}=\begin{pmatrix}\sigma_{LR}^2 & \sigma_{LR,\theta}\\ \sigma_{LR,\theta} & \sigma_{\theta}^2\end{pmatrix},\quad \mathrm{Var}(\varepsilon_{i,j})=\sigma^2\hat{C}_{i,j}.$$

故该扩展模型包含 7 个超参数：$\mu_{LR},\omega,\mu_{\theta},\sigma_{LR},\sigma_{\theta},\sigma_{LR,\theta},\sigma$.

4.2.2　数值实例

一、数据来源

数值实例中的累计赔款流量三角形数据如表 4.1 所示. 这些数据在索赔准备金评估的已有文献中多次被引用，相关文献有 Mack(1993)，Clark(2003)，Guszcza(2008)等. 我们的出发点在于：传统索赔准备金评估的流量三角形可以视为纵向数据集，每个事故年对应的数据可看作一个“目标”，进而可以建立分层模型来分析累计赔款额的进展模式.

表 4.1 累计赔款流量三角形

事故年＼进展年	1	2	3	4	5	6	7	8	9	10
1	357 848	1 124 788	1 735 330	2 182 708	2 745 596	3 319 994	3 466 336	3 606 286	3 833 515	3 901 463
2	352 118	1 236 139	2 170 033	3 353 322	3 799 067	4 120 063	4 647 867	4 914 039	5 339 085	
3	290 507	1 292 306	2 218 525	3 235 179	3 985 995	4 132 918	4 628 910	4 909 315		
4	310 608	1 418 858	2 195 047	3 757 447	4 029 929	4 381 982	4 588 268			
5	443 160	1 136 350	2 128 333	2 897 821	3 402 672	3 873 311				
6	396 132	1 333 217	2 180 715	2 985 752	3 691 712					
7	440 832	1 288 463	2 419 861	3 483 130						
8	359 480	1 421 128	2 864 498							
9	376 686	1 363 294								
10	344 014									

数据来源：数据来自 Mack(1993)，其与第三章表 3.12 的数据相同.

二、索赔进展比例的链梯法估计及 MLE

1. 链梯法的估计结果

为了与后续建立的分层模型进行比较，表 4.2 给出了链梯法的进展情况，其中链梯比率表示年度进展因子，这里选取加权进展因子，且假设尾部进展因子为 1；累计 LDF 表示进展到最终损失的累计进展因子；索赔进展比例为累计 LDF 的倒数. 在此基础上，表 4.3 给出了链梯法的估计结果.

表 4.2 链梯法的进展情况

进展年	1→2	2→3	3→4	4→5	5→6	6→7	7→8	8→9	9→10	10→∞
链梯比率	3.491	1.747	1.455	1.176	1.104	1.086	1.054	1.077	1.018	1.000
累计 LDF	14.451	4.140	2.369	1.628	1.384	1.254	1.155	1.096	1.018	1.000
索赔进展比例	6.9%	24.2%	42.2%	61.4%	72.2%	79.7%	86.6%	91.3%	98.3%	100%

表 4.3 链梯法的估计结果

事故年 i	日历年累计赔款	最终损失	索赔准备金
1	3 901 463	3 901 463	0
2	5 339 085	5 433 719	94 634
3	4 909 315	5 378 826	469 511
4	4 588 268	5 297 906	709 638
5	3 873 311	4 858 200	984 889
6	3 691 712	5 111 171	1 419 459

续表

事故年 i	日历年累计赔款	最终损失	索赔准备金
7	3 483 130	5 671 704	2 188 574
8	2 864 498	6 786 880	3 922 382
9	1 363 294	5 643 997	4 280 703
10	344 014	4 971 349	4 627 335
总计	34 358 090	53 055 216	18 697 126

2. LDF 方法和 Cape Cod 方法中索赔进展比例的 MLE

我们可以将由链梯法得到的前 9 个进展年的索赔进展比例看作一条连续索赔增长曲线的分段线性近似. 为了更好地与后续分层模型的参数估计结果进行比较，表 4.4 给出了 LDF 方法和 Cape Cod 方法中两类增长曲线的参数 ω 和 θ 的 MLE①，进而得到基于两类增长曲线拟合的索赔进展比例，如图 4.3 所示.

表 4.4　LDF 方法和 Cape Cod 方法中两类增长曲线的参数 ω 和 θ 的 MLE

两种方法	MLE			
	Weibull 增长曲线		Loglogistic 增长曲线	
	ω	θ	ω	θ
LDF 方法	1.2969	4.0748	1.4345	4.0499
Cape Cod 方法	1.3055	4.0572	1.4476	4.0018

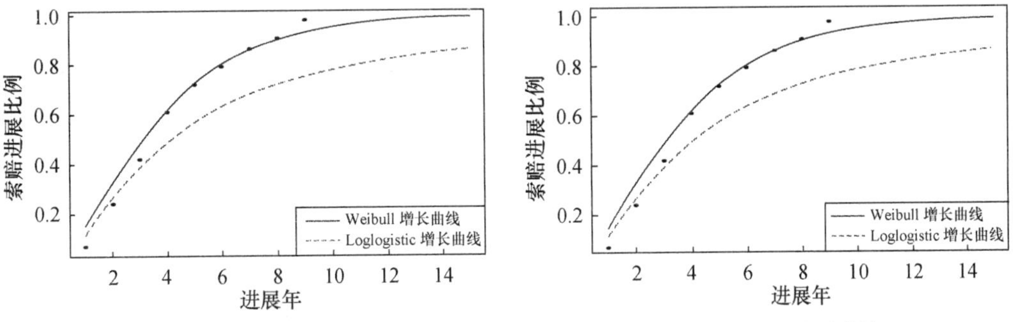

图 4.3　LDF 方法和 Cape Cod 方法中基于两类增长曲线拟合的索赔进展比例

在图 4.3 中，9 个黑点表示由链梯法得到的索赔进展比例，实线和虚线分别表示基于参数 ω 和 θ 的 MLE 得到的 Weibull 增长曲线和 Loglogistic 增长曲线. 从中可以看出，Weibull 增长曲线比 Loglogistic 增长曲线更接近链梯法的索赔进展比例. 进一步讲，Loglogistic 增长曲线拟合早期进展数据更好一些，Weibull 增长曲线拟合尾部数据更好一些，并且使用同一条增长曲线

① 这里两个参数的 MLE 来自第三章第三节的估计结果.

来描述所有事故年的索赔进展过程并不能体现出不同事故年索赔进展模式的差异. 为此，下面在分层模型的框架下，结合这两类增长曲线来探讨索赔准备金的评估问题.

三、基于 LDF 方法的分层增长曲线模型的估计结果及检验诊断

1. 基于 LDF 方法的分层增长曲线模型的参数估计及结果分析

针对上一小节给出的基于 LDF 方法的分层增长曲线模型，使用 R 软件中的 nlme() 函数来求解模型参数估计值. 由于使用非线性分层模型估计参数时需要设定参数初始值，在大多数情况下，通过由链梯法估计出的最终损失和索赔进展比例来辅助选择一个合适的初始值集合是可行的. 结合链梯法估计的最终损失和表 4.4 中参数的 MLE，选取的初始值集合为 $\{\mu_{ULT},\omega,\theta\}=\{5\ 000\ 000,1.4,3.75\}$. 在此基础上，表 4.5 分别给出了由基于 LDF 方法的分层 Weibull 增长曲线模型和分层 Loglogistic 增长曲线模型得到的主要超参数估计值，相应的检验统计量如表 4.6 所示.

表 4.5 由基于 LDF 方法的两类分层增长曲线模型得到的主要超参数估计值

分层增长曲线模型		μ_{ULT}	$\omega(\mu_\omega)$	$\theta(\mu_\theta)$	σ_{ULT}	σ	ζ
Weibull 增长曲线	基础模型	5 306 605	1.306	3.886	543 029.6	93.447	0.5
	放松过程方差假设	5 296 344	1.318	3.856	560 412.1	566.497	0.37
	考虑随机形状效应	5 412 641	1.308	3.934	658 822.8	84.391	0.5
	考虑随机尺度效应	5 306 622	1.306	3.886	543 029.3	93.447	0.5
Loglogistic 增长曲线	基础模型	6 898 363	1.404	4.095	702 803.2	98.311	0.5
	放松过程方差假设	6 690 918	1.456	3.872	715 907.3	2 001.554	0.29
	考虑随机形状效应	7 055 427	1.400	4.181	836 654.8	89.606	0.5
	考虑随机尺度效应	7 272 343	1.381	4.352	1 128 926.0	93.824	0.5

表 4.6 基于 LDF 方法的两类分层增长曲线模型的检验统计量

分层增长曲线模型		AIC 统计量	BIC 统计量	$\ln L$
Weibull 增长曲线	基础模型	1 485.611	1 495.647	−737.805
	放松过程方差假设	1 486.479	1 498.523	−737.240
	考虑随机形状效应	1 480.646	1 494.697	−733.323
	考虑随机尺度效应	1 489.611	1 503.662	−737.805
Loglogistic 增长曲线	基础模型	1 490.127	1 500.163	−740.063
	放松过程方差假设	1 490.306	1 502.350	−739.153
	考虑随机形状效应	1 485.622	1 499.673	−735.811
	考虑随机尺度效应	1 489.094	1 503.145	−737.547

从表 4.6 可以看出，两类增长曲线下，考虑随机形状效应的分层模型的 $\ln L$ 的值都是最大的，相应的 AIC 统计量和 BIC 统计量的值都是最小的，因此可以认为这种考虑随机形状效应的分层模型在模型的复杂性和拟合优度之间提供了一种更好的权衡. 在此基础上，表 4.7和表 4.8 分别给出了两类增长曲线下，考虑随机形状效应的 LDF 分层模型估计的最终损失和索赔准备金.

表 4.7　考虑随机形状效应的 LDF 分层 Weibull 增长曲线模型的估计结果

i	$10.5-i$	$\hat{\omega}_i$	$\hat{\theta}$	$\hat{G}(10.5-i)$	$C_{i,11-i}$	$\widehat{ULT}_{i,10}$	$\widehat{ULT}_{i,20}$	$\widehat{ULT}_i$	$\hat{R}_i$
1	9.5	1.189	3.934	94.2%	3 901 463	3 867 972	4 099 845	4 104 870	203 407
2	8.5	1.313	3.934	93.6%	5 339 085	5 236 006	5 461 155	5 462 687	123 602
3	7.5	1.311	3.934	90.3%	4 909 315	5 214 013	5 439 486	5 441 052	531 737
4	6.5	1.332	3.934	85.8%	4 588 268	5 444 902	5 666 704	5 667 942	1 079 674
5	5.5	1.265	3.934	78.3%	3 873 311	4 701 010	4 932 266	4 934 808	1 061 497
6	4.5	1.292	3.934	69.6%	3 691 712	5 007 592	5 235 813	5 237 726	1 546 014
7	3.5	1.347	3.934	57.4%	3 483 130	5 615 718	5 834 436	5 835 470	2 352 340
8	2.5	1.410	3.934	41.0%	2 864 498	6 321 383	6 524 649	6 525 111	3 660 613
9	1.5	1.317	3.934	24.5%	1 363 294	5 279 429	5 503 923	5 505 389	4 142 095
10	0.5	1.308	3.934	6.5%	344 014	5 183 831	5 409 739	5 411 352	5 067 338
总计					34 358 090	51 871 857	54 108 015	54 126 407	19 768 317

表 4.8　考虑随机形状效应的 LDF 分层 Loglogistic 增长曲线模型的估计结果

i	$10.5-i$	$\hat{\omega}_i$	$\hat{\theta}$	$\hat{G}(10.5-i)$	$C_{i,11-i}$	$\widehat{ULT}_{i,10}$	$\widehat{ULT}_{i,20}$	$\widehat{ULT}_i$	$\hat{R}_i$
1	9.5	1.278	4.181	74.1%	3 901 463	3 957 313	4 688 407	5 343 351	1 441 888
2	8.5	1.405	4.181	73.1%	5 339 085	5 427 241	6 404 158	7 139 537	1 800 452
3	7.5	1.406	4.181	69.5%	4 909 315	5 428 325	6 405 415	7 140 835	2 231 520
4	6.5	1.428	4.181	65.3%	4 588 268	5 695 195	6 714 367	7 458 955	2 870 687
5	5.5	1.359	4.181	59.2%	3 873 311	4 888 276	5 777 732	6 489 920	2 616 609
6	4.5	1.387	4.181	52.5%	3 691 712	5 205 309	6 146 605	6 873 224	3 181 512
7	3.5	1.438	4.181	43.6%	3 483 130	5 815 586	6 853 472	7 601 735	4 118 605
8	2.5	1.493	4.181	31.7%	2 864 498	6 474 418	7 611 655	8 375 411	5 510 913
9	1.5	1.401	4.181	19.2%	1 363 294	5 374 109	6 342 549	7 075 927	5 712 633
10	0.5	1.400	4.181	4.9%	344 014	5 356 956	6 322 654	7 055 373	6 711 359
总计					34 358 090	53 622 727	63 267 014	70 554 267	36 196 177

从表 4.7 和表 4.8 可以看出，分层模型与第三章第三节给出的模型的主要区别在于，分层模型中最终损失不是直接基于样本数据估计的，而是借助于模型超参数估计值间接推导出来的. 在这两个模型中，估计的各事故年最终损失 $\widehat{ULT}_i$ 加总后的平均值与相应的 μ_{ULT} 的估计值都相同；而所有事故年总的索赔准备金的估计值 $\hat{R}$ 相差很大，且由 Weibull 增长曲线模型估计的 $\hat{R}$ 与由链梯法估计的 $\hat{R}$ 更接近. 然而，这种接近只是一种巧合，两种模型估计的各事故年索赔准备金 $\hat{R}_i$ 差别很大. 例如，对于事故年 10 来说，链梯法的估计结果是 $\hat{R}_{10}=4\ 627\ 335$，相比之下，分层模型的估计结果则是 $\hat{R}_{10}=5\ 067\ 338$.

2. 基于 LDF 方法的分层增长曲线模型的检验诊断

下面进一步给出基于 LDF 方法考虑随机形状效应的两类分层模型的标准化残差估计和累计赔款额拟合值的检验诊断，如图 4.4 和图 4.5 所示. 这里标准化残差 $r_{i,j}$ 的计算公式为

$$r_{i,j}=\frac{C_{i,j}-\hat{C}_{i,j}}{\sigma\sqrt{\hat{C}_{i,j}}}, \tag{4.28}$$

其中 $C_{i,j}$ 和 $\hat{C}_{i,j}(i+j\leqslant n+1)$ 分别表示上三角中事故年 i、进展年 j 的累计赔款额的真实值和拟合值，分母即为模型定义的残差项 $\varepsilon_{i,j}$ 的标准差.

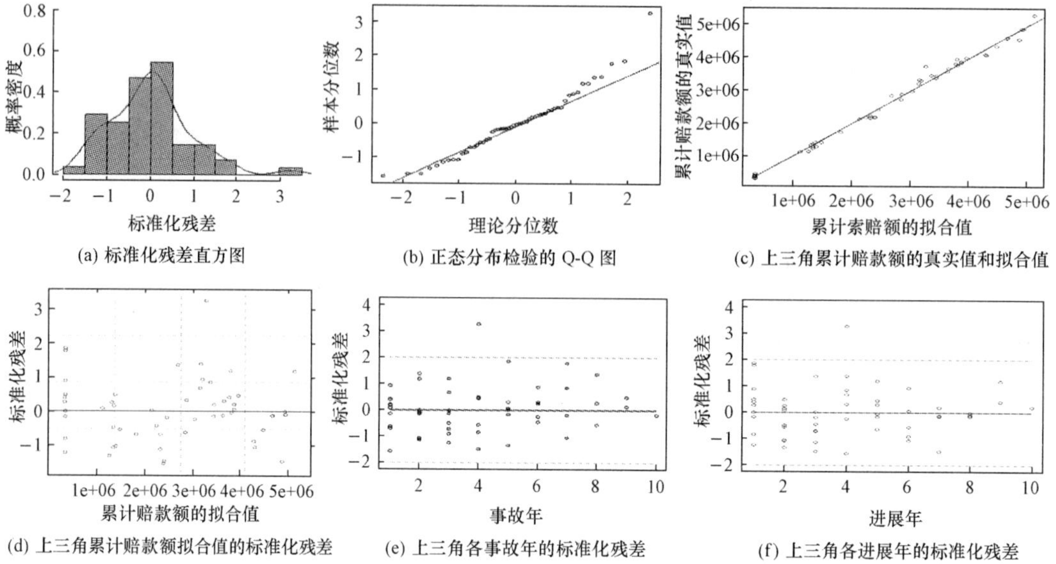

(a) 标准化残差直方图　(b) 正态分布检验的 Q-Q 图　(c) 上三角累计赔款额的真实值和拟合值

(d) 上三角累计赔款额拟合值的标准化残差　(e) 上三角各事故年的标准化残差　(f) 上三角各进展年的标准化残差

图 4.4　考虑随机形状效应的 LDF 分层 Weibull 增长曲线模型的标准化残差和累计赔款额拟合值的检验诊断

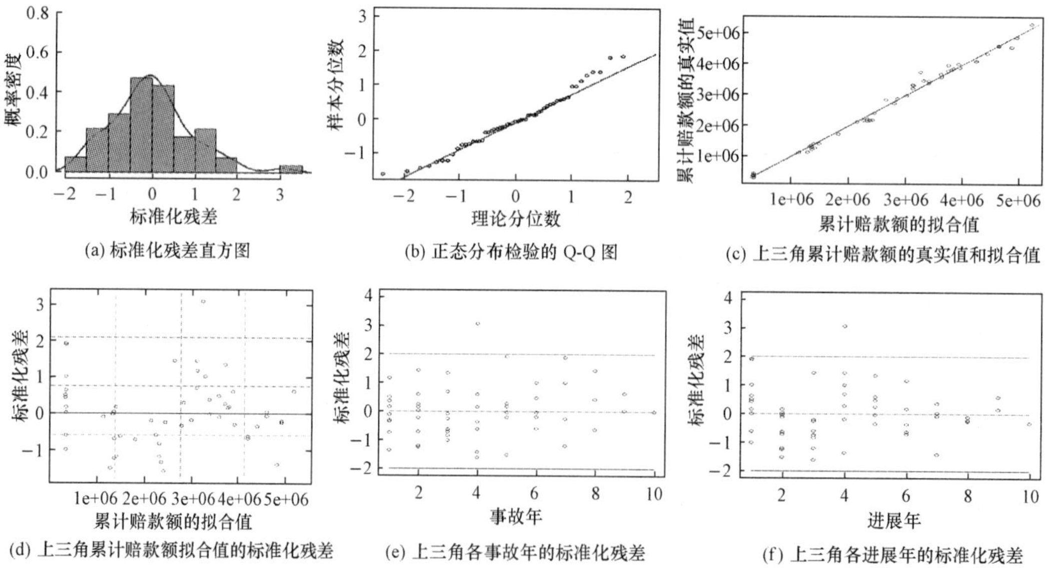

(a) 标准化残差直方图　(b) 正态分布检验的 Q-Q 图　(c) 上三角累计赔款额的真实值和拟合值

(d) 上三角累计赔款额拟合值的标准化残差　(e) 上三角各事故年的标准化残差　(f) 上三角各进展年的标准化残差

图 4.5　考虑随机形状效应的 LDF 分层 Loglogistic 增长曲线模型的标准化残差和累计赔款额拟合值的检验诊断

这些诊断图表明这两类模型的拟合效果都相当好. 图 4.4(a),(b)和图 4.5(a),(b)表明,标准化残差都近似服从正态分布. 上三角累计赔款额真实值和拟合值的图表明拟合效果非常好(图 4.4(c)和图 4.5(c)). 与此一致,残差和拟合值的图也表明大部分标准化残差的绝对值都小于2(图 4.4(d)和图 4.5(d)). 另外,检验标准化残差是否服从正态分布的更规范方法有 Shapiro-Wilk 检验和 Kolmogorov-Smirnov 检验. 这两种检验也都表明这两种模型的标准化残差服从正态分布.

最后,评价这两类模型拟合效果的另一种方法是将每个事故年累计赔款额的增长曲线估计与实际观测值加以比较,如图 4.6～图 4.9 所示. 在这 4 个图中,实线表示由模型超参数 μ_{ULT},ω,θ 描述的所有事故年总的累计赔款额的平均增长曲线,虚线表明由 θ 和随机效应 $ULT_1,\cdots,ULT_{10}$ 和 $\omega_1,\cdots,\omega_{10}$ 描述的各事故年累计赔款额的增长曲线. 图 4.7 和图 4.9 中的黑点表示各事故年累计赔款额的实际观测值. 另外,从图 4.6 和图 4.8 可以看出,各事故年的增长曲线位于所有事故年整体平均增长曲线的两侧.

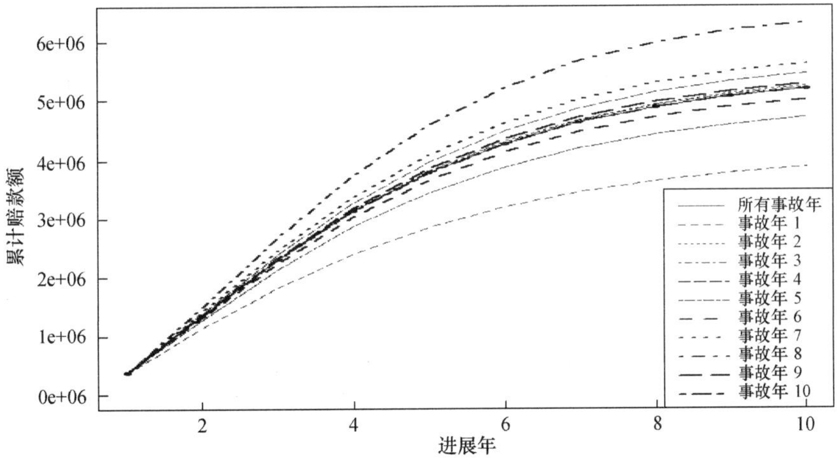

图 4.6　考虑随机形状效应的 LDF 分层 Weibull 增长曲线模型拟合的累计赔款进展

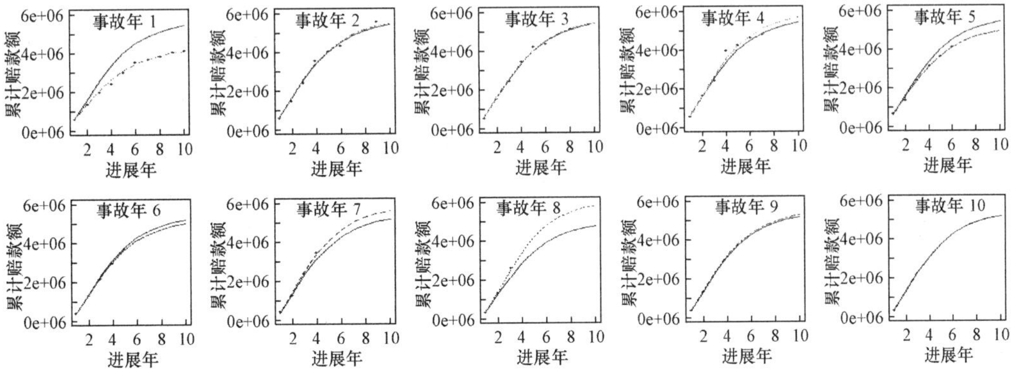

图 4.7　考虑随机形状效应的各事故年真实累计赔款额和 LDF 分层 Weibull 增长曲线的估计值

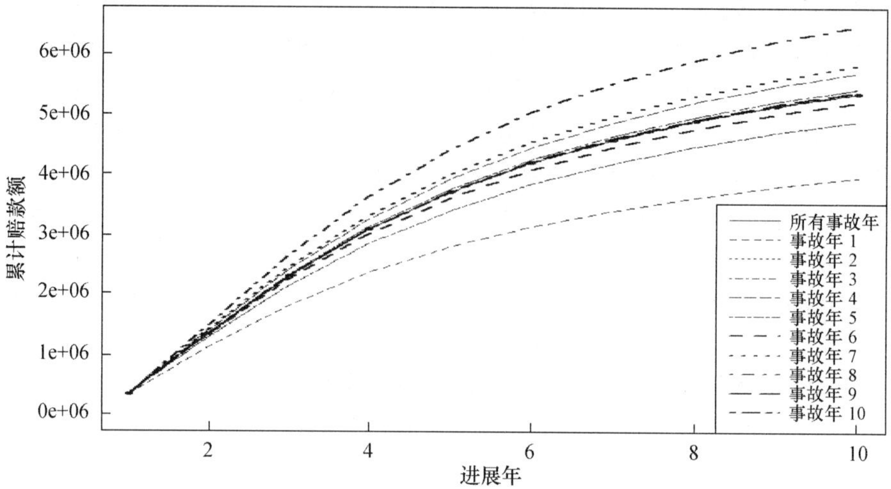

图 4.8 考虑随机形状效应的 LDF 分层 Loglogistic 增长曲线模型拟合的累计赔款进展

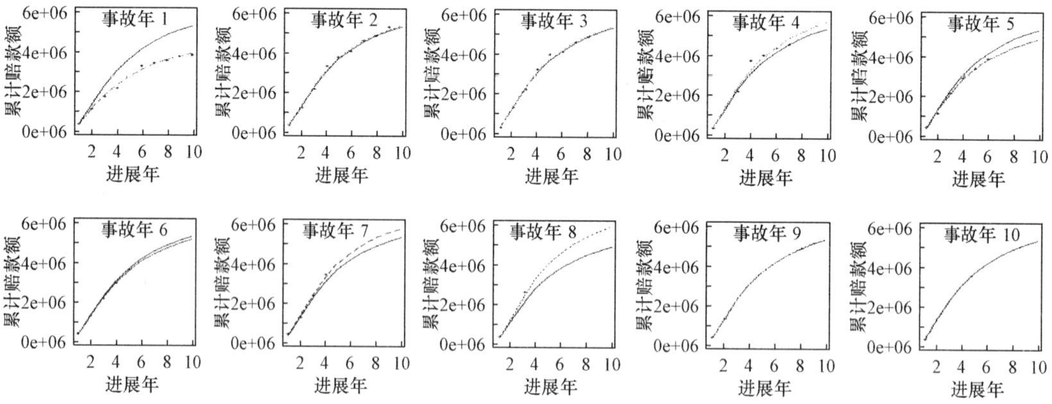

图 4.9 考虑随机形状效应的各事故年真实累计赔款额和 LDF 分层 Loglogistic 增长曲线的估计值

这 4 个图进一步支持两类模型的拟合效果都非常好. 此外，有必要对事故年 1 和事故年 8 的增长曲线图加以说明. 在分层 Weibull 增长曲线模型中，事故年 1 的增长曲线与其他事故年的增长曲线不同，这也可以从表 4.7 中的估计值 $\widehat{ULT}_1=4\ 104\ 870$ 比 $\hat{\mu}_{ULT}=5\ 412\ 641$ 低了 24.2%看出来. 然而，该事故年已有 10 个观测值，某种程度上表明较低的 ULT_1 是有道理的. 相比之下，事故年 8 的第 1,2 个进展年有更大的进展，使得 $\widehat{ULT}_8=6\ 525\ 111$ 比 $\hat{\mu}_{ULT}=5\ 412\ 641$ 高 20.6%. 当然，这是由于仅有 3 个观测值导致的. 而链梯法得到的最终损失估计值为 6 786 880. 因此，该模型估计的 $\widehat{ULT}_8$ 处在整体平均水平 $\hat{\mu}_{ULT}$ 和链梯法的估计值之间. 这很能说明分层模型隐含着使用信度加权的方式将特定事故年的估计值收缩到整体平均水平. 对于较近的事故年来说,收缩程度更明显. 最极端的收缩发生在事故年 10,估计值 $\widehat{ULT}_{10}=5\ 411\ 352$,它仅比 $\hat{\mu}_{ULT}$ 低一点. 考虑到事故年 10 只有一个数据点,所以信度因子最低,这也可以从图 4.9 中事故年 10 的两条增长曲线几乎完全重合得到证实. 在分层 Loglogistic 增长曲线模型中也可进行类似的比较.

四、基于 Cape Cod 方法的分层增长曲线模型的估计结果及检验诊断

1. 基于 Cape Cod 方法的分层增长曲线模型的参数估计及结果分析

沿用第三章第三节的假设,即事故年 1 的均衡保费 $prem_1$ 为 1000 万,其后每年增加 40 万. 选取初始值集合为 $\{\mu_{LR},\omega,\theta\}=\{0.5,1.4,3.75\}$. 在此基础上,表 4.9 分别给出了由基于 Cape Cod 方法的分层 Weibull 增长曲线模型和分层 Loglogistic 增长曲线模型得到的主要超参数估计值,相应的检验统计量如表 4.10 所示.

表 4.9　由基于 Cape Cod 方法的两类分层增长曲线模型得到的主要超参数估计值

分层增长曲线模型		μ_{LR}	$\omega(\mu_\omega)$	$\theta(\mu_\theta)$	σ_{LR}	σ	ζ
Weibull 增长曲线	基础模型	0.46	1.317	3.909	0.038	94.153	0.5
	放松过程方差假设	0.46	1.332	3.863	0.039	878.790	0.34
	考虑随机形状效应	0.46	1.329	3.847	0.042	84.883	0.5
	考虑随机尺度效应	0.46	1.318	3.868	0.052	92.436	0.5
Loglogistic 增长曲线	基础模型	0.60	1.414	4.131	0.050	98.882	0.5
	放松过程方差假设	0.58	1.481	3.842	0.050	2 707.042	0.25
	考虑随机形状效应	0.60	1.429	4.018	0.054	89.822	0.5
	考虑随机尺度效应	0.60	1.415	4.088	0.080	95.388	0.5

表 4.10　基于 Cape Cod 方法的两类分层增长曲线模型的检验统计量

分层增长曲线模型		AIC 统计量	BIC 统计量	$\ln L$
Weibull 增长曲线	基础模型	1482.694	1492.730	−736.347
	放松过程方差假设	1482.902	1494.946	−735.451
	考虑随机形状效应	1476.357	1490.408	−731.178
	考虑随机尺度效应	1484.225	1498.276	−735.112
Loglogistic 增长曲线	基础模型	1487.259	1497.296	−738.630
	放松过程方差假设	1489.614	1501.658	−738.807
	考虑随机形状效应	1481.580	1495.632	−733.790
	考虑随机尺度效应	1486.936	1500.987	−736.468

从表 4.10 可以看出,两类增长曲线下,考虑随机形状效应的分层模型都是更合适的选择. 在此基础上,表 4.11 和表 4.12 分别给出了两类增长曲线下,考虑随机形状效应的 Cape Cod 分层模型估计的最终损失和索赔准备金.

表 4.11 考虑随机形状效应的 Cape Cod 分层 Weibull 增长曲线模型的估计结果

i	$10.5-i$	$prem_i$	$\hat{\omega}_i$	$\hat{\theta}$	$\widehat{LR}_i$	$\hat{G}(10.5-i)$	$C_{i,11-i}$	$\widehat{ULT}_{i,10}$	$\widehat{ULT}_i$	$\hat{R}_i$
1	9.5	10 000 000	1.238	3.847	0.405	95.3%	3 901 463	3 858 374	4 047 732	146 269
2	8.5	10 400 000	1.407	3.847	0.514	95.3%	5 339 085	5 194 259	5 345 178	6 093
3	7.5	10 800 000	1.377	3.847	0.495	91.9%	4 909 315	5 177 523	5 343 341	434 026
4	6.5	11 200 000	1.380	3.847	0.497	87.3%	4 588 268	5 393 043	5 564 010	975 743
5	5.5	11 600 000	1.261	3.847	0.420	79.2%	3 873 311	4 653 019	4 866 604	993 293
6	4.5	12 000 000	1.277	3.847	0.430	70.5%	3 691 712	4 940 235	5 156 628	1 464 916
7	3.5	12 400 000	1.326	3.847	0.462	58.6%	3 483 130	5 517 437	5 725 256	2 242 126
8	2.5	12 800 000	1.388	3.847	0.502	42.3%	2 864 498	6 232 156	6 424 674	3 560 176
9	1.5	13 200 000	1.289	3.847	0.438	25.7%	1 363 294	5 542 565	5 776 586	4 413 292
10	0.5	13 600 000	1.350	3.847	0.477	6.2%	344 014	6 268 493	6 487 674	6 143 660
总计							34 358 090	52 777 105	54 737 682	20 379 592

表 4.12 考虑随机形状效应的 Cape Cod 分层 Loglogistic 增长曲线模型的估计结果

i	$10.5-i$	$prem_i$	$\hat{\omega}_i$	$\hat{\theta}$	$\widehat{LR}_i$	$\hat{G}(10.5-i)$	$C_{i,11-i}$	$\widehat{ULT}_{i,10}$	$\widehat{ULT}_i$	$\hat{R}_i$
1	9.5	10 000 000	1.338	4.018	0.521	76.0%	3 901 463	3 957 965	5 209 216	1 307 753
2	8.5	10 400 000	1.507	4.018	0.664	75.6%	5 339 085	5 419 001	6 900 420	1 561 335
3	7.5	10 800 000	1.481	4.018	0.642	71.6%	4 909 315	5 416 811	6 930 838	2 021 523
4	6.5	11 200 000	1.487	4.018	0.646	67.2%	4 588 268	5 662 582	7 238 045	2 649 777
5	5.5	11 600 000	1.367	4.018	0.545	60.6%	3 873 311	4 836 485	6 327 657	2 454 346
6	4.5	12 000 000	1.381	4.018	0.557	53.9%	3 691 712	5 127 113	6 688 813	2 997 101
7	3.5	12 400 000	1.425	4.018	0.594	45.1%	3 483 130	5 698 980	7 370 618	3 887 488
8	2.5	12 800 000	1.477	4.018	0.638	33.2%	2 864 498	6 374 761	8 163 733	5 299 235
9	1.5	13 200 000	1.381	4.018	0.557	20.4%	1 363 294	5 631 664	7 348 294	5 985 000
10	0.5	13 600 000	1.443	4.018	0.609	4.7%	344 014	6 431 001	8 288 635	7 944 621
总计							34 358 090	54 556 363	70 466 268	36 108 178

2. 基于 Cape Cod 方法的分层增长曲线模型的检验诊断

下面进一步给出这两类 Cape Cod 分层增长曲线模型的标准化残差和累计赔款额拟合值的检验诊断，如图 4.10 和图 4.11 所示.

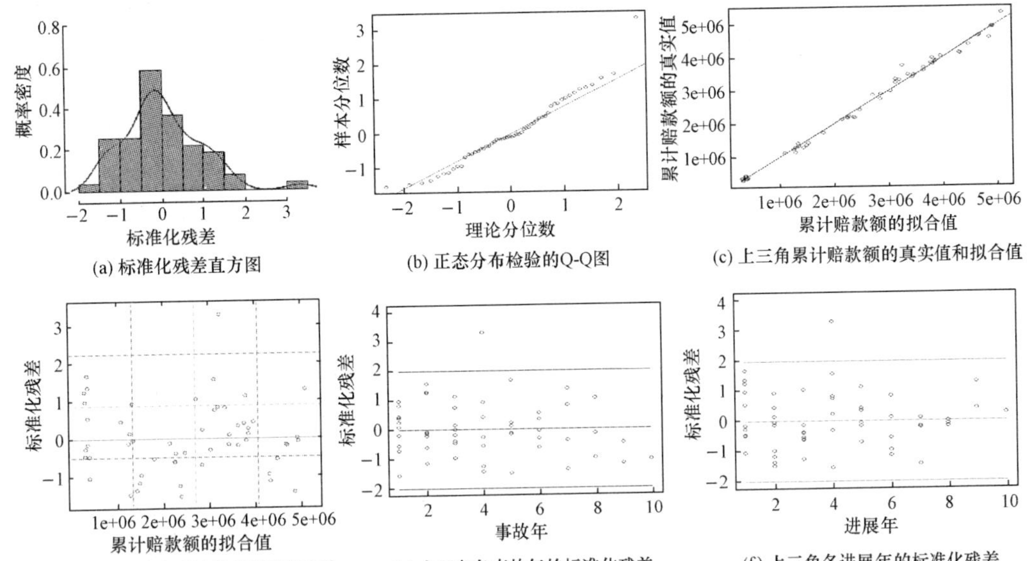

(a) 标准化残差直方图　(b) 正态分布检验的Q-Q图　(c) 上三角累计赔款额的真实值和拟合值

(d) 上三角累计赔款额拟合值的标准化残差　(e) 上三角各事故年的标准化残差　(f) 上三角各进展年的标准化残差

图 4.10　考虑随机形状效应的 Cape Cod 分层 Weibull 增长曲线模型的标准化残差和累计赔款额拟合值的检验诊断

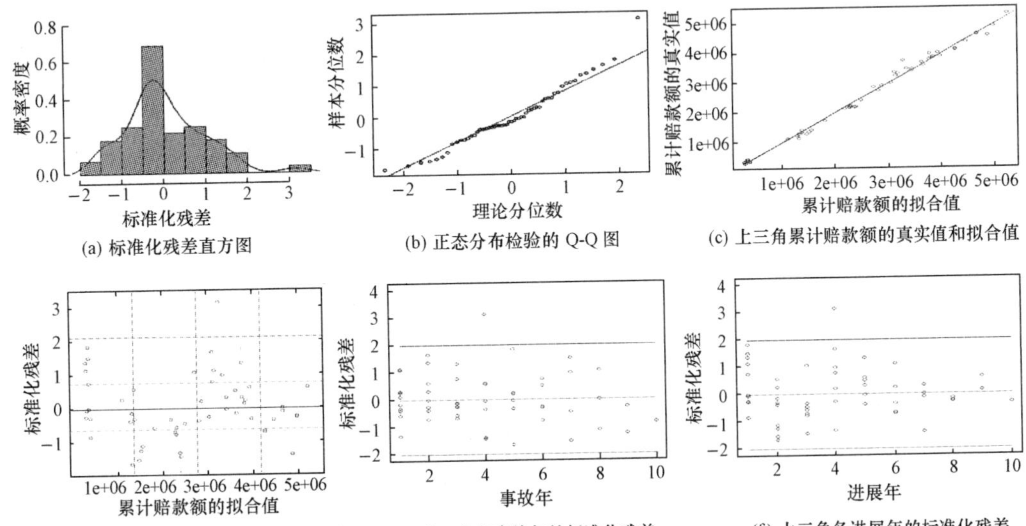

(a) 标准化残差直方图　(b) 正态分布检验的 Q-Q 图　(c) 上三角累计赔款额的真实值和拟合值

(d) 上三角累计赔款额拟合值的标准化残差　(e) 上三角各事故年的标准化残差　(f) 上三角各进展年的标准化残差

图 4.11　考虑随机形状效应的 Cape Cod 分层 Loglogistic 增长曲线模型的标准化残差和累计赔款额拟合值的检验诊断

这些诊断图表明这两类模型拟合效果都相当好. 类似地，评价这两类模型拟合效果的另一种方法是将每个事故年累计赔款额的增长曲线估计与实际观测值加以比较，如图 4.12～图 4.15 所示. 在这 4 个图中，实线表示由模型超参数 μ_{LR}，ω，θ 描述的所有事故年累计赔款额的平均增长曲线，虚线表明由 θ 和随机效应 LR_1，…，LR_{10} 和 ω_1，…，ω_{10} 描述的各事故年累计赔款额的增长曲线. 图 4.13 和图 4.15 中的黑点表示各事故年累计赔款额的实际观测值. 另外，从图 4.12 和图 4.14 可以看出，各事故年的增长曲线位于所有事故年整体平均增长曲线的两侧.

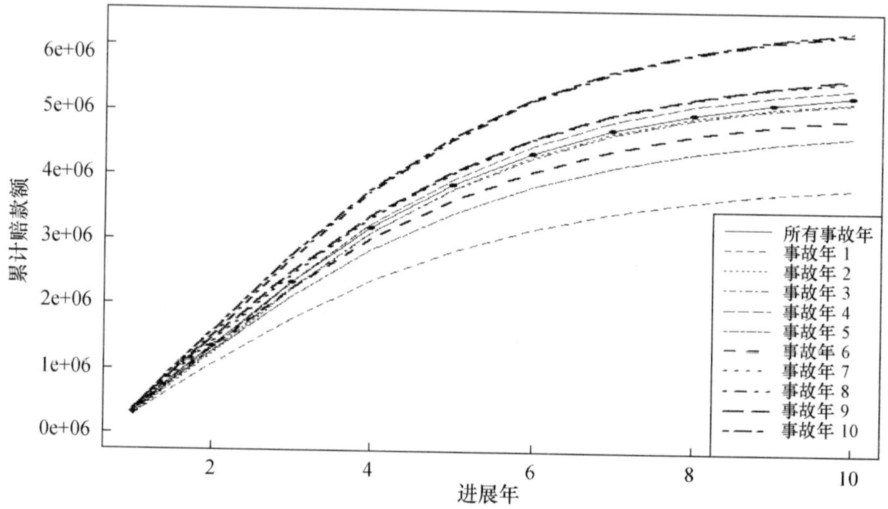

图4.12 考虑随机形状效应的 Cape Cod 分层 Weibull 增长曲线模型拟合的累计赔款进展

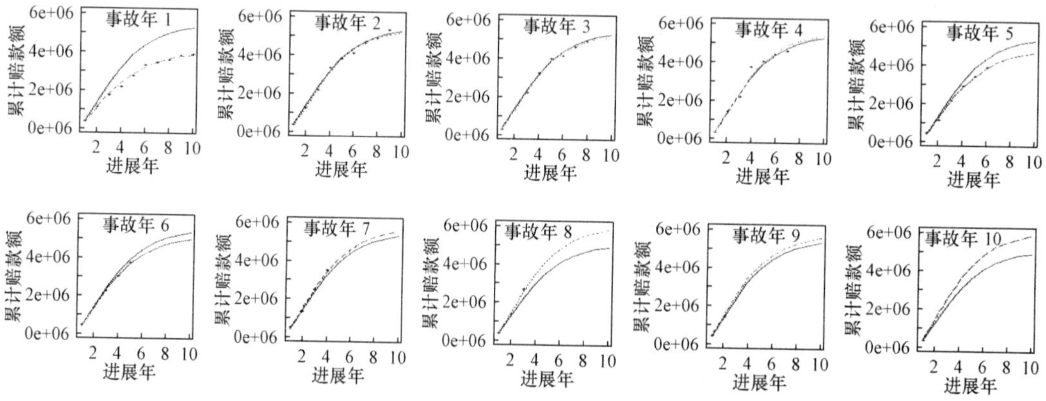

图 4.13 考虑随机形状效应的各事故年真实累计赔款额和 Cape Cod 分层 Weibull 增长曲线的估计值

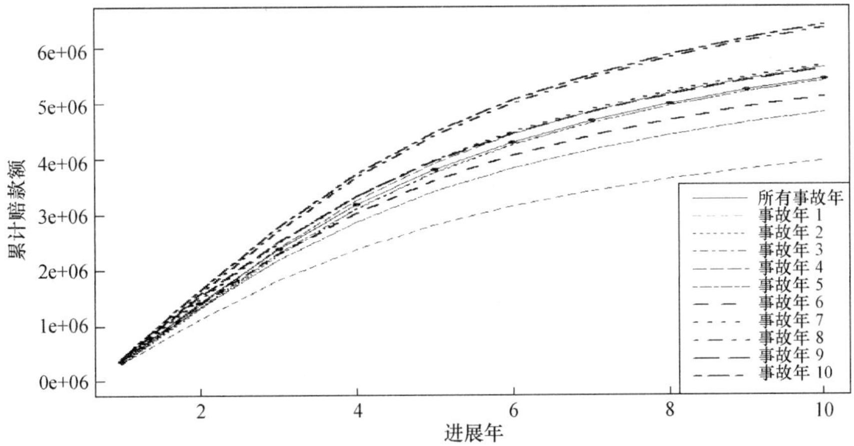

图 4.14　考虑随机形状效应的 Cape Cod 分层 Loglogistic 增长曲线模型拟合的累计赔款进展

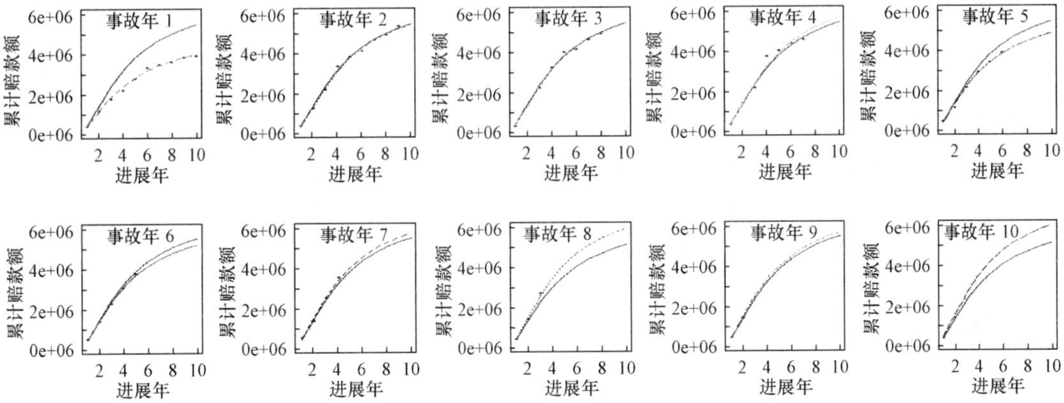

图 4.15　考虑随机形状效应的各事故年真实累计赔款额和 Cape Cod 分层 Loglogistic 增长曲线的估计值

这 4 个图进一步支持两类模型的拟合效果都非常好. 其他讨论与基于 LDF 方法的分层模型类似. 另外，在基于 LDF 方法和基于 Cape Cod 方法的分层模型中，添加随机形状效应后，事故年 8 的最近观测值比所有事故年的平均增长曲线更陡峭，可能该事故年预期有更高的损失强度. 然而，也可能该事故年的观测值是离群值. 若真是离群值，则应该减轻它在最终损失估计中的影响，故可以认为基础模型比考虑随机形状效应的分层模型更好.

4.2.3　主要结论与建议

一、研究结论

与非分层模型相比，采用分层模型评估索赔准备金具有以下一些优势：

(1) 与链梯法要求估计 9 个链梯比率和 1 个任意选定的尾部进展因子相比，结合非线性增长曲线，在分层模型中可以利用超参数预测最终损失以及索赔准备金估计的中间值和最终值，且不需要选定尾部进展因子.

(2) 在分层模型中不会出现模型过度参数化的问题. 这是因为，分层模型不需要对每个事故年都设定一个最终损失参数，如在基于 LDF 方法的分层模型中，用超参数 μ_{ULT}，σ_{ULT} 来代替参数 $ULT_1,\cdots,ULT_{10}$；在基于 Cape Cod 方法的分层模型中，用超参数 μ_{LR}，σ_{LR} 来代替参数 $LR_1,\cdots,LR_{10}$.

(3) 基于 Cape Cod 方法的分层模型不需要假设所有事故年的 ELR 为常数. 第三章第三节讨论的 Cape Cod 方法实质上是超参数 $\sigma_{LR}\to 0$ 时分层模型的特例.

(4) 第三章第三节讨论的 LDF 方法包含 12 个参数：$ULT_1,\cdots,ULT_{10},\omega,\theta$，而 Cape Cod 方法包含 3 个参数：$ELR,\omega,\theta$，这种差异在这里给出的分层模型中是不存在的，其中基于 LDF 方法的基础分层模型和基于 Cape Cod 方法的基础分层模型都包含 5 个超参数，且两种模型的拟合效果都非常好.

(5) 本节给出的残差图并不能进一步判断 Weibull 增长曲线和 Loglogistic 增长曲线哪一个拟合效果更好. 与第三章第三节结论一致，在分层模型中，Loglogistic 增长曲线估计的索赔准备金也明显高于 Weibull 增长曲线的估计值，这是因为 Loglogistic 增长曲线比 Weibull 增长曲线厚尾. 实际上，使用 Loglogistic 增长曲线可以外推到无穷大的进展年，故选择该曲线时应慎重. 在实务中，对索赔进展过程可能长度的背景了解有助于确定选择哪一类增长曲线或是采用其他的增长曲线.

(6) 基于 Cape Cod 方法的分层模型是基于 LDF 方法的分层模型的一种改进，这是因为前者添加了保费信息，这些信息通常可以改进最终损失的估计，尤其对那些数据稀少的最近事故年. 在 Cape Cod 分层模型中，对较早的事故年，可以获得更多的索赔进展信息，其最终损失的估计很少受保费信息的影响；相反，对较近的事故年，可获得的索赔进展信息较少，因此最终损失的估计更多地依赖于模型超参数的估计值和保费信息.

二、方法建议

(1) 本节考虑了赔款流量三角形中对应于同一事故年的索赔随时间反复观测的纵向特征，将赔款流量三角形视为分层数据，结合索赔进展的增长曲线，提出了为赔款流量三角形建模的两种非线性分层增长曲线模型，即基于 LDF 方法和基于 Cape Cod 方法的分层增长曲线模型，并使用 R 软件对其进行了完整的编程实现.

(2) 本节并未涉及分层模型框架下索赔准备金评估的波动性度量. 索赔准备金估计的波动性问题可以分为以下两方面：一是需要估计由索赔进展过程的随机性导致的波动性，即过程方差；二是需要估计由模型超参数不确定性导致的波动性，即参数误差. 在此基础上，可以进一步结合贝叶斯方法，应用 MCMC 随机模拟索赔准备金的预测分布. 这些内容将在下一节进行介绍.

(3) 在精算学中,分层建模技术的时代已经到来.贝叶斯信度模型可以作为分层模型的特定类型,这意味着精算师可以在一个完整的统计建模框架下实施信度计算.同时,分层模型也很容易将信度理论融入 GLM 或非线性建模框架中.通过结合各种模型参数的子模型,在整体平均估计中采用合适权重的方式,分层模型增强了稀少数据的估计效果.这也是将贝叶斯信度理论整合于统计建模框架的基本观点.此外,分层建模框架也可以作为一种处理"大规模分类"问题的自然方式.对于分类费率厘定和预测模型来说,精算师可以考虑将分层结构加入 GLM 中,以体现诸如地区、类型等大规模分类维度的不同特征.最后,在应用分层建模软件包时,很容易使用更直观的统计方法,如图形诊断、各个统计指标的比较等来评价不同模型的拟合效果.

第三节　索赔准备金评估的贝叶斯非线性分层模型

贝叶斯索赔准备金评估模型本质上依赖于贝叶斯预测.当进行预测时,可以考虑以当前所有可获得的信息为条件,且这种预测可以包含所有涉及的模型参数估计的不确定性.也就是说,贝叶斯预测不仅可以提供给定已知量下未来结果的点估计,而且也能提供未来结果的概率密度估计,这对非对称分布或厚尾分布以及将预测结果用于进一步决策等都非常有用.因此,贝叶斯预测比古典频率学派预测具有更多的优势.关于贝叶斯预测观点的深入介绍也可参考 Pole 等(1994),Geweke 和 Whiteman(2006).然而,目前已有的大多数贝叶斯索赔准备金评估模型至少存在如下两方面缺陷:第一,在诸如长尾责任保险中,大多数模型采用的是个案外推方法,以保证索赔序列的赔款进展可以扩展到现有可获得的样本数据之外;第二,大多数模型不能解释索赔准备金评估数据中观测值内的依赖性(Within-Cohort Dependences).为了克服这两方面的缺陷,Zhang 等(2012)结合 Guszcza(2008)提出的非线性分层模型,首次在分层建模框架下将贝叶斯非线性模型用于保险损失赔款的预测.

结合这些研究,本节考虑基于贝叶斯非线性分层模型的索赔准备金评估随机性方法,设计 6 种合适的模型结构,将非线性分层模型与贝叶斯方法相结合,应用 WinBUGS 软件对精算实务中经典流量三角形进行数值分析,并使用 MCMC 随机模拟方法得到各种模型结构下索赔准备金的完整预测分布.这种方法很容易推广到多元索赔准备金评估中,进而不但可以基于所有感兴趣变量的完整后验分布,针对行业、公司和事故年水平实施推断,而且可以通过判断分析来选择先验概率分布,将先验信息和专家意见纳入分析中.这种在贝叶斯框架下同时结合后验分布实施推断对非寿险公司偿付能力监管和行业决策具有重要作用.

本节结构安排如下:第一小节描述贝叶斯建模分析的基本框架;第二小节给出 6 种索赔准备金评估的贝叶斯非线性分层模型结构;第三小节结合 6 种模型结构,对精算实务中的数值实例进行分析;第四小节是结论及建议,并给出进一步研究方向.

4.3.1 贝叶斯建模分析的基本框架

一、贝叶斯推断简介

贝叶斯方法与古典统计理论的主要区别在于：在贝叶斯方法中，将参数视为随机变量，其特征由先验分布刻画，并将先验分布与传统的似然方法相结合，基于统计推断来获得感兴趣参数的后验分布.

根据贝叶斯定理，任一感兴趣参数 θ 的后验分布可以表示为

$$f(\theta|y)=\frac{f(y|\theta)f(\theta)}{f(y)}\propto f(y|\theta)f(\theta), \tag{4.29}$$

其中 $f(\theta)$ 为 θ 的先验分布，似然函数 $f(y|\theta)=\prod_{i=1}^{n}f(y_i|\theta)$ 为观测数据信息.

从式(4.29)可以看出，后验分布同时体现了先验和观测数据信息. 通常无法获得先验信息. 在这种情况下，需要指定一个不影响后验分布的分布，完全使用数据进行分析. 这种分布通常称为无信息先验分布或模糊先验分布. 作为贝叶斯建模的经典著作，Ntzoufra(2009)对含有大方差的合适的先验分布使用“低信息先验”这一术语. 这样的先验分布对后验分布的影响微不足道，可以忽略不计.

当观测数据是在不同时间点顺序收集时，可以使用贝叶斯规则推断任何感兴趣参数 θ. 在观测数据获得之前，仅仅使用先验分布 $f(\theta)$ 实施推断. 在获得第一组观测数据 $y^{(1)}$ 后，使用如下后验分布进行推断：

$$f(\theta|y^{(1)})\propto f(y^{(1)}|\theta)f(\theta). \tag{4.30}$$

在获得第二组观测数据 $y^{(2)}$ 后，将利用第一组观测数据得到的后验分布作为参数 θ 的新先验分布，并结合 $y^{(2)}$ 更新后验分布，更新后的后验分布可以表示为

$$f(\theta|y^{(1)},y^{(2)})\propto f(y^{(2)}|\theta)f(\theta|y^{(1)})\propto f(y^{(2)}|\theta)f(y^{(1)}|\theta)f(\theta). \tag{4.31}$$

进一步扩展到第 t 组观测数据 $y^{(t)}$，得到的更新后的后验分布为

$$f(\theta|y^{(1)},\cdots,y^{(t)})\propto f(y^{(t)}|\theta)f(\theta|y^{(1)},\cdots,y^{(t-1)})\propto \prod_{k=1}^{t}f(y^{(k)}|\theta)f(\theta). \tag{4.32}$$

在指定了贝叶斯模型的先验分布和似然函数的基础上，我们主要关注如何利用密度图和描述性统计特征来描述后验分布. 整个过程可以细分为四个部分：模型的构建、后验分布的计算①、后验分布的分析、有关推断，其中涉及的一些关键问题主要包括模型的诊断检验、后验分布的稳健性和模型的预测. 在模型的诊断检验方面，主要是对所采用模型的适合性进行检验，包括模型假设的有效性检验、不同模型拟合效果的评价方法等；在后验分布的稳健性方面，需要通过敏感性分析来评估稳健的后验分布如何决定先验分布的选择以及评估不同先验分布下后验分布的变化等. 当先验信息可获得时，敏感性分析主要关注先验分布的结

① 后验分布的计算方法主要包括分析方法、逼近方法以及使用模拟技术.

构；当使用无信息先验分布时，敏感性分析主要关注先验参数的各种不同选择如何影响后验推断. 在模型的预测方面，通过使用预测分布，贝叶斯理论为预测未来数值提供了一个现实且简单的理论框架. 这一分布也可用于检验模型假设和拟合效果，有关这方面的详细介绍可以进一步参考 Ntzoufras(2009).

二、贝叶斯推断中的 MCMC 方法

1. 蒙特卡洛积分及其在贝叶斯推断中的实施

在定量分析中，经常需要计算如下积分：

$$I=\int_x g(x)\,\mathrm{d}x, \tag{4.33}$$

其中 $\int_x$ 表示在 x 的某个取值范围上积分. 可以通过变形来代替上述直接的积分运算，即

$$I=\int_x g(x)\mathrm{d}x=\int_x \frac{g(x)}{f(x)}f(x)\mathrm{d}x=\int_x g^*(x)f(x)\mathrm{d}x\,, \tag{4.34}$$

其中 $g^*(x)=g(x)/f(x)$，且 $f(x)$ 为某个随机变量 X 的概率密度. 此时，积分 I 可以通过以下方式进行有效估计：

(1) 从 $f(x)$ 中产生随机数样本 $x^{(1)},\cdots,x^{(T)}$；

(2) 计算样本均值：$\hat{I}=\frac{1}{T}\sum_{t=1}^{T}\frac{g(x^{(t)})}{f(x^{(t)})}$.

这种方法能直接用于贝叶斯推断中的许多问题. 在贝叶斯推断中，对感兴趣参数 θ 的任一函数 $G(\theta)$，可以通过以下方式很容易地计算后验均值：

(1) 从后验分布 $f(\theta|y)$ 中产生随机数样本 $\theta^{(1)},\cdots,\theta^{(T)}$；

(2) 计算 $G(\theta)$ 的样本均值：$\hat{I}=\frac{1}{T}\sum_{t=1}^{T}G(\theta^{(t)})$.

产生随机数的方法有逆累积分布函数法、拒绝抽样算法、重要性抽样方法等.

2. MCMC 方法

1) MCMC 方法的产生与发展

上面介绍的模拟方法也称为直接模拟方法，这种模拟方法主要用于一元分布，并不适用于所有情况. 这种模拟方法主要关注特定积分的有效计算，不能用于获得感兴趣参数 θ 的后验分布的抽样问题. 鉴于马尔科夫链的通用性和灵活性，基于马尔科夫链的模拟技术可以解决这种问题.

随着计算技术和工具的大规模发展，MCMC 方法从 20 世纪 90 年代开始逐渐流行起来. 实际上 MCMC 方法并不是一种新方法，其简化版本早在 1953 年已被引入物理学中. 然而，时隔 35 年之后，MCMC 方法才被贝叶斯统计学家重新发现. 90 年代，学者们主要关注这种新方法在各种流行模型中的实施. 随后，可逆跳马尔科夫蒙特卡洛(RJMCMC)算法的提出推动了模型平均、选择和模型探索的算法研究. 这期间出现了 BUGS(Bayesian Inference

Using Gibbs Sampling）软件的早期版本. BUGS 软件是计算机语言导向的软件，使用者仅仅需要指定模型结构，就可以使用 MCMC 方法从指定模型的后验分布中产生样本. 自动取样器适用于任何一组数据，用于模型的各种取样，同时也产生了模型的各种取样设计和变量评价方法. Windows 环境下的 WinBUGS 软件可以使用 MCMC 方法产生复杂模型后验分布的随机数，为评估贝叶斯模型提供了有效支持. 这进一步促使 MCMC 方法成为现代统计推断中的主要计算工具. MCMC 方法能使定量研究人员使用比较复杂的模型精确地估计相应参数的后验分布，进而对贝叶斯理论的发展和传播作出了巨大贡献. 同时，MCMC 方法的发展也推动了随机效应和分层模型在统计学、社会学等领域中的应用.

总结起来，MCMC 方法基于马尔科夫链的构造，采用迭代过程，最终收敛到目标分布①. MCMC 方法和直接模拟方法的一个主要区别是：MCMC 方法直接从目标后验分布中抽取样本，而且基于马尔科夫链产生的方式，MCMC 方法输出的是相依样本，而直接方法输出的是独立样本.

2）MCMC 算法

MCMC 方法中，马尔科夫链是满足如下条件的随机过程 $\{\theta^{(t)}\}$：

$$f(\theta^{(t+1)}|\theta^{(t)},\cdots,\theta^{(1)})=f(\theta^{(t+1)}|\theta^{(t)}). \tag{4.35}$$

在马尔科夫链为不可约、非周期、正常返的情况下，当 $t\to\infty$ 时，$\theta^{(t)}$ 的分布收敛到均衡分布，且不依赖于马尔科夫链的初始值 $\theta^{(0)}$. MCMC 算法的具体步骤如下：

（1）选取初始值 $\theta^{(0)}$.

（2）产生 T 个值，直到达到均衡分布.

（3）使用收敛诊断监控算法的收敛性. 如果收敛诊断失败，那么需要产生更多观测值.

（4）去掉开始的 B 个观测值.

（5）考虑将 $\{\theta^{(B+1)},\cdots,\theta^{(T)}\}$ 作为后验分析的样本.

（6）绘制后验分布图，通常关注单变量的边际分布.

（7）获得后验分布的统计特征，如均值、中位数、标准差、分位数以及参数之间的相关性等.

为了从 $f(\theta|y)$ 中产生样本，构造的马尔科夫链需满足两个属性：一是 $f(\theta^{(t+1)}|\theta^{(t)})$ 应很容易从马尔科夫链中产生；二是选取的马尔科夫链的均衡分布应是 $f(\theta|y)$ 的后验分布.

3）术语和实施细则

● 定义与基本术语

（1）均衡分布：在 MCMC 方法中也称平稳分布或目标分布. 经过很多次迭代后，即当 $t>B$ 时，$\theta^{(t)}$ 的分布达到平稳分布. 一旦达到平稳分布，MCMC 方法将从相应的平稳分布中产生相依随机数.

---

① 目标分布也称为平稳分布或均衡分布.

（2）算法的收敛性：一般来说，我们并不清楚算法需要运行多少次才可以收敛，这需要一些诊断检验来监控算法的收敛性.

（3）迭代：用于从后验分布中产生一系列参数值，如 $\theta^{(t)}$ 表示在第 t 次算法迭代过程中产生的 θ 的值.

（4）总的迭代次数：MCMC 算法迭代的总次数.

（5）初始值 $\theta^{(0)}$：可以通过删除最初的算法迭代，或者令算法运行很多次迭代，或者采用不同初始值获得不同样本等方式来减轻或避免初始值对后验分布特征的影响.

（6）燃烧期(Burn-in Period)：也称退火期. 为了避免初始值的影响，最初 B 次迭代应从样本中删除.

（7）抽样间隔(Thinning Interval 或 Sampling Lag)：由于 MCMC 算法产生的样本是不相互独立的，我们需要监控生成值的自相关性. 选取的样本滞后期 $L>1$ 时，相应的自相关性应是较低的，故可以每隔一定迭代次数后抽取样本数，如 5，10，15 等. 这种处理也可以节省高维问题的存储空间或计算速度.

（8）迭代保留期(Iterations Kept) T'：$T'=T-B$，当考虑样本滞后期 $L>1$ 时，总的迭代次数应保证最终产生的是独立的样本，以用于后验分析.

（9）MCMC 算法输出：MCMC 算法产生的样本，通常为删除掉最初迭代和考虑合适滞后期的样本.

（10）MCMC 算法输出分析：MCMC 算法输出的分析包括算法收敛的监控过程、用于描述后验分布的样本分析、对感兴趣参数的推断等.

● 使用 MCMC 算法输出来描述目标分布

MCMC 算法输出提供了感兴趣参数 θ 的随机样本 $\theta^{(1)},\cdots,\theta^{(t)},\cdots,\theta^{(T')}$. 对于 θ 的任一函数 $G(\theta)$，我们可以得到：

（1）$G(\theta)$的样本：$G(\theta^{(1)}),\cdots,G(\theta^{(t)}),\cdots,G(\theta^{(T')})$.

（2）$G(\theta)$的分布的统计特征：使用通常的样本估计，可以从样本中获得 $G(\theta)$的分布的统计特征，例如后验均值估计

$$\hat{\mathrm{E}}(G(\theta)\mid y)=\overline{G(\theta)}=\frac{1}{T'}\sum_{t=1}^{T'}G(\theta^{(t)}), \tag{4.36}$$

后验标准差估计

$$\widehat{\mathrm{SD}}(G(\theta)\mid y)=\sqrt{\frac{1}{T'-1}\sum_{t=1}^{T'}(G(\theta^{(t)})-\hat{\mathrm{E}}(G(\theta)\mid y))^2}. \tag{4.37}$$

其他感兴趣的统计量包括后验中位数或分位数等，如 2.5%和 97.5%的分位数提供了 95%的置信区间.

（3）参数之间的相关性：可以计算和监控参数之间的相关性.

（4）边际后验分布的各种图形，如直方图、密度图、误差线、盒形图等.

● 蒙特卡洛误差(MC 误差)

MC 误差用来度量模拟得到的参数估计值的波动性.参数估计值越精确,MC 误差越小.一般地,迭代次数 T 越大,估计的精确度越高.两种最常用的估计 MC 误差的方法是批量均值(Batch Mean)方法和窗口估计(Window Estimator)方法,其中第一种方法简单、容易实施,比较流行;第二种方法更精确.

(1) 批量均值方法:将样本划分为 K 个区间,每个区间的样本数为 $\nu=T'/K$.为了使估计的方差具有一致性,并消除自相关性,K 和 ν 通常都要足够大,一般选取 $K=30$ 或 $K=50$.

为了计算 $G(\theta)$ 的后验均值的 MC 误差,首先计算每个区间的均值:

$$\overline{G(\theta)_b}=\frac{1}{\nu}\sum_{t=(b-1)\nu+1}^{b\nu}G(\theta^{(t)})\quad(b=1,\cdots,K).\tag{4.38}$$

假设已经获得 $\theta^{(1)},\cdots,\theta^{(T')}$ 的观测值,则总的样本均值为

$$\overline{G(\theta)}=\frac{1}{T'}\sum_{t=1}^{T'}G(\theta^{(t)})=\frac{1}{K}\sum_{b=1}^{K}\overline{G(\theta)_b}.\tag{4.39}$$

那么,MC 误差的估计可以通过 $\overline{G(\theta)_b}$ 的标准差得到,即

$$\begin{aligned}\widehat{\mathrm{MCE}}(G(\theta))&=\widehat{\mathrm{SE}}(\overline{G(\theta)})=\sqrt{\frac{1}{K}}\,\widehat{\mathrm{SD}}(\overline{G(\theta)_b})\\&=\sqrt{\frac{1}{K(K-1)}\sum_{b=1}^{K}(\overline{G(\theta)_b}-\overline{G(\theta)})^2},\end{aligned}\tag{4.40}$$

这里 MCE 表示 MC 误差.

类似地,对于其他感兴趣的后验统计量 $\hat{U}=U(\theta^{(1)},\cdots,\theta^{(T')})$ 的 MC 误差,求其估计值需要计算每个区间的后验统计量 $\hat{U}_b=U(\theta^{((b-1)\nu+1)},\cdots,\theta^{(b\nu)})(b=1,\cdots,K)$:

$$\widehat{\mathrm{MCE}}(\hat{U})=\sqrt{\frac{1}{K(K-1)}\sum_{b=1}^{K}(\hat{U}_b-\hat{U})^2}.\tag{4.41}$$

(2) 窗口估计方法:该方法基于自相关样本的方差表达式:

$$\widehat{\mathrm{MCE}}(G(\theta))=\frac{\widehat{\mathrm{SD}}(G(\theta))}{\sqrt{T'}}\sqrt{1+2\sum_{k=1}^{\infty}\hat{\rho}_k(G(\theta))},\tag{4.42}$$

其中 $\hat{\rho}_k(G(\theta))$ 是滞后期 k 的自相关系数,用于度量参数 $G(\theta^{(t)})$ 和 $G(\theta^{(t+k)})$ 的相关性.对于大的 k,由于剩余的样本数很少,估计的自相关性并不可靠,而且实际中,对于足够大的 k,自相关系数应接近于0.鉴于此,我们利用相当低的自相关性(如 $\hat{\rho}_k<0.1$)来辨别 w,丢弃 $k>w$ 的 MC 误差估计值.因此,调整后的窗口估计方法为

$$\widehat{\mathrm{MCE}}(G(\theta))=\frac{\widehat{\mathrm{SD}}(G(\theta))}{\sqrt{T'}}\sqrt{1+2\sum_{k=1}^{w}\hat{\rho}_k(G(\theta))}.\tag{4.43}$$

● 算法的收敛性

监控算法收敛性的方法很多,一种简单方法是监控 MC 误差.此值越小,表明计算的感

兴趣参数越精确.监控自相关性也是一种有用的方式.通常自相关性越低,表明收敛速度越快.还有一种方法是监控踪迹图[①].如果所有值是在零线周围,没有强的周期性和特定趋势,表明收敛性假设成立.另外,也可以绘制所有迭代次数下感兴趣参数的遍历均值(Ergodic Mean)图.遍历均值是指直到当前迭代次数的均值.如果经过若干次迭代后,遍历均值稳定,那么意味着算法具有收敛性.在实际中,追踪不同初始值的多个马尔科夫链也是非常有效的,如果观测到不同马尔科夫链下感兴趣参数的踪迹图或遍历均值图中出现混合或交叉,那么也认为算法具有收敛性.最后指出,近年来出现了一些用于收敛性诊断的统计检验方法,人们也开发了 CDOA(Convergence Diagnosis and Output Analysis)和 BOA(Bayesian Output Analysis)软件程序,用于对 BUGS 软件和 WinBUGS 软件的输出进行诊断.CDOA 软件程序用于 MCMC 算法的收敛性分析、绘图等,可以轻松导入 WinBUGS、OpenBUGS 和 JAGS 软件的 MCMC 算法输出,它也包括一些诊断方法.BOA 软件程序主要用于 MCMC 序列的诊断、描述分析与可视化以及导入 BUGS 格式的绘图等.

总之,有经验的使用者通过自相关图、踪迹图和遍历均值图等简单并快速的追踪方法来监控算法的收敛性.更高级的技术包括多链的比较和收敛性诊断等,用于高维且复杂的后验分布.

4) 流行的 MCMC 算法

最流行的 MCMC 算法是 Metropolis-Hastings 算法和 Gibbs 抽样[②].现在这些算法的许多变形和扩展版本也已逐渐发展起来.尽管这些扩展仍遵循最初算法的原则,但大部分算法都比最初版本高级、复杂,且通常关注特定问题,如切片取样器、RJMCMC 算法和完美抽样等.这里仅介绍两种最流行的算法.

- Metropolis-Hastings 算法

1970 年,Metropolis-Hastings 算法问世.这种算法被认为是所有 MCMC 算法的一般公式.Metropolis-Hastings 算法的一些特例包括:随机游走 Metropolis、独立取样器、Single-Component Metropolis-Hastings 和 Gibbs 抽样等.

假设我们希望产生样本的目标分布为 $f(x)$.Metropolis-Hastings 算法可以通过以下迭代步骤来描述,其中 $x^{(t)}$ 是算法在第 t 次迭代生成的值:

(1) 设定初始值 $x^{(0)}$.

(2) 对于 $t=1,\cdots,T$,重复下面的步骤:

① 设定 $x=x^{(t-1)}$;

② 从一个提议分布(Proposal Distribution)$q(x\to x')=q(x'|x)$中产生新的观测值 x';

③ 计算:$\alpha=\min\left\{1,\dfrac{f(x')q(x|x')}{f(x)q(x'|x)}\right\}$;

④ 以概率 α 更新 $x^{(t)}=x'$,以概率 $1-\alpha$ 更新 $x^{(t)}=x=x^{(t-1)}$.

---

① 踪迹图(Trace Plots)用来绘制不同迭代次数下感兴趣参数的生成值的图形.

② 在实际中,WinBUGS 软件采用的就是 Gibbs 抽样.

不管提议分布 q 如何选取，Metropolis-Hastings 算法都将收敛到均衡分布. 然而，实际中提议分布的选择非常重要，因为不好的选择会严重影响向均衡分布收敛的速度.

上述算法可以直接用于贝叶斯框架. 在贝叶斯推断中，算法可以描述如下：

(1) 设定初始值 $\theta^{(0)}$.

(2) 对于 $t=1,\cdots,T$，重复下面步骤：

① 设定 $\theta=\theta^{(t-1)}$；

② 从一个提议分布 $q(\theta\to\theta')=q(\theta'|\theta)$ 中产生新的观测值 θ'；

③ 计算 $\alpha=\min\left\{1,\dfrac{f(\theta'|y)q(\theta|\theta')}{f(\theta|y)q(\theta'|\theta)}\right\}=\min\left\{1,\dfrac{f(y|\theta')f(\theta')q(\theta|\theta')}{f(y|\theta)f(\theta)q(\theta'|\theta)}\right\}$；

④ 以概率 α 更新 $\theta^{(t)}=\theta'$，概率 $1-\alpha$ 更新 $\theta^{(t)}=\theta$.

- Gibbs 抽样

Gibbs 抽样是在 1984 年引入的，使用的提议分布 $q(\theta'|\theta^{(t)})$ 为条件后验分布 $f(\theta_j|\boldsymbol{\theta}_{\backslash j},y)$，其中 $\boldsymbol{\theta}_{\backslash j}=(\theta_1,\cdots,\theta_{j-1},\theta_{j+1},\cdots,\theta_d)^{\mathrm{T}}$. Gibbs 抽样是 Metropolis-Hastings 算法的特例. 这种提议分布导致接受概率 $\alpha=1$. 因此，在所有迭代中提议分布的移动都是可接受的. 尽管 Gibbs 抽样是 Metropolis-Hastings 算法的特例，由于它的流行性和便易性，通常被列为一种单独的模拟算法. Gibbs 抽样的优势在于：每一步的随机数都是从一维分布中产生，故存在很多计算工具. 通常这些条件分布具有一个已知形式，因此随机数可以很容易地使用统计软件中的标准函数进行模拟. 最重要的是，Gibbs 抽样一直移动到新的值，不需要规范的提议分布. 然而，当参数空间复杂或参数之间高度相关时，该算法则是无效的.

这一算法的步骤可以概括如下：

(1) 设定初始值 $\theta^{(0)}$.

(2) 对于 $t=1,\cdots,T$，重复以下步骤：

① 设定 $\theta=\theta^{(t-1)}$；

② 对于 $j=1,\cdots,d$，从 $\theta_j\sim f(\theta_j|\boldsymbol{\theta}_{\backslash j},y)$ 中更新 θ_j；

③ 设定 $\theta^{(t)}=\theta$，保存它作为该算法在第 $t+1$ 次迭代的生成值.

因此，给定马尔科夫链 $\{\theta^{(t)}\}$ 的一个特定状态，可以使用如下方式生成新的参数值：

从 $f(\theta_1|\theta_2^{(t-1)},\theta_3^{(t-1)},\cdots,\theta_p^{(t-1)},y)$ 中生成 $\theta_1^{(t)}$；

从 $f(\theta_2|\theta_1^{(t)},\theta_3^{(t-1)},\cdots,\theta_p^{(t-1)},y)$ 中生成 $\theta_2^{(t)}$；

从 $f(\theta_3|\theta_1^{(t)},\theta_2^{(t)},\theta_4^{(t-1)},\cdots,\theta_p^{(t-1)},y)$ 中生成 $\theta_3^{(t)}$；

……

从 $f(\theta_j|\theta_1^{(t)},\theta_2^{(t)},\cdots,\theta_{j-1}^{(t)},\theta_{j+1}^{(t-1)},\cdots,\theta_p^{(t-1)},y)$ 中生成 $\theta_j^{(t)}$；

……

从 $f(\theta_p|\theta_1^{(t)},\theta_2^{(t)},\cdots,\theta_{p-1}^{(t)},y)$ 中生成 $\theta_p^{(t)}$.

显然，从 $f(\theta_j|\boldsymbol{\theta}_{\backslash j},y)=f(\theta_j|\theta_1^{(t)},\cdots,\theta_{j-1}^{(t)},\theta_{j+1}^{(t-1)},\cdots,\theta_p^{(t-1)},y)$ 中生成 θ_j 的值相对很容易，这

是因为它是一元分布，在给定值下，除 θ_j 之外的所有变量都保持不变. 在实际中，经常混合使用 Metropolis-Hastings 算法和 Gibbs 抽样的步骤.

4.3.2　贝叶斯非线性分层模型

一、增长曲线和分层结构的引入

本节的主要目的是，通过引入一个贝叶斯分层索赔准备金评估模型来处理目前已有的大多数贝叶斯索赔准备金评估模型存在的两个缺陷. 这一模型与生物学和生物医学中广泛使用的非线性增长模型类似，有关反复观测值的非线性增长曲线建模可以参考 Davidian 和 Giltinan(1995). 这里沿用第二节给出的 Cape Cod 方法[①]和两类增长曲线为索赔进展过程建模. 令 $C_{i,j}(1\leqslant i\leqslant n, j\geqslant 1)$ 表示事故年 i、进展年 j 的累计赔款额，其均值为 $\mathrm{E}(C_{i,j})=\mu_{i,j}$，且满足如下非线性增长曲线：

$$\mu_{i,j}=prem_i \cdot ELR \cdot G((j-0.5);\Theta), \tag{4.44}$$

其中 $prem_i$ 为已知量，表示事故年 i 的均衡保费；ELR 表示所有事故年的期望损失率，且假定 ELR 为常数，即不同事故年的期望损失率相同. 因此，$prem_i \cdot ELR$ 等于事故年 i 的期望最终损失；$G((j-0.5);\Theta)$[②]表示依赖于参数 Θ 的参数化增长曲线，用来度量已出现的索赔在时刻 j 的比率. 显然，G 应满足 $G(0;\Theta)=0$，$\lim\limits_{j\to\infty}G(j;\Theta)=1$. 常见的两类增长曲线是 Loglogistic 增长曲线和 Weibull 增长曲线，其中 Loglogistic 增长曲线可以表示为

$$G((j-0.5);\Theta)=G((j-0.5);\omega,\theta)=\frac{(j-0.5)^{\omega}}{(j-0.5)^{\omega}+\theta^{\omega}}, \tag{4.45}$$

Weibull 增长曲线可以表示为

$$G((j-0.5);\Theta)=G((j-0.5);\omega,\theta)=1-\exp(-((j-0.5)/\theta)^{\omega}). \tag{4.46}$$

类似地，Meyers(2009)使用式(4.44)所示结构建立了一个贝叶斯分析框架，并使用 Beta 分布函数作为增长曲线.

需要注意的是，在式(4.44)所示的模型中，假设所有事故年的期望损失率 ELR 相同，这是出于一个合理的简化考虑，这种简化假设并不是完全令人满意的. 因此，下面将分层结构引入该模型中，并结合同一事故年赔款序列的相依性，允许期望损失率 ELR 和增长曲线参数 Θ 随事故年不同而不同.

二、贝叶斯非线性分层模型结构

结合本章第二节的讨论，在式(4.44)基础上，我们可以提出如下 6 种合适的贝叶斯非线性分层索赔准备金评估模型，并在每种模型中同时考虑 Loglogistic 和 Weibull 两类增长曲线：

---

① 限于篇幅，这里仅考虑 Cape Cod 方法，也可类似考虑 LDF 方法的情况.

② 与上一节类似，这里 $j-0.5$ 表示事故发生时间在年内服从均匀分布假设下，事故发生的平均日期到评估日的索赔进展时间.

(1) 假设 $C_{i,j}$ 服从均值为 $\mu_{i,j}$，方差为 σ^2 的正态分布，即 $C_{i,j}\sim N(\mu_{i,j},\sigma^2)$，则由式(4.44)可得

$$C_{i,j}=\mu_{i,j}+\varepsilon_{i,j}=prem_i\cdot LR_i\cdot G((j-0.5);\omega,\theta)+\varepsilon_{i,j},\tag{4.47}$$

其中 $LR_i\sim N(\mu_{LR},\sigma_{LR}^2)$，$\omega\sim N(\mu_\omega,\sigma_\omega^2)$，$\theta\sim N(\mu_\theta,\sigma_\theta^2)$，$\varepsilon_{i,j}\sim N(0,\sigma^2)$.

(2) 假设 $C_{i,j}$ 服从均值为 $\mu_{i,j}$，方差为 $\sigma^2\mu_{i,j}$①的正态分布，即 $C_{i,j}\sim N(\mu_{i,j},\sigma^2\mu_{i,j})$，则由式(4.44)可得

$$C_{i,j}=\mu_{i,j}+\varepsilon_{i,j}=prem_i\cdot LR_i\cdot G((j-0.5);\omega,\theta)+\varepsilon_{i,j},\tag{4.48}$$

其中 $LR_i\sim N(\mu_{LR},\sigma_{LR}^2)$，$\omega\sim N(\mu_\omega,\sigma_\omega^2)$，$\theta\sim N(\mu_\theta,\sigma_\theta^2)$，$\varepsilon_{i,j}\sim N(0,\sigma^2\mu_{i,j})$.

(3) 假设 $C_{i,j}$ 服从均值为 $\ln\mu_{i,j}$，方差为 σ^2 的对数正态分布，即 $\ln C_{i,j}\sim N(\ln\mu_{i,j},\sigma^2)$，则由式(4.44)可得

$$\ln C_{i,j}=\ln\mu_{i,j}+\varepsilon_{i,j}=\ln(prem_i\cdot LR_i\cdot G((j-0.5);\omega,\theta))+\varepsilon_{i,j},\tag{4.49}$$

其中 $LR_i\sim N(\mu_{LR},\sigma_{LR}^2)$，$\omega\sim N(\mu_\omega,\sigma_\omega^2)$，$\theta\sim N(\mu_\theta,\sigma_\theta^2)$，$\varepsilon_{i,j}\sim N(0,\sigma^2)$.

(4) 假设 $C_{i,j}$ 服从均值为 $\ln\mu_{i,j}$，方差为 σ^2 的对数正态分布，即 $\ln C_{i,j}\sim N(\ln\mu_{i,j},\sigma^2)$，则由式(4.44)可得

$$\ln C_{i,j}=\ln\mu_{i,j}+\varepsilon_{i,j}=\ln(prem_i\cdot LR_i\cdot G((j-0.5);\omega,\theta))+\varepsilon_{i,j},\tag{4.50}$$

其中 $\ln LR_i\sim N(\ln\mu_{LR},\sigma_{LR}^2)$，$\ln\omega\sim N(0,\sigma_\omega^2)$，$\ln\theta\sim N(0,\sigma_\theta^2)$，$\varepsilon_{i,j}\sim N(0,\sigma^2)$.

(5) 假设 $C_{i,j}$ 服从均值为 $\ln\mu_{i,j}$，方差为 σ^2 的对数正态分布，即 $\ln C_{i,j}\sim N(\ln\mu_{i,j},\sigma^2)$，则由式(4.44)可得

$$\ln C_{i,j}=\ln\mu_{i,j}+\varepsilon_{i,j}=\ln(prem_i\cdot LR_i\cdot G((j-0.5);\omega,\theta))+\varepsilon_{i,j},\tag{4.51}$$

其中 $\ln LR_i\sim N(\ln\mu_{LR},\sigma_{LR}^2)$，$\varepsilon_{i,j}\sim N(0,\sigma^2)$.

另外，由于参数 μ_{LR}，ω 和 θ 都是正数，进一步假设 $(\ln\mu_{LR},\ln\omega,\ln\theta)^{\mathrm{T}}$ 服从如下多元正态分布：

$$\ln\begin{pmatrix}\mu_{LR}\\ \omega\\ \theta\end{pmatrix}\sim N\left(\ln\begin{pmatrix}\mu_0\\ \omega_0\\ \theta_0\end{pmatrix},\boldsymbol{\Sigma}\right),\quad \boldsymbol{\Sigma}=\begin{pmatrix}\sigma_\mu^2 & \sigma_{\mu,\omega} & \sigma_{\mu,\theta}\\ \sigma_{\mu,\omega} & \sigma_\omega^2 & \sigma_{\omega,\theta}\\ \sigma_{\mu,\theta} & \sigma_{\omega,\theta} & \sigma_\theta^2\end{pmatrix}\sim \text{Inv-Wishart}_3(\boldsymbol{E}),\tag{4.52}$$

其中 $\boldsymbol{E}$ 是 3×3 维单位阵. 有关 Wishart 分布的详细介绍见附录 D.

(6) 假设 $C_{i,j}$ 服从均值为 $\ln\mu_{i,j}$ 的对数正态分布，残差项 $\varepsilon_{i,j}$ 为一阶自回归(AR(1))过程，则由式(4.44)可得

$$\ln C_{i,j}=\ln\mu_{i,j}+\varepsilon_{i,j}=\ln(prem_i\cdot LR_i\cdot G((j-0.5);\omega,\theta))+\varepsilon_{i,j},\tag{4.53}$$

其中 $\ln LR_i\sim N(\ln\mu_{LR},\sigma_{LR}^2)$，$\varepsilon_{i,j}=\rho\,\varepsilon_{i,j-1}+\delta_{i,j}$，$\delta_{i,j}\sim N(0,\sigma^2(1-\rho^2))$，$\varepsilon_{i,0}\sim N(0,\sigma^2)$. 另外，假设 $(\ln\mu_{LR},\ln\omega,\ln\theta)^{\mathrm{T}}$ 服从式(4.52)所示的多元正态分布.

显然，也可以根据模型中参数的一些基本信息，考虑其他一些合理的模型结构. 例如，在前三种模型中，也可以考虑 LR_i 服从如下分布假设：

① 其中 σ^2 为比例常数，也可以视为分散参数，这与其他章节的过度分散泊松分布假设一致.

$$\ln \frac{LR_i}{1-LR_i} \sim N\left(\ln \frac{\mu_{LR}}{1-\mu_{LR}}, \sigma_{LR}^2\right). \tag{4.54}$$

或者 LR_i 服从 Beta 分布等，这里不再展开.

三、不同模型结构下索赔准备金的均值估计

在上述各种模型结构下，事故年 $i(1\leqslant i\leqslant n)$ 的最终损失 ULT_i 和索赔准备金 R_i 的均值估计分别为

$$\widehat{ULT}_i = prem_i \cdot LR_i, \quad \hat{R}_i = \widehat{ULT}_i - C_{i,n+1-i}, \tag{4.55}$$

所有事故年总的最终损失 ULT 和索赔准备金 R 的均值估计分别为

$$\widehat{ULT} = \sum_{i=1}^{n} \widehat{ULT}_i, \quad \hat{R} = \sum_{i=1}^{n} \hat{R}_i. \tag{4.56}$$

在厚尾 Loglogistic 增长曲线下，选择第 20 个进展年末为截断点，得到事故年 $i(1\leqslant i\leqslant n)$ 的截尾最终损失和截尾索赔准备金的均值估计分别为

$$\widehat{ULT}_{i,20} = \hat{C}_{i,20} = prem_i \cdot LR_i \cdot \frac{(20-0.5)^{\omega}}{(20-0.5)^{\omega}+\theta^{\omega}}, \quad \hat{R}_{i,20} = \widehat{ULT}_{i,20} - C_{i,n+1-i}, \tag{4.57}$$

所有事故年总的截尾最终损失和截尾索赔准备金的均值估计分别为

$$\widehat{ULT}_{20} = \sum_{i=1}^{n} \widehat{ULT}_{i,20}, \quad \hat{R}_{20} = \sum_{i=1}^{n} \hat{R}_{i,20}. \tag{4.58}$$

4.3.3 数值实例

一、数据来源

本小节数值实例中的赔款流量三角形数据如表 4.1 所示. 为了更清晰地描述各事故年的累计赔款进展情况，图 4.16 绘制了截止到最近日历年的各事故年累计赔款进展模式.

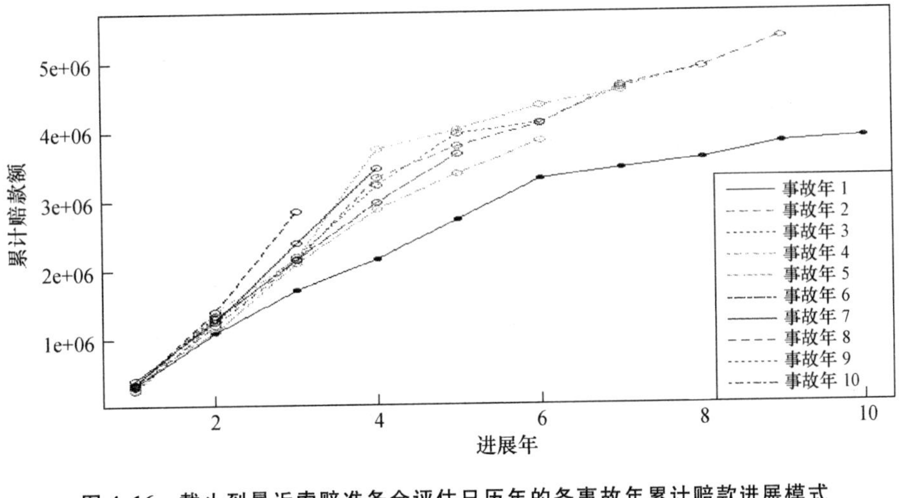

图 4.16　截止到最近索赔准备金评估日历年的各事故年累计赔款进展模式

从图 4.16 可以看出，采用非线性增长曲线描述索赔进展过程是合适的.

二、不同模型中先验分布和参数初始值的选取

贝叶斯方法中先验分布的选取和参数初始值的设定都是难点.类似于上一节的讨论，可以参考参数的 MLE 和非线性分层模型的参数估计值以及由链梯法分析估计出的最终损失和索赔进展比例，以辅助实现一套合适的模型参数选择和初始值设定.下面给出本节 6 种模型的具体先验分布和参数初始值的选取.

(1) 模型(4.47)中先验分布和参数初始值的选取：

选取的先验分布分别为 $\sigma\sim U(0,10\,000)$，$\mu_{LR}\sim N(0.5,20)$①，$\sigma_{LR}\sim U(0,100)$，$\omega\sim N(1.4,10)$，$\theta\sim N(3.75,10/3)$，参数初始值集合为 $\{\mu_{LR},\omega,\theta,\sigma,\sigma_{LR}\}=\{0.5,1.4,3.75,100,0.05\}$.

(2) 模型(4.48)中先验分布和参数初始值的选取：

选取的先验分布分别为 $\sigma\sim U(0,100)$，$\mu_{LR}\sim N(0.5,20)$，$\sigma_{LR}\sim U(0,100)$，$\omega\sim N(1.4,10)$，$\theta\sim N(3.75,10/3)$，参数初始值集合为 $\{\mu_{LR},\omega,\theta,\sigma,\sigma_{LR}\}=\{0.5,1.4,3.75,50,0.05\}$.

模拟运算中为了保证 $C_{i,j}$ 的方差 $\sigma^2\mu_{i,j}$ 一定为正数，即避免 $\mu_{i,j}$ 为负数导致模拟运算无法正常进行，算法实现上需要进行一些特殊处理，如考虑 $\sigma^2|\mu_{i,j}|$ 或 $\sigma^2\sqrt{\mu_{i,j}^2}$ 等.另外，也可尝试考虑 $C_{i,j}\sim N(\mu_{i,j},\sigma^2 C_{i,j})$ 的情况，进而比较两种结果的差异.

(3) 模型(4.49)中先验分布和参数初始值的选取：

选取的先验分布分别为 $\sigma\sim U(0,100)$，$\mu_{LR}\sim N(0.5,20)$，$\sigma_{LR}\sim U(0,100)$，$\omega\sim N(1.4,10)$，$\theta\sim N(3.75,10/3)$，参数初始值集合为 $\{\mu_{LR},\omega,\theta,\sigma,\sigma_{LR}\}=\{0.5,1.4,3.75,0.4,0.05\}$.

(4) 模型(4.50)中先验分布和参数初始值的选取：

选取的先验分布分别为 $\sigma\sim U(0,100)$，$\ln\mu_{LR}\sim N(0,100)$，$\sigma_{LR}\sim U(0,100)$，$\ln\omega\sim N(0,100)$，$\ln\theta\sim N(0,100)$，参数初始值集合为 $\{\ln\mu_{LR},\ln\omega,\ln\theta,\sigma,\sigma_{LR}\}=\{\ln 0.5,\ln 1.4,\ln 3.75,0.4,0.2\}$.

(5) 模型(4.51)中先验分布和参数初始值的选取：

选取的先验分布分别为 $\sigma\sim U(0,100)$，$\ln\mu_{LR}\sim N(0,100)$，$\sigma_{LR}\sim U(0,100)$，$\ln\omega\sim N(0,100)$，$\ln\theta\sim N(0,100)$，$\boldsymbol{\Sigma}\sim \text{Inv-Wishart}_3(\boldsymbol{E})$，参数初始值集合为 $\{\ln\mu_{LR},\ln\omega,\ln\theta,\sigma,\sigma_{LR}\}=\{\ln 0.5,\ln 1.4,\ln 3.75,0.4,0.2\}$.另外，由于 $\boldsymbol{\Sigma}^{-1}\sim \text{Wishart}_3(\boldsymbol{E})$，从 $\text{Wishart}_3(\boldsymbol{E})$ 分布中产生如下随机数作为 $\boldsymbol{\Sigma}^{-1}$ 的初始值：

$$\boldsymbol{\Sigma}^{-1(0)}=\begin{pmatrix}2.274\,009\,7 & 1.234\,230\,0 & 0.428\,354\,9\\ 1.234\,230\,0 & 0.835\,615\,7 & 0.565\,198\,3\\ 0.428\,354\,9 & 0.565\,198\,3 & 0.912\,481\,6\end{pmatrix}. \tag{4.59}$$

(6) 模型(4.53)中先验分布和参数初始值的选取：

选取的先验分布分别为 $\sigma\sim U(0,100)$，$\ln\mu_{LR}\sim N(0,100)$，$\sigma_{LR}\sim U(0,100)$，$\ln\omega\sim N(0,100)$，

① 由于 $LR_i\in[0,1]$，故 μ_{LR} 的先验分布的方差不宜过大.

$\ln\theta \sim N(0, 100)$，$\boldsymbol{\Sigma} \sim \text{Inv-Wishart}_3(\boldsymbol{E})$，参数初始值集合为$\{\ln\mu_{LR}, \ln\omega, \ln\theta, \sigma, \sigma_{LR}, \rho\} = \{\ln 0.5, \ln 1.4, \ln 3.75, 0.4, 0.2, 0.5\}$. 另外，由于 $\boldsymbol{\Sigma}^{-1} \sim \text{Wishart}_3(\boldsymbol{E})$，从 $\text{Wishart}_3(\boldsymbol{E})$ 分布中产生 $\boldsymbol{\Sigma}^{-1}$ 的初始值如式(4.59)所示.

三、MCMC 方法模拟的输出及结果分析

对于上述 6 种模型，分别在 Loglogistic 增长曲线和 Weibull 增长曲线下，应用 MCMC 方法模拟，更新 55 000 次，燃烧最初 5000 个值，每隔 5 次抽取一个样本，即选取的模拟次数为 10 000 次，可得到所有事故年总的索赔准备金和最终损失的预测分布①如图 4.17～图 4.28 所示. 由于 Loglogistic 增长曲线比 Weibull 增长曲线厚尾，为了便于比较，也给出了 Loglogistic 增长曲线下，选择第 20 个进展年末为截断点时得到的所有事故年总的截尾索赔准备金和截尾最终损失的预测分布.

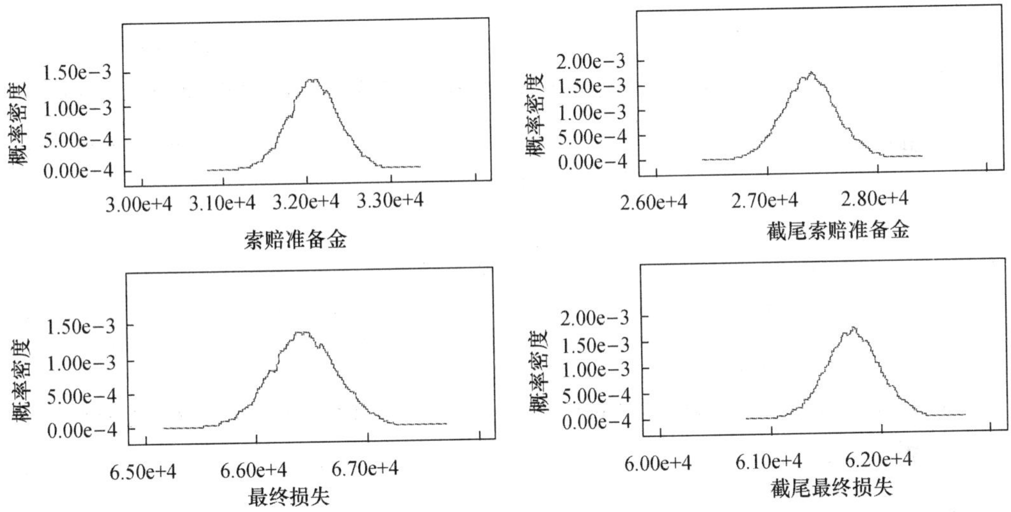

图 4.17　模型(4.47)中基于 Loglogistic 增长曲线得到的索赔准备金和最终损失的预测分布

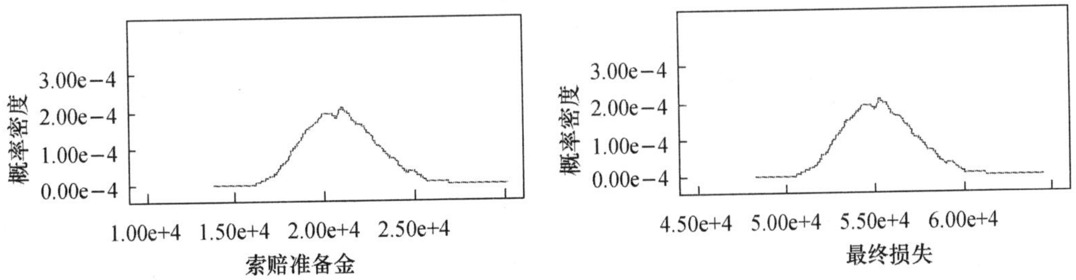

图 4.18　模型(4.47)中基于 Weibull 增长曲线得到的索赔准备金和最终损失的预测分布

① 由 WinBUGS 软件和 R 软件给出的是核密度图.

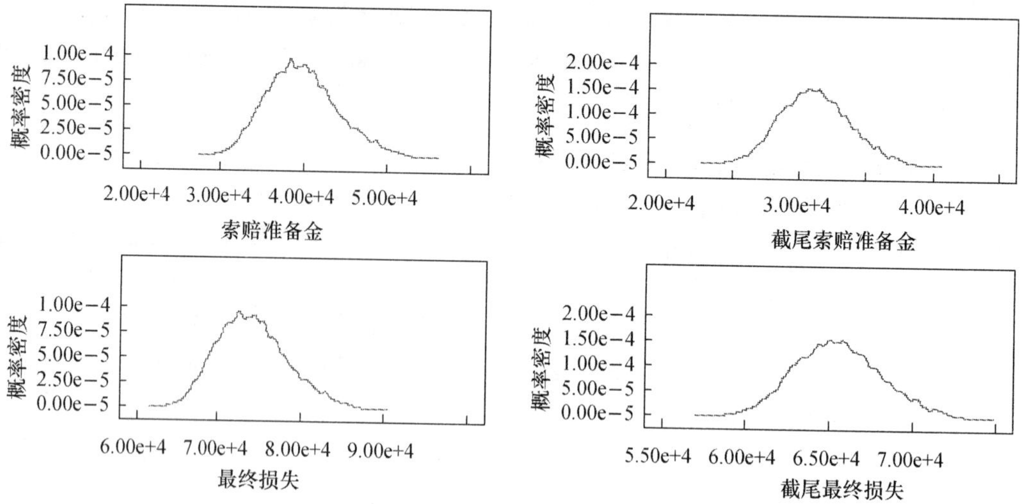

图 4.19　模型(4.48)中基于 Loglogistic 增长曲线得到的索赔准备金和最终损失的预测分布

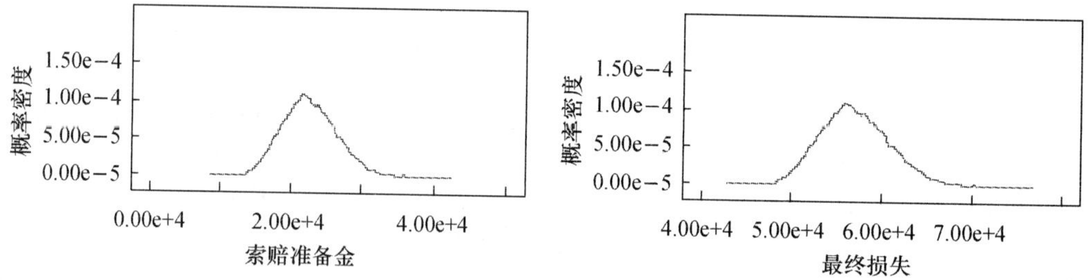

图 4.20　模型(4.48)中基于 Weibull 增长曲线得到的索赔准备金和最终损失的预测分布

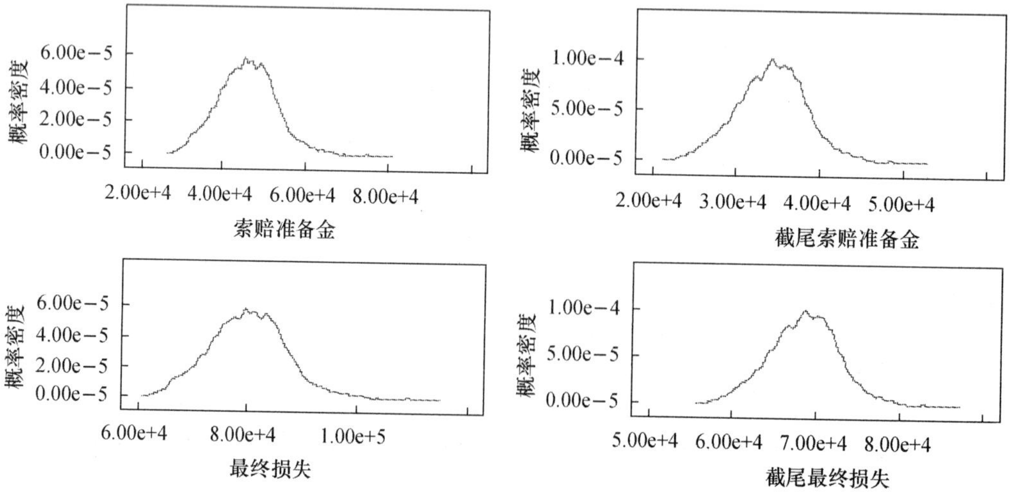

图 4.21　模型(4.49)中基于 Loglogistic 增长曲线得到的索赔准备金和最终损失的预测分布

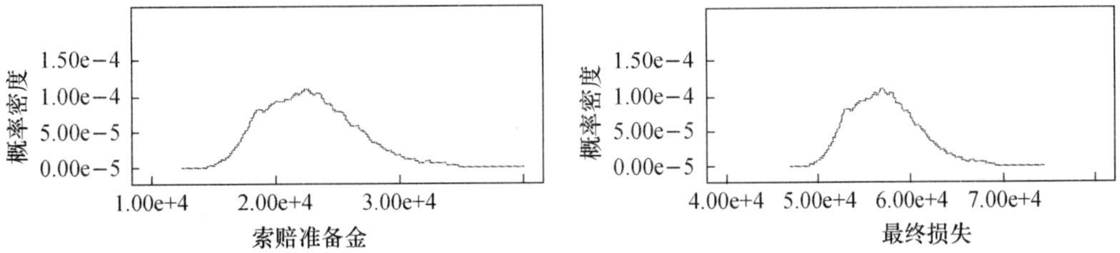

图 4.22 模型(4.49)中基于 Weibull 增长曲线得到的索赔准备金和最终损失的预测分布

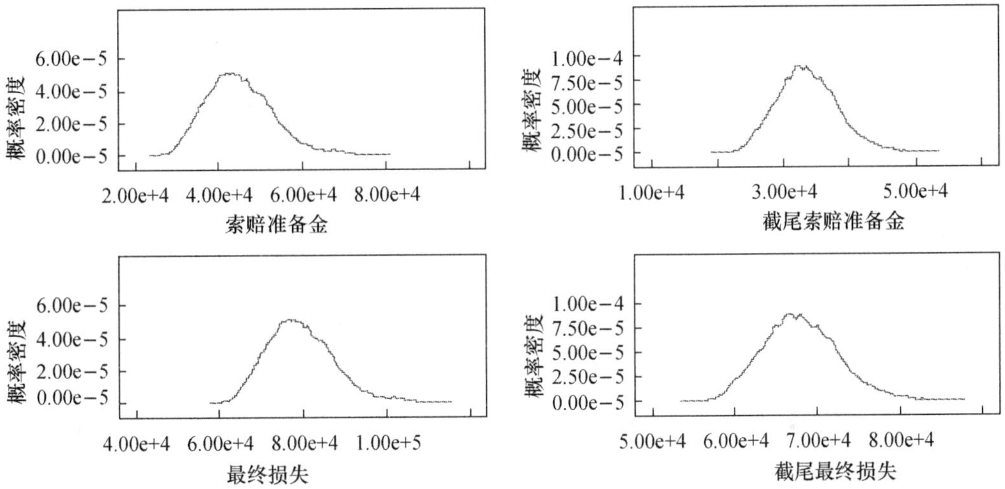

图 4.23 模型(4.50)中基于 Loglogistic 增长曲线得到的索赔准备金和最终损失的预测分布

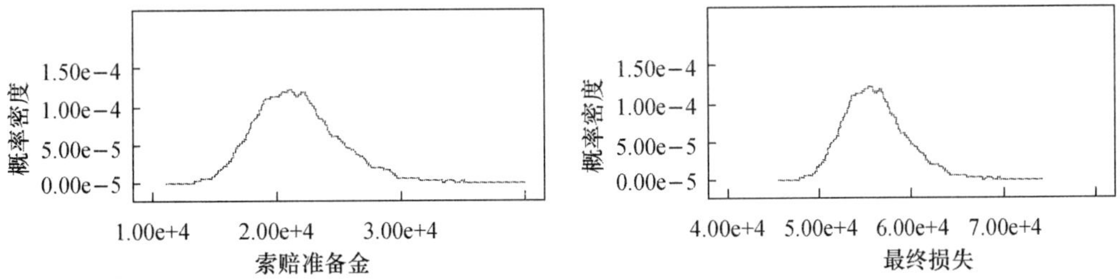

图 4.24 模型(4.50)中基于 Weibull 增长曲线得到的索赔准备金和最终损失的预测分布

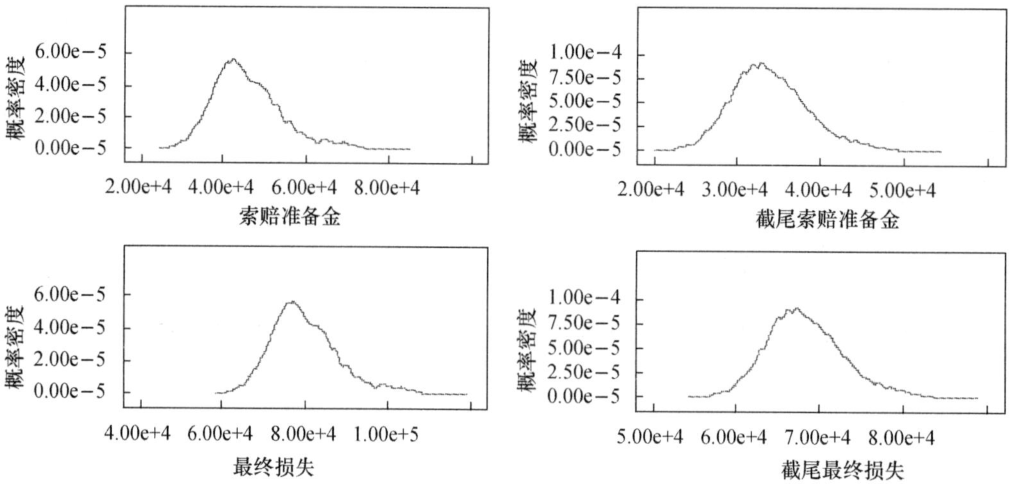

图 4.25　模型(4.51)中基于 Loglogistic 增长曲线得到的索赔准备金和最终损失的预测分布

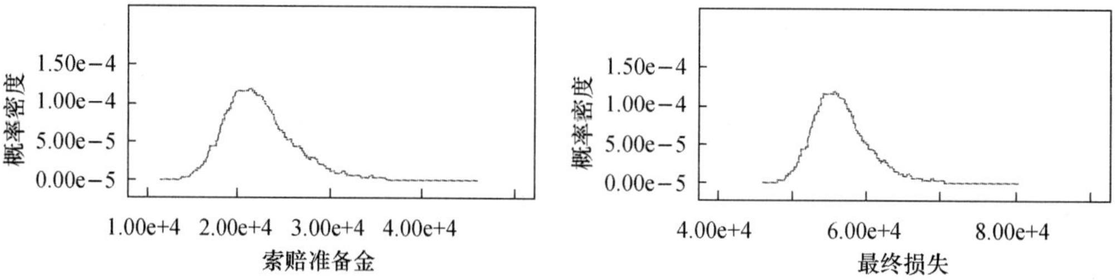

图 4.26　模型(4.51)中基于 Weibull 增长曲线得到的索赔准备金和最终损失的预测分布

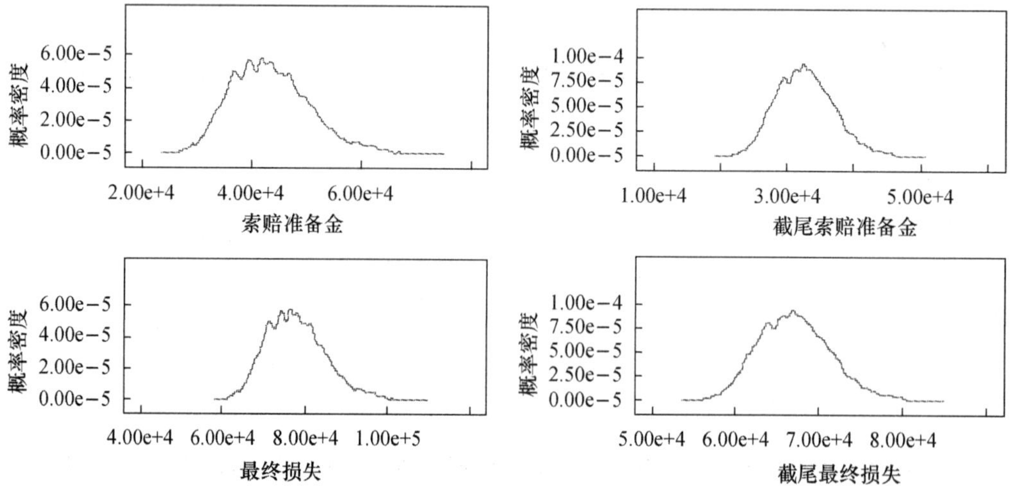

图 4.27　模型(4.53)中基于 Loglogistic 增长曲线得到的索赔准备金和最终损失的预测分布

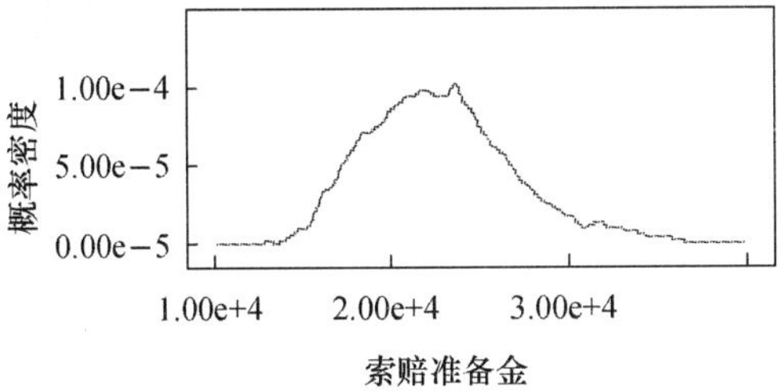

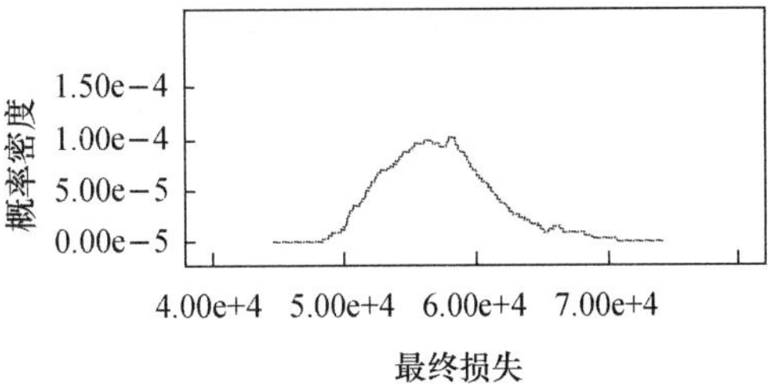

图 4.28　模型(4.53)中基于 Weibull 增长曲线得到的索赔准备金和最终损失的预测分布

表 4.13 和表 4.14 分别给出了 Loglogistic 增长曲线和 Weibull 增长曲线下，不同模型得到的所有事故年总的索赔准备金和最终损失的分布特征. 为了便于比较两种增长曲线对累计赔款进展过程建模的差异，表 4.14 也给出了在 Weibull 增长曲线下，选择第 20 个进展年末为截断点时，得到的截尾索赔准备金和截尾最终损失的分布特征. 从中可以看出，Weibull 增长曲线下，截尾索赔准备金与索赔准备金、截尾最终损失与最终损失都非常接近，这充分体现了 Loglogistic 增长曲线比 Weibull 增长曲线厚尾的特征. 另外，对于每一种增长曲线，在同一模型结构下，模拟得到的索赔准备金和最终损失的标准差相同，索赔准备金和最终损失的 MC 误差也相同；类似地，模拟得到的截尾索赔准备金和截尾最终损失的标准差相同，截尾索赔准备金和截尾最终损失的 MC 误差也相同. 这些结果与式(4.56)和式(4.58)的计算相符.

表 4.13　Loglogistic 增长曲线下，不同模型得到的索赔准备金和最终损失的分布特征

模型	估计量	均值	标准差	MC 误差	2.5% 分位数	中位数	97.5% 分位数	取样起点	样本数
模型(4.47)	索赔准备金	32 080.0	301.3	13.31	31 480.0	32 080.0	32 670.0	5 001	10 000
	截尾索赔准备金	27 390.0	244.1	7.427	26 910.0	27 390.0	27 880.0	5 001	10 000
	最终损失	66 440.0	301.3	13.31	65 840.0	66 440.0	67 030.0	5 001	10 000
	截尾最终损失	61 750.0	244.1	7.427	61 270.0	61 750.0	62 230.0	5 001	10 000
模型(4.48)	索赔准备金	39 820.0	4 320.0	335.7	32 380.0	39 480.0	49 180.0	5 001	10 000
	截尾索赔准备金	31 250.0	2 627.0	188.4	26 500.0	31 120.0	36 840.0	5 001	10 000
	最终损失	74 180.0	4 320.0	335.7	66 740.0	73 830.0	83 540.0	5 001	10 000
	截尾最终损失	65 600.0	2 627.0	188.4	60 860.0	65 480.0	71 200.0	5 001	10 000
模型(4.49)	索赔准备金	45 990.0	7 275.0	587.0	32 390.0	45 870.0	61 920.0	5 001	10 000
	截尾索赔准备金	34 260.0	4 227.0	325.8	25 960.0	34 310.0	43 020.0	5 001	10 000
	最终损失	80 350.0	7 275.0	587.0	66 750.0	80 220.0	96 280.0	5 001	10 000
	截尾最终损失	68 620.0	4 227.0	325.8	60 320.0	68 670.0	77 380.0	5 001	10 000
模型(4.50)	索赔准备金	45 080.0	8 060.0	626.5	31 480.0	44 380.0	63 740.0	5 001	10 000
	截尾索赔准备金	33 640.0	4 583.0	339.2	25 400.0	33 420.0	43 470.0	5 001	10 000
	最终损失	79 440.0	8 060.0	626.5	65 840.0	78 740.0	98 100.0	5 001	10 000
	截尾最终损失	68 000.0	4 583.0	339.2	59 760.0	67 780.0	77 830.0	5 001	10 000

续表

模型	估计量	均值	标准差	MC 误差	2.5%分位数	中位数	97.5%分位数	取样起点	样本数
模型(4.51)	索赔准备金	45 780.0	8 351.0	700.3	32 340.0	44 570.0	66 560.0	5 001	10 000
	截尾索赔准备金	34 040.0	4 698.0	374.5	25 960.0	33 610.0	44 780.0	5 001	10 000
	最终损失	80 140.0	8 351.0	700.3	66 700.0	78 930.0	100 900.0	5 001	10 000
	截尾最终损失	68 400.0	4 698.0	374.5	60 310.0	67 970.0	79 140.0	5 001	10 000
模型(4.53)	索赔准备金	43 580.0	7 261.0	542.5	31 480.0	42 970.0	60 040.0	5 001	10 000
	截尾索赔准备金	32 800.0	4 346.0	306.8	25 110.0	32 580.0	42 160.0	5 001	10 000
	最终损失	77 940.0	7 261.0	542.5	65 840.0	77 330.0	94 390.0	5 001	10 000
	截尾最终损失	67 160.0	4 346.0	306.8	59 470.0	66 940.0	76 520.0	5 001	10 000

表 4.14 Weibull 增长曲线下,不同模型得到的索赔准备金和最终损失的分布特征

模型	估计量	均值	标准差	MC 误差	2.5%分位数	中位数	97.5%分位数	取样起点	样本数
模型(4.47)	索赔准备金	19 280.0	196.6	4.297	18 890.0	19 280.0	19 660.0	5 001	10 000
	截尾索赔准备金	19 270.0	196.4	4.269	18 890.0	19 280.0	19 660.0	5 001	10 000
	最终损失	53 640.0	196.6	4.297	53 250.0	53 640.0	54 020.0	5 001	10 000
	截尾最终损失	53 630.0	196.4	4.269	53 240.0	53 630.0	54 010.0	5 001	10 000
模型(4.48)	索赔准备金	20 910.0	1 994.0	105.1	17 370.0	20 830.0	25 060.0	5 001	10 000
	截尾索赔准备金	20 880.0	1 975.0	103.8	17 370.0	20 810.0	24 990.0	5 001	10 000
	最终损失	55 270.0	1 994.0	105.1	51 730.0	55 190.0	59 420.0	5 001	10 000
	截尾最终损失	55 240.0	1 975.0	103.8	51 720.0	55 170.0	59 350.0	5 001	10 000
模型(4.49)	索赔准备金	22 890.0	3 784.0	271.6	16 700.0	22 580.0	31 370.0	5 001	10 000
	截尾索赔准备金	22 790.0	3 693.0	264.4	16 690.0	22 530.0	30 990.0	5 001	10 000
	最终损失	57 240.0	3 784.0	271.6	51 060.0	56 940.0	65 730.0	5 001	10 000
	截尾最终损失	57 150.0	3 693.0	264.4	51 040.0	56 890.0	65 350.0	5 001	10 000
模型(4.50)	索赔准备金	21 830.0	3 650.0	210.6	15 810.0	21 450.0	30 020.0	5 001	10 000
	截尾索赔准备金	21 760.0	3 566.0	204.1	15 800.0	21 400.0	29 750.0	5 001	10 000
	最终损失	56 190.0	3 650.0	210.6	50 170.0	55 810.0	64 370.0	5 001	10 000
	截尾最终损失	56 120.0	3 566.0	204.1	50 160.0	55 750.0	64 110.0	5 001	10 000
模型(4.51)	索赔准备金	22 420.0	3 985.0	286.8	16 200.0	21 830.0	32 160.0	5 001	10 000
	截尾索赔准备金	22 330.0	3 872.0	276.7	16 190.0	21 790.0	31 710.0	5 001	10 000
	最终损失	56 770.0	3 985.0	286.8	50 560.0	56 190.0	66 510.0	5 001	10 000
	截尾最终损失	56 680.0	3 872.0	276.7	50 550.0	56 150.0	66 070.0	5 001	10 000
模型(4.53)	索赔准备金	22 870.0	4 146.0	306.8	16 040.0	22 550.0	32 610.0	5 001	10 000
	截尾索赔准备金	22 770.0	4 048.0	298.6	16 020.0	22 490.0	32 170.0	5 001	10 000
	最终损失	57 230.0	4 146.0	306.8	50 400.0	56 910.0	66 970.0	5 001	10 000
	截尾最终损失	57 130.0	4 048.0	298.6	50 380.0	56 850.0	66 520.0	5 001	10 000

4.3.4 主要结论与建议

就索赔准备金评估的随机性方法而言,类似于本节提出的将贝叶斯方法纳入非线性分层模型的建模框架中,也可以将贝叶斯方法纳入 HGLM 的建模框架中.对此这里不再展开.事实上,即使与目前流行的 GLM 相比,模型(4.44)所示的非线性结构仍具有以下优势:

第一，从图 4.16 可以看出，采用非线性结构具有直观吸引力，这种非线性结构为参数增长曲线模型在索赔准备金评估中的应用提供了新的分析思路.

第二，模型 $\mathrm{E}(C_{i,\infty})=\mu_{i,\infty}=prem_i\cdot ELR$ 表明了使用期望最终索赔建模的清晰性，这使波动性的度量直接来自模型本身.

第三，参数 ELR 代表最终损失率，对非寿险公司的运营非常重要. 非寿险公司管理层通常可以获得相关的专家意见和行业数据来估计参数 ELR. 这些附加信息将通过参数 ELR 的贝叶斯先验估计自然地纳入分析框架中.

第四，使用增长曲线很容易计算每一评估日历年的模型预测值.

第五，从图 4.16 中的累计赔款进展模式也可以看出，存在两种不同的引入分层结构的方式：第一种是基于同一事故年赔款数据的纵向特征考虑该序列内的相依性；第二种是合理考虑不同事故年的索赔进展模式的差异. 因此，这一模型可以克服主流的基于 GLM 的索赔准备金评估模型的两个根本性缺陷.

第四节　本章小结

本章在系统阐述分层模型的基本思想和模型结构的基础上，详细介绍了索赔准备金评估的非线性分层模型，并将贝叶斯方法纳入非线性分层模型的建模框架中，最终模拟得到了索赔准备金的预测分布. 这种评估方法具有四方面的独特之处：第一，将非寿险公司的索赔数据看作不同索赔序列的反复观测值，体现了相继观测值之间的相关性. 第二，采用非线性增长曲线为索赔进展过程建模. 这种建模方式具有直观吸引力，不但可以有效避免尾部进展因子的选定问题，而且有利于对超出现有样本范围之外的数据进行预测和外推. 第三，将非线性分层模型与贝叶斯方法结合起来，可以内嵌式地应用 MCMC 方法来模拟索赔准备金的预测分布. 这为随机性索赔准备金评估提供了一种新的分析思路. 第四，分层结构体现了索赔序列之间主要参数的自然差异，有益于解释它们之间的异质性. 进一步来讲，这种方法很容易推广到多元索赔准备金评估框架下，不但可以基于所感兴趣参数的完整后验分布，针对行业、公司和事故年水平开展推断，而且可以通过判断性地选择先验分布，将先验信息和专家意见纳入分析之中. 这种在贝叶斯框架下同时结合后验分布实施推断，对非寿险公司偿付能力监管和行业决策具有重要作用. 总之，分层建模技术的使用通过提供一套可靠的统计方法进一步改进了已有的方法，使精算人员可以汇总多个公司的信息用于行业分析或公司之间的分析，进一步给出更稳定的估计.

贝叶斯方法和预测的许多熟悉的优势在索赔准备金评估研究中具有十分重要的现实意义. 需要注意的是，最终损失的贝叶斯后验分布在公司战略规划、会计处理和行业监管方面相当实用. 在精算实务中，越来越多地要求得到诸如在险价值（VaR）、破产概率等统计量的估计值和概率范围.很重要的一点是，索赔准备金评估分析人员通常具有丰富的经验和背景知识，有时会采用相当武断或非理论的方式评估索赔准备金.贝叶斯方法提供了一个规范的机制，可以将没有包含在可获得数据中的信息融入专家分析之中.另外，现代贝叶斯模拟方法可以拟合复杂的模型，能更精确地反映为索赔进展过程建模的内在本质.基于这些原因，现在越来越多的学者认为贝叶斯方法非常适合用于索赔准备金评估.

第五章　考虑不同类型赔款数据相关性的多元索赔准备金评估方法

本章和下一章考虑在多元框架下的索赔准备金评估问题.对“多元”这一术语,存在一些不同的理解方式,本书将“多元”描述为索赔准备金评估的不同流量三角形之间存在相依结构,需要同时针对一些具有相依结构的流量三角形来考虑索赔准备金的评估问题.按照这种描述,本章考虑基于不同赔款数据信息(如已决赔款和已报案赔款)相关性的多元索赔准备金评估方法,第六章考虑基于不同业务线相依性的多元索赔准备金评估方法.

第一节　随机性准备金进展法

通常情况下,精算师在评估索赔准备金时,或者使用已决赔款数据,或者使用已报案赔款数据,但这种做法至少存在以下两方面缺陷:一是,对于历史数据中所包含的已决赔款数据和已报案赔款数据之间的关系并未有效使用,未充分利用有关信息;二是,在实务操作中,基于两类赔款数据得到的最终损失往往存在较大差异,导致精算师对已决赔款数据和已报案赔款数据的选择产生困惑.

本节在准备金进展法的基础上,结合模型假设,提出一种思路,将传统的确定性准备金进展法合理转化为随机性方法,并将 Bootstrap 方法应用于准备金进展法,得到索赔准备金的预测分布,进而由该分布得到各个分位数以及相关的分布度量(如均值、方差等),并结合精算实务中的数值实例,应用 R 软件给出详细的分析过程.

5.1.1　准备金进展法

一、准备金进展法的基本思路

准备金进展法已考虑到两类赔款数据之间的关系.在准备金进展法中,已决赔款和已报案未决赔款准备金可以采用两种统计形式,即按报案年统计和按事故年统计,相应的准备金进展法也就分为报案年准备金进展法和事故年准备金进展法.但由于报案年准备金进展法无法评估已发生未报案未决赔款准备金(IBNR),因此下面只对事故年准备金进展法进行介绍.

如果按事故年统计数据,总会有新的赔款数据不断进入统计范围,这就给准备金进展法的应用造成一定的困难.在应用事故年准备金进展法时,要假设 IBNR 赔款数据与已报案赔款数据之间具有稳定的关系. 对于大多数报案较快的险种来说，在事故年的初期可以积累大量赔款数据，这就为评估 IBNR 提供了一个稳定的基础.

令 $P_{i,j}$ 和 $I_{i,j}$ $(0\leqslant i\leqslant I,\ 0\leqslant j\leqslant J)$ 分别表示事故年 i、进展年 j 的累计已决赔款额和累计已报案赔款额，$X_{i,j}^{P}$ 和 $X_{i,j}^{I}$ $(0\leqslant i\leqslant I,\ 0\leqslant j\leqslant J)$ 分别表示事故年 i、进展年 j 的增量已决赔款额和增量已报案赔款额，且不失一般性，假设 $I=J$，则事故年 i、进展年 j 的已报案未决赔款准备金可以表示为

$$RV_{i,j}=I_{i,j}-P_{i,j}\quad(0\leqslant i\leqslant I,\ 0\leqslant j\leqslant J).$$

准备金进展法的基本思想是考查已报案未决赔款准备金的进展情况. 事故年 i、进展年 j 的已报案未决赔款准备金 $RV_{i,j}$ 在进展年 $j+1$ 一部分转化为该进展年的增量已决赔款额 $X_{i,j+1}^{P}$，另一部分仍为该进展年的已报案未决赔款准备金 $RV_{i,j+1}$ 的一部分①. 引入准备金进展率 $CED_{i,j\to j+1}$，对于转化为增量已决赔款额的部分，采用准备金支付率 $PO_{i,j\to j+1}$ 表示，对于仍留在已报案未决赔款准备金的部分，采用准备金结转率 $CO_{i,j\to j+1}$ 表示，显然有

$$CO_{i,j\to j+1}=CED_{i,j\to j+1}-PO_{i,j\to j+1}.$$

二、准备金进展法评估索赔准备金的主要步骤

(1) 利用给定的按事故年统计的累计已决赔款和累计已报案赔款的流量三角形得到已报案未决赔款准备金的流量三角形，即

$$RV_{i,j}=I_{i,j}-P_{i,j}\quad(i+j\leqslant I).\tag{5.1}$$

(2) 将给定的按事故年统计的累计已决赔款和累计已报案赔款的流量三角形转化为增量已决赔款和增量已报案赔款的流量三角形，即

$$\begin{cases}X_{i,0}^{P}=P_{i,0},X_{i,0}^{I}=I_{i,0}, & 0\leqslant i\leqslant I,j=0,\\ X_{i,j}^{P}=P_{i,j}-P_{i,j-1},X_{i,j}^{I}=I_{i,j}-I_{i,j-1}, & j\geqslant 1,i+j\leqslant I.\end{cases}\tag{5.2}$$

(3) 利用事故年 i、进展年 $j+1$ 的增量已决赔款额除以事故年 i、进展年 j 的已报案未决赔款准备金得到准备金支付率的流量三角形，进而得到各进展年支付率的算术平均数，即

$$\begin{cases}PO_{i,j\to j+1}=X_{i,j+1}^{P}/RV_{i,j}, & i+j\leqslant I-1,\\ \widehat{PO}_{j\to j+1}=\sum\limits_{i=0}^{I-j-1}PO_{i,j\to j+1}/(I-j), & 0\leqslant j\leqslant J-1,\end{cases}\tag{5.3}$$

其中第 1 个公式表示准备金支付率的流量三角形，第 2 个公式表示各进展年支付率的算术平均数. 这里不考虑索赔准备金评估人员的经验判断和行业数据，将各进展年支付率的算术平均数作为估计的支付率的选定值.

(4) 利用事故年 i、进展年 $j+1$ 的已报案未决赔款准备金除以事故年 i、进展年 j 的已报案未决赔款准备金得到准备金结转率的流量三角形，进而得到各进展年结转率的算术平均数，即

---

① 需要注意，因为在事故年 i、进展年 $j+1$ 可能有新的报案数据，所以这里应为这一进展年已报案未决赔款准备金的一部分.

$$\begin{cases} CO_{i,j\to j+1}=RV_{i,j+1}/RV_{i,j}, & i+j\leqslant I-1, \\ \widehat{CO}_{j\to j+1}=\sum_{i=0}^{I-j-1}CO_{i,j\to j+1}\Big/(I-j), & 0\leqslant j\leqslant J-1, \end{cases} \tag{5.4}$$

其中第 1 个公式表示准备金结转率的流量三角形，第 2 个公式表示各进展年结转率的算术平均数. 类似地，这里也不考虑索赔准备金评估人员的经验判断和行业数据，将各进展年结转率的算术平均数作为估计的结转率的选定值.

（5）将步骤（1）得到的已报案未决赔款准备金的上三角数据乘以对应的各进展年的结转率的选定值，来估计流量三角形下三角的已报案未决赔款准备金，即

$$\begin{cases} \widehat{RV}_{i,I-i+1}=RV_{i,I-i}\cdot\widehat{CO}_{I-i\to I-i+1}, & 1\leqslant i\leqslant I, \\ \widehat{RV}_{i,j+1}=\widehat{RV}_{i,j}\cdot\widehat{CO}_{j\to j+1}, & i+j\geqslant I+1. \end{cases} \tag{5.5}$$

（6）将步骤（5）得到的下三角已报案未决赔款准备金数据乘以对应各进展年的支付率的选定值，得到下三角增量已决赔款数据，即

$$\begin{cases} \hat{X}^P_{i,I-i+1}=RV_{i,I-i}\cdot\widehat{PO}_{I-i\to I-i+1}, & 1\leqslant i\leqslant I, \\ \hat{X}^P_{i,j+1}=\widehat{RV}_{i,j}\cdot\widehat{PO}_{j\to j+1}, & i+j\geqslant I+1. \end{cases} \tag{5.6}$$

（7）将步骤（6）估计的增量已决赔款额转化为累计已决赔款额，最后一列求和即为所有事故年总的最终损失 ULT 的估计值，进一步也可以得到所有事故年总的索赔准备金 R 和已发生未报案未决赔款准备金 IBNR 的估计值①：

$$\begin{cases} \hat{P}_{i,I-i+1}=P_{i,I-i}+\hat{X}^P_{i,I-i+1}, & 1\leqslant i\leqslant I, \\ \hat{P}_{i,j+1}=\hat{P}_{i,j}+\hat{X}^P_{i,j+1}, & i+j\geqslant I+1, \end{cases} \tag{5.7}$$

$$\widehat{ULT}=\sum_{i=0}^{I}\hat{P}_{i,J},\quad \hat{R}=\sum_{i=1}^{I}(\hat{P}_{i,J}-P_{i,I-i}),\quad \widehat{\mathrm{IBNR}}=\sum_{i=1}^{I}(\hat{P}_{i,J}-I_{i,I-i}). \tag{5.8}$$

5.1.2　基于 Bootstrap 方法的随机性准备金进展法

一、随机性准备金进展法的模型假设

设 $X^P_{i,j}$ 和 $X^I_{i,j}(0\leqslant i\leqslant I, 0\leqslant j\leqslant J)$ 都服从 ODP 分布. $X^P_{i,j}$ 的 ODP 分布模型可以表示为：对于所有 i 和 j，$X^P_{i,j}$ 相互独立且都服从如下 ODP 分布：

$$\begin{cases} \mathrm{E}(X^P_{i,j})=m^P_{i,j}, \\ \mathrm{Var}(X^P_{i,j})=\phi^P\mathrm{E}(X^P_{i,j})=\phi^P m^P_{i,j}, \\ m^P_{i,j}=\mu^P_i\gamma^P_j, \\ \sum_{j=0}^{J}\gamma^P_j=1. \end{cases} \tag{5.9}$$

---

① 这里假设事故年 0 的索赔进展完全，故不考虑该事故年的索赔准备金.

类似地，$X_{i,j}^{I}$的 ODP 分布模型可以表示为：对于所有 i 和 j，$X_{i,j}^{I}$相互独立且都服从如下 ODP 分布：

$$\begin{cases} \mathrm{E}(X_{i,j}^{I}) = m_{i,j}^{I}, \\ \mathrm{Var}(X_{i,j}^{I}) = \phi^{I}\mathrm{E}(X_{i,j}^{I}) = \phi^{I} m_{i,j}^{I}, \\ m_{i,j}^{I} = \mu_i^{I} \cdot \gamma_j^{I}, \\ \sum_{j=0}^{J} \gamma_j^{I} = 1. \end{cases} \tag{5.10}$$

正如第三章所述，上述两个模型是一种特殊的 GLM. 式(5.9)所示的模型需要估计各个事故年和进展年的参数 μ_i^P 和 γ_j^P，其中最后一个约束条件是为了唯一确定这些参数，故该模型中待估参数的个数为 $I+J+1$①. 类似地，式(5.10)所示的模型中待估参数的个数也为 $I+J+1$.

二、在准备金进展法中应用 Bootstrap 方法模拟索赔准备金的预测分布

1. 在准备金进展法中应用 Bootstrap 方法的基本思路

传统准备金进展法虽然考虑了已决赔款和已报案赔款的关系，但它仍然是一种确定性方法，从而只能得到索赔准备金的均值估计，而不能度量波动性. 故可以在准备金进展法基础上应用 Bootstrap 方法，加以补充. 基本思路如下：

(1) 对给定的上三角累计已决赔款额和累计已报案赔款额，按照前述传统准备金进展法的 7 个步骤估计下三角累计已决赔款额，得到索赔准备金②和 IBNR 的估计值.

(2) 保持对角线最近评估日历年累计已决赔款额和累计已报案赔款额不变，由累计进展因子③和对角线数据逆向计算得到上三角累计赔款额的拟合值，进而得到上三角增量赔款额的拟合值 $\widetilde{X}_{i,j}^{P}$和$\widetilde{X}_{i,j}^{I}$，它们分别与真实增量赔款额 $X_{i,j}^{P}$和$X_{i,j}^{I}$之差就是残差. 通过对残差进行分析，选定残差的类型. 这里选用 Pearson 残差，即

$$r_{\mathrm{P}}^{P} = \frac{X_{i,j}^{P} - \widetilde{X}_{i,j}^{P}}{\sqrt{\widetilde{X}_{i,j}^{P}}}, \quad r_{\mathrm{P}}^{I} = \frac{X_{i,j}^{I} - \widetilde{X}_{i,j}^{I}}{\sqrt{\widetilde{X}_{i,j}^{I}}} \quad (i+j \leqslant I). \tag{5.11}$$

(3) 计算分散参数 ϕ^P 和 ϕ^I. 这两个分散参数通过 Pearson χ^2 统计量除以自由度得到，Pearson χ^2 统计量是 Pearson 残差的平方和，自由度是已有数据的个数减去模型中待估参数的个数，即分散参数 ϕ^P 和 ϕ^I 的估计量分别为

$$\hat{\phi}^{P} = \frac{\sum_{i+j\leqslant I} (r_{\mathrm{P}}^{P})^2}{N-p}, \quad \hat{\phi}^{I} = \frac{\sum_{i+j\leqslant I} (r_{\mathrm{P}}^{I})^2}{N-p}, \tag{5.12}$$

其中 $N=(I+1)(J+2)/2$ 表示上三角数据的个数，$p=I+J+1$ 表示模型中待估参数的个数.

---

① 显然，这 $I+J+1$ 参数中不包括分散参数 ϕ^P，本章后续部分将介绍分散参数 ϕ^P 的确定.

② 这一步是传统准备金进展法计算未决赔款准备金的过程，其目的是为了后续计算过程方差.

③ 这里不考虑准备金评估人员的经验判断和行业数据，将加权平均进展因子取为各进展年进展因子的选定值.

(4) 将给定的上三角累计已决赔款额和累计已报案赔款额转化为增量已决赔款额和增量已报案赔款额. 由于前面假设这两类增量数据都服从 ODP 分布,故可将它们视为相应事故年和进展年的增量赔款额随机变量的均值. 这样就可从均值为 $X_{i,j}^{P}$,方差为 $\hat{\phi}^{P}X_{i,j}^{P}$①的 ODP 分布中抽取随机数作为模拟的上三角增量已决赔款额;从均值为 $X_{i,j}^{I}$,方差为 $\hat{\phi}^{I}X_{i,j}^{I}$ 的 ODP 分布中抽取随机数作为模拟的上三角增量已报案赔款额.

(5) 应用准备金进展法计算基于模拟数据的下三角增量赔款额 $\hat{X}_{i,j}^{P,*}$ $(i+j\geqslant I+1)$,将这些模拟的下三角增量赔款额求和就得到一次模拟的索赔准备金的均值估计,进而可以得到最终损失和 IBNR 的均值估计.

(6) 这些模拟的增量赔款额 $\hat{X}_{i,j}^{P,*}$ $(i+j\geqslant I+1)$可以视为相应事故年和进展年的增量赔款额随机变量的均值. 这样从均值为 $\hat{X}_{i,j}^{P,*}$,方差为 $\hat{\phi}^{P}\hat{X}_{i,j}^{P,*}$ 的 ODP 分布中抽取随机数,再把下三角中随机抽取的增量赔款额求和,就实现了索赔准备金的预测分布的一次模拟.

(7) 多次 Bootstrap 重抽样后,可得到索赔准备金的预测分布,进而得到均值、标准差、分位数等分布特征.

2. MSEP 的估计

与第三章类似,在增量已决赔款额和增量已报案赔款额都服从 ODP 分布的假设下,将 Bootstrap 方法应用于准备金进展法,可以避免索赔准备金的 MSEP 估计中相关性计算的复杂性. 在估计参数误差的同时,进一步通过随机模拟考虑到过程方差,可以得到索赔准备金的预测分布,其中过程方差是分散参数 ϕ^{P} 和索赔准备金估计值②的乘积. 参数误差采用 Bootstrap 模拟得到. 为了得到基于 Bootstrap 方法的参数误差,需要多次重复上述过程,得到一系列索赔准备金估计值. 基于 Bootstrap 方法的参数误差就是多次 Bootstrap 模拟得到的索赔准备金估计值的样本方差.

3. ODP 模型中的随机抽样问题

类似于第三章所述,上述步骤(6)中从均值为 $\hat{X}_{i,j}^{P,*}$,方差为 $\hat{\phi}^{P}\hat{X}_{i,j}^{P,*}$ 的 ODP 分布中抽取随机数可以转换为从均值为 $\hat{X}_{i,j}^{P,*}/\hat{\phi}^{P}$ 的泊松分布中抽取随机数,再乘以 $\hat{\phi}^{P}$. 由于泊松分布的均值不能为负数,故定义如下符号函数:

$$\operatorname{sgn}(\hat{X}_{i,j}^{P,*})=\begin{cases}-1, & \hat{X}_{i,j}^{P,*}<0,\\ 0, & \hat{X}_{i,j}^{P,*}=0,\\ 1, & \hat{X}_{i,j}^{P,*}>0.\end{cases} \tag{5.13}$$

在抽取随机数时,先从均值为 $|\hat{X}_{i,j}^{P,*}|/\hat{\phi}^{P}$ 的泊松分布中抽取,再乘以 $\hat{\phi}^{P}\operatorname{sgn}(\hat{X}_{i,j}^{P,*})$.

---

① 与第三章第一节中的分布均值和方差采用增量赔款额的拟合值不同,这里采用的是真实值. 从一定程度上讲,两种做法都是可行的. 针对本节数值实例中的流量三角形数据,这两种做法得到的结果差异并不大.

② 由于每次模拟得到的索赔准备金的估计跟传统准备金进展法的估计结果差不多,这里计算过程方差时采用传统准备金进展法的估计值.

5.1.3 数值实例

一、数据来源

本小节数值实例中的累计已决赔款和累计已报案赔款流量三角形数据来源于吴小平(2005)，如表 5.1 和表 5.2 所示．这些数据在索赔准备金评估的相关文献中经常被引用，此处引用这些数据也是为了更好地与传统准备金进展法的结果进行比较．

表 5.1 累计已决赔款流量三角形

事故年 \ 进展年	0	1	2	3	4	5	6
0	22 603	40 064	54 301	64 114	71 257	75 950	78 224
1	22 054	43 970	58 737	71 841	78 076	81 287	
2	20 166	39 147	51 319	60 417	66 402		
3	19 297	37 355	50 391	62 347			
4	20 555	42 898	62 832				
5	17 001	33 568					
6	11 346						

数据来源：数据来自吴小平(2005)．

表 5.2 累计已报案赔款流量三角形

事故年 \ 进展年	0	1	2	3	4	5	6
0	58 641	74 804	77 323	77 890	80 728	82 280	82 372
1	63 732	79 512	83 680	85 366	88 152	87 413	
2	51 779	68 175	69 802	69 694	70 041		
3	40 143	67 978	75 144	77 947			
4	55 665	80 296	87 961				
5	43 401	57 547					
6	28 800						

数据来源：数据来自吴小平(2005)．

二、MSEP 的估计和预测分布的模拟结果

下面给出在传统准备金进展法中应用 Bootstrap 方法估计 MSEP 和模拟预测分布的数值结果．为了便于比较，表 5.3 给出了传统准备金进展法的估计结果．

表 5.3 传统准备金进展法的估计结果

事故年 i	$\widehat{ULT}_i$	$P_{i,I-i}$	$\hat{R}_i$	$RV_{i,I-i}$	$\widehat{\mathrm{IBNR}}_i$
0	78 224	78 224			
1	83 488	81 287	2 201	6 126	−3 925
2	68 718	66 402	2 316	3 639	−1 323
3	76 833	62 347	14 486	15 600	−1 114
4	88 196	62 832	25 364	25 129	235
5	60 987	33 568	27 419	23 979	3 440
6	42 777	11 346	31 431	17 454	13 977
总计	499 222	396 006	103 216	91 927	11 289

按照上一小节给出的基于 Bootstrap 方法的随机性准备金进展法模拟预测分布的步骤，可以得出 $\hat{\phi}^P=2958.65/(28-13)=197.24$，$\hat{\phi}^I=28\ 459.90/(28-13)=1897.33$. 假设模拟次数为 10 000 次，表 5.4 给出了应用 Bootstrap 方法模拟得到的 MSEP 估计值，所有事故年总的索赔准备金的预测分布如图 5.1 所示，相应的分布特征如表 5.5 所示.

表 5.4 应用 Bootstrap 方法模拟得到的 MSEP 估计

事故年 i	准备金进展法估计的 $\hat{R}_i$	$\sqrt{\hat{\phi}^P\hat{R}_i}$	$\mathrm{SE}_{\mathrm{bs}}(\hat{R}_i)$	$\sqrt{\widehat{\mathrm{MSEP}}_{\mathrm{bs}}(i)}$	预测误差
0					
1	2 201	659	1 059	1 247	57%
2	2 316	676	1 098	1 290	56%
3	14 486	1 690	2 769	3 244	22%
4	25 364	2 237	2 842	3 617	14%
5	27 419	2 326	2 846	3 676	13%
6	31 431	2 490	2 879	3 806	12%
总计	103 216	4 512	18 605	19 145	19%

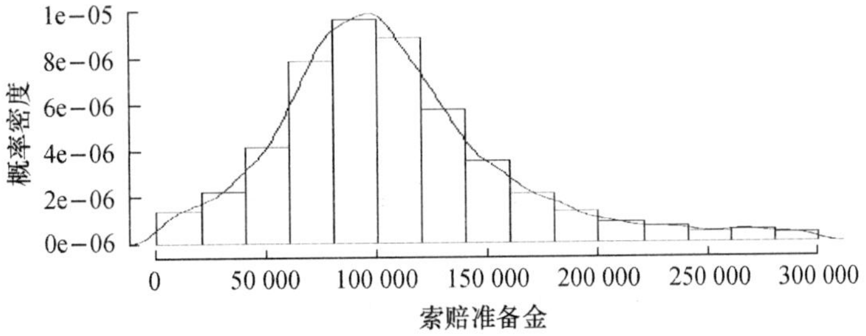

图 5.1 Bootstrap 方法模拟的索赔准备金的预测分布

表 5.5　Bootstrap 方法模拟的索赔准备金预测分布的分布特征

分布特征	索赔准备金的预测分布
模拟次数	10 000
均值	106 200
标准差	52 310
变异系数	0.493
最小值	197
25%分位数	72 980
中位数	99 020
75%分位数	130 000
最大值	299 200

三、主要结论

（1）从整体趋势上讲，Bootstrap 方法估计的 MSEP 随着事故年已知信息的减少而增加.举例来讲，从事故年 1 到事故年 6，赔款数据依次减少，所以其索赔准备金的 MSEP 估计值依次增大.该结论是符合实际情况的，因为当已知信息越少时，估计的误差就会越大.

（2）Bootstrap 方法简单有效，比较容易理解，在计算机上易于编程计算.

第二节　随机性 Munich 链梯法

链梯法是索赔准备金评估中最常用的确定性方法，Munich 链梯法采用 Mack 模型假设，利用已决赔款和已报案赔款数据的相关性调整进展因子，有效减少了链梯法基于已决赔款和已报案赔款数据得到的索赔准备金之间的差异.本节在系统介绍 Munich 链梯法的基础上，结合 Mack 模型假设，将两种 Bootstrap 方法应用于 Munich 链梯法中，得到最终损失和索赔准备金的预测分布，并应用 R 软件对非寿险精算实务中的数值实例给出详细的分析结果.

5.2.1　链梯法的缺陷及改进的思路

通常情况下，精算师在采用链梯法评估索赔准备金时，或者使用已决赔款数据，或者使用已报案赔款数据，但这种做法至少存在两方面缺陷：一是，对于历史数据中所包含的已决赔款和已报案赔款数据之间的关系并未有效使用；二是，一般来说，实务操作中基于两类赔款数据得到的最终损失存在较大差异，使得精算师对已决赔款和已报案赔款数据的选择产生困惑.为此，下面考虑两类赔款数据的相关性，进而提出改进链梯法的基本思路.

链梯法的基本假设是每个事故年的赔款支出具有相同的进展模式，即在预测索赔准备金时，每个事故年使用相同的进展因子．令 $P_{i,j}$ 和 $I_{i,j}(0\leqslant i\leqslant I,0\leqslant j\leqslant J)$ 分别表示事故年 i、进展年 j 的累计已决赔款额和累计已报案赔款额，且不失一般性，假设 $I=J$．当 $i+j\leqslant I$ 时，$P_{i,j}$ 和 $I_{i,j}$ 为已知数据；当 $i+j\geqslant I+1$ 时，$P_{i,j}$ 和 $I_{i,j}$ 为待预测的未知量．定义事故年 i、进展年 j 的 P/I 比率为

$$(P/I)_{i,j}=\frac{P_{i,j}}{I_{i,j}},\tag{5.14}$$

所有事故年在进展年 j 的加权平均 P/I 比率为

$$(P/I)_j=\frac{1}{\sum\limits_{i=0}^{I}I_{i,j}}\sum_{i=0}^{I}I_{i,j}(P/I)_{i,j}=\frac{\sum\limits_{i=0}^{I}P_{i,j}}{\sum\limits_{i=0}^{I}I_{i,j}}.\tag{5.15}$$

对于进展年 $j(0\leqslant j\leqslant J-1)$，令 $f_{j\to j+1}^{P}$ 和 $f_{j\to j+1}^{I}$ 分别表示累计已决赔款额和累计已报案赔款额从进展年 j 到进展年 $j+1$ 的加权平均进展因子，即

$$f_{j\to j+1}^{P}=\frac{\sum\limits_{i=0}^{I-j-1}P_{i,j+1}}{\sum\limits_{i=0}^{I-j-1}P_{i,j}},\quad f_{j\to j+1}^{I}=\frac{\sum\limits_{i=0}^{I-j-1}I_{i,j+1}}{\sum\limits_{i=0}^{I-j-1}I_{i,j}}.\tag{5.16}$$

对于预测量 $P_{i,j}$ 和 $I_{i,j}(i+j\geqslant I+1)$ 来说，由链梯法可得

$$P_{i,j+1}=P_{i,j}f_{j\to j+1}^{P},\quad I_{i,j+1}=I_{i,j}f_{j\to j+1}^{I},\tag{5.17}$$

进而得出 P/I 比率的预测量为

$$(P/I)_{i,j}=\frac{P_{i,j}}{I_{i,j}}=\frac{P_{i,I-i}f_{I-i\to I-i+1}^{P}\cdots f_{j-1\to j}^{P}}{I_{i,I-i}f_{I-i\to I-i+1}^{I}\cdots f_{j-1\to j}^{I}}.\tag{5.18}$$

同时，在链梯法中，由式(5.16)和式(5.17)可以得出

$$\begin{aligned}f_{j\to j+1}^{P}\sum_{i=0}^{I}P_{i,j}&=f_{j\to j+1}^{P}\left(\sum_{i=0}^{I-j-1}P_{i,j}+\sum_{i=I-j}^{I}P_{i,j}\right)\\&=\frac{\sum\limits_{i=0}^{I-j-1}P_{i,j+1}}{\sum\limits_{i=0}^{I-j-1}P_{i,j}}\sum_{i=0}^{I-j-1}P_{i,j}+\sum_{i=I-j}^{I}f_{j\to j+1}^{P}P_{i,j}\\&=\sum_{i=0}^{I-j-1}P_{i,j+1}+\sum_{i=I-j}^{I}P_{i,j+1}=\sum_{i=0}^{I}P_{i,j+1}.\end{aligned}\tag{5.19}$$

联合式(5.16)，就可以得到

$$f_{j\to j+1}^{P}=\frac{\sum\limits_{i=0}^{I}P_{i,j+1}}{\sum\limits_{i=0}^{I}P_{i,j}}=\frac{\sum\limits_{i=0}^{I-j-1}P_{i,j+1}}{\sum\limits_{i=0}^{I-j-1}P_{i,j}}.\tag{5.20}$$

同理,可以得到

$$f^I_{j\to j+1}=\frac{\sum_{i=0}^{I} I_{i,j+1}}{\sum_{i=0}^{I} I_{i,j}}=\frac{\sum_{i=0}^{I-j-1} I_{i,j+1}}{\sum_{i=0}^{I-j-1} I_{i,j}}. \tag{5.21}$$

将式(5.20)和式(5.21)的前半部分代入式(5.18),化简后得到

$$(P/I)_{i,j}=\frac{P_{i,I-i}\dfrac{\sum_{i=0}^{I} P_{i,j}}{\sum_{i=0}^{I} P_{i,I-i}}}{I_{i,I-i}\dfrac{\sum_{i=0}^{I} I_{i,j}}{\sum_{i=0}^{I} I_{i,I-i}}}. \tag{5.22}$$

对式(5.22)变形整理,可以得出以下重要结论:

$$\frac{(P/I)_{i,j}}{(P/I)_j}=\frac{(P/I)_{i,I-i}}{(P/I)_{I-i}}\quad (i+j\geqslant I+1). \tag{5.23}$$

式(5.23)表明,各个事故年的 P/I 比率 $(P/I)_{i,j}$ 的预测值与所有事故年的加权平均 P/I 比率 $(P/I)_j$ 之比为常数,且等于当前准备金评估日历年对应的比值.也就是说,对于任一事故年 i,如果在准备金评估日,该比值大于 1,那么在进展年 J 的年末,该比值仍大于 1.对式(5.23)变形可得

$$(P/I)_{i,j}-(P/I)_j=(P/I)_j\left(\frac{(P/I)_{i,I-i}}{(P/I)_{I-i}}-1\right). \tag{5.24}$$

一般随着进展年 j 的增大,$(P/I)_j$ 逐渐增大并趋于 1.如果在准备金评估日历年,式(5.23)的右边大于 1,那么式(5.24)的左边为关于进展年 j 的增函数.也就是说,如果事故年 i 的 P/I 比率 $(P/I)_{i,I-i}$ 比所有事故年的加权平均 P/I 比率 $(P/I)_{I-i}$ 大,链梯法会把这种趋势在进展中逐步扩大.同理,如果事故年 i 的 P/I 比率 $(P/I)_{i,I-i}$ 比所有事故年的加权平均 P/I 比率 $(P/I)_{I-i}$ 小,链梯法也会把这种趋势在进展中逐步扩大.下面以 Quarg 和 Mack(2004)中的已决赔款和已报案赔款流量三角形数据为例,应用链梯法得到各个事故年对应的每一进展年的 P/I 比率 $(P/I)_{i,j}$ 和所有事故年的加权平均 P/I 比率 $(P/I)_j$,如图 5.2 所示.

从图 5.2 可以看出,随着事故年的增加,比率 $(P/I)_{i,j}$ 离加权平均比率 $(P/I)_j$ 的距离越来越远,导致事故年 6、进展年 6 的 P/I 比率 $(P/I)_{6,6}$ 只有 0.727,与 1 差距最远.考虑到实际情况,可以预期随着进展年 j 的增大,比率 $(P/I)_{i,j}$ 和加权平均比率 $(P/I)_j$ 都应以递增的方式趋近于 1.针对链梯法在评估索赔准备金时存在的这种缺陷,Quarg 和 Mack(2004)提出了 Munich 链梯法,目的是为了更准确地评估索赔准备金.

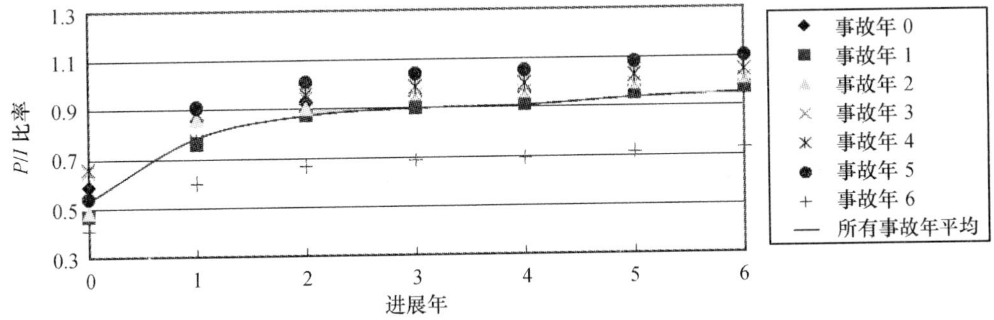

图 5.2　链梯法中各个事故年对应的每一进展年的 P/I 比率和加权平均 P/I 比率

5.2.2　Munich 链梯法

一、Munich 链梯法的基本思路

Munich 链梯法通过调整进展因子来减小基于已决赔款额和已报案赔款额得到的最终损失之间的差异，其基本思路是：对于给定的已决赔款和已报案赔款数据，如果发现单个进展因子（$f_{i,j}^P$ 和 $f_{i,j}^I$）与比率（$(P/I)_{i,j}$ 和 $(I/P)_{i,j}$）之间存在某种关系（如线性关系），那么就要利用这种关系，对单个进展因子加以调整. 具体来说，考虑事故年 i，如果在准备金评估日的 P/I 比率 $(P/I)_{i,I-i}$ 低于平均的 P/I 比率 $(P/I)_{I-i}$，那么意味着与其他事故年相比，事故年 i 截至准备金评估日的已决赔款额偏少，或者已报案索赔准备金偏多，因此在未来进展年的已决赔款额会增加，从而应该增大下一进展年的已决赔款进展因子，减小已报案赔款进展因子. 反之，如果在准备金评估日的 P/I 比率 $(P/I)_{i,I-i}$ 高于平均的 P/I 比率 $(P/I)_{I-i}$，那么应该减小下一进展年的已决赔款进展因子，增大已报案赔款进展因子. 更进一步讲，可以通过比率 $(P/I)_{i,j}$ 调整单个进展因子 $f_{i,j}^I$，通过比率 $(I/P)_{i,j}$ 调整单个进展因子 $f_{i,j}^P$①.

二、Munich 链梯法的假设

Munich 链梯法建立在 Mack 模型假设的基础上，并把已决赔款和已报案赔款同时考虑，进而扩展了 Mack 模型假设. 令 $\boldsymbol{P}_i(j)=\{P_i(1),\cdots,P_i(j)\}$ 表示事故年 i、截止到进展年 j 的累计已决赔款进展序列，$\boldsymbol{I}_i(j)=\{I_i(1),\cdots,I_i(j)\}$ 表示事故年 i、截止到进展年 j 的累计已报案赔款进展序列. 下面给出 Munich 链梯法的假设.

1. 基于 Mack 模型的假设

(1) 对于不同事故年 i 和 k，$\{P_{i,j}\}$ 和 $\{P_{k,j}\}$ 是相互独立的，$\{I_{i,j}\}$ 和 $\{I_{k,j}\}$ 同样也是相互独立的；

① 正如本节后续部分所述，同时采用比率 $(P/I)_{i,j}$ 和比率 $(I/P)_{i,j}$，可以使 Munich 链梯法建立在两个线性增函数的关系上，进而简化并统一公式.

(2) 对于所有 $0\leqslant i\leqslant I,0\leqslant j\leqslant J-1$,存在进展因子 $f_{j\to j+1}^{P}>0$ 和 $f_{j\to j+1}^{I}>0$,使得

$$\mathrm{E}\left(\frac{P_{i,j+1}}{P_{i,j}}\middle|\boldsymbol{P}_i(j)\right)=f_{j\to j+1}^{P},\quad \mathrm{E}\left(\frac{I_{i,j+1}}{I_{i,j}}\middle|\boldsymbol{I}_i(j)\right)=f_{j\to j+1}^{I};\tag{5.25}$$

(3) 对于所有 $0\leqslant i\leqslant I,0\leqslant j\leqslant J-1$,存在方差参数 $\sigma_{j\to j+1}^{P}\geqslant 0$ 和 $\sigma_{j\to j+1}^{I}\geqslant 0$,使得

$$\mathrm{Var}\left(\frac{P_{i,j+1}}{P_{i,j}}\middle|\boldsymbol{P}_i(j)\right)=\frac{(\sigma_{j\to j+1}^{P})^2}{P_{i,j}},\quad \mathrm{Var}\left(\frac{I_{i,j+1}}{I_{i,j}}\middle|\boldsymbol{I}_i(j)\right)=\frac{(\sigma_{j\to j+1}^{I})^2}{I_{i,j}}.\tag{5.26}$$

对上述三个假设可做如下解释：对于已决赔款和已报案赔款数据,假设(1)表明,不同事故年的赔款额相互独立,从而是不相关的;假设(2)和(3)表明,不同事故年有相同的进展因子序列,而且链梯法应用最近的观察值来预测未来的赔款额.

2. Munich 链梯法的扩展假设

1) 定义 P/I 过程和 I/P 过程

对于所有事故年 i,令 $Q_i=P_i/I_i=(P_{i,j}/I_{i,j})_{j\in\{0,1,\cdots,J\}}=(Q_{i,j})_{j\in\{0,1,\cdots,J\}}$ 表示 P/I 过程,$Q_i^{-1}=I_i/P_i=(I_{i,j}/P_{i,j})_{j\in\{0,1,\cdots,J\}}=(Q_{i,j}^{-1})_{j\in\{0,1,\cdots,J\}}$ 表示 I/P 过程.

(1) 对于所有 $0\leqslant i\leqslant I,0\leqslant j\leqslant J$,存在比率 $q_j>0$ 和方差参数 $\rho_j^I\geqslant 0$,使得

$$\mathrm{E}(Q_{i,j}\,|\,\boldsymbol{I}_i(j))=q_j,\quad \mathrm{Var}(Q_{i,j}\,|\,\boldsymbol{I}_i(j))=\frac{(\rho_j^I)^2}{I_{i,j}};\tag{5.27}$$

(2) 对于所有 $0\leqslant i\leqslant I,0\leqslant j\leqslant J$,存在比率 $q_j^{-1}>0$ 和方差参数 $\rho_j^P\geqslant 0$,使得

$$\mathrm{E}(Q_{i,j}^{-1}\,|\,\boldsymbol{P}_i(j))=q_j^{-1},\quad \mathrm{Var}(Q_{i,j}^{-1}\,|\,\boldsymbol{P}_i(j))=\frac{(\rho_j^P)^2}{P_{i,j}}.\tag{5.28}$$

2) 定义条件残差

定义进展因子的条件残差：

$$\mathrm{Res}\left(\frac{P_{i,j+1}}{P_{i,j}}\middle|\boldsymbol{P}_i(j)\right)=\frac{\dfrac{P_{i,j+1}}{P_{i,j}}-\mathrm{E}\left(\dfrac{P_{i,j+1}}{P_{i,j}}\middle|\boldsymbol{P}_i(j)\right)}{\sqrt{\mathrm{Var}\left(\dfrac{P_{i,j+1}}{P_{i,j}}\middle|\boldsymbol{P}_i(j)\right)}},$$

$$\mathrm{Res}\left(\frac{I_{i,j+1}}{I_{i,j}}\middle|\boldsymbol{I}_i(j)\right)=\frac{\dfrac{I_{i,j+1}}{I_{i,j}}-\mathrm{E}\left(\dfrac{I_{i,j+1}}{I_{i,j}}\middle|\boldsymbol{I}_i(j)\right)}{\sqrt{\mathrm{Var}\left(\dfrac{I_{i,j+1}}{I_{i,j}}\middle|\boldsymbol{I}_i(j)\right)}}.\tag{5.29}$$

容易看出

$$\mathrm{E}\left(\mathrm{Res}\left(\frac{P_{i,j+1}}{P_{i,j}}\middle|\boldsymbol{P}_i(j)\right)\right)=0,\quad \mathrm{Var}\left(\mathrm{Res}\left(\frac{P_{i,j+1}}{P_{i,j}}\middle|\boldsymbol{P}_i(j)\right)\right)=1,\tag{5.30}$$

$$\mathrm{E}\left(\mathrm{Res}\left(\frac{I_{i,j+1}}{I_{i,j}}\middle|\boldsymbol{I}_i(j)\right)\right)=0,\quad \mathrm{Var}\left(\mathrm{Res}\left(\frac{I_{i,j+1}}{I_{i,j}}\middle|\boldsymbol{I}_i(j)\right)\right)=1.\tag{5.31}$$

类似地,定义 P/I 比率和 I/P 比率的条件残差:

$$\mathrm{Res}(Q_{i,j}\mid \boldsymbol{I}_i(j))=\frac{\dfrac{P_{i,j}}{I_{i,j}}-\mathrm{E}\left(\dfrac{P_{i,j}}{I_{i,j}}\middle|\boldsymbol{I}_i(j)\right)}{\sqrt{\mathrm{Var}\left(\dfrac{P_{i,j}}{I_{i,j}}\middle|\boldsymbol{I}_i(j)\right)}},$$

$$\mathrm{Res}(Q_{i,j}^{-1}\mid \boldsymbol{P}_i(j))=\frac{\dfrac{I_{i,j}}{P_{i,j}}-\mathrm{E}\left(\dfrac{I_{i,j}}{P_{i,j}}\middle|\boldsymbol{P}_i(j)\right)}{\sqrt{\mathrm{Var}\left(\dfrac{I_{i,j}}{P_{i,j}}\middle|\boldsymbol{P}_i(j)\right)}}. \tag{5.32}$$

它们对应的均值为 0,方差为 1.

3) 考虑进展因子和 P/I 比率的相关性

令 $\boldsymbol{B}_i(j)=\{P_i(1),\cdots,P_i(j),I_i(1),\cdots,I_i(j)\}$. 由 Munich 链梯法的基本思路可知,我们可以假设对于所有事故年 i,存在常数 λ^P 和 λ^I,使得进展因子的条件残差与 I/P 比率(或 P/I 比率)的条件残差之间满足如下两个线性关系:

$$\mathrm{E}\left(\mathrm{Res}\left(\frac{P_{i,j+1}}{P_{i,j}}\middle|\boldsymbol{P}_i(j)\right)\middle|\boldsymbol{B}_i(j)\right)=\lambda^P\mathrm{Res}(Q_{i,j}^{-1}\mid\boldsymbol{P}_i(j)), \tag{5.33}$$

$$\mathrm{E}\left(\mathrm{Res}\left(\frac{I_{i,j+1}}{I_{i,j}}\middle|\boldsymbol{I}_i(j)\right)\middle|\boldsymbol{B}_i(j)\right)=\lambda^I\mathrm{Res}(Q_{i,j}\mid\boldsymbol{I}_i(j)). \tag{5.34}$$

对式(5.33)进行整理,得到

$$\mathrm{E}\left(\frac{\dfrac{P_{i,j+1}}{P_{i,j}}-\mathrm{E}\left(\dfrac{P_{i,j+1}}{P_{i,j}}\middle|\boldsymbol{P}_i(j)\right)}{\sigma\left(\dfrac{P_{i,j+1}}{P_{i,j}}\middle|\boldsymbol{P}_i(j)\right)}\middle|\boldsymbol{B}_i(j)\right)=\lambda^P\frac{Q_{i,j}^{-1}-\mathrm{E}(Q_{i,j}^{-1}\mid\boldsymbol{P}_i(j))}{\sigma(Q_{i,j}^{-1}\mid\boldsymbol{P}_i(j))}, \tag{5.35}$$

其中 $\sigma\left(\dfrac{P_{i,j+1}}{P_{i,j}}\middle|\boldsymbol{P}_i(j)\right)=\sqrt{\mathrm{Var}\left(\dfrac{P_{i,j+1}}{P_{i,j}}\middle|\boldsymbol{P}_i(j)\right)}$, $\sigma(Q_{i,j}^{-1}\mid\boldsymbol{P}_i(j))=\sqrt{\mathrm{Var}\left(\dfrac{I_{i,j}}{P_{i,j}}\middle|\boldsymbol{P}_i(j)\right)}$.

由式(5.35)进一步得到

$$\mathrm{E}\left(\frac{P_{i,j+1}}{P_{i,j}}\middle|\boldsymbol{B}_i(j)\right)=f_{j\to j+1}^P+\lambda^P\frac{\sigma\left(\dfrac{P_{i,j+1}}{P_{i,j}}\middle|\boldsymbol{P}_i(j)\right)}{\sigma(Q_{i,j}^{-1}\mid\boldsymbol{P}_i(j))}(Q_{i,j}^{-1}-\mathrm{E}(Q_{i,j}^{-1}\mid\boldsymbol{P}_i(j))). \tag{5.36}$$

同理可得

$$\mathrm{E}\left(\frac{I_{i,j+1}}{I_{i,j}}\middle|\boldsymbol{B}_i(j)\right)=f_{j\to j+1}^I+\lambda^I\frac{\sigma\left(\dfrac{I_{i,j+1}}{I_{i,j}}\middle|\boldsymbol{I}_i(j)\right)}{\sigma(Q_{i,j}\mid\boldsymbol{I}_i(j))}(Q_{i,j}-\mathrm{E}(Q_{i,j}\mid\boldsymbol{I}_i(j))). \tag{5.37}$$

4) 从信度理论的角度解释 Munich 链梯法的进展因子

Munich 链梯法考虑进展因子和 P/I 比率(或 I/P 比率)的相关性,进而修正进展因子. 按照这种思路,可以把式(5.36)改写一下. 对于已决赔款数据,存在信度因子 $Z_{i,j}^P(i+j\geqslant I+1)$,使得下式成立：

$$(1-Z_{i,j})f_{j\to j+1}^{P}+Z_{i,j}(\lambda^{P}Q_{i,j}^{-1})=f_{j\to j+1}^{P}+\lambda^{P}\frac{\sigma\left(\frac{P_{i,j+1}}{P_{i,j}}\middle|\boldsymbol{P}_{i}(j)\right)}{\sigma(Q_{i,j}^{-1}\mid\boldsymbol{P}_{i}(j))}(Q_{i,j}^{-1}-\mathrm{E}(Q_{i,j}^{-1}\mid\boldsymbol{P}_{i}(j))).\tag{5.38}$$

比较式(5.38)的左、右两边，可以得到

$$Z_{i,j}^{P}=\lambda^{P}\frac{Q_{i,j}^{-1}-\mathrm{E}(Q_{i,j}^{-1}\mid\boldsymbol{P}_{i}(j))}{\sigma(Q_{i,j}^{-1}\mid\boldsymbol{P}_{i}(j))}\Bigg/\frac{\lambda^{P}Q_{i,j}^{-1}-f_{j\to j+1}^{P}}{\sigma\left(\frac{P_{i,j+1}}{P_{i,j}}\middle|\boldsymbol{P}_{i}(j)\right)}.\tag{5.39}$$

同理，对于已报案赔款数据，存在类似的信度因子 $Z_{i,j}^{I}(i+j\geqslant I+1)$：

$$Z_{i,j}^{I}=\lambda^{I}\frac{Q_{i,j}-\mathrm{E}(Q_{i,j}\mid\boldsymbol{I}_{i}(j))}{\sigma(Q_{i,j}\mid\boldsymbol{I}_{i}(j))}\Bigg/\frac{\lambda^{I}Q_{i,j}-f_{j\to j+1}^{I}}{\sigma\left(\frac{I_{i,j+1}}{I_{i,j}}\middle|\boldsymbol{I}_{i}(j)\right)}.\tag{5.40}$$

三、Munich 链梯法中参数 λ^P 和 λ^I 的确定

我们有

$$\begin{aligned}
\mathrm{Cov}\left(Q_{i,j}^{-1},\frac{P_{i,j+1}}{P_{i,j}}\middle|\boldsymbol{P}_{i}(j)\right)&=\mathrm{Cov}\left(Q_{i,j}^{-1},\mathrm{E}\left(\frac{P_{i,j+1}}{P_{i,j}}\middle|\boldsymbol{B}_{i}(j)\right)\middle|\boldsymbol{P}_{i}(j)\right)\\
&=\mathrm{Cov}\left(Q_{i,j}^{-1},f_{j\to j+1}^{P}+\lambda^{P}\frac{\sigma\left(\frac{P_{i,j+1}}{P_{i,j}}\middle|\boldsymbol{P}_{i}(j)\right)}{\sigma(Q_{i,j}^{-1}\mid\boldsymbol{P}_{i}(j))}(Q_{i,j}^{-1}-\mathrm{E}(Q_{i,j}^{-1}\mid\boldsymbol{P}_{i}(j)))\middle|\boldsymbol{P}_{i}(j)\right)\\
&=\lambda^{P}\frac{\sigma\left(\frac{P_{i,j+1}}{P_{i,j}}\middle|\boldsymbol{P}_{i}(j)\right)}{\sigma(Q_{i,j}^{-1}\mid\boldsymbol{P}_{i}(j))}\mathrm{Var}(Q_{i,j}^{-1}\mid\boldsymbol{P}_{i}(j))\\
&=\lambda^{P}\sigma\left(\frac{P_{i,j+1}}{P_{i,j}}\middle|\boldsymbol{P}_{i}(j)\right)\sigma(Q_{i,j}^{-1}\mid\boldsymbol{P}_{i}(j)).
\end{aligned}\tag{5.41}$$

由式(5.41)可得

$$\lambda^{P}=\mathrm{Corr}\left(Q_{i,j}^{-1},\frac{P_{i,j+1}}{P_{i,j}}\middle|\boldsymbol{P}_{i}(j)\right).\tag{5.42}$$

同理可得

$$\lambda^{I}=\mathrm{Corr}\left(Q_{i,j},\frac{I_{i,j+1}}{I_{i,j}}\middle|\boldsymbol{I}_{i}(j)\right).\tag{5.43}$$

进一步，可得到

$$\lambda^{P}=\mathrm{Corr}\left(\mathrm{Res}(Q_{i,j}^{-1}\mid\boldsymbol{P}_{i}(j)),\mathrm{Res}\left(\frac{P_{i,j+1}}{P_{i,j}}\middle|\boldsymbol{P}_{i}(j)\right)\right),\tag{5.44}$$

$$\lambda^{I}=\mathrm{Corr}\left(\mathrm{Res}(Q_{i,j}\mid\boldsymbol{I}_{i}(j)),\mathrm{Res}\left(\frac{I_{i,j+1}}{I_{i,j}}\middle|\boldsymbol{I}_{i}(j)\right)\right).\tag{5.45}$$

四、Munich 链梯法的参数估计

1. 基于 Mack 模型参数的无偏估计[①]

(1) 进展因子的无偏估计：

$$\hat{f}^P_{j\to j+1}=\frac{\sum_{i=0}^{I-j-1}P_{i,j+1}}{\sum_{i=0}^{I-j-1}P_{i,j}},\quad \hat{f}^I_{j\to j+1}=\frac{\sum_{i=0}^{I-j-1}I_{i,j+1}}{\sum_{i=0}^{I-j-1}I_{i,j}};\tag{5.46}$$

(2) 方差参数的无偏估计：

$$\begin{aligned}(\hat{\sigma}^P_{j\to j+1})^2&=\frac{1}{I-j-1}\sum_{i=0}^{I-j-1}P_{i,j}\left(\frac{P_{i,j+1}}{P_{i,j}}-\hat{f}^P_{j\to j+1}\right)^2,\\ (\hat{\sigma}^I_{j\to j+1})^2&=\frac{1}{I-j-1}\sum_{i=0}^{I-j-1}I_{i,j}\left(\frac{I_{i,j+1}}{I_{i,j}}-\hat{f}^I_{j\to j+1}\right)^2\end{aligned}\quad(0\leqslant j\leqslant J-2).\tag{5.47}$$

式(5.47)并没有给出关于 $\sigma^2_{J-1\to J}$ 的估计. 以已决赔款为例，这是因为在进展年 $J-1$ 和 J 之间仅有一个观察值 $P_{i,J}/P_{i,J-1}$，不足以估计两个参数 $f^P_{J-1\to J}$ 和 $(\sigma^P_{J-1\to J})^2$.

下面给出 $\sigma^2_{J-1\to J}$ 的一种近似估计：

$$\begin{aligned}(\hat{\sigma}^P_{J-1\to J})^2&=\min\{(\hat{\sigma}^P_{J-3\to J-2})^2,(\hat{\sigma}^P_{J-2\to J-1})^2\},\\ (\hat{\sigma}^I_{J-1\to J})^2&=\min\{(\hat{\sigma}^I_{J-3\to J-2})^2,(\hat{\sigma}^I_{J-2\to J-1})^2\}.\end{aligned}\tag{5.48}$$

2. Munich 链梯法的扩展参数估计

(1) P/I 比率和 I/P 比率的无偏估计：

$$\hat{q}_j=\frac{\sum_{i=0}^{I-j}P_{i,j}}{\sum_{i=0}^{I-j}I_{i,j}},\quad \hat{q}_j^{-1}=\frac{\sum_{i=0}^{I-j}I_{i,j}}{\sum_{i=0}^{I-j}P_{i,j}}.\tag{5.49}$$

(2) P/I 过程和 I/P 过程的方差参数的无偏估计：

$$\begin{aligned}(\hat{\rho}^P_j)^2&=\frac{1}{I-j}\sum_{i=0}^{I-j}P_{i,j}(Q^{-1}_{i,j}-\hat{q}^{-1}_j)^2,\\ (\hat{\rho}^I_j)^2&=\frac{1}{I-j}\sum_{i=0}^{I-j}I_{i,j}(Q_{i,j}-\hat{q}_j)^2\end{aligned}\quad(0\leqslant j\leqslant J-1).\tag{5.50}$$

类似地，下面给出 ρ^2_J 的一种近似估计：

$$(\hat{\rho}^P_J)^2=\min\{(\hat{\rho}^P_{J-2})^2,(\hat{\rho}^P_{J-1})^2\},\quad (\hat{\rho}^I_J)^2=\min\{(\hat{\rho}^I_{J-2})^2,(\hat{\rho}^I_{J-1})^2\}.\tag{5.51}$$

不过，在应用 Munich 链梯法估计下三角累计赔款额的过程中，并不需要式(5.51)，这里只是出于与式(5.48)统一的目的.

---

① 有关 Mack 模型中参数无偏估计的证明见第二章第一节.

（3）Munich 链梯法中参数 λ^P 和 λ^I 的估计：采用最小二乘估计(OLS)方法，得到 λ^P 和 λ^I 的估计分别为

$$\hat{\lambda}^P=\frac{\sum_{j=0}^{J-2}\sum_{i=0}^{I-j-1}\mathrm{Res}(Q_{i,j}^{-1}\mid \boldsymbol{P}_i(j))\mathrm{Res}\left(\frac{P_{i,j+1}}{P_{i,j}}\middle|\boldsymbol{P}_i(j)\right)}{\sum_{j=0}^{J-2}\sum_{i=0}^{I-j-1}\mathrm{Res}(Q_{i,j}^{-1}\mid \boldsymbol{P}_i(j))},$$

$$\hat{\lambda}^I=\frac{\sum_{j=0}^{J-2}\sum_{i=0}^{I-j-1}\mathrm{Res}(Q_{i,j}\mid \boldsymbol{I}_i(j))\mathrm{Res}\left(\frac{I_{i,j+1}}{I_{i,j}}\middle|\boldsymbol{I}_i(j)\right)}{\sum_{j=0}^{J-2}\sum_{i=0}^{I-j-1}\mathrm{Res}(Q_{i,j}\mid \boldsymbol{I}_i(j))}. \tag{5.52}$$

3. Munich 链梯法中下三角累计赔款额的估计

Munich 链梯法中下三角累计赔款额估计的递推公式为

$$\hat{P}_{i,j+1}=\hat{P}_{i,j}\left(\hat{f}^P_{j\to j+1}+\hat{\lambda}^P\frac{\hat{\sigma}^P_{j\to j+1}}{\hat{\rho}^P_j}\left(\frac{\hat{I}_{i,j}}{\hat{P}_{i,j}}-\hat{q}_j^{-1}\right)\right),$$
$$\hat{I}_{i,j+1}=\hat{I}_{i,j}\left(\hat{f}^I_{j\to j+1}+\hat{\lambda}^I\frac{\hat{\sigma}^I_{j\to j+1}}{\hat{\rho}^I_j}\left(\frac{\hat{P}_{i,j}}{\hat{I}_{i,j}}-\hat{q}_j\right)\right)\quad(i+j\geqslant I), \tag{5.53}$$

其中 $\hat{P}_{i,I-i}=P_{i,I-i}$，$\hat{I}_{i,I-i}=I_{i,I-i}$.

4. Munich 链梯法中最终损失和索赔准备金的估计

在 Munich 链梯法中，可以得到所有事故年总的最终损失的两个估计量：

$$\widehat{ULT}^P=\sum_{i=0}^{I}\hat{P}_{i,J},\quad \widehat{ULT}^I=\sum_{i=0}^{I}\hat{I}_{i,J}, \tag{5.54}$$

进而得到所有事故年总的索赔准备金的两个估计量：

$$\hat{R}^P=\sum_{i=1}^{I}(\hat{P}_{i,J}-P_{i,I-i}),\quad \hat{R}^I=\sum_{i=1}^{I}(\hat{I}_{i,J}-P_{i,I-i}), \tag{5.55}$$

相应的 IBNR 的估计量分别为

$$\widehat{\mathrm{IBNR}}^P=\sum_{i=1}^{I}(\hat{P}_{i,J}-I_{i,I-i}),\quad \widehat{\mathrm{IBNR}}^I=\sum_{i=1}^{I}(\hat{I}_{i,J}-I_{i,I-i}). \tag{5.56}$$

五、Munich 链梯法中 MSEP 的估计

下面给出在 Mack 模型假设下 Munich 链梯法中 MSEP 的估计量.

（1）基于已决赔款数据计算，事故年 $i(1\leqslant i\leqslant I)$ 的索赔准备金 $\hat{R}_i^P$ 的 MSEP 估计量为

$$\widehat{\mathrm{MSEP}}(\hat{R}_i^P)=\hat{P}_{i,J}^2\sum_{j=I-i}^{J-1}\left(\frac{(\hat{\sigma}^P_{j\to j+1})^2}{(\hat{f}^P_{j\to j+1})^2}\right)\left[\frac{1}{\hat{P}_{i,j}}+\frac{1}{\sum_{i=0}^{I-j-1}P_{i,j}}\right]; \tag{5.57}$$

（2）基于已报案赔款数据计算，事故年 $i(1\leqslant i\leqslant I)$ 的索赔准备金 $\hat{R}_i^I$ 的 MSEP 估计量为

$$\widehat{\mathrm{MSEP}}(\hat{R}_i^I)=\hat{I}_{i,J}^2\sum_{j=I-i}^{J-1}\left(\frac{(\hat{\sigma}^I_{j\to j+1})^2}{(\hat{f}^I_{j\to j+1})^2}\right)\left[\frac{1}{\hat{I}_{i,j}}+\frac{1}{\sum_{i=0}^{I-j-1}I_{i,j}}\right]; \tag{5.58}$$

(3) 基于已决赔款数据计算，所有事故年总的索赔准备金 $\hat{R}^P$ 的 MSEP 估计量为

$$\widehat{\mathrm{MSEP}}(\hat{R}^P)=\sum_{i=1}^{I}\widehat{\mathrm{MSEP}}(\hat{R}_i^P)+2\sum_{1\leqslant i<k\leqslant I}\hat{P}_{i,J}\,\hat{P}_{k,J}\sum_{j=I-i}^{J-1}\frac{(\hat{\sigma}_{j\to j+1}^P)^2}{(\hat{f}_{j\to j+1}^P)^2}\cdot\frac{1}{\sum_{i=0}^{I-j-1}P_{i,j}};\tag{5.59}$$

(4) 基于已报案赔款数据计算，所有事故年总的索赔准备金 $\hat{R}^I$ 的 MSEP 估计量为

$$\widehat{\mathrm{MSEP}}(\hat{R}^I)=\sum_{i=1}^{I}\widehat{\mathrm{MSEP}}(\hat{R}_i^I)+2\sum_{1\leqslant i<k\leqslant I}\hat{I}_{i,J}\,\hat{I}_{k,J}\sum_{j=I-i}^{J-1}\frac{(\hat{\sigma}_{j\to j+1}^I)^2}{(\hat{f}_{j\to j+1}^I)^2}\cdot\frac{1}{\sum_{i=0}^{I-j-1}I_{i,j}}.\tag{5.60}$$

5.2.3 基于 Bootstrap 方法的随机性 Munich 链梯法

在索赔准备金评估中，Munich 链梯法较好地考虑了已决赔款和已报案赔款数据，从而可以充分利用已有信息得到索赔准备金的均值估计和 MSEP 估计，对索赔准备金的波动性有了一定的度量. 但是，利用式(5.57)～(5.60)给出的解析解估计 MSEP 相对较复杂，并且 MSEP 只考虑了索赔准备金的一阶矩和二阶矩，并未充分度量其波动性. 类似于一元索赔准备金评估中的讨论，这里仍可以应用 Bootstrap 方法模拟得到参数误差，再结合模型假设，进一步通过随机模拟考虑过程方差. 这样不仅可以得到 MSEP 的估计，而且可以得到索赔准备金完整的预测分布.

本小节将在 Munich 链梯法的假设下，分别基于已决赔款和已报案赔款数据给出模拟索赔准备金预测分布的详细过程，进而给出各种分布特征. 这为多元索赔准备金评估的确定性方法向随机性方法转化提供了一种合理的思路.

一、在 Munich 链梯法中应用 Bootstrap 方法模拟预测分布

1. 应用 Bootstrap 方法模拟预测分布的两种基本思路

在应用 Bootstrap 方法时，考虑两类增量赔款数据的残差，其基本思路如下：

(1) 将上三角累计已决赔款额 $P_{i,j}$ 和累计已报案赔款额 $I_{i,j}$ 分别转化为增量已决赔款额 $X_{i,j}^P$ 和增量已报案赔款额 $X_{i,j}^I$ $(i+j\leqslant I)$.

(2) 构造残差. 考虑到 Mack 模型的假设，对于不同事故年 i 和 k，$\{P_{i,j}\}$ 和 $\{P_{k,j}\}$，$\{I_{i,j}\}$ 和 $\{I_{k,j}\}$ 都是相互独立的. 这里对上三角增量数据以列为研究对象，求每列数据的样本均值 $\overline{X}_j^P$，$\overline{X}_j^I$ 和样本标准差 σ_j^P，σ_j^I，再对每列数据标准化，得到构造的残差流量三角形分别为

$$\mathrm{Res}(X_{i,j}^P)=\frac{X_{i,j}^P-\overline{X}_j^P}{\sigma_j^P},\qquad \mathrm{Res}(X_{i,j}^I)=\frac{X_{i,j}^I-\overline{X}_j^I}{\sigma_j^I}\quad(i+j\leqslant I).\tag{5.61}$$

(3) 对残差进行调整①，然后对调整后的残差进行 Bootstrap 重抽样，再对 Bootstrap 重

① 本书附录 E 中已经证明了上三角所有数据的残差的标准差为小于 1 的常数，故这里需要对残差进行调整. 本节后续部分将进一步介绍残差调整的过程.

抽样进行变换，得到模拟的上三角增量赔款额 $X_{i,j}^{P*}$ ①和 $X_{i,j}^{I*}$，进而得到模拟的上三角累计赔款额 $P_{i,j}^{*}$ 和 $I_{i,j}^{*}(i+j\leqslant I)$.

(4) 应用 Munich 链梯法计算一次模拟得到的下三角累计已决赔款额 $\hat{P}_{i,j}^{*}$ 和累计已报案赔款额 $\hat{I}_{i,j}^{*}(i+j\geqslant I+1)$，进而得到一次模拟中两种累计赔款数据下所有事故年总的最终损失、索赔准备金和 IBNR 的均值估计.

(5) 基于 Munich 链梯法假设，从对角线最近评估日历年开始进一步假定

$$\begin{aligned}P_{i,j+1}&\sim N(\hat{f}_{j\to j+1}^{\prime P*}\hat{P}_{i,j}^{*},(\hat{\sigma}_{j\to j+1}^{P})^{2*}\hat{P}_{i,j}^{*}),\\ I_{i,j+1}&\sim N(\hat{f}_{j\to j+1}^{\prime I*}\hat{I}_{i,j}^{*},(\hat{\sigma}_{j\to j+1}^{I})^{2*}\hat{I}_{i,j}^{*})\end{aligned}\quad (i+j\geqslant I),\tag{5.62}$$

其中 $\hat{P}_{i,I-i}^{*}=P_{i,I-i}^{*}$，$\hat{I}_{i,I-i}^{*}=I_{i,I-i}^{*}$，且

$$\begin{aligned}\hat{f}_{j\to j+1}^{\prime P*}&=\hat{f}_{j\to j+1}^{P*}+\hat{\lambda}^{P*}\frac{\hat{\sigma}_{j\to j+1}^{P*}}{\hat{\rho}_{j}^{P*}}\left(\frac{\hat{I}_{i,j}^{*}}{\hat{P}_{i,j}^{*}}-\hat{q}_{j}^{-1*}\right),\\ \hat{f}_{j\to j+1}^{\prime I*}&=\hat{f}_{j\to j+1}^{I*}+\hat{\lambda}^{I*}\frac{\hat{\sigma}_{j\to j+1}^{I*}}{\hat{\rho}_{j}^{I*}}\left(\frac{\hat{P}_{i,j}^{*}}{\hat{I}_{i,j}^{*}}-\hat{q}_{j}^{*}\right).\end{aligned}\tag{5.63}$$

这样就可以应用 Bootstrap 方法从均值为 $\hat{f}_{j\to j+1}^{\prime P*}\hat{P}_{i,j}^{*}$，方差为 $(\hat{\sigma}_{j\to j+1}^{P*})^{2}\hat{P}_{i,j}^{*}$ 的正态分布中抽取随机数，再将最后一列求和，即实现了基于已决赔款数据的所有事故年总的最终损失预测分布的一次模拟，同时也得到了所有事故年总的索赔准备金和 IBNR 的预测分布的一次模拟. 类似地，从均值为 $\hat{f}_{j\to j+1}^{\prime I*}\hat{I}_{i,j}^{*}$，方差为 $(\hat{\sigma}_{j\to j+1}^{I*})^{2}\hat{I}_{i,j}^{*}$ 的正态分布中抽取随机数，再将最后一列求和，即实现了基于已报案赔款数据的所有事故年总的最终损失预测分布的一次模拟，同时也得到了所有事故年总的索赔准备金和 IBNR 的预测分布的一次模拟.

(6) 对每次调整后的残差进行 Bootstrap 重抽样，重复步骤(3)～(5). 多次 Bootstrap 重抽样后，可得到两种累计赔款数据下所有事故年总的最终损失、索赔准备金和 IBNR 的预测分布，进而得到各个分位数以及相关的分布度量.

在应用 Bootstrap 方法时，考虑 Munich 链梯法中参数的四类残差，其基本思路如下：

(1) 计算上三角累计已决赔款额 $P_{i,j}$ 和累计已报案赔款额 $I_{i,j}$ 的进展因子的无偏估计 $\hat{f}_{j\to j+1}^{P}$ 和 $\hat{f}_{j\to j+1}^{I}$，方差参数的无偏估计 $(\hat{\sigma}_{j\to j+1}^{P})^{2}$ 和 $(\hat{\sigma}_{j\to j+1}^{I})^{2}$；$P/I$ 比率和 I/P 比率的无偏估计 $\hat{q}_{j}$ 和 $\hat{q}_{j}^{-1}$，P/I 过程和 I/P 过程的方差参数的无偏估计 $(\hat{\rho}_{j}^{P})^{2}$ 和 $(\hat{\rho}_{j}^{I})^{2}$，其中 $1\leqslant j\leqslant J-1$，$\sigma_{J-1\to J}^{2}$ 采用式(5.48)给出的近似估计.

(2) 构造残差. 考虑到 Munich 链梯法的假设，基于步骤(1)构造四类残差的流量三角形：

① 上标 * 表示由 Bootstrap 重抽样得到的样本值.

$$\mathrm{Res}\left(\frac{P_{i,j+1}}{P_{i,j}}\bigg|\boldsymbol{P}_i(j)\right)=\frac{\dfrac{P_{i,j+1}}{P_{i,j}}-\hat{f}^P_{j\to j+1}}{\hat{\sigma}^P_{j\to j+1}}\sqrt{P_{i,j}},$$

$$\mathrm{Res}\left(\frac{I_{i,j+1}}{I_{i,j}}\bigg|\boldsymbol{I}_i(j)\right)=\frac{\dfrac{I_{i,j+1}}{I_{i,j}}-\hat{f}^I_{j\to j+1}}{\hat{\sigma}^I_{j\to j+1}}\sqrt{I_{i,j}},\tag{5.64}$$

其中 $0\leqslant i\leqslant I-j-1, 0\leqslant j\leqslant J-2$；

$$\mathrm{Res}(Q^{-1}_{i,j}\,|\,\boldsymbol{P}_i(j))=\frac{\dfrac{I_{i,j}}{P_{i,j}}-\hat{q}^{-1}_j}{\hat{\rho}^P_j}\sqrt{P_{i,j}},\quad \mathrm{Res}(Q_{i,j}\,|\,\boldsymbol{I}_i(j))=\frac{\dfrac{P_{i,j}}{I_{i,j}}-\hat{q}_j}{\hat{\rho}^I_j}\sqrt{I_{i,j}},\tag{5.65}$$

其中 $0\leqslant i\leqslant I-j, 0\leqslant j\leqslant J-1$.

(3) 将步骤(2)中得到的残差乘以因子 $\sqrt{(J-j)/(J-j-1)}$ 进行调整[①]，然后对调整后的残差进行 Bootstrap 重抽样，再对 Bootstrap 重抽样进行变换，得到模拟的累计已决赔款和累计已报案赔款进展因子 $P^*_{i,j+1}/P^*_{i,j}$ 和 $I^*_{i,j+1}/I^*_{i,j}(i+j\leqslant I-1)$ 的流量三角形以及 P/I 比率 $P^*_{i,j}/I^*_{i,j}$ 和 I/P 比率 $I^*_{i,j}/P^*_{i,j}(i+j\leqslant I)$ 的流量三角形.

(4) 按照上一小节 Munich 链梯法的参数估计方法，计算模拟的加权进展因子 $\hat{f}^{P*}_{j\to j+1}$ 和 $\hat{f}^{I*}_{j\to j+1}$，方差参数 $(\hat{\sigma}^{P*}_{j\to j+1})^2$ 和 $(\hat{\sigma}^{I*}_{j\to j+1})^2$ 以及 P/I 过程和 I/P 过程的加权比率 $\hat{q}^*_j$ 和 $\hat{q}^{-1*}_j$，方差参数 $(\hat{\rho}^{P*}_j)^2$ 和 $(\hat{\rho}^{I*}_j)^2$. 这些模拟的参数估计是基于两类已知赔款流量三角形数据进行计算的. 进而，调整后残差的相关系数 $\hat{\lambda}^{P*}$ 和 $\hat{\lambda}^{I*}$ 的计算公式分别为

$$\hat{\lambda}^{P*}=\frac{\sum\limits_{j=0}^{J-2}\sum\limits_{i=0}^{I-j-1}\mathrm{Res}'(Q^{-1*}_{i,j}\,|\boldsymbol{P}_i(j))\mathrm{Res}'\left(\dfrac{P^*_{i,j+1}}{P^*_{i,j}}\bigg|\boldsymbol{P}_i(j)\right)}{\sum\limits_{j=0}^{J-2}\sum\limits_{i=0}^{I-j-1}\mathrm{Res}'(Q^{-1*}_{i,j}\,|\boldsymbol{P}_i(j))^2},$$

$$\hat{\lambda}^{I*}=\frac{\sum\limits_{j=0}^{J-2}\sum\limits_{i=0}^{I-j-1}\mathrm{Res}'(Q^*_{i,j}|\boldsymbol{I}_i(j))\mathrm{Res}'\left(\dfrac{I^*_{i,j+1}}{I^*_{i,j}}\bigg|\boldsymbol{I}_i(j)\right)}{\sum\limits_{j=0}^{J-2}\sum\limits_{i=0}^{I-j-1}\mathrm{Res}'(Q^*_{i,j}|\boldsymbol{I}_i(j))^2},\tag{5.66}$$

其中带上撇的残差表示调整后的残差.

(5) 在保持对角线最近评估日历年累计已决赔款额 $P_{i,I-i}$ 和累计已报案赔款额 $I_{i,I-i}$ 不变的假设下，应用 Munich 链梯法计算一次模拟得到的下三角累计已决赔款额 $\hat{P}^*_{i,j}$ 和累计已报案赔款额 $\hat{I}^*_{i,j}(i+j\geqslant I+1)$，进而得到一次模拟中两种累计赔款数据下所有事故年总的最终损失、索赔准备金和 IBNR 的均值估计.

后续步骤与前一种思路的步骤(5)和(6)相同.

① 这里对上三角最后两个进展年 $j=J-1,J$ 进行了特殊处理，本节后续部分将给予介绍.

2. 两种模拟方法的比较

1）抽样方法侧重点不同

第一种方法是基于原始赔款数据的抽样方法，考虑了 Mack 模型中对于不同事故年 i 和 k，$\{P_{i,j}\}$和$\{P_{k,j}\}$，$\{I_{i,j}\}$和$\{I_{k,j}\}$都相互独立的假设，对两类增量赔款数据调整后的残差进行 Bootstrap 重抽样；第二种方法是基于模型参数的抽样方法，考虑了 Mack 模型和 Munich 链梯法的扩展假设中关于进展因子和比率的均值、方差的假设，对模型参数调整后的残差进行 Bootstrap 重抽样.

2）P/I 比率和 I/P 比率的残差相关性的处理方式不同

在使用第一种方法进行 Bootstrap 重抽样时，一般不需要考虑这两类残差之间的相关性. 这是因为，按照这一方法产生模拟数据后，这种相关性在后续的 Munich 链梯法中得以体现. 在使用第二种方法进行 Bootstrap 重抽样时，需要对四类调整后的残差进行重抽样. 在这四类残差中，P/I 比率和 I/P 比率的残差之间不是相互独立的，存在负的相关性. 在进行 Bootstrap 重抽样的过程中，需要考虑这种相关性. 一种直观的处理方法是：绑定这两个流量三角形每个单元格的对应元素，组成有序元素组，然后成对地抽取随机数.

这里需要补充一点：实际上，由于两类累计赔款数据之间存在相关性，在第一种方法中，对两类增量赔款数据的残差重抽样时，也可以像第二种方法那样考虑这两类残差的相关性. 另外，本章第三节将进一步给出考虑两类累计赔款数据的残差相关性的其他处理方法.

3）上三角模拟数据不同

由于抽样方法不同，第一种方法是模拟上三角累计已决赔款和已报案赔款流量三角形，第二种方法是模拟 Munich 链梯法中进展因子和比率参数流量三角形.

二、Bootstrap 方法模拟中的合理处理

1. 残差的调整

使用第一种方法进行 Bootstrap 模拟时，是对调整后的残差进行重抽样，而不是对 $\mathrm{Res}(X_{i,j}^{P})$和 $\mathrm{Res}(X_{i,j}^{I})$进行重抽样. 这是因为，理论上标准化后的这两个残差的均值应为 0，方差应为 1. 但是，附录 E 已经证明，残差的均值为 0，标准差为 $\sqrt{(I+1)/(I+3)}$，此值小于 1，因此需要对残差进行调整. 这里通过对残差乘以系数 $\sqrt{(I+3)/(I+1)}$ 加以调整. 这样调整使得在均值保持不变的情况下，方差变为 1.

使用第二种方法进行 Bootstrap 模拟时，对残差进行放回式重抽样，没有考虑被估计的参数个数，这会导致参数误差被低估. 为修正估计偏差，这里通过对每列残差乘以相应的因子 $\sqrt{(I-j)/(I-j-1)}$ 加以调整. 类似地，这样调整使得在均值保持不变的情况下，方差接近于 1.

2. 无法计算调整后残差的数据的特殊处理

在第一种方法中，由上面构造残差的定义可以看出，在进展年 J 只有一个数据，其均值就是它本身，标准差为 0，无法计算对应的残差和模拟后的增量数据. 鉴于流量三角形中的这些残

差是独立同分布的，这里假设上端点数据是从其他残差样本的 Bootstrap 重抽样中产生的.

在第二种方法中，由式(5.64)可知，在对进展因子的残差进行调整时，无法计算上一进展年 $J-1$ 和进展年 J 的调整后的残差. 由于流量三角形中的这些残差独立同分布，故假设这 3 个值也参与其他残差样本的 Bootstrap 重抽样. 另外，由式(5.66)可知，在计算 $\hat{\lambda}^{P*}$ 和 $\hat{\lambda}^{I*}$ 的过程中，并不需要考虑进展年 $J-1$ 和进展年 J 的 3 个残差. 为了统一起见，这里也假设这 3 个值参与其他残差样本的 Bootstrap 重抽样.

3. 调整后的残差重抽样个数

在第一种方法中，由上面的假设可得，无法计算流量三角形对角线端点数据调整后的残差. 理论上这个调整后的残差不应该参与重抽样. 当这个调整后的残差不参与重抽样时，对索赔准备金估计的均值影响很小，却减小了方差. 为了防止方差被低估，这里允许上端点也参与其他残差样本的 Bootstrap 重抽样. 因此，重抽样个数为 $(I+3)I/2$.

类似地，在第二种方法中，进展因子的上三角数据的重抽样个数为 $(I+2)(I-1)/2$，P/I 比率和 I/P 比率的上三角数据的重抽样个数为 $(I+4)(I-1)/2$.

4. 正态分布假设下的随机抽样问题

在上述两种方法中，应用 Bootstrap 方法从均值为 $\hat{f}'^{P*}_{j\to j+1}\hat{P}^*_{i,j}$，方差为 $(\hat{\sigma}^P_{j\to j+1})^{2*}\hat{P}^*_{i,j}$ 的正态分布中抽取随机数时，模拟的 $\hat{P}^*_{i,j}$ 可能出现负值，而方差不能为负数，这样从下三角累计赔款数据中随机抽取样本就会出现错误. 为解决这个问题，对模拟出的下三角累计赔款额的每个单元格定义了如下符号函数：

$$\operatorname{sgn}(\hat{P}^*_{i,j})=\begin{cases}-1, & \hat{P}^*_{i,j}<0,\\ 0, & \hat{P}^*_{i,j}=0,\quad (i+j\geqslant I+1).\\ 1, & \hat{P}^*_{i,j}>0\end{cases} \tag{5.67}$$

抽取随机数时，先从均值为 $\hat{f}'^{P*}_{j\to j+1}|\hat{P}^*_{i,j}|$，方差为 $(\hat{\sigma}^{P*}_{j\to j+1})^2|\hat{P}^*_{i,j}|$ 的正态分布中抽取，再乘以 $\operatorname{sgn}(\hat{P}^*_{i,j})$. 同理，模拟的 $\hat{I}^*_{i,j}$ 也可能存在负值，随机抽取样本时可类似处理.

三、基于 Bootstrap 方法的随机性 Munich 链梯法中 MSEP 的估计

MSEP 包括参数误差和过程方差两部分. 在上面两种基于 Bootstrap 方法的 Munich 链梯法模拟索赔准备金预测分布的过程中，同时可以得到 MSEP 的估计值. 对于参数误差，按照前面的思路，多次进行 Bootstrap 重抽样，得到索赔准备金的一系列估计值，这些估计值的样本方差即为参数误差. 同时，从下三角正态分布假设中抽取随机数的过程已经体现了过程方差. 以已决赔款为例，事故年 $i(1\leqslant i\leqslant I)$ 的索赔准备金的过程方差 $\widehat{\operatorname{Var}}(P^*_{i,J}|\boldsymbol{B}_i(I-i))$①为多次模拟得到的估计量

$$(\hat{P}^*_{i,J})^2\sum_{j=I-i}^{J-1}\frac{(\hat{\sigma}^{P*}_{j\to j+1})^2/(\hat{f}'^{P*}_{j\to j+1})^2}{\hat{P}^*_{i,j}} \tag{5.68}$$

① 有关过程方差的估计量可参考式(5.57)，也可参考第二章的式(2.11).

的样本均值，所有事故年总的索赔准备金的过程方差就是上述模拟得到的各事故年的估计量之和的样本均值.

5.2.4 数值实例

一、数据来源

这里数值实例中的累计已决赔款和累计已报案赔款流量三角形数据来源于 Quarg 和 Mack(2004)，如表 5.6 和表 5.7 所示. 这些数据在索赔准备金评估的相关文献中经常被引用，此处引用这些数据也是为了更好地与 Munich 链梯法的结果进行比较. 另外，为了避免模拟得到的累计已决赔款和累计已报案赔款数据之间的相互影响，进一步假设对角线评估日历年的已报案未决赔款额保持不变，它等于累计已报案赔款额减去累计已决赔款额.

表 5.6 累计已决赔款流量三角形

事故年 \ 进展年	0	1	2	3	4	5	6
0	576	1804	1970	2024	2074	2102	2131
1	866	1948	2162	2232	2284	2348	
2	1412	3758	4252	4416	4494		
3	2286	5292	5724	5850			
4	1868	3778	4648				
5	1442	4010					
6	2044						

数据来源：数据来自 Quarg 和 Mack(2004).

表 5.7 累计已报案赔款流量三角形

事故年 \ 进展年	0	1	2	3	4	5	6
0	978	2104	2134	2144	2174	2182	2174
1	1844	2552	2466	2480	2508	2454	
2	2904	4354	4698	4600	4644		
3	3502	5958	6070	6142			
4	2812	4882	4852				
5	2642	4406					
6	5022						

数据来源：数据来自 Quarg 和 Mack(2004).

下面结合数值实例，详细给出由 Munich 链梯法和两种基于 Bootstrap 方法的随机性 Munich 链梯法得到的各事故年和所有事故年总的索赔准备金的 MSEP 估计，以及在 Munich 链梯法中利用 Bootstrap 方法模拟得到的所有事故年总的最终损失和索赔准备金的预测分布及相关的分布度量. 这里采用 R 软件对其进行编程实现.

二、Munich 链梯法中的均值估计和 MSEP 估计

按照式(5.53)～(5.56)，表 5.8 给出了 Munich 链梯法中各事故年和所有事故年总的最终损失、索赔准备金和 IBNR 的估计结果.

表 5.8　Munich 链梯法中最终损失、索赔准备金和 IBNR 的估计结果

事故年 i	已知数据		最终损失		索赔准备金		IBNR	
	$P_{i,I-i}$	$I_{i,I-i}$	$\widehat{ULT}_i^P$	$\widehat{ULT}_i^I$	$\hat{R}_i^P$	$\hat{R}_i^I$	$\widehat{\text{IBNR}}_i^P$	$\widehat{\text{IBNR}}_i^I$
0	2 131	2 174	2 131	2 174	0	43	−43	0
1	2 348	2 454	2 385	2 443	37	95	−69	−11
2	4 494	4 644	4 554	4 634	60	140	−90	−10
3	5 850	6 142	6 070	6 182	220	332	−72	40
4	4 648	4 852	4 879	4 958	231	310	27	106
5	4 010	4 406	4 599	4 672	589	662	193	266
6	2 044	5 022	7 505	7 655	5 461	5 611	2 483	2 633
总计	25 525	29 694	32 123	32 718	6 598	7 193	2 429	3 024

表 5.9 和表 5.10 分别给出了在 Mack 模型假设下，Munich 链梯法基于已决赔款和已报案赔款数据得到的各事故年和所有事故年总的最终损失(或索赔准备金)的 MSEP 估计，其中第 2 列给出的是 Mack 模型估计的索赔准备金. 为了更好地与后续随机性 Munich 链梯法的结果进行比较，也可以将第 2 列数据替换成 Munich 链梯法估计的索赔准备金.

表 5.9　Munich 链梯法中基于已决赔款数据估计的 MSEP(按照 Mack 模型假设)

事故年 i	Mack 模型估计的 $\hat{R}_i^P$	$\sqrt{\widehat{\text{Var}}(P_{i,J}\mid \boldsymbol{B}_i(I-i))}$	$\sqrt{\widehat{\text{Var}}(\hat{P}_{i,J}\mid \boldsymbol{B}_i(I-i))}$	$\sqrt{\widehat{\text{MSEP}}_{P_{i,J}\mid \boldsymbol{B}_i(I-i)}(\hat{P}_{i,J})}$	预测误差
0					
1	32	10	11	15	46%
2	158	36	39	53	34%
3	332	44	54	70	21%
4	408	53	48	72	18%
5	924	258	133	290	31%
6	4084	802	404	898	22%
总计	5938	846	523	995	17%

表 5.10 Munich 链梯法中基于已报案赔款数据估计的 MSEP(按照 Mack 模型假设)

事故年 i	Mack 模型估计的 $\hat{R}_i^I$	$\sqrt{\widehat{\mathrm{Var}}(I_{i,J}\mid\boldsymbol{B}_i(I-i))}$	$\sqrt{\widehat{\mathrm{Var}}(\hat{I}_{i,J}\mid\boldsymbol{B}_i(I-i))}$	$\sqrt{\widehat{\mathrm{MSEP}}_{I_{i,J}\mid\boldsymbol{B}_i(I-i)}(\hat{I}_{i,J})}$	预测误差
0	43				
1	97	6	6	8	9%
2	88	59	59	83	95%
3	276	69	80	106	38%
4	191	93	74	119	62%
5	466	191	105	218	47%
6	6385	748	455	876	14%
总计	7546	782	615	995	13%

三、两种随机性 Munich 链梯法中应用 Bootstrap 方法估计的 MSEP

在模拟 2000 次的假设下，表 5.11 和表 5.12 分别给出了第一种随机性 Munich 链梯法基于已决赔款和已报案赔款数据模拟得到的 MSEP 估计；表 5.13 和表 5.14 分别给出了第二种随机性 Munich 链梯法基于已决赔款和已报案赔款数据模拟得到的 MSEP 估计. 由于每次模拟得到的索赔准备金的估计值与 Munich 链梯法的估计值差别不大，这 4 个表中第 2 列给出的是 Munich 链梯法估计的索赔准备金.

表 5.11 第一种随机性 Munich 链梯法中基于已决赔款数据估计的 MSEP

事故年 i	Munich 链梯法估计的 $\hat{R}_i^P$	$\sqrt{\widehat{\mathrm{Var}}(P_{i,J}^*\mid\boldsymbol{B}_i(I-i))}$	$\mathrm{SE}_{\mathrm{bs}}(\hat{R}_i^P)$	$\sqrt{\widehat{\mathrm{MSEP}}_{\mathrm{bs}}^P(i)}$	预测误差
0					
1	37	11	11	16	43%
2	60	24	49	54	91%
3	220	29	47	55	25%
4	231	51	53	73	32%
5	589	238	120	266	45%
6	5461	825	424	927	17%
总计	6598	823	525	976	15%

表 5.12 第一种随机性 Munich 链梯法中基于已报案赔款数据估计的 MSEP

事故年 i	Munich 链梯法估计的 $\hat{R}_i^I$	$\sqrt{\widehat{\mathrm{Var}}(I_{i,J}^*\mid\boldsymbol{B}_i(I-i))}$	$\mathrm{SE}_{\mathrm{bs}}(\hat{R}_i^I)$	$\sqrt{\widehat{\mathrm{MSEP}}_{\mathrm{bs}}^I(i)}$	预测误差
0	43			0	
1	95	10	7	12	13%
2	140	38	68	78	55%
3	332	40	58	70	21%
4	310	70	71	100	32%
5	662	154	111	190	29%
6	5611	769	510	922	16%
总计	7193	804	554	976	14%

表 5.13　第二种随机性 Munich 链梯法中基于已决赔款数据估计的 MSEP

事故年 i	Munich 链梯法估计的 $\hat{R}_i^P$	$\sqrt{\widehat{\mathrm{Var}}(P_{i,J}^*\mid \boldsymbol{B}_i(I-i))}$	$\mathrm{SE_{bs}}(\hat{R}_i^P)$	$\sqrt{\widehat{\mathrm{MSEP}}_{\mathrm{bs}}^P(i)}$	预测误差
0	0				
1	37	9	11	14	38%
2	60	35	33	48	81%
3	220	44	37	57	26%
4	231	56	64	85	37%
5	589	349	125	371	63%
6	5461	843	418	941	17%
总计	6598	864	524	1010	15%

表 5.14　第二种随机性 Munich 链梯法中基于已报案赔款数据估计的 MSEP

事故年 i	Munich 链梯法估计的 $\hat{R}_i^I$	$\sqrt{\widehat{\mathrm{Var}}(I_{i,J}^*\mid \boldsymbol{B}_i(I-i))}$	$\mathrm{SE_{bs}}(\hat{R}_i^I)$	$\sqrt{\widehat{\mathrm{MSEP}}_{\mathrm{bs}}^I(i)}$	预测误差
0	43			0	0%
1	95	6	5	8	8%
2	140	59	47	75	54%
3	332	69	52	86	26%
4	310	93	82	124	40%
5	662	200	142	245	37%
6	5611	765	443	884	16%
总计	7193	831	550	997	14%

四、两种随机性 Munich 链梯法中应用 Bootstrap 方法模拟的预测分布

图 5.3 和图 5.4 分别给出了第一种随机性 Munich 链梯法中，应用 Bootstrap 方法模拟得到的所有事故年总的最终损失和索赔准备金的预测分布，相应的分布特征如表 5.15 所示. 类似地，图 5.5 和图 5.6 分别给出了第二种随机性 Munich 链梯法中，应用 Bootstrap 方法模拟得到的所有事故年总的最终损失和索赔准备金的预测分布，相应的分布特征如表 5.16 所示.

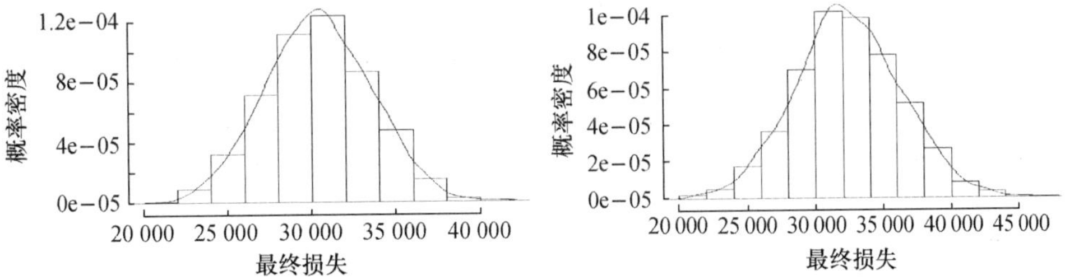

(a) 基于已决赔款流量三角形模拟的最终损失　(b) 基于已报案赔款流量三角形模拟的最终损失

图 5.3　第一种随机性 Munich 链梯法模拟的最终损失的预测分布

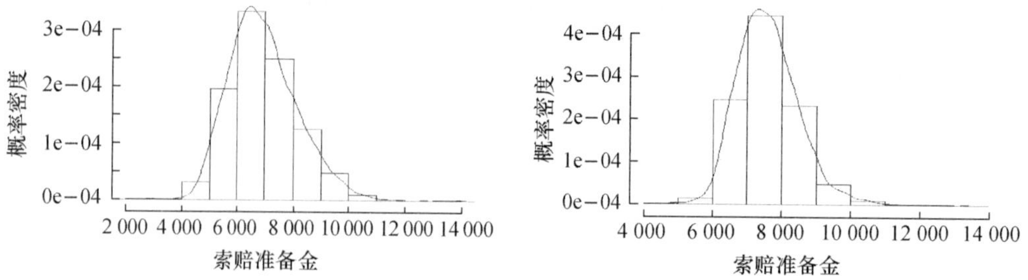

(a) 基于已决赔款流量三角形模拟的索赔准备金　　(b) 基于已报案赔款流量三角形模拟的索赔准备金

图 5.4　第一种随机性 Munich 链梯法模拟的索赔准备金的预测分布

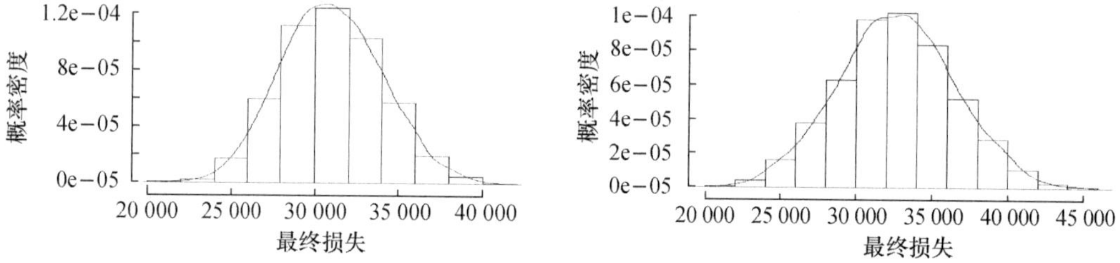

(a) 基于已决赔款流量三角形模拟的最终损失　　(b) 基于已报案赔款流量三角形模拟的最终损失

图 5.5　第二种随机性 Munich 链梯法模拟的最终损失的预测分布

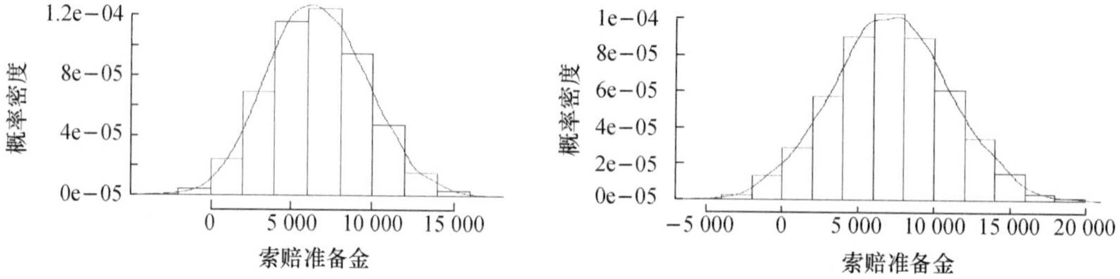

(a) 基于已决赔款流量三角形模拟的索赔准备金　　(b) 基于已报案赔款流量三角形模拟的索赔准备金

图 5.6　第二种随机性 Munich 链梯法模拟的索赔准备金的预测分布

表 5.15　第一种随机性 Munich 链梯法模拟的最终损失和索赔准备金的预测分布的分布特征

分布特征	最终损失		索赔准备金	
	$\widehat{ULT}^P$	$\widehat{ULT}^I$	$\hat{R}^P$	$\hat{R}^I$
模拟次数	2 000	2 000	2 000	2 000
均值	30 900	32 430	6 628	7 196
标准差	3 116	3 861	1 248	903

续表

分布特征	最终损失		索赔准备金	
	$\widehat{ULT}^P$	$\widehat{ULT}^I$	$\hat{R}^P$	$\hat{R}^I$
变异系数	0.10	0.12	0.19	0.13
最小值	21 220	21 060	2 125	4 378
25%分位数	28 770	29 900	5 754	6 574
中位数	30 900	32 310	6 482	7 113
75%分位数	33 050	34 930	7 369	7 721
最大值	42 140	46 000	13 600	14 090

表 5.16　第二种随机性 Munich 链梯法模拟的最终损失和索赔准备金的预测分布的分布特征

分布特征	最终损失		索赔准备金	
	$\widehat{ULT}^P$	$\widehat{ULT}^I$	$\hat{R}^P$	$\hat{R}^I$
模拟次数	2 000	2 000	2 000	2 000
均值	31 010	32 670	6 614	7 166
标准差	3 002	3 836	3 002	3 836
变异系数	0.10	0.12	0.45	0.54
最小值	21 610	21 250	−2 790	−4 248
25%分位数	28 940	30 110	4 539	4 606
中位数	30930	32 660	6 528	7164
75%分位数	33 020	32 670	8 623	9 700
最大值	40 490	45 070	16 090	19 570

五、两种随机性 Munich 链梯法的结果比较

(1) 两种方法估计结果具有一致性.从表 5.9～表 5.14 可以看出,由两种基于 Bootstrap 方法的随机性 Munich 链梯法得到的参数误差、过程方差、MSEP 与 Mack 模型的结果都很接近,体现了两种随机性 Munich 链梯法具有一致性.

(2) 从整体趋势上讲,Bootstrap 方法估计的 MSEP 随着事故年已知信息的减少而增加.举例来讲,从事故年 1 到事故年 6,赔款数据依次减少,所以其索赔准备金的 MSEP 估计依次增大.该结论是符合实际情况的,因为已知信息越少,估计的误差就会越大.

(3) Bootstrap 方法简单有效,比较容易理解,在计算机上易于编程实现.

(4) 由于第一种随机性 Munich 链梯法需要模拟两类上三角赔款数据,即每次模拟得到的对角线最近评估日历年的赔款数据都不同,进而模拟得到的最终损失和索赔准备金的预测分布的图形形状有差异,如图 5.3 和图 5.4 所示.而第二种随机性 Munich 链梯法则不需要模拟这两类数据,即基于对角线最近评估日历年的赔款数据不变的假设,模拟得到的所有事故年总的最终损失和索赔准备金的预测分布的图形形状相同,如图 5.5 和图 5.6 所示.另

外，从表 5.15 和表 5.16 也可以看出这种差异：表 5.15 中模拟得到的所有事故年总的最终损失和索赔准备金的标准差不同，而表 5.16 中模拟的标准差则相同.

(5) 由于本节模拟中假设已报案未决赔款额保持不变，要得到 IBNR 的预测分布只需向左平移索赔准备金的预测分布，故不再给出 IBNR 的预测分布.

第三节　考虑不同类型赔款数据相关性的随机性准备金进展法

在各种索赔准备金评估方法中，准备金进展法同时考虑了已决赔款和已报案赔款数据，不但充分利用了财险公司历史数据中所包含的两类赔款数据信息，而且有效避免了分别采用两类赔款数据估计的最终损失之间的差异. 鉴于此，在第一节的基础上，本节创新性地研究了如何将已决赔款和已报案赔款数据的相关性引入随机性准备金进展法中，提出考虑相关性的随机性准备金进展法，模拟最终损失、索赔准备金和未报案未决赔款准备金 IBNR 的预测分布，并通过精算实务中的数值实例，应用 R 软件给出详细的分析过程.

5.3.1　准备金进展法的不足及改进

一、准备金进展法的不足及改进的思路

令 $P_{i,j}$ 和 $I_{i,j}$ $(0\leqslant i\leqslant I, 0\leqslant j\leqslant J)$ 分别表示事故年 i、进展年 j 的累计已决赔款额和累计已报案赔款额，$X_{i,j}^{P}$ 和 $X_{i,j}^{I}$ $(0\leqslant i\leqslant I, 0\leqslant j\leqslant J)$ 分别表示事故年 i、进展年 j 的增量已决赔款额和增量已报案赔款额，且不失一般性，假设 $I=J$，则事故年 i、进展年 j 的已报案未决赔款准备金可以表示为

$$RV_{i,j}=I_{i,j}-P_{i,j}\quad (0\leqslant i\leqslant I,\ 0\leqslant j\leqslant J).$$

正如第一节所述，准备金进展法的基本思想是考查已报案未决赔款准备金的进展情况. 事故年 i、进展年 j 的已报案未决赔款准备金 $RV_{i,j}$ 在进展年 $j+1$ 一部分转化为该进展年的增量已决赔款额 $X_{i,j+1}^{P}$，另一部分仍为该进展年的已报案未决赔款准备金 $RV_{i,j+1}$ 的一部分. 引入准备金进展率 $CED_{i,j\to j+1}$，对于转化为已决赔款额的部分，采用准备金支付率 $PO_{i,j\to j+1}$ 表示；对于仍留在已报案未决赔款准备金的部分，采用准备金结转率 $CO_{i,j\to j+1}$ 表示，且有

$$CO_{i,j\to j+1}=CED_{i,j\to j+1}-PO_{i,j\to j+1}.$$

然而，在准备金进展法中，对于所有事故年 i 和进展年 j 都选定相同的支付率和结转率，并不能体现出不同事故年已报案未决赔款准备金进展情况之间的差异. 类似于第二节的讨论，我们也可以利用累计已决赔款和累计已报案赔款数据的相关性来调整各个进展年的支付率和结转率. 其基本思路是：对于给定的上三角累计已决赔款额和累计已报案赔款额，如果发现上三角的单个支付率 $PO_{i,j\to j+1}$ 与比率 $(P/I)_{i,j}$、单个结转率 $CO_{i,j\to j+1}$ 与比率 $(P/I)_{i,j}$ $(i+j\leqslant I-1)$ 之间存在某种关系（如线性关系），那么就可以利用这种关系，对下三角的单个支付率、单个结转率进行调整. 具体来说，以表 5.1 和表 5.2 中所示的两类赔款数据为例，分

别得到上三角的支付率 $PO_{i,j\to j+1}$ 与比率 $(P/I)_{i,j}$、结转率 $CO_{i,j\to j+1}$ 与比率 $(P/I)_{i,j}$ 的散点图及相应的线性趋势线如图 5.7 和图 5.8 所示.

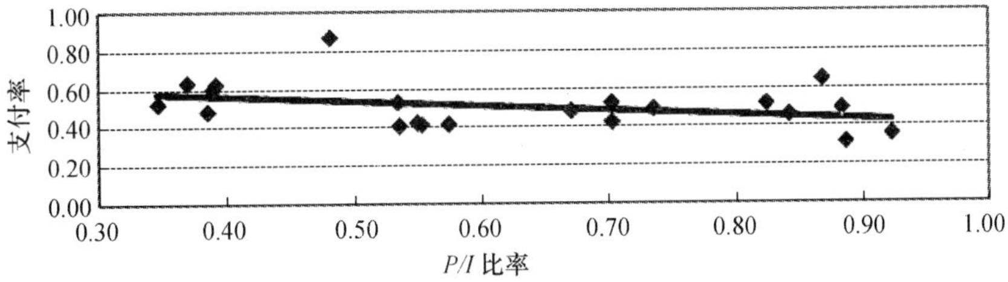

图 5.7　上三角的支付率与 P/I 比率的散点图及线性趋势

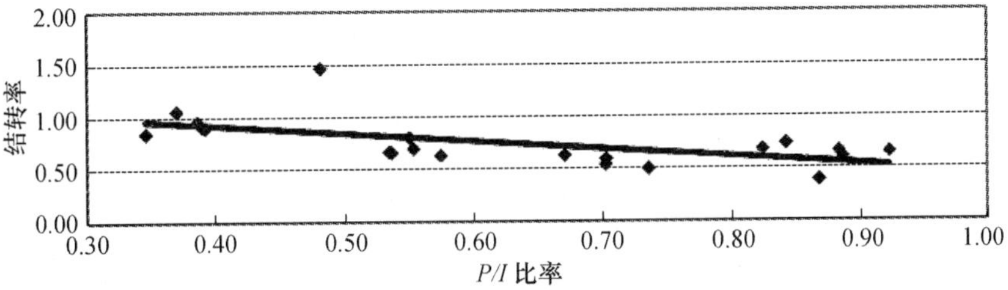

图 5.8　上三角的结转率与 P/I 比率的散点图及线性趋势

精算师在使用准备金进展法评估时,如果发现累计已决赔款和累计已报案赔款数据之间存在一定的关系,使得支付率 $PO_{i,j\to j+1}$ 与比率 $(P/I)_{i,j}$、结转率 $CO_{i,j\to j+1}$ 与比率 $(P/I)_{i,j}$ 之间存在某种稳定的线性关系,那么在预测下三角赔款数据时,可以有效利用这种关系,更合理地评估索赔准备金.

二、考虑相关性的准备金进展法的主要步骤

(1) 利用给定的按事故年统计的累计已决赔款和累计已报案赔款流量三角形,得到已报案未决赔款准备金流量三角形,即

$$RV_{i,j}=I_{i,j}-P_{i,j}\quad (i+j\leqslant I). \tag{5.69}$$

(2) 将给定的按事故年统计的累计已决赔款和累计已报案赔款流量三角形转化为增量已决赔款和增量已报案赔款流量三角形,即

$$\begin{cases} X_{i,0}^{P}=P_{i,0},X_{i,0}^{I}=I_{i,0}, & 0\leqslant i\leqslant I,j=0, \\ X_{i,j}^{P}=P_{i,j}-P_{i,j-1},X_{i,j}^{I}=I_{i,j}-I_{i,j-1}, & j\geqslant 1,i+j\leqslant I. \end{cases} \tag{5.70}$$

(3) 将事故年 i、进展年 $j+1$ 的增量已决赔款额除以事故年 i、进展年 j 的已报案未决赔款准备金,得到准备金支付率流量三角形,即

$$PO_{i,j\to j+1}=X_{i,j+1}^{P}/RV_{i,j}\quad (i+j\leqslant I-1). \tag{5.71}$$

(4) 将事故年 i、进展年 $j+1$ 的已报案未决赔款准备金除以事故年 i、进展年 j 的已报案未决赔款准备金，得到准备金结转率流量三角形，即

$$CO_{i,j\to j+1}=RV_{i,j+1}/RV_{i,j}\quad(i+j\leqslant I-1).\tag{5.72}$$

(5) 定义事故年 i、进展年 j 的 P/I 比率：

$$(P/I)_{i,j}=P_{i,j}/I_{i,j}\quad(i+j\leqslant I).\tag{5.73}$$

(6) 分别建立 $PO_{i,j\to j+1}$ 与 $(P/I)_{i,j}$，$CO_{i,j\to j+1}$ 与 $(P/I)_{i,j}$ 的一元线性回归模型：

$$\begin{aligned}PO_{i,j\to j+1}&=\alpha_0+\alpha_1(P/I)_{i,j}+u_t,\\ CO_{i,j\to j+1}&=\beta_0+\beta_1(P/I)_{i,j}+v_t\end{aligned}\quad(i+j\leqslant I-1),\tag{5.74}$$

其中 u_t 和 v_t 是随机误差项. 进而，利用通常的 OLS 估计模型的回归系数，得到

$$\begin{aligned}\hat{\alpha}_1&=\frac{\sum\limits_{i+j\leqslant I-1}((P/I)_{i,j}-\overline{P/I})(PO_{i,j\to j+1}-\overline{PO})}{\sum\limits_{i+j\leqslant I-1}((P/I)_{i,j}-\overline{P/I})^2},\\ \hat{\beta}_1&=\frac{\sum\limits_{i+j\leqslant I-1}((P/I)_{i,j}-\overline{P/I})(CO_{i,j\to j+1}-\overline{CO})}{\sum\limits_{i+j\leqslant I-1}((P/I)_{i,j}-\overline{(P/I)})^2},\end{aligned}\tag{5.75}$$

$$\hat{\alpha}_0=\overline{PO}-\hat{\alpha}_1\,\overline{P/I},\quad \hat{\beta}_0=\overline{CO}-\hat{\beta}_1\overline{P/I},\tag{5.76}$$

其中 $\overline{PO}=\dfrac{\sum\limits_{i+j\leqslant I-1}PO_{i,j\to j+1}}{I(I+1)/2}$，$\overline{CO}=\dfrac{\sum\limits_{i+j\leqslant I-1}CO_{i,j\to j+1}}{I(I+1)/2}$，$\overline{P/I}=\dfrac{\sum\limits_{i+j\leqslant I-1}(P/I)_{i,j}}{I(I+1)/2}$.

(7) 对于事故年 i，先利用步骤(6)得到的模型参数估计值作估计：

$$\begin{aligned}\widehat{PO}_{i,I-i\to I-i+1}&=\hat{\alpha}_0+\hat{\alpha}_1(P/I)_{i,I-i},\\ \widehat{CO}_{i,I-i\to I-i+1}&=\hat{\beta}_0+\hat{\beta}_1(P/I)_{i,I-i};\end{aligned}\tag{5.77}$$

然后，对于 $i+j\geqslant I$，按照准备金进展法的思路，逐步递归计算：

$$\hat{X}^P_{i,j+1}=\widehat{RV}_{i,j}\widehat{PO}_{i,j\to j+1},\quad \widehat{RV}_{i,j+1}=\widehat{RV}_{i,j}\widehat{CO}_{i,j\to j+1},\tag{5.78}$$

$$\hat{P}_{i,j+1}=P_{i,j}+\hat{X}^P_{i,j+1},\quad \hat{I}_{i,j+1}=\hat{P}_{i,j+1}+\widehat{RV}_{i,j+1},\tag{5.79}$$

$$\widehat{PO}_{i,j+1\to j+2}=\hat{\alpha}_0+\hat{\alpha}_1(\widehat{P/I})_{i,j+1}=\hat{\alpha}_0+\hat{\alpha}_1\hat{P}_{i,j+1}/\hat{I}_{i,j+1},\tag{5.80}$$

$$\widehat{CO}_{i,j+1\to j+2}=\hat{\beta}_0+\hat{\beta}_1(\widehat{P/I})_{i,j+1}=\hat{\beta}_0+\hat{\beta}_1\hat{P}_{i,j+1}/\hat{I}_{i,j+1},\tag{5.81}$$

这里

$$\widehat{RV}_{i,I-i}=RV_{i,I-i}.$$

最终可以得到所有事故年总的最终损失 ULT、索赔准备金 R 和已发生未报案未决赔款准备金 IBNR 的估计值：

$$\widehat{ULT}=\sum_{i=0}^{I}\hat{P}_{i,J},\quad \hat{R}=\sum_{i=1}^{I}(\hat{P}_{i,J}-P_{i,I-i}),\quad \widehat{\mathrm{IBNR}}=\sum_{i=1}^{I}(\hat{P}_{i,J}-I_{i,I-i}).\tag{5.82}$$

5.3.2　考虑不同类型赔款数据相关性的随机性准备金进展法

一、应用考虑相关性的随机性准备金进展法模拟预测分布

考虑相关性的准备金进展法虽然考虑了已决赔款和已报案赔款数据之间的关系，但它仍然是一种确定性方法，从而只能得到索赔准备金的均值估计，而不能得到索赔准备金的波动性度量.鉴于此，可结合两类赔款数据的相关性给出合理的分布假设，进而模拟 ULT，R 和 IBNR 的预测分布.其具体步骤如下：

(1) 将上三角累计已决赔款额 $P_{i,j}$ 和累计已报案赔款额 $I_{i,j}$ 转化为增量已决赔款额 $X_{i,j}^P$ 和增量已报案赔款额 $X_{i,j}^I(i+j\leqslant I)$.

(2) 构造残差.这里对上三角增量数据以列为研究对象，求每列数据的样本均值 $\overline{X}_j^P$ 和 $\overline{X}_j^I$、样本标准差 σ_j^P 和 σ_j^I，再对每列数据标准化，得到构造的残差流量三角形分别为

$$\left.\begin{aligned}\mathrm{Res}(X_{i,j}^P)&=\frac{X_{i,j}^P-\overline{X}_j^P}{\sigma_j^P},\\ \mathrm{Res}(X_{i,j}^I)&=\frac{X_{i,j}^I-\overline{X}_j^I}{\sigma_j^I}\end{aligned}\right.\quad(i+j\leqslant I).\tag{5.83}$$

(3) 对两类残差进行调整①，构造调整后的残差的二元正态分布，其中相关系数的计算公式为

$$\rho=\frac{\sum\limits_{i+j\leqslant I}\mathrm{Res}'(X_{i,j}^P)\mathrm{Res}'(X_{i,j}^I)}{\sqrt{\sum\limits_{i+j\leqslant I}(\mathrm{Res}'(X_{i,j}^P))^2}\sqrt{\sum\limits_{i+j\leqslant I}(\mathrm{Res}'(X_{i,j}^I))^2}},\tag{5.84}$$

这里带上撇的残差表示调整后的残差.

(4) 从构造的二元正态分布中抽取随机数，得到两类调整后的残差流量三角形，再按照式(5.83)进行反演变换，得到模拟的两类增量赔款流量三角形，进而得到模拟的两类累计赔款流量三角形.

(5) 按照前面介绍的考虑相关性的准备金进展法的主要步骤，得到一次模拟中 ULT，R 和 IBNR 的均值估计.

(6) 计算模拟赔款数据中各进展年支付率、结转率的均值和标准差，其计算公式为

$$\left.\begin{aligned}\overline{PO}_{j\to j+1}^{*}&=\frac{\sum\limits_{i=0}^{I}\widehat{PO}_{i,j\to j+1}^{*}}{I+1},\\ \overline{CO}_{j\to j+1}^{*}&=\frac{\sum\limits_{i=0}^{I}\widehat{CO}_{i,j\to j+1}^{*}}{I+1}\end{aligned}\right.\quad(0\leqslant j\leqslant J-1),\tag{5.85}$$

---

① 类似于第二节，这里也需要对残差进行调整.

$$\left.\begin{aligned}\sigma_{PO_{j\to j+1}^*}&=\sqrt{\frac{1}{I}\sum_{i=0}^{I}(\widehat{PO}_{i,j\to j+1}^*-\overline{PO}_{j\to j+1}^*)^2},\\\sigma_{CO_{j\to j+1}^*}&=\sqrt{\frac{1}{I}\sum_{i=0}^{I}(\widehat{CO}_{i,j\to j+1}^*-\overline{CO}_{j\to j+1}^*)^2}\end{aligned}\right\}\quad(0\leqslant j\leqslant J-1).\tag{5.86}$$

上三角单个支付率和单个结转率($i+j\leqslant I-1$)由流量三角形模拟数据计算，而下三角单个支付率和单个结转率($i+j\geqslant I$)基于上三角模拟数据，按照步骤(5)进行估计.

(7) 从均值为 $\overline{PO}_{j\to j+1}^*$，标准差为 $\sigma_{PO_{j\to j+1}^*}$ ($i+j\geqslant I$)的正态分布中抽取随机数得到模拟的下三角单个支付率，从均值为 $\overline{CO}_{j\to j+1}^*$，标准差为 $\sigma_{CO_{j\to j+1}^*}$ ($i+j\geqslant I$)的正态分布中抽取随机数得到模拟的下三角单个结转率，进而按照步骤(5)的做法，便可实现 ULT，R 和 IBNR 的预测分布的一次模拟.

(8) 重复上述步骤(4)～(7)，多次 Bootstrap 重抽样后，即可得到 ULT，R 和 IBNR 的预测分布，进而可以由预测分布得到均值、标准差、分位数等相关的分布特征.

二、MSEP 中参数误差的估计

MSEP 包括参数误差和过程方差两部分. 在上述考虑相关性的随机性准备金进展法模拟预测分布的过程中，同时也可以得到 ULT，R 和 IBNR 的参数误差，其中 R 的参数误差就是多次模拟得到的所有事故年总的索赔准备金估计值的样本方差. 同时，从下三角支付率、结转率的正态分布假设中抽取随机数的过程已经体现了过程方差. 但由于可以直接模拟出 ULT，R 和 IBNR 的预测分布，且预测分布作为完整的分布，包含了更充分的信息，过程方差的估计就显得并不那么重要了.

三、考虑相关性的随机性准备金进展法中的合理处理

1. 残差的处理

1) 对角线端点数据的特殊处理

由式(5.83)构造的残差可以看出，两类增量赔款数据中，进展年 J 只有一个数据，其均值就是它本身，标准差为 0，无法计算相应的残差. 这里假设该端点的残差为 0，进而计算调整后的残差.

2) 残差的调整

在模拟时，是对调整后的残差进行重抽样，而不是直接对 $\mathrm{Res}(X_{i,j}^P)$ 和 $\mathrm{Res}(X_{i,j}^I)$ 进行重抽样. 这是因为，理论上标准化后的这两个残差的均值应为 0，方差应为 1. 但是，附录 E 中已经证明，残差的均值为 0，标准差为 $\sqrt{(I+1)/(I+3)}$，此值小于 1，因此需要对残差进行调整. 这里通过对残差乘以系数 $\sqrt{(I+3)/(I+1)}$ 加以调整. 这样调整使得在均值保持不变的情况下，方差变为 1. 所以，最终构造的二元正态分布的边际分布都是标准正态分布，协方差阵就是相关系数矩阵.

2. 随机性准备金进展法中涉及的相关性

1）支付率与 P/I 比率、结转率与 P/I 比率的相关性

本节考虑了不同事故年的已报案未决赔款准备金进展情况之间的差异，通过观察分析单个支付率与 P/I 比率、结转率与 P/I 比率的散点图，建立了两个一元线性回归模型来考虑它们之间存在的相关性.

2）两类增量赔款数据的相关性

本节研究了已决赔款和已报案赔款数据的相关性，在利用随机性准备金进展法模拟预测分布的过程中，提出了利用二元正态分布来处理两类赔款数据的相关性. 从随机模拟的角度看，这是一种基于特殊多元分布的参数 Bootstrap 重抽样方式. 另外，也可以直接通过采用成对残差样本数据的非参数 Bootstrap 重抽样方式考虑这种相关性，即将这两类调整后的残差流量三角形的对应单元格数值绑定，组成有序数组，然后成对地抽取.

3）选择二元正态分布的原因

本节研究中选择二元正态分布的原因是：在多元分布研究中，正态分布长期处于主导地位，而且易于作数学处理. 很多多元分析的文献都主要关注多元正态分布以及从正态分布推导出的多元扩展分布——t 分布和 F 分布. 多元正态分布之所以如此吸引人，其原因主要包括：一是多元正态分布的边际分布也是正态分布；二是两变量的正态分布可以通过边际分布和附加参数——相关系数来完整描述.

Copula 函数为多元分布建模提供了更一般的结构，且二元正态分布对应于一种特殊的 Copula 函数. 为此，我们可以选取一些合适的 Copula 函数来构造两类调整后的残差数据的二元分布. 常见的描述二元分布的 Copula 函数主要包括 Clayton Copula 函数、Frank Copula 函数、Gumbel Copula 函数、Normal Copula 函数、Plackett Copula 函数等. 由于不同 Copula 函数建立的模型是非嵌套模型，故通常情况下，我们很难比较不同 Copula 函数对应的模型的拟合效果. 即便如此，为了选取一个合适的 Copula 函数来为多元分布建模，我们仍可以计算采用各个模型估计时得到的一些统计量，如对数似然统计量($\ln L$)、AIC 统计量，以辅助选取更合适的模型. 一般首选 AIC 统计量取值最小的模型，其中 AIC 统计量的计算公式为

$$\mathrm{AIC}=\frac{-2\ln L+2d}{n}, \tag{5.87}$$

其中 $\ln L$ 为对数似然统计量，d 为自由度，n 为每个维度的样本容量.

5.3.3　数值实例

一、数据来源

本小节数值实例中的累计已决赔款和累计已报案赔款流量三角形数据也来源于吴小平(2005)，如表 5.1 和表 5.2 所示. 此处引用这些数据也是为了更好地与传统准备金进展法以及没有考虑相关性的随机性准备金进展法的结果进行比较.

二、数值结果

下面按照本节5.3.1,5.3.2小节的思路，详细给出准备金进展法和考虑相关性的准备金进展法的估计结果，以及两种不同抽样方式下，考虑相关性的随机性准备金进展法得到的参数误差、预测分布及相关的分布特征.这里采用R软件对其进行算法实现.

1. 准备金进展法的估计结果

为了便于比较，表5.17给出了准备金进展法中各进展年的准备金支付率、结转率和进展率的最终选定值[①].基于这些选定值，表5.18给出了由传统准备金进展法得到的最终损失、索赔准备金和IBNR的估计结果.

表5.17 准备金进展法中各进展年支付率、结转率和进展率的算术平均数

进展年 j	0→1	1→2	2→3	3→4	4→5	5→6
$\widehat{PO}_{j\to j+1}$	1.0296	0.6963	0.5682	0.6082	0.6382	0.6553
$\widehat{CO}_{j\to j+1}$	0.6235	0.4407	0.4817	0.5416	0.4071	0.3592
$\widehat{CED}_{j\to j+1}$	1.6531	1.1370	1.0499	1.1498	1.0453	1.0145

表5.18 准备金进展法的估计结果

事故年 i	$\widehat{ULT}_i$	$P_{i,I-i}$	$\hat{R}_i$	$RV_{i,I-i}$	$\widehat{\text{IBNR}}_i$
0	78 224	78 224			
1	83 488	81 287	2 201	6 126	−3 925
2	68 718	66 402	2 316	3 639	−1 323
3	76 833	62 347	14 486	15 600	−1 114
4	88 196	62 832	25 364	25 129	235
5	60 987	33 568	27 419	23 979	3 440
6	42 777	11 346	31 431	17 454	13 977
总计	499 222	396 006	103 216	91 927	11 289

2. 考虑相关性的准备金进展法的估计结果

按照5.3.1小节给出的考虑相关性的准备金进展法的具体步骤，得到一元线性回归模型中回归系数的估计值[②]分别为

$$\hat{\alpha}_1=-0.2508\ ,\quad \hat{\alpha}_0=\overline{PO}-\hat{\alpha}_1\overline{P/I}=0.5081-(-0.2508)\times 0.6258=0.6650,\qquad (5.88)$$

$$\hat{\beta}_1=-0.7521\ ,\quad \hat{\beta}_0=\overline{CO}-\hat{\beta}_1\overline{P/I}=0.7471-(-0.7521)\times 0.6258=1.2178.\qquad (5.89)$$

进而，按照步骤(7)的递归计算得到下三角各进展年的单个支付率和单个结转率，如表5.19和表5.20所示.这里为了更能体现出不同事故年进展情况的差异，这两个表也给出了上三

---

① 这里不考虑准备金评估人员的经验判断，将各进展年的支付率、结转率和进展率的算术平均数作为相应进展年支付率、结转率和进展率的最终选定值.

② 式(5.88)和式(5.89)中的误差来自四舍五入.

角各进展年单个支付率和单个结转率的计算结果，其中表 5.19 中的上三角单个支付率是按照式(5.71)计算的，表 5.20 中的上三角单个结转率是按照式(5.72)计算的. 在此基础上，表 5.21 给出了由考虑相关性的准备金进展法得到的最终损失、索赔准备金和 IBNR 的估计值.

表 5.19 不同事故年在各进展年的单个支付率

事故年＼进展年	0→1	1→2	2→3	3→4	4→5	5→6
0	0.4845	0.4098	0.4262	0.5185	0.4955	0.3592
1	0.5258	0.4154	0.5254	0.4610	0.3187	0.4318
2	0.6004	0.4193	0.4922	0.6451	0.4272	0.4208
3	0.8663	0.4257	0.4830	0.4644	0.4447	0.4312
4	0.6364	0.5330	0.4859	0.4608	0.4420	0.4295
5	0.6275	0.5187	0.4866	0.4614	0.4425	0.4298
6	0.5662	0.5223	0.4895	0.4636	0.4440	0.4308

表 5.20 不同事故年在各进展年的单个结转率

事故年＼进展年	0→1	1→2	2→3	3→4	4→5	5→6
0	0.9640	0.6627	0.5984	0.6875	0.6684	0.6553
1	0.8528	0.7018	0.5422	0.7450	0.6080	0.5183
2	0.9182	0.6367	0.5019	0.3923	0.5047	0.4854
3	1.4690	0.8083	0.6302	0.6161	0.5569	0.5164
4	1.0652	0.6719	0.6805	0.6052	0.5491	0.5115
5	0.9083	0.7790	0.6828	0.6070	0.5504	0.5123
6	0.9214	0.7898	0.6913	0.6136	0.5551	0.5153

表 5.21 考虑相关性的准备金进展法的估计结果

事故年 i	$\widehat{ULT}_i$	$P_{i,I-i}$	$\hat{R}_i$	$RV_{i,I-i}$	$\widehat{\text{IBNR}}_i$
0	78 224	78 224	0	0	0
1	83 932	81 287	2 645	6 126	−3 481
2	68 730	66 402	2 328	3 639	−1 311
3	76 174	62 347	13 827	15 600	−1 773
4	89 936	62 832	27 104	25 129	1 975
5	66 239	33 568	32 671	23 979	8 692
6	43 598	11 346	32 252	17 454	14 798
总计	506 832	396 006	110 826	91 927	18 899

3. 考虑相关性的随机性准备金进展法的估计结果

按照 5.3.2 小节给出的考虑相关性的随机性准备金进展法，下面给出两种不同抽样方式下最终损失、索赔准备金和 IBNR 的参数误差，以及模拟的最终损失、索赔准备金和 IBNR 的预测分布.

表 5.22 和表 5.23 分别给出了两类调整后的残差流量三角形，其中调整系数为 $\sqrt{9/7}=1.1339$.

表 5.22 增量已决赔款数据的调整后的残差流量三角形

事故年 \ 进展年	0	1	2	3	4	5	6
0	1.0613	−0.8350	−0.2217	−0.7196	1.2815	0.8018	0.0000
1	0.8994	1.2786	−0.0233	1.2878	−0.4081	−0.8018	
2	0.3428	−0.1139	−0.9948	−1.1557	−0.8733		
3	0.0866	−0.5518	−0.6714	0.5875			
4	0.4575	1.4812	1.9112				
5	−0.5903	−1.2591					
6	−2.2575						

表 5.23 增量已报案赔款数据的调整后的残差流量三角形

事故年 \ 进展年	0	1	2	3	4	5	6
0	0.9140	−0.6035	−0.8835	−0.5937	0.6753	0.8018	0.0000
1	1.3907	−0.6807	−0.1930	0.3979	0.6338	−0.8018	
2	0.2714	−0.5566	−1.2571	−1.1919	−1.3091		
3	−0.8181	1.7481	1.0623	1.3877			
4	0.6353	1.1026	1.2713				
5	−0.5130	−1.0099					
6	−1.8802						

表 5.24 和表 5.25 分别给出了基于二元正态分布的参数 Bootstrap 方法得到的调整后的残差样本，其中 $\mathrm{Res}'(X_{i,j}^{P})\sim N(0,1)$，$\mathrm{Res}'(X_{i,j}^{I})\sim N(0,1)$，$\rho=0.6687$. 表 5.26 和表 5.27 分别给出了基于成对抽数的非参数 Bootstrap 方法得到的增量已决赔款和增量已报案赔款数据的调整后的残差样本. 从表 5.26 和表 5.27 不难看出，这两类调整后的残差样本是成对抽取的.

表 5.24　基于二元正态分布的参数 Bootstrap 方法得到的增量已决赔款数据的调整后的残差样本

事故年＼进展年	0	1	2	3	4	5	6
0	0.4075	−0.2644	−0.7486	0.5867	0.6205	1.1582	−0.9414
1	1.0863	−2.3735	0.1800	−1.5383	−0.4091	−1.8565	
2	−0.8226	−0.7673	−1.5767	−0.4313	0.4828		
3	−0.3801	−1.1772	1.0311	−0.6258			
4	0.0708	−0.3846	−0.0416				
5	−1.3575	0.6505					
6	−1.8470						

表 5.25　基于二元正态分布的参数 Bootstrap 方法得到的增量已报案赔款数据的调整后的残差样本

事故年＼进展年	0	1	2	3	4	5	6
0	0.8422	0.1825	−1.1569	−0.7979	0.2385	0.3884	−1.6157
1	1.2321	−1.8447	−0.1683	−0.3142	−0.6392	−1.2699	
2	−1.0667	−0.8033	−3.3441	−0.8576	0.0102		
3	0.9998	−2.3184	−0.2110	0.8901			
4	1.0798	−0.1145	0.3551				
5	−0.1910	1.4728					
6	−0.4976						

表 5.26　基于成对抽数的非参数 Bootstrap 方法得到的增量已决赔款数据的调整后的残差样本

事故年＼进展年	0	1	2	3	4	5	6
0	−0.7196	1.2878	−0.1139	−1.2591	−0.7196	−0.1139	−0.7196
1	−0.6714	0.8018	0.8994	0.8018	1.4812	−0.1139	
2	0.5875	−0.5518	−1.2591	1.2878	0.5875		
3	−1.2591	−0.8733	0.0000	−0.0233			
4	−0.5903	1.2878	−0.7196				
5	−0.4081	−0.4081					
6	1.0613						

表 5.28 和表 5.29 分别给出了基于二元正态分布的参数 Bootstrap 方法和基于成对抽数的非参数 Bootstrap 方法两种抽样方式下，考虑相关性的随机性准备金进展法估计的最终损失、索赔准备金和 IBNR 的参数误差平方根. 为了便于与第一节中的结果进行比较，表 5.29 也给出了 ODP 分布假设下，随机性准备金进展法估计的索赔准备金的参数误差平方根.

表 5.27 基于成对抽数的非参数 Bootstrap 方法得到的增量已报案赔款数据的调整后的残差样本

事故年 \ 进展年	0	1	2	3	4	5	6
0	−0.5937	0.3979	−0.5566	−1.0099	−0.5937	−0.5566	−0.5937
1	1.0623	0.8018	1.3907	0.8018	1.1026	−0.5566	
2	1.3877	1.7481	−1.0099	0.3979	1.3877		
3	−1.0099	−1.3091	0.0000	−0.1930			
4	−0.5130	0.3979	−0.5937				
5	0.6338	0.6338					
6	0.9140						

表 5.28 考虑相关性的随机性准备金进展法估计的最终损失和 IBNR 的参数误差平方根

事故年 i	基于二元正态分布的参数 Bootstrap 方法		基于成对抽数的非参数 Bootstrap 方法	
	ULT_i	IBNR_i	ULT_i	IBNR_i
0	1 794	0	942	0
1	3 264	2 174	3 328	2 378
2	4 052	1 544	4 230	1 694
3	5 328	1 520	5 583	1 492
4	6 975	2 657	7 279	2 421
5	8 583	4 816	9 025	4 342
6	9 843	6 311	10 582	5 587
总计	19 288	14 884	18 469	13 587

表 5.29 考虑相关性的随机性准备金进展法估计的索赔准备金的参数误差平方根

事故年 i	基于二元正态分布的参数 Bootstrap 方法	基于成对抽数的非参数 Bootstrap 方法	ODP 分布假设①
0	0	0	0
1	1 871	1 887	1 059
2	2 978	2 986	1 098
3	4 617	4 520	2 769
4	6 451	6 272	2 842
5	8 034	7 929	2 846
6	9 316	9 147	2 879
总计	17 731	16 788	18 605

① 该列不考虑两类赔款数据的相关性，其结论来自表 5.4 中的第 4 列.

图 5.9～图 5.11 分别给出了两种不同的抽样方式下，考虑相关性的随机性准备金进展法模拟得到的最终损失、索赔准备金和 IBNR 的预测分布，相应的分布特征如表 5.30 所示.

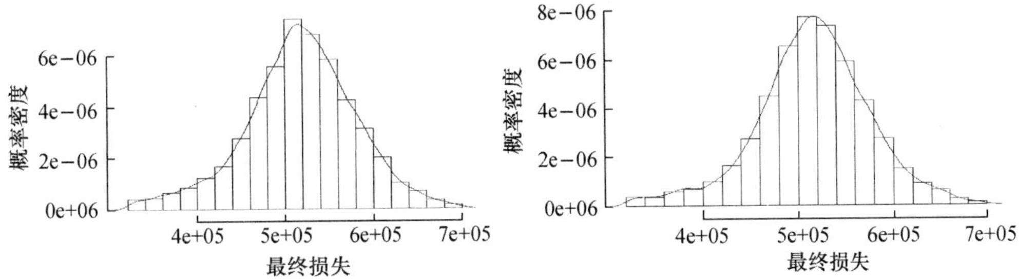

(a) 基于二元正态分布的参数 Bootstrap 方法　　(b) 基于成对抽数的非参数 Bootstrap 方法

图 5.9　两种考虑相关性的随机性准备金进展法模拟的最终损失的预测分布

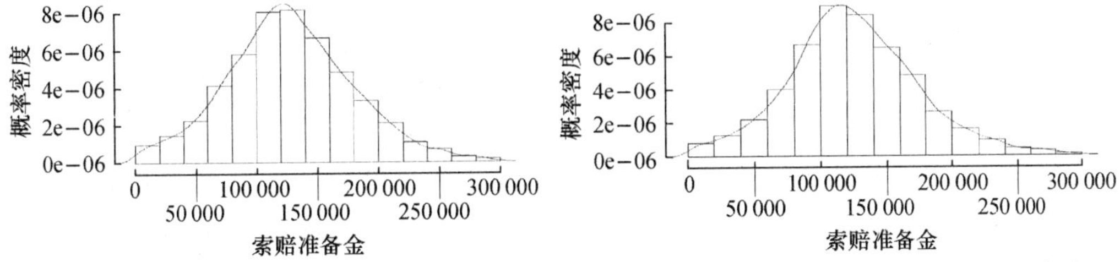

(a) 基于二元正态分布的参数 Bootstrap 方法　　(b) 基于成对抽数的非参数 Bootstrap 方法

图 5.10　两种考虑相关性的随机性准备金进展法模拟的索赔准备金的预测分布

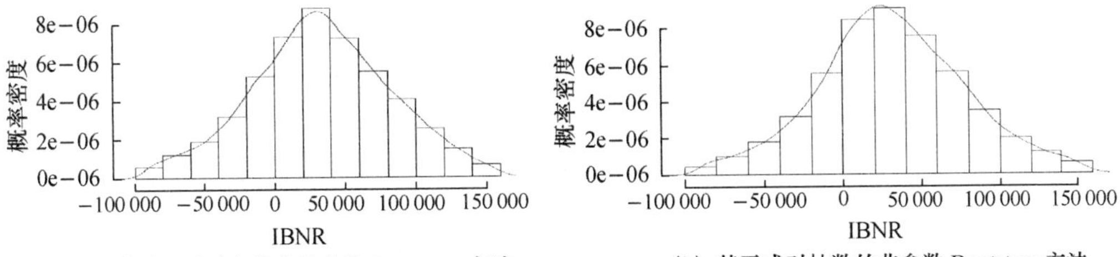

(a) 基于二元正态分布的参数 Bootstrap 方法　　(b) 基于成对抽数的非参数 Bootstrap 方法

图 5.11　两种考虑相关性的随机性准备金进展法模拟的 IBNR 的预测分布

表 5.30 两种考虑相关性的随机性准备金进展法模拟的预测分布的分布特征

分布特征	基于二元正态分布的参数 Bootstrap 方法			基于成对抽数的非参数 Bootstrap 方法		
	最终损失	索赔准备金	IBNR	最终损失	索赔准备金	IBNR
模拟次数	10 000	10 000	10 000	10 000	10 000	10 000
均值	516 700	127 400	33 050	515 400	125 000	31 120
标准差	63 370	52 104	49 118	59 863	49 107	46 482
变异系数	0.12	0.41	1.49	0.12	0.39	1.49
最小值	320 100	131	−91 800	320 000	232	−91 690
25%分位数	480 000	93 620	961	481 900	93 900	1 344
中位数	518 400	125 600	32 580	516 900	122 300	29 690
75%分位数	557 100	160 000	65 860	552 200	155 100	61 480
最大值	699 300	299 900	157 900	699 200	299 700	157 600

4. 基于成对抽数、二元正态分布、Copula 函数的 Bootstrap 方法的模拟结果比较

下面详细给出三种不同抽样方式下，考虑相关性的随机性准备金进展法模拟的预测分布及相关的分布特征. 这里采用 R 软件对其进行算法实现. 在应用 R 软件进行随机模拟时，可以设定不同的“种子”数. 这里对各种抽样方式统一选取模拟次数为 10 000 次，并选择同一个“种子”数. 这样不但可以唯一确定模拟结果，而且有助于对各种抽样方法的结果进行比较.

1) 基于成对抽数和二元正态分布的 Bootstrap 方法的模拟结果

图 5.12 和图 5.13 分别给出了基于成对抽数的非参数 Bootstrap 方法和基于二元正态分布的参数 Bootstrap 方法两种抽样方式下，模拟 10 000 次得到的最终损失、索赔准备金和 IBNR 的样本值.

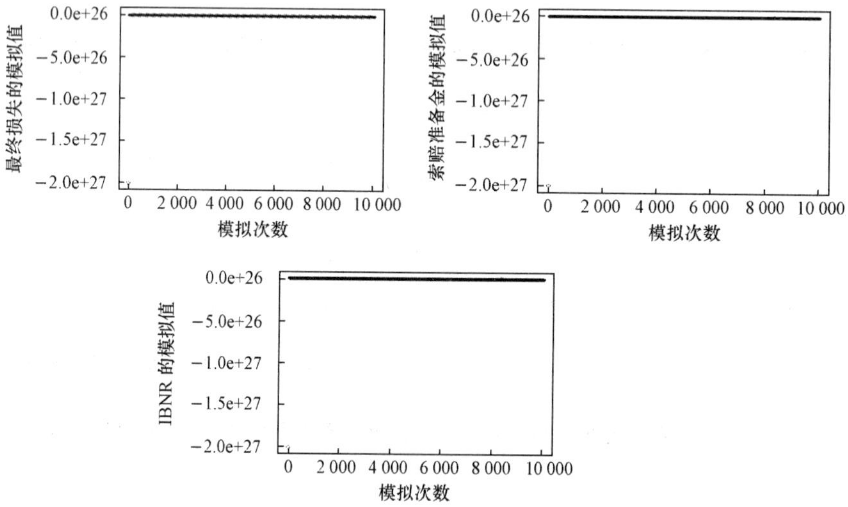

图 5.12 基于成对抽数的非参数 Bootstrap 方法得到的最终损失、索赔准备金和 IBNR 的模拟样本值

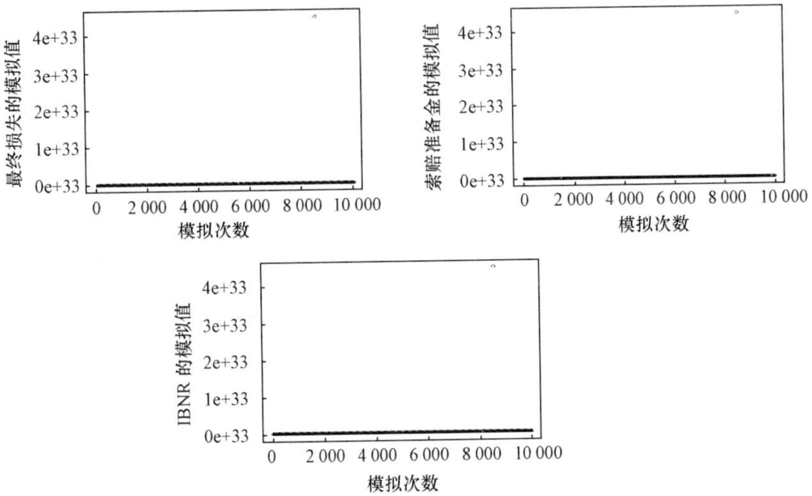

图 5.13 基于二元正态分布的参数 Bootstrap 方法得到的最终损失、索赔准备金和 IBNR 的模拟样本值

从图 5.12 和图 5.13 可以看出，在基于成对抽数的非参数 Bootstrap 方法模拟最终损失、索赔准备金和 IBNR 的预测分布时，出现了极小值 −1.996e+27；在基于二元正态分布的参数 Bootstrap 方法模拟最终损失、索赔准备金和 IBNR 的预测分布时，出现了极大值 4.485e+33. 之所以会出现这些极大值或极小值，其原因在于当某次模拟得到的流量三角形中含有异常大或异常小的赔款额时，可能导致无法满足相应的评估模型的假设条件，此时直接模拟就会产生一些极端值.

在使用各种随机性准备金评估方法模拟预测分布的过程中，依赖于所选取的评估方法和抽样方式，不可避免地会产生一些极端值. 从更一般的意义上讲，这可以归结为准备金评估模型或方法的稳健性问题，需要借鉴统计学中的各种模型诊断方法来处理，并将其应用于具体的准备金评估模型中. 目前，在国际精算领域中，鲜少有这方面的研究文献. 一种更直观的处理方法就是通过增加模拟次数，剔除模拟结果中的少量极端值，采用剔除极端值后的有效模拟结果来绘制各种预测分布图. 为此，我们引入“有效模拟次数”这一概念. 有效模拟次数是指各种抽样方式下，绘制最终损失、索赔准备金和 IBNR 的预测分布图时选取的模拟样本容量. 显然，相对于模拟次数来说，有效模拟次数应该足够大. 从某种程度上讲，当模拟次数相同时，有效模拟次数越大，相应的评估方法越稳健.

在剔除极端值之后，我们给出了两种不同抽样方式下，考虑相关性的随机性准备金进展法模拟的最终损失、索赔准备金和 IBNR 的预测分布，见图 5.14，相应的分布特征如表 5.32 所示.

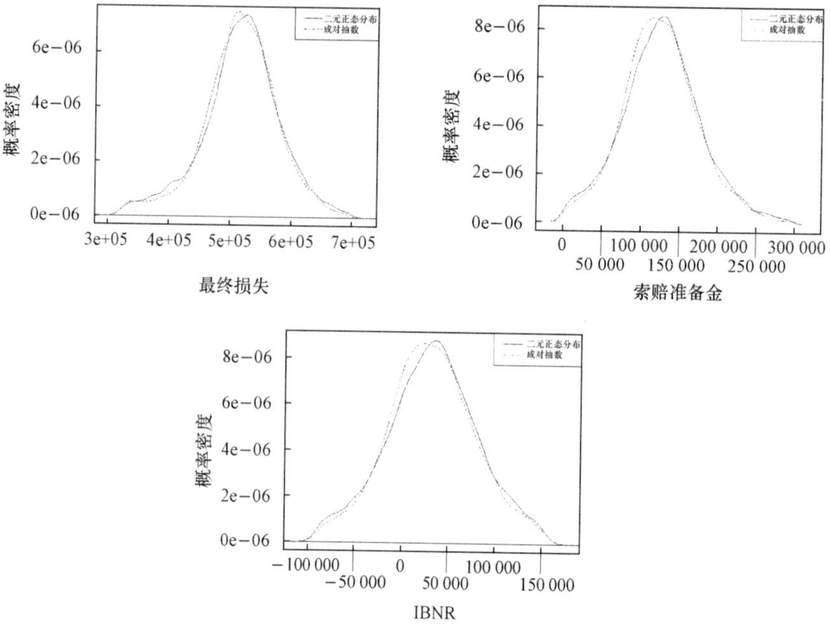

图 5.14 基于成对抽数和二元正态分布的 Bootstrap 方法模拟得到的最终损失、索赔准备金和 IBNR 的预测分布

2）基于 Copula 函数的参数 Bootstrap 方法的模拟结果

● Copula 函数的选取

如前所述，两类调整后的上三角残差样本的相关系数为 0.6687，这表明两类赔款数据之间存在很强的正相关关系. 为了选取合适的 Copula 函数来描述这种正相关性，表 5.31 给出了采用半参数方法估计 5 种常用 Copula 函数得到的相关性参数 α 和相关系数 τ，ρ 的值，以及 $\ln L$ 和 AIC 统计量的值. 从表 5.31 可以看出，5 种 Copula 函数中，Clayton Copula 函数的 AIC 统计量的值最小. 因此，我们建议首选 Clayton Copula 函数来描述两类调整后的残差随机变量之间的相关性.

表 5.31 不同 Copula 函数的估计结果比较及检验统计量

Copula 函数	α	τ	ρ	$\ln L$	AIC
Clayton Copula 函数	2.3864	0.5440	0.7304	12.5842	−0.8274
Frank Copula 函数	6.3605	0.5325	0.7312	9.1226	−0.5802
Gumbel Copula 函数	1.8992	0.4735	0.6521	6.8880	−0.4206
Normal Copula 函数	0.7330	0.5237	0.7166	8.8735	−0.5624
Plackett Copula 函数	14.4110	0.5397	0.7216	9.7526	−0.6252

● 基于 Clayton Copula 函数模拟的预测分布

图 5.15 给出了基于 Clayton Copula 函数的再抽样方式和 10 000 次模拟得到的最终损失、索赔准备金和 IBNR 的模拟样本值.

从图 5.15 可以看出，使用基于 Clayton Copula 函数的参数 Bootstrap 方法模拟预测分布时，得到的最终损失、索赔准备金和 IBNR 的极小值分别为 327 700，−100 100 和 −228 400. 与图 5.12 和图 5.13 相比，可以明显看出，Clayton Copula 函数的模拟结果更稳健. 剔除极端值之后，图 5.16 给出了基于 Clayton Copula 函数考虑相关性的随机性准备金进展法模拟得到的最终损失、索赔准备金和 IBNR 的预测分布. 为了便于与基于成对抽数的非参数 Bootstrap 方法和基于二元正态分布的参数 Bootstrap 方法的模拟结果进行比较，图 5.16 中也给出了这两种抽样方式下模拟的预测分布，相应的分布特征如表 5.32 所示.

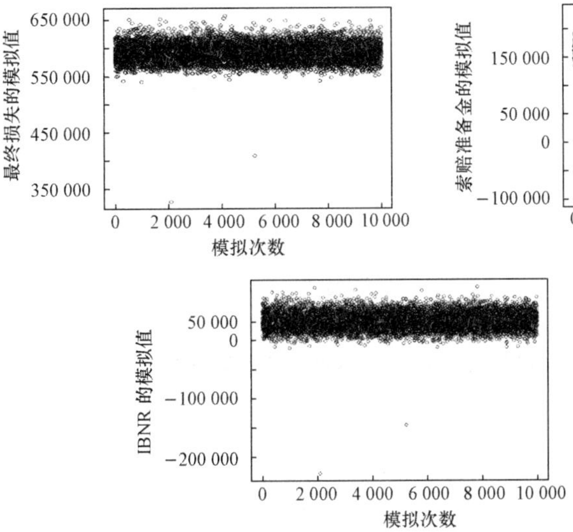

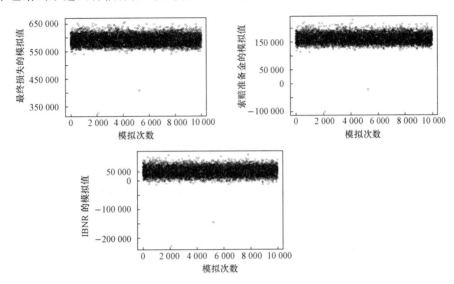

图 5.15　基于 Clayton Copula 函数的参数 Bootstrap 方法得到的最终损失、索赔准备金和 IBNR 的模拟样本值

表 5.32　三种抽样方式下模拟得到的最终损失、索赔准备金和 IBNR 的预测分布的分布特征

分布特征	成对抽数			二元正态分布			Clayton Copula 函数		
	最终损失	索赔准备金	IBNR	最终损失	索赔准备金	IBNR	最终损失	索赔准备金	IBNR
模拟次数	10 000	10 000	10 000	10 000	10 000	10 000	10 000	10 000	10 000
有效模拟次数	8 416	8 083	7 977	8 200	7 833	7 687	9 998	9 998	9 998
均值	515 400	125 600	31 800	517 000	127 800	33 160	591 600	161 700	32 920
标准差	60 871	49 396	46 795	63 893	51 995	48 540	15 236	14 374	14 218
变异系数	0.12	0.39	1.47	0.12	0.41	1.46	0.03	0.09	0.43
最小值	320 800	56	−91 870	320 200	172	−91 750	540 200	113 700	−13 040
25%分位数	480 800	93 230	838	482 500	94 460	1 954	581 100	151 700	23 140
中位数	517 100	123 300	30 530	519 800	126 600	33 590	591 000	161100	32 670
75%分位数	553 500	155 600	61 970	556 000	159 300	65 070	601 500	171 100	42 610
最大值	696 400	299 600	157 800	699 300	299 800	157 900	656 000	227 600	89 800

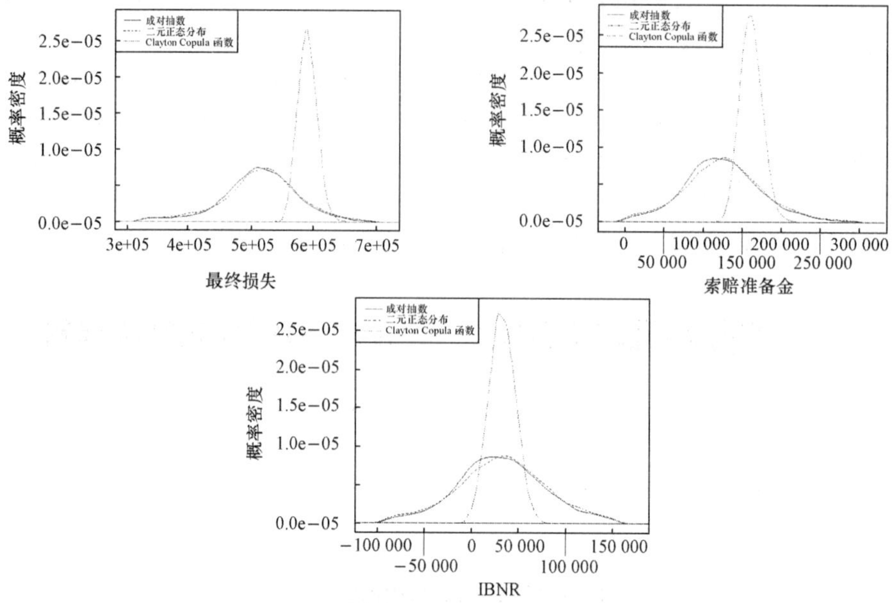

图 5.16　三种抽样方式下模拟得到的最终损失、索赔准备金和 IBNR 的预测分布

● 基于其他三种 Copula 函数的参数 Bootstrap 方法模拟的预测分布

基于 Frank Copula 函数、Gumbel Copula 函数和 Plackett Copula 函数的参数 Bootstrap 方法模拟最终损失、索赔准备金和 IBNR 的预测分布时，都出现了极小值，其中 Frank Copula 函数下的极小值为－3.051e＋15，Gumbel Copula 函数下的极小值为－1.826e＋18，Plackett Copula 函数下的极小值为－3.974e＋16. 显然，这三种 Copula 函数下的模拟结果都不如 Clayton Copula 函数下的模拟结果稳健. 为了与 Clayton Copula 函数下的模拟结果进行比较，剔除极端值后，我们给出了这三种 Copula 函数下模拟得到的最终损失、索赔准备金和 IBNR 的预测分布的分布特征，如表 5.33 所示.

表 5.33　基于三种 Copula 函数的参数 Bootstrap 方法模拟得到的最终损失、索赔准备金和 IBNR 的预测分布的分布特征

分布特征	Frank Copula 函数			Gumbel Copula 函数			Plackett Copula 函数		
	最终损失	索赔准备金	IBNR	最终损失	索赔准备金	IBNR	最终损失	索赔准备金	IBNR
模拟次数	10 000	10 000	10 000	10 000	10 000	10 000	10 000	10 000	10 000
有效模拟次数	9 980	9 978	9 978	9 976	9 976	9 976	9 980	9 980	9 980
均值	591 900	162 100	33 100	592 200	162 400	33 470	591 700	161 900	33 050
标准差	15 810	14 915	14 681	16 870	15 854	15 750	15 789	14 949	14 892
变异系数	0.03	0.09	0.44	0.03	0.10	0.47	0.03	0.09	0.45

续表

分布特征	Frank Copula 函数			Gumbel Copula 函数			Plackett Copula 函数		
	最终损失	索赔准备金	IBNR	最终损失	索赔准备金	IBNR	最终损失	索赔准备金	IBNR
最小值	504 900	100 100	−32 060	500 800	105 900	−46 340	516 400	112 800	−49 600
25%分位数	581 300	151 800	22 730	580 700	151 300	22 430	580 800	151 500	22 640
中位数	591 100	161 300	32 600	591 300	161 500	32 720	590 900	161 000	32 400
75%分位数	601 800	171 200	42 670	602 800	172 400	43 590	601 700	171 200	42 860
最大值	668 900	232 200	98 310	674 100	239 300	99 130	675 900	247 800	98 700

三、研究结论及方法建议

1. 研究结论

从上面的数值结果可以得出以下结论：

(1) 估计结果的一致性.从表 5.28 和表 5.29 可以看出，在两种不同的抽样方式下，考虑相关性的随机性准备金进展法估计的最终损失、索赔准备金和 IBNR 的参数误差都很接近.这从一定程度上体现了基于二元正态分布的参数 Bootstrap 方法和基于成对抽数的非参数 Bootstrap 方法具有一致性.此外，从图 5.14 可以看出，剔除极端值后，基于成对抽数的非参数 Bootstrap 方法和基于二元正态分布的参数 Bootstrap 方法模拟得到的预测分布几乎完全重合.表 5.32 中相应的分布特征也都很接近.这也充分说明了基于成对抽数的非参数 Bootstrap方法和基于二元正态分布的参数 Bootstrap 方法具有一致性.

(2) 从整体趋势看，表 5.28 和表 5.29 中两种抽样方式估计的参数误差随事故年已知信息的减少而增加.举例来讲，从事故年 1 到事故年 6，赔款样本数据依次减少，相应的最终损失、索赔准备金和 IBNR 的参数误差依次增大.该结论很直观，因为当已知信息越少时，估计的误差就越大，精确度也就越低.另外，从表 5.29 也可以看出，对于单个事故年 i，考虑相关性的两种抽样方式得到的索赔准备金的参数误差都大于未考虑相关性的基于 ODP 分布得到的结果；而对于所有事故年的结果，则前者小于后者.这说明随着事故年数增多，考虑相关性的加总结果的波动更小一些.

(3) 从表 5.28 和表 5.29 也可以看出，对每一种抽样方式来说，最终损失、索赔准备金和 IBNR 的参数误差并不相同.这是因为，本小节考虑这两种抽样方式都是对两类增量赔款数据的调整后的残差进行重抽样，每次模拟的上三角已决赔款和已报案赔款流量三角形都不同，使得每次得到的最终损失、索赔准备金和 IBNR 的均值估计并非相差同一常数，故相应的单个事故年 i 和所有事故年的参数误差并不相同.另外，从图 5.9～图 5.11 可以看出，对每一种抽样方式来说，考虑相关性的随机性准备金进展法模拟的最终损失、索赔准备金和 IBNR 的预测分布的形状都存在差异，而并非简单地将最终损失的预测分布依次向左平移得到索赔准备金和 IBNR 的预测分布.这也是因为每次模拟的上三角已决赔款和已报案赔款流量三角形都不同.与模拟中保持评估日的累计已决赔款额 $P_{i,I-i}$ 和累计已报案赔款额

$I_{i,I-i}(0\leqslant i\leqslant I)$不变的假设相比，本小节的处理更能体现出模拟的已决赔款和已报案赔款流量三角形同时变化的特征，更具有一般性.

(4) 从表 5.30 可以看出，这两种抽样方式得到的最终损失、索赔准备金和 IBNR 的预测分布的均值、标准差、变异系数、各个分位数等都很接近. 这也验证了基于二元正态分布的参数 Bootstrap 方法和基于成对抽数的非参数 Bootstrap 方法在模拟预测分布中的一致性. 另外，表 5.30 中最终损失、索赔准备金和 IBNR 的变异系数依次增大. 这是因为最终损失、索赔准备金和 IBNR 的预测分布的均值减小的幅度远远大于标准差减小的幅度. IBNR 的变异系数超过了 1，更能说明 IBNR 的波动性很大. 这与实务中精算人员认为 IBNR 很难准确评估的结论不谋而合.

(5) 从图 5.16 可以看出，与基于 Clayton Copula 函数的参数 Bootstrap 方法模拟的预测分布相比，基于成对抽数的非参数 Bootstrap 方法和二元正态分布的参数 Bootstrap 方法模拟的最终损失、索赔准备金的预测分布的均值明显更小一些，IBNR 的预测分布的均值差异并不显著，最终损失、索赔准备金和 IBNR 的波动性明显大很多. 这些特征也可从表 5.32 中均值、标准差、变异系数等相关分布特征得到验证. 针对这种差异，进一步探讨在一定准则下选取合理的相依建模方法是非常有必要的.

(6) 从表 5.32 和表 5.33 可以看出，剔除极端值后，基于 Clayton Copula 函数、Frank Copula 函数、Gumbel Copula 函数和 Plackett Copula 函数，考虑相关性的随机性准备金进展法模拟得到的最终损失、索赔准备金和 IBNR 的预测分布的分布特征都很接近.

(7) 在表 5.32 中，与基于成对抽数的非参数 Bootstrap 方法和基于二元正态分布的参数 Bootstrap方法相比，若模拟次数为 10 000 次，基于 Clayton Copula 函数的参数 Bootstrap 方法模拟最终损失、索赔准备金和 IBNR 的预测分布时有效模拟次数都是 9998 次，表明基于 Clayton Copula 函数考虑相关性的随机性准备金进展法更稳健些. 这也可以从图 5.12、图 5.13 和图 5.15 的模拟样本值中得到验证. 类似地，在表 5.33 中，三种 Copula 函数下有效模拟次数都小于 9998 次. 这也表明采用 Clayton Copula 函数描述这两类调整后的残差数据的相关性更合适.

2. 方法建议

本节给出的考虑相关性的准备金进展法中，不但考虑了两类赔款数据之间的相关性，而且通过同时建立支付率与 P/I 比率、结转率与 P/I 比率的一元线性回归模型来考虑它们的相关性，以体现不同事故年已报案未决赔款准备金进展情况之间的差异. 在此基础上，提出了两种考虑相关性的随机性准备金进展法，并结合数值实例，应用 R 软件对两种考虑相关性的随机性准备金进展法进行了完整的编程实现，最终模拟得到了最终损失、索赔准备金、IBNR 的预测分布. 类似地，这种考虑两类赔款数据相关性的处理方法也适合于随机性 Munich链梯法. 限于篇幅，这里不再单独给出一节来讨论考虑相关性的随机性 Munich 链梯法.

第四节　本章小结

本章扩展了已有的同时考虑已决赔款和已报案赔款数据的两种多元索赔准备金评估方法，即准备金进展法和 Munich 链梯法，创新性地研究了在多元索赔准备金评估随机性方法中，考虑两类赔款数据相关性的处理方法. 具体来讲，在利用随机性准备金进展法模拟索赔准备金的预测分布的过程中，提出了两种处理相关性的方法：一是利用二元正态分布考虑两类赔款数据的相关性，这也可以看作基于特殊多元分布的参数 Bootstrap 方法抽样方式；二是通过基于成对抽数的非参数 Bootstrap 方法抽样方式考虑相关性，并通过数值实例对两种抽样方式的结果进行了比较分析. 这些研究为基于不同赔款数据信息的多元索赔准备金评估的确定性方法向随机性方法转化提供了一种合理的思路.

由于二元正态分布对应于一种特殊的 Copula 函数，故在实务中，精算人员也可以通过对两类赔款数据的残差进行分析，选取合适的 Copula 函数来构造二元分布. 鉴于此，本节也给出了基于 Copula 函数考虑两类赔款数据之间的相关性的模拟结果及其与基于二元正态分布的参数 Bootstrap 方法和基于成对抽数的非参数 Bootstrap 方法两种抽样方式下的模拟结果的比较分析. 这种基于 Copula 函数构造的多元分布作为一种度量变量之间相依结构的方法，已逐渐被引入精算学的理论研究中. 在财险公司的索赔数据中，损失数据往往不服从正态分布，而且损失和费用之间也不一定满足独立性假设，可以通过基于 Copula 函数构造的二元分布来描述这种相关性，如假设费用服从对数正态分布，损失服从帕累托分布等厚尾分布. 需要指出，Copula 函数的构造并不会限制边际分布的选择.

类似地，这种利用 Copula 函数构造多元分布的思路和方法在针对具有相依性的不同业务线的流量三角形的多元索赔准备金评估(如多元链梯法、多元可加损失准备金评估)中，具有重要的研究价值. 在多元索赔准备金评估中，把流量三角形按业务特征细分为不同的流量三角形，可以使得每个流量三角形满足某些齐次性条件，这些条件在应用随机性方法时是本质的假设. 例如，汽车保险索赔可分为人身伤害与车辆损失等. 另外，同时研究多个流量三角形也为估计所有业务索赔准备金的 MSEP 和模拟预测分布提出了一种统一的方法. 从数值计算的角度讲，由于涉及多个流量三角形，采用 R 软件进行编程计算的优势也得以充分体现出来. 有关基于不同业务线相依性的多元索赔准备金评估方法的详细介绍参见第六章.

第六章　基于不同业务线相依性的多元索赔准备金评估方法

本章研究基于不同业务线相依性的多元索赔准备金评估. 研究动机出于这样一个事实: 在实际中,细分非寿险业务流量三角形到各个不同的子业务,使得每个子业务满足一定的同质性或齐次性假设[①],是十分自然的. 在这种情况下,通过将合适的评估方法应用于每个子业务,然后简单加总所有子业务的方式,就可以获得加总业务的索赔准备金估计.

第一节　一般的多元框架

假设所有子业务由 $N(N\geqslant 1)$ 个具有同样大小的观测值流量三角形组成. 在这些流量三角形中,$n(1\leqslant n\leqslant N)$ 表示相应的子业务;$i(0\leqslant i\leqslant I)$ 表示事故年;$j(0\leqslant j\leqslant J)$ 表示进展年. 第 n 个流量三角形的事故年 i、进展年 j 的增量赔款额记为 $X_{i,j}^{(n)}$,截止到进展年 j 的累计赔款额记为 $C_{i,j}^{(n)}=\sum\limits_{k=0}^{j}X_{i,k}^{(n)}$.

正如在一元模型中所述,假设最后进展年为 J,即对于所有 $j>J$,有 $X_{i,j}^{(n)}=0$,且给定最后事故年为 I. 另外,不失一般性,假设 $I=J$. 表 6.1 展示了 N 个索赔进展流量三角形的赔款数据结构.

表 6.1　第 n 个索赔进展流量三角形($n=1,\cdots,N$)

事故年 i \ 进展年 j	0	1	…	…	j	…	…	$J-2$	$J-1$	J
0										
1										
⋮			$C_{i,j}^{(n)}$ 和 $X_{i,j}^{(n)}$ 的真实观测值							
⋮										
i										
⋮										
⋮										
$I-2$							$C_{i,j}^{(n)}$ 和 $X_{i,j}^{(n)}$ 的待估预测值			
$I-1$										
I										

---

① 可以参考本章第二、三节给出的 CL 模型假设和可加损失准备金评估模型假设.

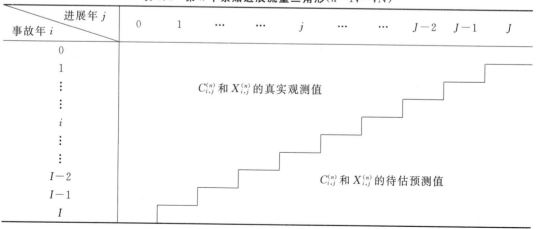

从表 6.1 可以看出，在索赔准备金评估最近日历年 I，可以获得第 $n(1\leqslant n\leqslant N)$ 个子业务流量三角形的累计赔款观测值 $\mathcal{D}_I^{(n)}=\{C_{i,j}^{(n)}\mid i+j\leqslant I\}$，以及所有子业务总的累计赔款观测值集合 $\mathcal{D}_I^N=\bigcup_{n=1}^{N}\mathcal{D}_I^{(n)}$，而有待预测的累计赔款随机变量可以视为上述集合的补集，即

$$\mathcal{D}_I^{N,c}=\{C_{i,j}^{(n)}\mid i+j>I,1\leqslant n\leqslant N\}.$$

此外，对于多元方法中条件 MSEP 的推导，采用向量形式来描述 N 个子业务显然是非常方便的. 因此，对于 $0\leqslant i\leqslant I$ 和 $0\leqslant j\leqslant J$，分别定义如下增量赔款额和累计赔款额的 N 维随机向量：$\boldsymbol{X}_{i,j}=(X_{i,j}^{(1)},\cdots,X_{i,j}^{(N)})^{\mathrm{T}}$ 和 $\boldsymbol{C}_{i,j}=(C_{i,j}^{(1)},\cdots,C_{i,j}^{(N)})^{\mathrm{T}}$. 另外，对于 $0\leqslant k\leqslant J$，定义 $\mathcal{B}_k^N=\{\boldsymbol{C}_{i,j}\mid i+j\leqslant I,0\leqslant j\leqslant k\}$，且定义由 1 构成的 N 维列向量 $\mathbf{1}=(1,\cdots,1)^{\mathrm{T}}\in\mathbb{R}^N$，这里集合 $\mathcal{B}_k^N$ 表示时刻 I 的观测值中截止到进展年 k 的累计赔款额的所有 N 维随机变量.

第二节　多元链梯法

在多元链梯(CL)法研究中，一方面，Pröhl 和 Schmidt(2005)，Schmidt(2006b)分别基于多元年度进展估计量，提出了考虑 N 个相关业务流量三角形的多元 CL 法. 然而，这些研究都没有超出最佳估计的范畴，即他们并没有推导出整体业务的最终损失或索赔准备金的条件 MSEP 估计. 另一方面，Braun(2004)通过融入不同子业务的相依性，将 Mack(1993)提出的一元 CL 法扩展到多元情况. 在这一框架下，基于 Mack 模型推导出了整体业务索赔准备金的条件 MSEP 估计. 在类似框架下，Merz 和 Wüthrich(2007)通过使用条件重抽样方法，也给出了整体业务索赔准备金的条件 MSEP 的另一种估计. 然而，Braun(2004)，Merz 和 Wüthrich(2007)的研究结论存在的缺陷是 CL 进展因子都是通过一元方式进行估计的，即对于年度进展因子的估计，他们都限定在一元索赔进展流量三角形上. 结合这些研究，Merz 和 Wüthrich(2008)推导了多元 CL 模型下的整体业务索赔准备金的条件 MSEP 估计，其中 CL 进展因子采用多元方式进行估计. 也就是说，在 Pröhl 和 Schmidt (2005)，Schmidt (2006b)提出的多元年度进展因子基础上，Merz 和 Wüthrich(2008)进一步给出了整体业务索赔准备金的条件 MSEP 估计. 本节系统梳理并扩展了这些研究.

6.2.1　多元 CL 模型

一、多元 CL 模型假设

与一元情况类似，在多元 CL 法中感兴趣的核心问题仍是累计赔款进展因子，即 CL 比率. 对于 $1\leqslant n\leqslant N$，$0\leqslant i\leqslant I$ 和 $1\leqslant j\leqslant J$，定义事故年 i、进展年 j 的单个进展因子：

$$F_{i,j}^{(n)}=\frac{C_{i,j}^{(n)}}{C_{i,j-1}^{(n)}},\quad \boldsymbol{F}_{i,j}=(F_{i,j}^{(1)},\cdots,F_{i,j}^{(N)})^{\mathrm{T}}. \tag{6.1}$$

进一步，定义 N 维向量 $\boldsymbol{a}=(a_1,\cdots,a_N)^{\mathrm{T}}\in\mathbb{R}^N$ 和 $\boldsymbol{c}^b=(c_1^b,\cdots,c_N^b)^{\mathrm{T}}\in\mathbb{R}_+^N$ 的 $N\times N$ 维对角阵：

$$D(\boldsymbol{a})=\begin{pmatrix} a_1 & & 0 \\ & \ddots & \\ 0 & & a_N \end{pmatrix}, \quad D(\boldsymbol{c}^b)=\begin{pmatrix} c_1^b & & 0 \\ & \ddots & \\ 0 & & c_N^b \end{pmatrix}, \tag{6.2}$$

其中 $b\in\mathbb{R}$. 则对于所有 $0\leqslant i\leqslant I$ 和 $1\leqslant j\leqslant J$，可以得出

$$\boldsymbol{C}_{i,j}=D(\boldsymbol{C}_{i,j-1})\boldsymbol{F}_{i,j}=D(\boldsymbol{F}_{i,j})\boldsymbol{C}_{i,j-1}, \tag{6.3}$$

这里

$$D(\boldsymbol{C}_{i,j-1})=\begin{pmatrix} C_{i,j-1}^{(1)} & & 0 \\ & \ddots & \\ 0 & & C_{i,j-1}^{(N)} \end{pmatrix}, \quad \boldsymbol{F}_{i,j}=(F_{i,j}^{(1)},\cdots,F_{i,j}^{(N)})^{\mathrm{T}},$$

$$D(\boldsymbol{C}_{i,j-1})\boldsymbol{F}_{i,j}=\begin{pmatrix} C_{i,j-1}^{(1)}F_{i,j}^{(1)} \\ \vdots \\ C_{i,j-1}^{(N)}F_{i,j}^{(N)} \end{pmatrix}=\begin{pmatrix} F_{i,j}^{(1)} & & 0 \\ & \ddots & \\ 0 & & F_{i,j}^{(N)} \end{pmatrix}\begin{pmatrix} C_{i,j-1}^{(1)} \\ \vdots \\ C_{i,j-1}^{(N)} \end{pmatrix}=D(\boldsymbol{F}_{i,j})\boldsymbol{C}_{i,j-1}.$$

在此基础上，下面给出无分布假设的多元 CL 模型的基本假设：

(1) 对于不同事故年 i，累计赔款额 $\boldsymbol{C}_{i,j}$ 是相互独立的.

(2) $\{\boldsymbol{C}_{i,j}\}_{j\geqslant 0}$ 构成一个 N 维马尔科夫链，即存在 N 维确定性向量 $\boldsymbol{f}_j=(f_j^{(1)},\cdots,f_j^{(N)})^{\mathrm{T}}$，其中 $f_j^{(n)}>0(1\leqslant n\leqslant N)$，以及 $N\times N$ 维对称正定矩阵 $\boldsymbol{\Sigma}_j\,(0\leqslant j\leqslant J-1)$，使得对于所有 $0\leqslant i\leqslant I$，$1\leqslant j\leqslant J$，有

$$\mathrm{E}(\boldsymbol{C}_{i,j}\mid\boldsymbol{C}_{i,j-1})=D(\boldsymbol{f}_{j-1})\boldsymbol{C}_{i,j-1}, \tag{6.4}$$

$$\mathrm{Cov}(\boldsymbol{C}_{i,j},\boldsymbol{C}_{i,j}\mid\boldsymbol{C}_{i,j-1})=(D(\boldsymbol{C}_{i,j-1}))^{1/2}\boldsymbol{\Sigma}_{j-1}(D(\boldsymbol{C}_{i,j-1}))^{1/2}. \tag{6.5}$$

这里需要注意以下三点：第一，进展因子 $\boldsymbol{f}_j$ 也称为 N 维进展因子、CL 进展因子、年度进展因子或 CL 比率. 第二，不同子业务的相依性是通过相关性矩阵 $\boldsymbol{\Sigma}_{j-1}$ 定义的，它用来描述在给定 $\boldsymbol{C}_{i,j-1}$ 的条件下，$C_{i,j}^{(n)}$ 和 $C_{i,j}^{(m)}$ 之间的条件相依性. 也就是说，我们提供了一种特定类型的条件相依结构，以此直接联系具有相同坐标的不同流量三角形的单元格. 第三，出于实际考虑，需要引入会计年度的相依性，即对应于索赔准备金评估流量三角形对角线的相依性. 与几乎所有索赔准备金评估模型一样，该多元 CL 模型也不能处理对角线的相依性问题，这可能只能通过 Bootstrap 方法或 MCMC 方法等随机模拟方法来实现.

二、多元 CL 模型中估计量的无偏性

1. 估计量 $\hat{\boldsymbol{f}}_j$，$\hat{\boldsymbol{f}}_j^{(0)}$，$\hat{\boldsymbol{C}}_{i,J}^{\mathrm{CL}}$ 和 $\sum_{n=1}^{N}\hat{C}_{i,J}^{(n)\,\mathrm{CL}}$ 的无偏性

定理 6.1 在多元 CL 模型假设下，对于所有 $1\leqslant i\leqslant I$，有

$$\mathrm{E}(\boldsymbol{C}_{i,J}\mid\mathcal{D}_I^N)=\mathrm{E}(\boldsymbol{C}_{i,J}\mid\boldsymbol{C}_{i,I-i})=\prod_{j=I-i}^{J-1}D(\boldsymbol{f}_j)\boldsymbol{C}_{i,I-i}. \tag{6.6}$$

该定理的证明过程与第二章一元 CL 模型（Mack 模型）中定理 2.1 的证明类似，这里不

再展开. 这一定理为给定观测值 $\mathcal{D}_I^N$ 下, 估计最终损失的条件期望和预测最终损失提供了一种递归算法. 如果已知 N 维 CL 进展因子 $\boldsymbol{f}_j$, 那么对于 N 个具有相关性的流量三角形, 基于 $\mathcal{D}_I^N$ 的事故年 i 的索赔准备金可采用如下估计:

$$\mathrm{E}(\boldsymbol{C}_{i,J} \mid \mathcal{D}_I^N) - \boldsymbol{C}_{i,I-i} = D(\boldsymbol{f}_{J-1}) \cdots D(\boldsymbol{f}_{I-i}) \boldsymbol{C}_{i,I-i} - \boldsymbol{C}_{i,I-i}. \tag{6.7}$$

然而, 大多数实际应用中只能基于赔款数据估计 CL 进展因子. 故 Pröhl 和 Schmidt (2005), Schmidt(2006b) 分别提出了如下多元年度进展因子 $\boldsymbol{f}_j (0 \leqslant j \leqslant J-1)$ 估计量:

$$\begin{aligned}\hat{\boldsymbol{f}}_j = (\hat{f}_j^{(1)}, \cdots, \hat{f}_j^{(N)})^{\mathrm{T}} = &\left(\sum_{i=0}^{I-j-1} (D(\boldsymbol{C}_{i,j}))^{1/2} \boldsymbol{\Sigma}_j^{-1} (D(\boldsymbol{C}_{i,j}))^{1/2} \right)^{-1} \\ &\cdot \sum_{i=0}^{I-j-1} (D(\boldsymbol{C}_{i,j}))^{1/2} \boldsymbol{\Sigma}_j^{-1} (D(\boldsymbol{C}_{i,j}))^{1/2} \boldsymbol{F}_{i,j+1},\end{aligned} \tag{6.8}$$

其中元素 $\hat{f}_j^{(n)}$ 表示基于 $\mathcal{D}_I^N$ 的第 $n (1 \leqslant n \leqslant N)$ 个流量三角形在进展年 j 的年度进展因子估计值, 并且这一估计假设协方差阵 $\boldsymbol{\Sigma}_j$ 是已知的. 进而, 对于 $i+j>I$, $\mathrm{E}(\boldsymbol{C}_{i,j} | \mathcal{D}_I^N)$ 的多元 CL 估计量可以表示为

$$\hat{\boldsymbol{C}}_{i,J}^{\mathrm{CL}} = (\hat{C}_{i,J}^{(1)\,\mathrm{CL}}, \cdots, \hat{C}_{i,J}^{(n)\,\mathrm{CL}})^{\mathrm{T}} = \hat{\mathrm{E}}(\boldsymbol{C}_{i,J} \mid \mathcal{D}_I^N) = \prod_{l=I-i}^{J-1} D(\hat{\boldsymbol{f}}_l) \boldsymbol{C}_{i,I-i}. \tag{6.9}$$

显然, 在仅含一个流量三角形的 $N=1$ 的特殊情况下, 式(6.8)所示的年度进展因子与如下加权平均年度进展因子估计值相同:

$$\hat{f}_j = \sum_{i=0}^{I-j-1} \frac{C_{i,j}}{\sum_{k=0}^{I-j-1} C_{k,j}} F_{i,j+1}. \tag{6.10}$$

式(6.10)表示的是一元 CL 法使用的年度进展因子. 在 Braun(2004), Merz 和 Wüthrich (2007) 给出的方法中, N 个具有相关性的流量三角形的未来累计赔款都是基于式(6.10)所示的一元年度进展因子估计的, 并没有考虑不同流量三角形的相依结构. 在本章的矩阵符号表示中, 这意味着 N 维 CL 进展因子 $\boldsymbol{f}_j$ 是使用如下一元方法进行估计的:

$$\hat{\boldsymbol{f}}_j^{(0)} = \left(\sum_{k=0}^{I-j-1} D(\boldsymbol{C}_{k,j}) \right)^{-1} \sum_{i=0}^{I-j-1} D(\boldsymbol{C}_{i,j}) \boldsymbol{F}_{i,j+1}, \tag{6.11}$$

其中第 $n (1 \leqslant n \leqslant N)$ 个元素可以表示为

$$\hat{f}_j^{(n)(0)} = \sum_{i=0}^{I-j-1} \frac{C_{i,j}^{(n)}}{\sum_{k=0}^{I-j-1} C_{k,j}^{(n)}} F_{i,j+1}^{(n)}. \tag{6.12}$$

需要注意的是, $\hat{\boldsymbol{f}}_j$ 和 $\hat{\boldsymbol{f}}_j^{(0)}$ 都是多元 CL 进展因子 $\boldsymbol{f}_j$ 的条件无偏估计. 然而, $\hat{\boldsymbol{f}}_j$ 具有更小的条件方差①. 从这种意义上讲, $\hat{\boldsymbol{f}}_j$ 是最优的. 另外, 如果 $N \times N$ 维协方差阵 $\boldsymbol{\Sigma}_j$ 为对角阵, 那么 $\hat{\boldsymbol{f}}_j$ 和 $\hat{\boldsymbol{f}}_j^{(0)}$ 相同. 如果 $\boldsymbol{\Sigma}_0, \cdots, \boldsymbol{\Sigma}_{J-2}$ 为对角阵, 那么基于单个子业务的一元 CL 估计求和, 由

① 本节后续部分将给出这种无偏估计和最小条件方差的证明, 见定理 6.2 和定理 6.3.

Braun(2004)，Merz 和 Wüthrich(2007)提出的基于式(6.11)的多元 CL 估计及基于式(6.8)的多元 CL 估计都是相同的. 然而，在其他情况下，当可以获得协方差阵 $\boldsymbol{\Sigma}_j$ 的合理估计时，使用式(6.8)所示的多元 CL 估计更合理.

与一元情况类似，定理 6.2 给出了多元 CL 模型中的无偏估计.

定理 6.2 在多元 CL 模型假设下，有

(1) 给定 $\mathcal{B}_j^N$，$\hat{\boldsymbol{f}}_j$ 是 $\boldsymbol{f}_j$ 的无偏估计，即 $\mathrm{E}(\hat{\boldsymbol{f}}_j \mid \mathcal{B}_j^N)=\boldsymbol{f}_j$；

(2) $\hat{\boldsymbol{f}}_j$ 是 $\boldsymbol{f}_j$ 的无条件无偏估计，即 $\mathrm{E}(\hat{\boldsymbol{f}}_j)=\boldsymbol{f}_j$；

(3) 对于 $j\neq k$，$\hat{\boldsymbol{f}}_j$ 和 $\hat{\boldsymbol{f}}_k$ 是不相关的，即 $\mathrm{E}(\hat{\boldsymbol{f}}_j\,\hat{\boldsymbol{f}}_k^{\mathrm{T}})=\boldsymbol{f}_j\boldsymbol{f}_k^{\mathrm{T}}=\mathrm{E}(\hat{\boldsymbol{f}}_j)(\mathrm{E}(\hat{\boldsymbol{f}}_k))^{\mathrm{T}}$；

(4) 给定 $\boldsymbol{C}_{i,I-i}$，估计量 $\hat{\boldsymbol{C}}_{i,J}^{\mathrm{CL}}$ 是 $\mathrm{E}(\boldsymbol{C}_{i,J}\mid\mathcal{D}_I^N)=\mathrm{E}(\boldsymbol{C}_{i,J}\mid\boldsymbol{C}_{i,I-i})$ 的无偏估计，即

$$\mathrm{E}(\hat{\boldsymbol{C}}_{i,J}^{\mathrm{CL}}\mid\boldsymbol{C}_{i,I-i})=\mathrm{E}(\boldsymbol{C}_{i,J}\mid\mathcal{D}_I^N)；$$

(5) $\hat{\boldsymbol{C}}_{i,J}^{\mathrm{CL}}$ 是 $\mathrm{E}(\boldsymbol{C}_{i,J})$ 的无条件无偏估计，即 $\mathrm{E}(\hat{\boldsymbol{C}}_{i,J}^{\mathrm{CL}})=\mathrm{E}(\boldsymbol{C}_{i,J})$.

证明 (1) 由 $\boldsymbol{F}_{i,j}=(D(\boldsymbol{C}_{i,j-1}))^{-1}\boldsymbol{C}_{i,j}$ 可得出 $\boldsymbol{F}_{i,j+1}=(D(\boldsymbol{C}_{i,j}))^{-1}\boldsymbol{C}_{i,j+1}$，结合式(6.4)得到

$$\begin{aligned}
\mathrm{E}(\hat{\boldsymbol{f}}_j\mid\mathcal{B}_j^N)&=\left(\sum_{i=0}^{I-j-1}(D(\boldsymbol{C}_{i,j}))^{1/2}\boldsymbol{\Sigma}_j^{-1}(D(\boldsymbol{C}_{i,j}))^{1/2}\right)^{-1}\\
&\quad\cdot\sum_{i=0}^{I-j-1}(D(\boldsymbol{C}_{i,j}))^{1/2}\boldsymbol{\Sigma}_j^{-1}(D(\boldsymbol{C}_{i,j}))^{1/2}(D(\boldsymbol{C}_{i,j}))^{-1}\mathrm{E}(\boldsymbol{C}_{i,j+1}\mid\mathcal{B}_j^N)\\
&=\left(\sum_{i=0}^{I-j-1}(D(\boldsymbol{C}_{i,j}))^{1/2}\boldsymbol{\Sigma}_j^{-1}(D(\boldsymbol{C}_{i,j}))^{1/2}\right)^{-1}\sum_{i=0}^{I-j-1}(D(\boldsymbol{C}_{i,j}))^{1/2}\boldsymbol{\Sigma}_j^{-1}(D(\boldsymbol{C}_{i,j}))^{-1/2}\mathrm{E}(\boldsymbol{C}_{i,j+1}\mid\mathcal{B}_j^N)\\
&=\left(\sum_{i=0}^{I-j-1}(D(\boldsymbol{C}_{i,j}))^{1/2}\boldsymbol{\Sigma}_j^{-1}(D(\boldsymbol{C}_{i,j})^{1/2}\right)^{-1}\sum_{i=0}^{I-j-1}(D(\boldsymbol{C}_{i,j}))^{1/2}\boldsymbol{\Sigma}_j^{-1}(D(\boldsymbol{C}_{i,j}))^{-1/2}D(\boldsymbol{f}_j)\boldsymbol{C}_{i,j}\\
&=\left(\sum_{i=0}^{I-j-1}(D(\boldsymbol{C}_{i,j}))^{1/2}\boldsymbol{\Sigma}_j^{-1}(D(\boldsymbol{C}_{i,j}))^{1/2}\right)^{-1}\sum_{i=0}^{I-j-1}(D(\boldsymbol{C}_{i,j}))^{1/2}\boldsymbol{\Sigma}_j^{-1}(D(\boldsymbol{C}_{i,j}))^{-1/2}D(\boldsymbol{C}_{i,j})\boldsymbol{f}_j\\
&=\boldsymbol{f}_j.
\end{aligned}$$

(2) 由(1)很容易证明(2)成立.

(3) 由(1)和(2)可以得出，对于 $j<k$，有

$$\mathrm{E}(\hat{\boldsymbol{f}}_j\,\hat{\boldsymbol{f}}_k^{\mathrm{T}})=\mathrm{E}(\mathrm{E}(\hat{\boldsymbol{f}}_j\,\hat{\boldsymbol{f}}_k^{\mathrm{T}}\mid\mathcal{B}_k^N))=\mathrm{E}(\hat{\boldsymbol{f}}_j\mathrm{E}(\hat{\boldsymbol{f}}_k^{\mathrm{T}}\mid\mathcal{B}_k^N))=\mathrm{E}(\hat{\boldsymbol{f}}_j)\boldsymbol{f}_k^{\mathrm{T}}=\mathrm{E}(\hat{\boldsymbol{f}}_j)(\mathrm{E}(\hat{\boldsymbol{f}}_k))^{\mathrm{T}}.$$

(4) 由(1)得出

$$\begin{aligned}
\mathrm{E}(\hat{\boldsymbol{C}}_{i,J}^{\mathrm{CL}}\mid\boldsymbol{C}_{i,I-i})&=\mathrm{E}(D(\hat{\boldsymbol{f}}_{J-1})D(\hat{\boldsymbol{f}}_{J-2})\cdots D(\hat{\boldsymbol{f}}_{I-i})\boldsymbol{C}_{i,I-i}\mid\boldsymbol{C}_{i,I-i})\\
&=\mathrm{E}(\mathrm{E}(D(\hat{\boldsymbol{f}}_{J-1})\mid\mathcal{B}_{J-1}^N)D(\hat{\boldsymbol{f}}_{J-2})\cdots D(\hat{\boldsymbol{f}}_{I-i})\boldsymbol{C}_{i,I-i}\mid\boldsymbol{C}_{i,I-i})\\
&=D(\boldsymbol{f}_{J-1})\mathrm{E}(\hat{\boldsymbol{C}}_{i,J-1}^{\mathrm{CL}}\mid\boldsymbol{C}_{i,I-i}).
\end{aligned}$$

逐步进行迭代，进而由定理 6.1 可以推出

$$\begin{aligned}
\mathrm{E}(\hat{\boldsymbol{C}}_{i,J}^{\mathrm{CL}}\mid\boldsymbol{C}_{i,I-i})&=D(\boldsymbol{f}_{J-1})\cdots D(\boldsymbol{f}_{I-i})\mathrm{E}(\hat{\boldsymbol{C}}_{i,I-i}^{\mathrm{CL}}\mid\boldsymbol{C}_{i,I-i})=D(\boldsymbol{f}_{J-1})\cdots D(\boldsymbol{f}_{I-i})\boldsymbol{C}_{i,I-i}\\
&=\mathrm{E}(\boldsymbol{C}_{i,J}\mid\boldsymbol{C}_{i,I-i})=\mathrm{E}(\boldsymbol{C}_{i,J}\mid\mathcal{D}_I^N).
\end{aligned}$$

(5) 由(4)很容易证明(5)成立.

从定理 6.2 中的(4)可以看出,$\hat{\boldsymbol{C}}_{i,J}^{\mathrm{CL}}$是最终损失的条件期望 $\mathrm{E}(\boldsymbol{C}_{i,J}\mid\mathcal{D}_I^N)$的无偏估计. 这表明,给定 $C_{i,I-i}$,单一事故年 $i(1\leqslant i\leqslant I)$的加总最终损失的估计量[①]

$$\sum_{n=1}^{N}\hat{C}_{i,J}^{(n)\,\mathrm{CL}}=\mathbf{1}^{\mathrm{T}}\hat{\boldsymbol{C}}_{i,J}^{\mathrm{CL}} \tag{6.13}$$

是 $\sum_{n=1}^{N}\mathrm{E}(C_{i,J}^{(n)}\mid C_{i,I-i})$ 的无偏估计.

2. 关于 $\boldsymbol{f}_j$ 的方差最小的无偏估计线性组合 $\hat{\boldsymbol{f}}_j$

定理 6.3　结合多元 CL 模型假设,在条件 $\mathcal{B}_j^N$ 下,通过最小化关于 $\boldsymbol{f}_j$ 的条件期望平方损失,即关于 $\boldsymbol{f}_j$ 的所有 N 维无偏估计$\{\boldsymbol{F}_{i,j+1}\}_{0\leqslant i\leqslant I-j-1}$的线性组合

$$\mathrm{E}((\boldsymbol{f}_j-\hat{\boldsymbol{f}}_j)^{\mathrm{T}}(\boldsymbol{f}_j-\hat{\boldsymbol{f}}_j)\mid\mathcal{B}_j^N)=\min_{\boldsymbol{W}_{i,j}\in\mathbb{R}^{N\times N}}\mathrm{E}\left(\left(\boldsymbol{f}_j-\sum_{i=0}^{I-j-1}\boldsymbol{W}_{i,j}\boldsymbol{F}_{i,j+1}\right)^{\mathrm{T}}\left(\boldsymbol{f}_j-\sum_{i=0}^{I-j-1}\boldsymbol{W}_{i,j}\boldsymbol{F}_{i,j+1}\right)\middle|\mathcal{B}_j^N\right),$$

可以得出估计量 $\hat{\boldsymbol{f}}_j$ 是关于 $\boldsymbol{f}_j$ 的 $\mathcal{B}_{j+1}^N$可测的无偏估计$\{\boldsymbol{F}_{i,j+1}\}_{0\leqslant i\leqslant I-j-1}$的线性组合中方差最小的.

该定理的证明过程与一元 CL 模型(Mack 模型)中引理的证明类似,也可以参考 Pröhl 和 Schmidt(2005)中定理 3.1 的证明,这里不再展开.

6.2.2　多元 CL 模型中 MSEP 的定义和估计

一、MSEP 的定义

针对单一事故年 $i(1\leqslant i\leqslant I)$,式(6.13)所示的最终损失的多元 CL 预测量的条件 MSEP 估计量可以表示为

$$\begin{aligned}\widehat{\mathrm{MSEP}}_{\sum_n C_{i,J}^{(n)}\mid\mathcal{D}_I^N}\left(\sum_{n=1}^{N}\hat{C}_{i,J}^{(n)\,\mathrm{CL}}\right)&=\mathrm{E}\left(\left(\sum_{n=1}^{N}\hat{C}_{i,J}^{(n)\,\mathrm{CL}}-\sum_{n=1}^{N}C_{i,J}^{(n)}\right)^2\middle|\mathcal{D}_I^N\right)\\&=\mathbf{1}^{\mathrm{T}}\mathrm{E}((\hat{\boldsymbol{C}}_{i,J}^{\mathrm{CL}}-\boldsymbol{C}_{i,J})(\hat{\boldsymbol{C}}_{i,J}^{\mathrm{CL}}-\boldsymbol{C}_{i,J})^{\mathrm{T}}\mid\mathcal{D}_I^N)\mathbf{1}\\&=\mathbf{1}^{\mathrm{T}}\mathrm{Var}(\boldsymbol{C}_{i,J}\mid\mathcal{D}_I^N)\mathbf{1}+\mathbf{1}^{\mathrm{T}}(\hat{\boldsymbol{C}}_{i,J}^{\mathrm{CL}}-\mathrm{E}(\boldsymbol{C}_{i,J}\mid\mathcal{D}_I^N))(\hat{\boldsymbol{C}}_{i,J}^{\mathrm{CL}}-\mathrm{E}(\boldsymbol{C}_{i,J}\mid\mathcal{D}_I^N))^{\mathrm{T}}\mathbf{1},\end{aligned} \tag{6.14}$$

进而所有事故年总的最终损失的条件 MSEP 估计量可以表示为

$$\widehat{\mathrm{MSEP}}_{\sum_{i,n}C_{i,J}^{(n)}\mid\mathcal{D}_I^N}\left(\sum_{i,n}\hat{C}_{i,J}^{(n)\,\mathrm{CL}}\right)=\mathrm{E}\left(\left(\sum_{i,n}\hat{C}_{i,J}^{(n)\,\mathrm{CL}}-\sum_{i,n}C_{i,J}^{(n)}\right)^2\middle|\mathcal{D}_I^N\right). \tag{6.15}$$

二、条件 MSEP 的估计

1. 单一事故年的条件 MSEP 估计

1) 条件过程方差的估计

条件过程方差 $\mathbf{1}^{\mathrm{T}}\mathrm{Var}(\boldsymbol{C}_{i,J}\mid\mathcal{D}_I^N)\mathbf{1}$ 源于 $\boldsymbol{C}_{i,J}$的随机波动. 为了便于符号表示,这里定义乘

---

① 由于事故年 0 的最终损失为已知常数,不会影响后续 MSEP 的估计,故这里不考虑 $i=0$ 的情况.

积项 $\prod_{l=k+1}^{k} D(\boldsymbol{f}_l)=\boldsymbol{E}$，其中 $\boldsymbol{E}$ 为 $N\times N$ 维单位阵. 对于单一事故年的过程方差来说，可以推导出如下结论：

定理 6.4 在多元 CL 模型假设下，给定观测值 $\mathcal{D}_I^N$，则事故年 $i(1\leqslant i\leqslant I)$ 的最终损失 $\boldsymbol{C}_{i,J}$ 的条件过程方差可以表示为

$$\mathbf{1}^{\mathrm{T}}\mathrm{Var}(\boldsymbol{C}_{i,J}|\mathcal{D}_I^N)\mathbf{1}=\mathbf{1}^{\mathrm{T}}\left(\sum_{j=I-i}^{J-1}\prod_{k=j+1}^{J-1}D(\boldsymbol{f}_k)\boldsymbol{\Sigma}_{i,j}^{\boldsymbol{C}}\prod_{k=j+1}^{J-1}D(\boldsymbol{f}_k)\right)\mathbf{1}, \tag{6.16}$$

其中

$$\boldsymbol{\Sigma}_{i,j}^{\boldsymbol{C}}=\mathrm{E}((D(\boldsymbol{C}_{i,j}))^{1/2}\boldsymbol{\Sigma}_j(D(\boldsymbol{C}_{i,j}))^{1/2}|\boldsymbol{C}_{i,I-i}). \tag{6.17}$$

证明 对于 $1\leqslant i\leqslant I$，由马尔科夫链的性质和不同事故年的独立性假设，可以得出

$$\begin{aligned}\mathbf{1}^{\mathrm{T}}\mathrm{Var}(\boldsymbol{C}_{i,J}|\mathcal{D}_I^N)\mathbf{1}&=\mathbf{1}^{\mathrm{T}}\mathrm{Var}(\boldsymbol{C}_{i,J}|\boldsymbol{C}_{i,I-i})\mathbf{1}\\&=\mathbf{1}^{\mathrm{T}}\mathrm{E}(\mathrm{Var}(\boldsymbol{C}_{i,J}|\boldsymbol{C}_{i,J-1})|\boldsymbol{C}_{i,I-i})\mathbf{1}\\&\quad+\mathbf{1}^{\mathrm{T}}\mathrm{Var}(\mathrm{E}(\boldsymbol{C}_{i,J}|\boldsymbol{C}_{i,J-1})|\boldsymbol{C}_{i,I-i})\mathbf{1}.\end{aligned} \tag{6.18}$$

对于式(6.18)后一个等号右边第一项，由式(6.5)可以得出

$$\mathbf{1}^{\mathrm{T}}\mathrm{E}(\mathrm{Var}(\boldsymbol{C}_{i,J}|\boldsymbol{C}_{i,J-1})|\boldsymbol{C}_{i,I-i})\mathbf{1}=\mathbf{1}^{\mathrm{T}}\mathrm{E}((D(\boldsymbol{C}_{i,J-1}))^{1/2}\boldsymbol{\Sigma}_{J-1}(D(\boldsymbol{C}_{i,J-1}))^{1/2}|\boldsymbol{C}_{i,I-i})\mathbf{1}=\mathbf{1}^{\mathrm{T}}\boldsymbol{\Sigma}_{i,J-1}^{\boldsymbol{C}}\mathbf{1};$$

对于第二项，由式(6.4)可以得出

$$\mathbf{1}^{\mathrm{T}}\mathrm{Var}(\mathrm{E}(\boldsymbol{C}_{i,J}|\boldsymbol{C}_{i,J-1})|\boldsymbol{C}_{i,I-i})\mathbf{1}=\mathbf{1}^{\mathrm{T}}D(\boldsymbol{f}_{J-1})\mathrm{Var}(\boldsymbol{C}_{i,J-1}|\boldsymbol{C}_{i,I-i})D(\boldsymbol{f}_{J-1})\mathbf{1}.$$

因此，对于事故年 $i(1\leqslant i\leqslant I)$ 的条件过程方差，也可得到如下递推公式：

$$\mathbf{1}^{\mathrm{T}}\mathrm{Var}(\boldsymbol{C}_{i,J}|\mathcal{D}_I^N)\mathbf{1}=\mathbf{1}^{\mathrm{T}}(\boldsymbol{\Sigma}_{i,J-1}^{\boldsymbol{C}}+D(\boldsymbol{f}_{J-1})\mathrm{Var}(\boldsymbol{C}_{i,J-1}|\mathcal{D}_I^N)D(\boldsymbol{f}_{J-1}))\mathbf{1}. \tag{6.19}$$

进一步，迭代上述递推公式：

$$\begin{aligned}&\mathrm{Var}(\boldsymbol{C}_{i,J}|\mathcal{D}_I^N)\\&=\boldsymbol{\Sigma}_{i,J-1}^{\boldsymbol{C}}+D(\boldsymbol{f}_{J-1})\mathrm{Var}(\boldsymbol{C}_{i,J-1}|\mathcal{D}_I^N)D(\boldsymbol{f}_{J-1})\\&=\boldsymbol{\Sigma}_{i,J-1}^{\boldsymbol{C}}+D(\boldsymbol{f}_{J-1})(\boldsymbol{\Sigma}_{i,J-2}^{\boldsymbol{C}}+D(\boldsymbol{f}_{J-2})\mathrm{Var}(\boldsymbol{C}_{i,J-2}|\mathcal{D}_I^N)D(\boldsymbol{f}_{J-2}))D(\boldsymbol{f}_{J-1})\\&=\boldsymbol{\Sigma}_{i,J-1}^{\boldsymbol{C}}+D(\boldsymbol{f}_{J-1})\boldsymbol{\Sigma}_{i,J-2}^{\boldsymbol{C}}D(\boldsymbol{f}_{J-1})+D(\boldsymbol{f}_{J-1})D(\boldsymbol{f}_{J-2})\mathrm{Var}(\boldsymbol{C}_{i,J-2}|\mathcal{D}_I^N)D(\boldsymbol{f}_{J-2})D(\boldsymbol{f}_{J-1})\\&=\boldsymbol{\Sigma}_{i,J-1}^{\boldsymbol{C}}+D(\boldsymbol{f}_{J-1})\boldsymbol{\Sigma}_{i,J-2}^{\boldsymbol{C}}D(\boldsymbol{f}_{J-1})+D(\boldsymbol{f}_{J-1})D(\boldsymbol{f}_{J-2})\boldsymbol{\Sigma}_{i,J-3}^{\boldsymbol{C}}D(\boldsymbol{f}_{J-2})D(\boldsymbol{f}_{J-1})+\cdots\\&\quad+D(\boldsymbol{f}_{J-1})D(\boldsymbol{f}_{J-2})\cdots D(\boldsymbol{f}_{I-i})\mathrm{Var}(\boldsymbol{C}_{i,I-i}|\mathcal{D}_I^N)D(\boldsymbol{f}_{I-i})\cdots D(\boldsymbol{f}_{J-2})D(\boldsymbol{f}_{J-1})\\&=\sum_{j=I-i}^{J-1}\prod_{k=j+1}^{J-1}D(\boldsymbol{f}_k)\boldsymbol{\Sigma}_{i,j}^{\boldsymbol{C}}\prod_{k=j+1}^{J-1}D(\boldsymbol{f}_k),\end{aligned}$$

其中

$$\mathrm{Var}(\boldsymbol{C}_{i,I-i}|\mathcal{D}_I^N)=\mathbf{0},\quad \prod_{l=k+1}^{k}D(\boldsymbol{f}_l)=\boldsymbol{E}.$$

综上所述，定理 6.4 得证.

这里需要注意三点：第一，与一元 CL 情况类似，式(6.19)给出了 N 个具有相关性的流量三角形的条件过程方差的递推公式；第二，当 $N=1$ 时，式(6.16)和式(6.17)退化为一个

流量三角形单一事故年的条件过程方差；第三，从定理 6.4 可以看出，单一事故年最终损失 $\boldsymbol{C}_{i,J}$ 的条件过程方差的估计最终归结为参数 $\boldsymbol{f}_k$ 和 $\boldsymbol{\Sigma}_{i,j}^{C}$ 的估计. 有关 $\boldsymbol{f}_k$ 和 $\boldsymbol{\Sigma}_{i,j}^{C}$ 的估计详见本小节最后的主要参数估计.

2）条件参数误差的估计

下面考虑式(6.14)最后一个等号右边第二项：

$$\mathbf{1}^{\mathrm{T}}(\hat{\boldsymbol{C}}_{i,J}^{\mathrm{CL}}-\mathrm{E}(\boldsymbol{C}_{i,J}\mid\mathcal{D}_I^N))(\hat{\boldsymbol{C}}_{i,J}^{\mathrm{CL}}-\mathrm{E}(\boldsymbol{C}_{i,J}\mid\mathcal{D}_I^N))^{\mathrm{T}}\mathbf{1},\tag{6.20}$$

即需要确定使用估计量 $\hat{\boldsymbol{C}}_{i,J}^{\mathrm{CL}}$ 估计条件期望 $\mathrm{E}(\boldsymbol{C}_{i,J}\mid\mathcal{D}_I^N)$ 的不确定性.

由定理 6.1 和式(6.9)可以得出，对于事故年 $i(1\leqslant i\leqslant I)$，式(6.20)所示的条件参数误差可以表示为

$$\begin{aligned}&\mathbf{1}^{\mathrm{T}}(\hat{\boldsymbol{C}}_{i,J}^{\mathrm{CL}}-\mathrm{E}(\boldsymbol{C}_{i,J}\mid\mathcal{D}_I^N))(\hat{\boldsymbol{C}}_{i,J}^{\mathrm{CL}}-\mathrm{E}(\boldsymbol{C}_{i,J}\mid\mathcal{D}_I^N))^{\mathrm{T}}\mathbf{1}\\&=\mathbf{1}^{\mathrm{T}}\left(\prod_{j=I-i}^{J-1}D(\hat{\boldsymbol{f}}_j)-\prod_{j=I-i}^{J-1}D(\boldsymbol{f}_j)\right)\boldsymbol{C}_{i,I-i}\boldsymbol{C}_{i,I-i}^{\mathrm{T}}\left(\prod_{j=I-i}^{J-1}D(\hat{\boldsymbol{f}}_j)-\prod_{j=I-i}^{J-1}D(\boldsymbol{f}_j)\right)\mathbf{1}.\end{aligned}$$

这里用到了对角阵的性质：若 $\boldsymbol{A}$ 为对角阵，则有 $\boldsymbol{A}^{\mathrm{T}}=\boldsymbol{A}$.

另外，对于任意的 N 维向量 $\boldsymbol{a},\boldsymbol{b},\boldsymbol{c},\boldsymbol{d}$，下式成立：

$$D(\boldsymbol{b})\boldsymbol{a}\boldsymbol{c}^{\mathrm{T}}D(\boldsymbol{d})=D(\boldsymbol{a})\boldsymbol{b}\boldsymbol{d}^{\mathrm{T}}D(\boldsymbol{c}).\tag{6.21}$$

所以，条件参数误差可以进一步表示为

$$\begin{aligned}&\mathbf{1}^{\mathrm{T}}(\hat{\boldsymbol{C}}_{i,J}^{\mathrm{CL}}-\mathrm{E}(\boldsymbol{C}_{i,J}|\mathcal{D}_I^N))(\hat{\boldsymbol{C}}_{i,J}^{\mathrm{CL}}-\mathrm{E}(\boldsymbol{C}_{i,J}|\mathcal{D}_I^N))^{\mathrm{T}}\mathbf{1}\\&=\mathbf{1}^{\mathrm{T}}D(\boldsymbol{C}_{i,I-i})(\hat{\boldsymbol{g}}_{i|J}-\boldsymbol{g}_{i|J})(\hat{\boldsymbol{g}}_{i|J}-\boldsymbol{g}_{i|J})^{\mathrm{T}}D(\boldsymbol{C}_{i,I-i})\mathbf{1},\end{aligned}\tag{6.22}$$

这里对于 $I-i+1\leqslant j\leqslant J$，有

$$\begin{aligned}\hat{\boldsymbol{g}}_{i|j}&=\prod_{j=I-i}^{j-1}D(\hat{\boldsymbol{f}}_j)\mathbf{1}=D(\hat{\boldsymbol{f}}_{I-i})\cdots D(\hat{\boldsymbol{f}}_{j-1})\mathbf{1},\\\boldsymbol{g}_{i|j}&=\prod_{j=I-i}^{j-1}D(\boldsymbol{f}_j)\mathbf{1}=D(\boldsymbol{f}_{I-i})\cdots D(\boldsymbol{f}_{j-1})\mathbf{1}.\end{aligned}\tag{6.23}$$

为了确定条件参数误差，需要在单个流量三角形基础上进行扩展考虑，即需要进一步考虑多元 CL 模型中的重抽样问题. 类似于一元的情况，需要引入更强的模型假设，即多元 CL 模型. 该模型可以方便使用条件重抽样方法度量估计量 $\hat{\boldsymbol{f}}_0,\cdots,\hat{\boldsymbol{f}}_{J-1}$ 围绕真实的多元 CL 进展因子 $\boldsymbol{f}_0,\cdots,\boldsymbol{f}_{J-1}$ 的波动性. 下面给出多元 CL 模型的基本假设：

(1) 对于不同事故年 i，累计赔款额 $\boldsymbol{C}_{i,j}$ 是相互独立的.

(2) 存在 N 维常数向量 $\boldsymbol{f}_j=(f_j^{(1)},\cdots,f_j^{(N)})^{\mathrm{T}}$ 和 $\boldsymbol{\sigma}_j=(\sigma_j^{(1)},\cdots,\sigma_j^{(N)})^{\mathrm{T}}$，其中 $f_j^{(n)}>0,\sigma_j^{(n)}>0$，以及 N 维随机变量 $\boldsymbol{\varepsilon}_{i,j+1}=(\varepsilon_{i,j+1}^{(1)},\cdots,\varepsilon_{i,j+1}^{(N)})^{\mathrm{T}}$，使得对于所有 $0\leqslant i\leqslant I,0\leqslant j\leqslant J-1$，有

$$\boldsymbol{C}_{i,j+1}=D(\boldsymbol{f}_j)\boldsymbol{C}_{i,j}+(D(\boldsymbol{C}_{i,j}))^{1/2}D(\boldsymbol{\varepsilon}_{i,j+1})\boldsymbol{\sigma}_j.\tag{6.24}$$

另外，随机变量 $\boldsymbol{\varepsilon}_{i,j+1}$ 是相互独立的，$\mathrm{E}(\boldsymbol{\varepsilon}_{i,j+1})=\mathbf{0}$，且存在如下正定协方差阵：

$$\mathrm{Cov}(\boldsymbol{\varepsilon}_{i,j+1},\boldsymbol{\varepsilon}_{i,j+1})=\mathrm{E}(\boldsymbol{\varepsilon}_{i,j+1}\boldsymbol{\varepsilon}_{i,j+1}^{\mathrm{T}})=\begin{pmatrix}1 & \rho_j^{(1,2)} & \cdots & \rho_j^{(1,N)}\\ \rho_j^{(2,1)} & 1 & \cdots & \rho_j^{(2,N)}\\ \vdots & \vdots & \ddots & \vdots\\ \rho_j^{(N,1)} & \rho_j^{(N,2)} & \cdots & 1\end{pmatrix},$$

其中对于 $1\leqslant n,m\leqslant N$ 且 $n\neq m$，有 $\rho_j^{(n,m)}\in(-1,1)$.

在多元 CL 模型假设下，由式(6.24)和式(6.21)可以得出

$$\begin{aligned}\mathrm{Cov}(\boldsymbol{C}_{i,j},\boldsymbol{C}_{i,j}\mid\boldsymbol{C}_{i,j-1})&=\mathrm{E}((\boldsymbol{C}_{i,j}-\mathrm{E}(\boldsymbol{C}_{i,j}))(\boldsymbol{C}_{i,j}\mid\boldsymbol{C}_{i,j-1}-\mathrm{E}(\boldsymbol{C}_{i,j}\mid\boldsymbol{C}_{i,j-1}))^{\mathrm{T}})\\&=\mathrm{E}(((D(\boldsymbol{C}_{i,j-1}))^{1/2}D(\boldsymbol{\varepsilon}_{i,j})\boldsymbol{\sigma}_{j-1})((D(\boldsymbol{C}_{i,j-1}))^{1/2}D(\boldsymbol{\varepsilon}_{i,j})\boldsymbol{\sigma}_{j-1})^{\mathrm{T}})\\&=(D(\boldsymbol{C}_{i,j-1}))^{1/2}\mathrm{E}(D(\boldsymbol{\varepsilon}_{i,j})\boldsymbol{\sigma}_{j-1}\boldsymbol{\sigma}_{j-1}^{\mathrm{T}}D(\boldsymbol{\varepsilon}_{i,j}))(D(\boldsymbol{C}_{i,j-1}))^{1/2}\\&=(D(\boldsymbol{C}_{i,j-1}))^{1/2}D(\boldsymbol{\sigma}_{j-1})\mathrm{E}(\boldsymbol{\varepsilon}_{i,j}\boldsymbol{\varepsilon}_{i,j}^{\mathrm{T}})D(\boldsymbol{\sigma}_{j-1})(D(\boldsymbol{C}_{i,j-1}))^{1/2}.\end{aligned}$$

这里需要补充以下四点：第一，应限制 N 维随机变量 $\boldsymbol{\varepsilon}_{i,j+1}$ 的分布，以保证多元累计赔款额 $\boldsymbol{C}_{i,j+1}$ 中的分量均为正数，否则将无法继续进行模型的迭代. 与一元情况类似，给定 $\mathcal{B}_0^N$ 可以有条件地定义 $\boldsymbol{\varepsilon}_{i,j+1}$ 的分布. 这是一个纯粹的数学问题，这里不再给出进一步的讨论. 第二，显然，在仅有一个流量三角形的 $N=1$ 的特殊情况下，该模型退化为一元模型. 第三，很容易证明，多元 CL 模型假设满足

$$\begin{aligned}\boldsymbol{\Sigma}_{j-1}&=\mathrm{E}(D(\boldsymbol{\varepsilon}_{i,j})\boldsymbol{\sigma}_{j-1}\boldsymbol{\sigma}_{j-1}^{\mathrm{T}}D(\boldsymbol{\varepsilon}_{i,j}))=D(\boldsymbol{\sigma}_{j-1})\mathrm{E}(\boldsymbol{\varepsilon}_{i,j}\boldsymbol{\varepsilon}_{i,j}^{\mathrm{T}})D(\boldsymbol{\sigma}_{j-1})\\&=D(\boldsymbol{\sigma}_{j-1})\mathrm{Cov}(\boldsymbol{\varepsilon}_{i,j},\boldsymbol{\varepsilon}_{i,j})D(\boldsymbol{\sigma}_{j-1})\\&=\begin{pmatrix}(\sigma_{j-1}^{(1)})^2 & \sigma_{j-1}^{(1)}\sigma_{j-1}^{(2)}\rho_{j-1}^{(1,2)} & \cdots & \sigma_{j-1}^{(1)}\sigma_{j-1}^{(N)}\rho_{j-1}^{(1,N)}\\ \sigma_{j-1}^{(2)}\sigma_{j-1}^{(1)}\rho_{j-1}^{(2,1)} & (\sigma_{j-1}^{(2)})^2 & \cdots & \sigma_{j-1}^{(2)}\sigma_{j-1}^{(N)}\rho_{j-1}^{(2,N)}\\ \vdots & \vdots & \ddots & \vdots\\ \sigma_{j-1}^{(N)}\sigma_{j-1}^{(1)}\rho_{j-1}^{(N,1)} & \sigma_{j-1}^{(N)}\sigma_{j-1}^{(2)}\rho_{j-1}^{(N,2)} & \cdots & (\sigma_{j-1}^{(N)})^2\end{pmatrix}.\end{aligned}\tag{6.25}$$

第四，通常情况下，不同流量三角形之间的相依性归因于索赔通胀. 根据这种观点，考虑同一日历年下索赔进展流量三角形对角线的累计赔款额之间的相依性可能更合理. 然而，这与 CL 法中不同事故年的独立性假设相冲突. 因此，存在日历年赔款数据的相依性时基于 CL 法计算预测误差是不可行的. 在使用 CL 法计算索赔准备金之前，所有日历年赔款数据的相依性都应该从数据中剔除. 这种先修正日历年赔款数据的相依性，再进一步考虑一个业务组合中不同流量三角形的相依性的做法可以参考 Houltram(2003).

下面进一步描述多元框架下的条件重抽样方法，即给定流量三角形 $\mathcal{D}_I^N$，在多元 CL 模型中有条件地重抽样 $\hat{\boldsymbol{f}}_{I-i},\cdots,\hat{\boldsymbol{f}}_{J-1}$. 因此，对于 $0\leqslant i\leqslant I,0\leqslant j\leqslant J-1$，利用下式产生一个"新的观测值" $\widetilde{\boldsymbol{C}}_{i,j+1}$：

$$\widetilde{\boldsymbol{C}}_{i,j+1}=D(\boldsymbol{f}_j)\boldsymbol{C}_{i,j}+(D(\boldsymbol{C}_{i,j}))^{1/2}D(\tilde{\boldsymbol{\varepsilon}}_{i,j+1})\boldsymbol{\sigma}_j,\tag{6.26}$$

其中给定 $\mathcal{B}_j^N$，$\tilde{\boldsymbol{\varepsilon}}_{i,j+1}$ 和 $\boldsymbol{\varepsilon}_{i,j+1}$ 是独立同分布的. 这表明，给定 $\mathcal{B}_j^N$，$\boldsymbol{C}_{i,j}$ 可视为确定性容量值，进而依次重抽样下一个观测值 $\widetilde{\boldsymbol{C}}_{i,j+1}$.

在条件重抽样方法下，可以推导出如下多元进展因子的重抽样估计[①]：

$$\begin{aligned}
\hat{\boldsymbol{f}}_j &= \left(\sum_{i=0}^{I-j-1}(D(\boldsymbol{C}_{i,j}))^{1/2}\boldsymbol{\Sigma}_j^{-1}(D(\boldsymbol{C}_{i,j}))^{1/2}\right)^{-1}\sum_{i=0}^{I-j-1}(D(\boldsymbol{C}_{i,j}))^{1/2}\boldsymbol{\Sigma}_j^{-1}(D(\boldsymbol{C}_{i,j}))^{1/2}(D(\boldsymbol{C}_{i,j}))^{-1}\widetilde{\boldsymbol{C}}_{i,j+1} \\
&= \left(\sum_{i=0}^{I-j-1}(D(\boldsymbol{C}_{i,j}))^{1/2}\boldsymbol{\Sigma}_j^{-1}(D(\boldsymbol{C}_{i,j}))^{1/2}\right)^{-1} \\
&\quad \cdot\left(\sum_{i=0}^{I-j-1}(D(\boldsymbol{C}_{i,j}))^{1/2}\boldsymbol{\Sigma}_j^{-1}(D(\boldsymbol{C}_{i,j}))^{1/2}(D(\boldsymbol{C}_{i,j}))^{-1}(D(\boldsymbol{f}_j)\boldsymbol{C}_{i,j}+(D(\boldsymbol{C}_{i,j}))^{1/2}D(\tilde{\boldsymbol{\varepsilon}}_{i,j+1})\boldsymbol{\sigma}_j)\right) \\
&= \left(\sum_{i=0}^{I-j-1}(D(\boldsymbol{C}_{i,j}))^{1/2}\boldsymbol{\Sigma}_j^{-1}(D(\boldsymbol{C}_{i,j}))^{1/2}\right)^{-1} \\
&\quad \cdot\left(\sum_{i=0}^{I-j-1}(D(\boldsymbol{C}_{i,j}))^{1/2}\boldsymbol{\Sigma}_j^{-1}(D(\boldsymbol{C}_{i,j}))^{1/2}(D(\boldsymbol{C}_{i,j}))^{-1}(D(\boldsymbol{C}_{i,j})\boldsymbol{f}_j+(D(\boldsymbol{C}_{i,j}))^{1/2}D(\tilde{\boldsymbol{\varepsilon}}_{i,j+1})\boldsymbol{\sigma}_j)\right) \\
&= \boldsymbol{f}_j+\left(\sum_{i=0}^{I-j-1}(D(\boldsymbol{C}_{i,j}))^{1/2}\boldsymbol{\Sigma}_j^{-1}(D(\boldsymbol{C}_{i,j}))^{1/2}\right)^{-1}\sum_{i=0}^{I-j-1}(D(\boldsymbol{C}_{i,j}))^{1/2}\boldsymbol{\Sigma}_j^{-1}D(\tilde{\boldsymbol{\varepsilon}}_{i,j+1})\boldsymbol{\sigma}_j. \qquad (6.27)
\end{aligned}$$

定义

$$\boldsymbol{W}_j=\left(\sum_{k=0}^{I-j-1}(D(\boldsymbol{C}_{k,j}))^{1/2}\boldsymbol{\Sigma}_j^{-1}(D(\boldsymbol{C}_{k,j}))^{1/2}\right)^{-1}, \qquad (6.28)$$

则式(6.27)可以表示为

$$\hat{\boldsymbol{f}}_j=\boldsymbol{f}_j+\boldsymbol{W}_j\sum_{i=0}^{I-j-1}(D(\boldsymbol{C}_{i,j}))^{1/2}\boldsymbol{\Sigma}_j^{-1}D(\tilde{\boldsymbol{\varepsilon}}_{i,j+1})\boldsymbol{\sigma}_j.$$

与一元 CL 模型类似，通过定义重抽样多元 CL 估计的条件概率测度 $P^*_{\mathcal{D}_I^N}$，同样可以得到关于重抽样多元 CL 估计的如下性质：

定理 6.5　在式(6.26)所示的重抽样假设下，有

(1) 在概率测度 $P^*_{\mathcal{D}_I^N}$ 下，估计量 $\hat{\boldsymbol{f}}_0,\cdots,\hat{\boldsymbol{f}}_{J-1}$ 是相互独立的；

(2) 对于 $0\leqslant j\leqslant J-1$，有 $\mathrm{E}_{P^*_{\mathcal{D}_I^N}}(\hat{\boldsymbol{f}}_j)=\boldsymbol{f}_j$；

(3) 对于 $0\leqslant j\leqslant J-1$，$\mathrm{E}_{P^*_{\mathcal{D}_I^N}}(\hat{f}_j^{(n)}\hat{f}_j^{(m)})=f_j^{(n)}f_j^{(m)}+W_j(n,m)$，其中 $W_j(n,m)$ 是 $N\times N$ 维矩阵 $\boldsymbol{W}_j$ 中的位置(n,m)上的元素.

证明　(1) 由式(6.27)以及 $\tilde{\boldsymbol{\varepsilon}}_{i,j+1}$ 和 $\tilde{\boldsymbol{\varepsilon}}_{i,k+1}(j\neq k)$ 的独立性，很容易证明(1)成立.

(2) 由式(6.27)和 $\mathrm{E}_{P^*_{\mathcal{D}_I^N}}(\tilde{\boldsymbol{\varepsilon}}_{i,j+1})=0$，很容易证明(2)成立.

(3) 由不同事故年的独立性假设以及式(6.28)和式(6.25)可以得出

$$\begin{aligned}
\mathrm{Cov}_{P^*_{\mathcal{D}_I^N}}(\hat{\boldsymbol{f}}_j,\hat{\boldsymbol{f}}_j) &= \mathrm{E}_{P^*_{\mathcal{D}_I^N}}((\hat{\boldsymbol{f}}_j-\mathrm{E}_{P^*_{\mathcal{D}_I^N}}(\hat{\boldsymbol{f}}_j))(\hat{\boldsymbol{f}}_j-\mathrm{E}_{P^*_{\mathcal{D}_I^N}}(\hat{\boldsymbol{f}}_j))^{\mathrm{T}}) = \mathrm{E}_{P^*_{\mathcal{D}_I^N}}((\hat{\boldsymbol{f}}_j-\boldsymbol{f}_j)(\hat{\boldsymbol{f}}_j-\boldsymbol{f}_j)^{\mathrm{T}}) \\
&= \mathrm{E}_{P^*_{\mathcal{D}_I^N}}\left(\left(\boldsymbol{W}_j\sum_{i=0}^{I-j-1}(D(\boldsymbol{C}_{i,j}))^{1/2}\boldsymbol{\Sigma}_j^{-1}D(\tilde{\boldsymbol{\varepsilon}}_{i,j+1})\boldsymbol{\sigma}_j\right)\left(\boldsymbol{W}_j\sum_{i=0}^{I-j-1}(D(\boldsymbol{C}_{i,j}))^{1/2}\boldsymbol{\Sigma}_j^{-1}D(\tilde{\boldsymbol{\varepsilon}}_{i,j+1})\boldsymbol{\sigma}_j\right)^{\mathrm{T}}\right)
\end{aligned}$$

---

① 需要指出，在式(6.27)和本章后续部分，对于多元进展因子 $\boldsymbol{f}_j$ 的重抽样估计，我们仍使用前面的符号 $\hat{\boldsymbol{f}}_j$ 以避免符号的复杂化.

$$= \boldsymbol{W}_j \sum_{i=0}^{I-j-1} (D(\boldsymbol{C}_{i,j}))^{1/2} \boldsymbol{\Sigma}_j^{-1} \mathrm{Cov}_{P^*_{\mathcal{D}_I^N}} (D(\tilde{\boldsymbol{\varepsilon}}_{i,j+1})\boldsymbol{\sigma}_j, D(\tilde{\boldsymbol{\varepsilon}}_{i,j+1})\boldsymbol{\sigma}_j) \boldsymbol{\Sigma}_j^{-1} (D(\boldsymbol{C}_{i,j}))^{1/2} \boldsymbol{W}_j$$

$$= \boldsymbol{W}_j \left(\sum_{i=0}^{I-j-1} (D(\boldsymbol{C}_{i,j}))^{1/2} \boldsymbol{\Sigma}_j^{-1} \boldsymbol{\Sigma}_j \boldsymbol{\Sigma}_j^{-1} (D(\boldsymbol{C}_{i,j}))^{1/2} \right) \boldsymbol{W}_j = \boldsymbol{W}_j,$$

因此有

$$\mathrm{E}_{P^*_{\mathcal{D}_I^N}} (\hat{f}_j^{(n)} \hat{f}_j^{(m)}) = f_j^{(n)} f_j^{(m)} + \mathrm{Cov}_{P^*_{\mathcal{D}_I^N}} (\hat{f}_j^{(n)}, \hat{f}_j^{(m)}) = f_j^{(n)} f_j^{(m)} + W_j(n,m),$$

其中 $W_j(n,m)$是 $N\times N$ 维矩阵 $\boldsymbol{W}_j$ 中位置(n,m)上的元素.

综上所述，定理 6.5 得证.

由定理 6.5 中的(1)～(3)可以得出式(6.22)所示的事故年 $i(1\leqslant i\leqslant I)$的条件参数误差的如下估计量：

$$\mathbf{1}^{\mathrm{T}} D(\boldsymbol{C}_{i,I-i}) \mathrm{E}_{P^*_{\mathcal{D}_I^N}} ((\hat{\boldsymbol{g}}_{i|J} - \boldsymbol{g}_{i|J})(\hat{\boldsymbol{g}}_{i|J} - \boldsymbol{g}_{i|J})^{\mathrm{T}}) D(\boldsymbol{C}_{i,I-i}) \mathbf{1} = \mathbf{1}^{\mathrm{T}} D(\boldsymbol{C}_{i,I-i}) (\Delta_{i,J}^{(n,m)})_{1\leqslant n,m\leqslant N} D(\boldsymbol{C}_{i,I-i}) \mathbf{1},$$

其中 $N\times N$ 维矩阵$(\Delta_{i,J}^{(n,m)})_{1\leqslant n,m\leqslant N}$定义为

$$(\Delta_{i,J}^{(n,m)})_{1\leqslant n,m\leqslant N} = \mathrm{Var}_{P^*_{\mathcal{D}_I^N}} (\hat{\boldsymbol{g}}_{i|J}) = \mathrm{E}_{P^*_{\mathcal{D}_I^N}} (\hat{\boldsymbol{g}}_{i|J} \hat{\boldsymbol{g}}_{i|J}^{\mathrm{T}}) - \mathrm{E}_{P^*_{\mathcal{D}_I^N}} (\hat{\boldsymbol{g}}_{i|J}) \mathrm{E}_{P^*_{\mathcal{D}_I^N}} (\hat{\boldsymbol{g}}_{i|J}^{\mathrm{T}}), \tag{6.29}$$

该矩阵中位置(n,m)上的元素可以表示为

$$\Delta_{i,J}^{(n,m)} = \prod_{j=I-i}^{J-1} (f_j^{(n)} f_j^{(m)} + W_j(n,m)) - \prod_{j=I-i}^{J-1} f_j^{(n)} f_j^{(m)}. \tag{6.30}$$

这里需要补充以下五点：

第一，显然式(6.30)与一元情况具有相同的形式.

第二，对于所有 $1\leqslant i\leqslant I$，且 $1\leqslant n,m\leqslant N$，式(6.29)所示的 $N\times N$ 维矩阵 $\mathrm{Var}_{P^*_{\mathcal{D}_I^N}} (\hat{\boldsymbol{g}}_{i|J})$中的元素 $\Delta_{i,J}^{(n,m)}$ 可以重新写成如下递归形式：

$$\Delta_{i,j}^{(n,m)} = \Delta_{i,j-1}^{(n,m)} f_{j-1}^{(n)} f_{j-1}^{(m)} + \prod_{l=I-i}^{j-2} (f_l^{(n)} f_l^{(m)} + W_l(n,m)) \cdot W_{j-1}(n,m), \tag{6.31}$$

其中 $\Delta_{i,I-i}^{(n,m)} = 0$.

事实上，由式(6.30)可以得出

$$\begin{aligned}
\Delta_{i,j}^{(n,m)} &= \prod_{l=I-i}^{j-1} (f_l^{(n)} f_l^{(m)} + W_l(n,m)) - \prod_{l=I-i}^{j-1} f_l^{(n)} f_l^{(m)} \\
&= \prod_{l=I-i}^{j-2} (f_l^{(n)} f_l^{(m)} + W_l(n,m)) \cdot (f_{j-1}^{(n)} f_{j-1}^{(m)} + W_{j-1}(n,m)) - \prod_{l=I-i}^{j-2} f_l^{(n)} f_l^{(m)} \cdot (f_{j-1}^{(n)} f_{j-1}^{(m)}) \\
&= \left(\prod_{l=I-i}^{j-2} (f_l^{(n)} f_l^{(m)} + W_l(n,m)) - \prod_{l=I-i}^{j-2} f_l^{(n)} f_l^{(m)} \right) \\
&\quad \cdot (f_{j-1}^{(n)} f_{j-1}^{(m)}) + \prod_{l=I-i}^{j-2} (f_l^{(n)} f_l^{(m)} + W_l(n,m)) \cdot W_{j-1}(n,m) \\
&= \Delta_{i,j-1}^{(n,m)} f_{j-1}^{(n)} f_{j-1}^{(m)} + \prod_{l=I-i}^{j-2} (f_l^{(n)} f_l^{(m)} + W_l(n,m)) \cdot W_{j-1}(n,m).
\end{aligned}$$

第三，如果使用式(6.11)所示的 CL 进展因子 $\boldsymbol{f}_j$ 的估计量 $\hat{\boldsymbol{f}}_j^{(0)}$ 代替 $\hat{\boldsymbol{f}}_j$，即忽略了不同子业务之间的相依结构，那么用于计算参数误差的式(6.30)变为

$$\Delta_{i,J}^{(n,m)}=\prod_{l=I-i}^{J-1}\left(f_l^{(n)}f_l^{(m)}+\frac{\rho_l^{(n,m)}\sigma_l^{(n)}\sigma_l^{(m)}}{S_l^{[I-l-1](n)}S_l^{[I-l-1](m)}}\sum_{k=0}^{I-l-1}\sqrt{C_{k,l}^{(n)}C_{k,l}^{(m)}}\right)-\prod_{l=I-i}^{J-1}f_l^{(n)}f_l^{(m)},\quad(6.32)$$

其中 $S_l^{[I-l-1](n)}=\sum_{i=0}^{I-l-1}C_{i,l}^{(n)}$. 式(6.32)的证明过程可以参考 Merz 和 Wüthrich(2007). 值得注意的是，利用 $\hat{\boldsymbol{f}}_j^{(0)}$ 得到的参数误差预期要比利用 $\hat{\boldsymbol{f}}_j$ 得到的参数误差更大. 这可参见定理 6.3 中关于 $\hat{\boldsymbol{f}}_j$ 的最优性结论. 注意到，定理 6.3 中最优性仅仅体现在矩阵$(\boldsymbol{f}_j-\hat{\boldsymbol{f}}_j)(\boldsymbol{f}_j-\hat{\boldsymbol{f}}_j)^{\mathrm{T}}$ 的对角线上，即

$$(\boldsymbol{f}_j-\hat{\boldsymbol{f}}_j)^{\mathrm{T}}(\boldsymbol{f}_j-\hat{\boldsymbol{f}}_j)=\sum_{n=1}^{N}(f_j^{(n)}-\hat{f}_j^{(n)})^2.\quad(6.33)$$

式(6.20)表明，我们应该最大化

$$\mathbf{1}^{\mathrm{T}}(\boldsymbol{f}_j-\hat{\boldsymbol{f}}_j)(\boldsymbol{f}_j-\hat{\boldsymbol{f}}_j)^{\mathrm{T}}\mathbf{1}=\left(\sum_{n=1}^{N}f_j^{(n)}-\hat{f}_j^{(n)}\right)^2.\quad(6.34)$$

这表明可以进一步降低条件参数误差. 限于篇幅，省略了相关技术推导.

第四，这里假设协方差阵 $\boldsymbol{\Sigma}_j$ 是已知的. 若 $\boldsymbol{\Sigma}_j$ 未知，则存在额外的参数误差项. 这时往往得不到解析的估计形式. 而且，若不能在一种合适的形式上估计这些协方差阵，则使用估计量 $\hat{\boldsymbol{f}}_j^{(0)}$ 代替 $\hat{\boldsymbol{f}}_j$ 更方便. 故这里给出了式(6.32)，也可以参考式(6.38).

第五，类似于一元情况，若使用如下线性形式来近似式(6.32)，则可以得出

$$\widetilde{\Delta}_{i,J}^{(n,m)}=\prod_{l=I-i}^{J-1}\left(f_l^{(n)}f_l^{(m)}\sum_{l=I-i}^{J-1}\frac{\rho_l^{(n,m)}(\sigma_l^{(n)}/f_l^{(n)})(\sigma_l^{(m)}/f_l^{(m)})}{S_l^{[I-l-1](n)}S_l^{[I-l-1](m)}}\sum_{k=0}^{I-l-1}\sqrt{C_{k,l}^{(n)}C_{k,l}^{(m)}}\right).\quad(6.35)$$

该公式来自于 Braun(2004)给出的条件参数误差，对应于 Mack(1993)给出的单一流量三角形的条件参数误差在多元情况下的估计.

3) 条件 MSEP 的估计

若使用相应的估计值代替式(6.16)、式(6.17)、式(6.30)和式(6.32)中的参数[①]，则可以得出多元 CL 模型下，单一事故年的条件 MSEP 估计量.

在多元 CL 模型假设下，对于单一事故年 $i(1\leqslant i\leqslant I)$，可以得出如下最终损失的条件 MSEP 估计量：

$$\begin{aligned}\widehat{\mathrm{MSEP}}_{\sum_n C_{i,J}^{(n)}\mid\mathcal{D}_I^N}\left(\sum_{n=1}^{N}\hat{C}_{i,J}^{(n)\,\mathrm{CL}}\right)&=\underbrace{\mathbf{1}^{\mathrm{T}}\left(\sum_{j=I-i}^{J-1}\prod_{k=j+1}^{J-1}D(\hat{\boldsymbol{f}}_k)\hat{\boldsymbol{\Sigma}}_{i,j}^{\boldsymbol{C}}\prod_{k=j+1}^{J-1}D(\hat{\boldsymbol{f}}_k)\right)\mathbf{1}}_{\text{过程方差}}\\&\quad+\underbrace{\mathbf{1}^{\mathrm{T}}D(\boldsymbol{C}_{i,I-i})(\hat{\Delta}_{i,J}^{(n,m)})_{1\leqslant n,m\leqslant N}D(\boldsymbol{C}_{i,I-i})\mathbf{1},}_{\text{参数误差}}\end{aligned}\quad(6.36)$$

其中 $\hat{\boldsymbol{\Sigma}}_{i,j}^{\boldsymbol{C}}=(D(\hat{\boldsymbol{C}}_{i,J}^{\mathrm{CL}}))^{1/2}\hat{\boldsymbol{\Sigma}}_j(D(\hat{\boldsymbol{C}}_{i,J}^{\mathrm{CL}}))^{1/2}$，且

$$\hat{\Delta}_{i,J}^{(n,m)}=\prod_{l=I-i}^{J-1}(\hat{f}_l^{(n)}\hat{f}_l^{(m)}+\hat{W}_l(n,m))-\prod_{l=I-i}^{J-1}\hat{f}_l^{(n)}\hat{f}_l^{(m)},\quad(6.37)$$

① 详见本小节最后的主要参数估计.

这里 $\hat{W}_l(n,m)$是 $N\times N$ 维矩阵$\boldsymbol{W}_l$ 的估计量 $\hat{\boldsymbol{W}}_l$ 中位置(n,m)上的元素，且 $\hat{\boldsymbol{\Sigma}}_j$是 $\boldsymbol{\Sigma}_j$ 的估计①.

最后指出，对于 $N=1$，式(6.36)退化为单个流量三角形的单一事故年的条件 MSEP 估计量. 另外，如果使用下式代替式(6.37)：

$$\hat{\Delta}_{i,J}^{(n,m)}=\prod_{l=I-i}^{J-1}\left(\hat{f}_l^{(n)}\ \hat{f}_l^{(m)}+\frac{\hat{\rho}_l^{(n,m)}\hat{\sigma}_l^{(n)}\hat{\sigma}_l^{(m)}}{S_l^{[I-l-1](n)}S_l^{[I-l-1](m)}}\sum_{k=0}^{I-l-1}\sqrt{\hat{C}_{k,l}^{(n)\,\mathrm{CL}}\ \hat{C}_{k,l}^{(m)\,\mathrm{CL}}}\right)-\prod_{l=I-i}^{J-1}\hat{f}_l^{(n)}\hat{f}_l^{(m)},\tag{6.38}$$

那么式(6.36)右边第二项给出的是使用年度进展因子估计 $\hat{\boldsymbol{f}}_j^{(0)}$ 得到的条件参数误差的估计量. 进而，式(6.38)的线性近似可以表示为

$$\hat{\Delta}_{i,J}^{(n,m)}=\prod_{l=I-i}^{J-1}\left(\hat{f}_l^{(n)}\hat{f}_l^{(m)}\sum_{l=I-i}^{J-1}\frac{\hat{\rho}_l^{(n,m)}(\hat{\sigma}_l^{(n)}/\hat{f}_l^{(n)})(\hat{\sigma}_l^{(m)}/\hat{f}_l^{(m)})}{S_l^{[I-l-1](n)}S_l^{[I-l-1](m)}}\sum_{k=0}^{I-l-1}\sqrt{\hat{C}_{k,l}^{(n)\,\mathrm{CL}}\ \hat{C}_{k,l}^{(m)\,\mathrm{CL}}}\right).\tag{6.39}$$

需要指出，有时使用 $\hat{\boldsymbol{f}}_j^{(0)}$ 更方便，因为协方差阵 $\boldsymbol{\Sigma}_j$ 的估计并不影响最终损失的最佳估计. 而且，正如式(6.33)和式(6.34)所述，$\hat{\boldsymbol{f}}_j$ 仅在对角线上是最优的.

2. 所有事故年的条件 MSEP 估计

首先考虑两个不同事故年 i 和 $k(1\leqslant i<k\leqslant I)$的情况. 由多元 CL 模型假设可知，最终损失 $\boldsymbol{C}_{i,J}$和$\boldsymbol{C}_{k,J}$是相互独立的. 然而，与一元情况一样，由于使用同样的观测值来估计 CL 进展因子 $\boldsymbol{f}_j$，使得 $\hat{\boldsymbol{C}}_{i,J}$和 $\hat{\boldsymbol{C}}_{k,J}$不再相互独立，加总估计量 $\hat{\boldsymbol{C}}_{i,J}$和 $\hat{\boldsymbol{C}}_{k,J}$时需要考虑这种相关性. 定义两个事故年 i 和 k 的加总最终损失的条件 MSEP 为

$$\begin{aligned}&\mathrm{MSEP}_{\sum_n C_{i,J}^{(n)}+\sum_n C_{k,J}^{(n)}\mid\mathcal{D}_I^N}\left(\sum_{n=1}^{N}\hat{C}_{i,J}^{(n)\,\mathrm{CL}}+\sum_{n=1}^{N}\hat{C}_{k,J}^{(n)\,\mathrm{CL}}\right)\\&=\mathrm{E}\left(\left(\sum_{n=1}^{N}(\hat{C}_{i,J}^{(n)\,\mathrm{CL}}+\hat{C}_{k,J}^{(n)\,\mathrm{CL}})-\sum_{n=1}^{N}(C_{i,J}^{(n)}+C_{k,J}^{(n)})\right)^2\,\middle|\,\mathcal{D}_I^N\right).\end{aligned}\tag{6.40}$$

式(6.40)右边可以进一步写成

$$\begin{aligned}&\mathbf{1}^{\mathrm{T}}\mathrm{Var}(\boldsymbol{C}_{i,J}+\boldsymbol{C}_{k,J}\mid\mathcal{D}_I^N)\mathbf{1}+\mathbf{1}^{\mathrm{T}}(\hat{\boldsymbol{C}}_{i,J}^{\mathrm{CL}}+\hat{\boldsymbol{C}}_{k,J}^{\mathrm{CL}}-\mathrm{E}(\boldsymbol{C}_{i,J}+\boldsymbol{C}_{k,J}\mid\mathcal{D}_I^N))\\&\quad\cdot(\hat{\boldsymbol{C}}_{i,J}^{\mathrm{CL}}+\hat{\boldsymbol{C}}_{k,J}^{\mathrm{CL}}-\mathrm{E}(\boldsymbol{C}_{i,J}+\boldsymbol{C}_{k,J}\mid\mathcal{D}_I^N))^{\mathrm{T}}\mathbf{1}.\end{aligned}$$

利用不同事故年的独立性假设，条件过程方差可以分解为

$$\mathbf{1}^{\mathrm{T}}\mathrm{Var}(\boldsymbol{C}_{i,J}+\boldsymbol{C}_{k,J}\mid\mathcal{D}_I^N)\mathbf{1}=\mathbf{1}^{\mathrm{T}}\mathrm{Var}(\boldsymbol{C}_{i,J}\mid\mathcal{D}_I^N)\mathbf{1}+\mathbf{1}^{\mathrm{T}}\mathrm{Var}(\boldsymbol{C}_{k,J}\mid\mathcal{D}_I^N)\mathbf{1}.$$

对于条件参数误差，可以得出

$$\begin{aligned}&\mathbf{1}^{\mathrm{T}}(\hat{\boldsymbol{C}}_{i,J}^{\mathrm{CL}}+\hat{\boldsymbol{C}}_{k,J}^{\mathrm{CL}}-\mathrm{E}(\boldsymbol{C}_{i,J}+\boldsymbol{C}_{k,J}\mid\mathcal{D}_I^N))(\hat{\boldsymbol{C}}_{i,J}^{\mathrm{CL}}+\hat{\boldsymbol{C}}_{k,J}^{\mathrm{CL}}-\mathrm{E}(\boldsymbol{C}_{i,J}+\boldsymbol{C}_{k,J}\mid\mathcal{D}_I^N))^{\mathrm{T}}\mathbf{1}\\&=\mathbf{1}^{\mathrm{T}}((\hat{\boldsymbol{C}}_{i,J}^{\mathrm{CL}}-\mathrm{E}(\boldsymbol{C}_{i,J}\mid\mathcal{D}_I^N))+(\hat{\boldsymbol{C}}_{k,J}^{\mathrm{CL}}-\mathrm{E}(\boldsymbol{C}_{k,J}\mid\mathcal{D}_I^N)))\\&\quad\cdot((\hat{\boldsymbol{C}}_{i,J}^{\mathrm{CL}}-\mathrm{E}(\boldsymbol{C}_{i,J}\mid\mathcal{D}_I^N))^{\mathrm{T}}+(\hat{\boldsymbol{C}}_{k,J}^{\mathrm{CL}}-\mathrm{E}(\boldsymbol{C}_{k,J}\mid\mathcal{D}_I^N))^{\mathrm{T}})\mathbf{1}\\&=\mathbf{1}^{\mathrm{T}}(\hat{\boldsymbol{C}}_{i,J}^{\mathrm{CL}}-\mathrm{E}(\boldsymbol{C}_{i,J}\mid\mathcal{D}_I^N))(\hat{\boldsymbol{C}}_{i,J}^{\mathrm{CL}}-\mathrm{E}(\boldsymbol{C}_{i,J}\mid\mathcal{D}_I^N))^{\mathrm{T}}\mathbf{1}\\&\quad+\mathbf{1}^{\mathrm{T}}(\hat{\boldsymbol{C}}_{k,J}^{\mathrm{CL}}-\mathrm{E}(\boldsymbol{C}_{k,J}\mid\mathcal{D}_I^N))(\hat{\boldsymbol{C}}_{k,J}^{\mathrm{CL}}-\mathrm{E}(\boldsymbol{C}_{k,J}\mid\mathcal{D}_I^N))^{\mathrm{T}}\mathbf{1}\\&\quad+2\mathbf{1}^{\mathrm{T}}(\hat{\boldsymbol{C}}_{i,J}^{\mathrm{CL}}-\mathrm{E}(\boldsymbol{C}_{i,J}\mid\mathcal{D}_I^N))(\hat{\boldsymbol{C}}_{k,J}^{\mathrm{CL}}-\mathrm{E}(\boldsymbol{C}_{k,J}\mid\mathcal{D}_I^N))^{\mathrm{T}}\mathbf{1}.\end{aligned}$$

---

① 见式(6.46)和式(6.45).

因此,可以得出事故年 i 和 k 的加总最终损失的条件 MSEP 的如下分解：

$$\begin{aligned}&\mathrm{MSEP}_{\sum_n C_{i,J}^{(n)}+\sum_n C_{k,J}^{(n)}\mid\mathcal{D}_I^N}\left(\sum_{n=1}^N \hat{C}_{i,J}^{(n)\,\mathrm{CL}}+\sum_{n=1}^N \hat{C}_{k,J}^{(n)\,\mathrm{CL}}\right)\\&=\mathrm{MSEP}_{\sum_n C_{i,J}^{(n)}\mid\mathcal{D}_I^N}\left(\sum_{n=1}^N \hat{C}_{i,J}^{(n)\,\mathrm{CL}}\right)+\mathrm{MSEP}_{\sum_n C_{k,J}^{(n)}\mid\mathcal{D}_I^N}\left(\sum_{n=1}^N \hat{C}_{k,J}^{(n)\,\mathrm{CL}}\right)\\&\quad+2\mathbf{1}^{\mathrm{T}}(\hat{\boldsymbol{C}}_{i,J}^{\mathrm{CL}}-\mathrm{E}(\boldsymbol{C}_{i,J}\mid\mathcal{D}_I^N))(\hat{\boldsymbol{C}}_{k,J}^{\mathrm{CL}}-\mathrm{E}(\boldsymbol{C}_{k,J}\mid\mathcal{D}_I^N))^{\mathrm{T}}\mathbf{1}\,.\end{aligned}\tag{6.41}$$

这意味着,除了单一事故年的条件 MSEP 之外,还包含两倍的交叉乘积项：

$$\begin{aligned}&\mathbf{1}^{\mathrm{T}}(\hat{\boldsymbol{C}}_{i,J}^{\mathrm{CL}}-\mathrm{E}(\boldsymbol{C}_{i,J}\mid\mathcal{D}_I^N))(\hat{\boldsymbol{C}}_{k,J}^{\mathrm{CL}}-\mathrm{E}(\boldsymbol{C}_{k,J}\mid\mathcal{D}_I^N))^{\mathrm{T}}\mathbf{1}\\&=\mathbf{1}^{\mathrm{T}}\left(\prod_{j=I-i}^{J-1}D(\hat{\boldsymbol{f}}_j)-\prod_{j=I-i}^{J-1}D(\boldsymbol{f}_j)\right)\boldsymbol{C}_{i,I-i}\boldsymbol{C}_{k,I-k}^{\mathrm{T}}\left(\prod_{j=I-k}^{J-1}D(\hat{\boldsymbol{f}}_j)-\prod_{j=I-k}^{J-1}D(\boldsymbol{f}_j)\right)\mathbf{1}\\&=\mathbf{1}^{\mathrm{T}}D(\boldsymbol{C}_{i,I-i})(\hat{\boldsymbol{g}}_{i\mid J}-\boldsymbol{g}_{i\mid J})(\hat{\boldsymbol{g}}_{k\mid J}-\boldsymbol{g}_{k\mid J})^{\mathrm{T}}D(\boldsymbol{C}_{k,I-k})\mathbf{1}.\end{aligned}\tag{6.42}$$

使用条件重抽样方法可以推导出式(6.42)所示的交叉乘积项的估计量.正如单一事故年的情况,定义重抽样多元 CL 估计的条件概率测度为 $P_{\mathcal{D}_I^N}^*$,进而在概率测度 $P_{\mathcal{D}_I^N}^*$ 下,可以清晰地计算交叉乘积项,并获得相应估计量：

$$\begin{aligned}&\mathbf{1}^{\mathrm{T}}D(\boldsymbol{C}_{i,I-i})\mathrm{E}_{P_{\mathcal{D}_I^N}^*}((\hat{\boldsymbol{g}}_{i\mid J}-\boldsymbol{g}_{i\mid J})(\hat{\boldsymbol{g}}_{k\mid J}-\boldsymbol{g}_{k\mid J})^{\mathrm{T}})D(\boldsymbol{C}_{k,I-k})\mathbf{1}\\&=\mathbf{1}^{\mathrm{T}}D(\boldsymbol{C}_{i,I-i})\mathrm{E}_{P_{\mathcal{D}_I^N}^*}((\hat{\boldsymbol{g}}_{i\mid J}-\boldsymbol{g}_{i\mid J})(D(\hat{\boldsymbol{f}}_{I-k})\cdots D(\hat{\boldsymbol{f}}_{I-i-1})\hat{\boldsymbol{g}}_{i\mid J}\\&\quad-D(\boldsymbol{f}_{I-k})\cdots D(\boldsymbol{f}_{I-i-1})\boldsymbol{g}_{i\mid J})^{\mathrm{T}})D(\boldsymbol{C}_{k,I-k})\mathbf{1}\\&\approx\mathbf{1}^{\mathrm{T}}D(\boldsymbol{C}_{i,I-i})\mathrm{E}_{P_{\mathcal{D}_I^N}^*}\left((\hat{\boldsymbol{g}}_{i\mid J}-\boldsymbol{g}_{i\mid J})\left(\prod_{j=I-k}^{I-i-1}D(\boldsymbol{f}_j)(\hat{\boldsymbol{g}}_{i\mid J}-\boldsymbol{g}_{i\mid J})\right)^{\mathrm{T}}\right)D(\boldsymbol{C}_{k,I-k})\mathbf{1}\\&=\mathbf{1}^{\mathrm{T}}D(\boldsymbol{C}_{i,I-i})\mathrm{E}_{P_{\mathcal{D}_I^N}^*}((\hat{\boldsymbol{g}}_{i\mid J}-\boldsymbol{g}_{i\mid J})(\hat{\boldsymbol{g}}_{i\mid J}-\boldsymbol{g}_{i\mid J})^{\mathrm{T}})\prod_{j=I-k}^{I-i-1}D(\boldsymbol{f}_j)D(\boldsymbol{C}_{k,I-k})\mathbf{1}\\&=\mathbf{1}^{\mathrm{T}}D(\boldsymbol{C}_{i,I-i})(\Delta_{i,J}^{(n,m)})_{1\leqslant n,m\leqslant N}D(\boldsymbol{C}_{k,I-k})\prod_{j=I-k}^{I-i-1}D(\boldsymbol{f}_j)\mathbf{1},\end{aligned}\tag{6.43}$$

其中$(\Delta_{i,J}^{(n,m)})_{1\leqslant n,m\leqslant N}$的定义如式(6.29)和式(6.30)所示.

使用相应的参数估计量代替参数①,由式(6.41)～(6.43)可以得出在多元 CL 模型假设下,所有事故年总的最终损失的条件 MSEP 估计量为

$$\begin{aligned}&\widehat{\mathrm{MSEP}}_{\sum_i\sum_n C_{i,J}^{(n)}\mid\mathcal{D}_I^N}\left(\sum_{i=1}^I\sum_{n=1}^N \hat{C}_{i,J}^{(n)\,\mathrm{CL}}\right)\\&=\sum_{i=1}^I\widehat{\mathrm{MSEP}}_{\sum_n C_{i,J}^{(n)}\mid\mathcal{D}_I^N}\left(\sum_{n=1}^N \hat{C}_{i,J}^{(n)\,\mathrm{CL}}\right)\\&\quad+2\sum_{1\leqslant i<k\leqslant I}\mathbf{1}^{\mathrm{T}}D(\boldsymbol{C}_{i,I-i})(\hat{\Delta}_{i,J}^{(n,m)})_{1\leqslant n,m\leqslant N}D(\boldsymbol{C}_{k,I-k})\prod_{j=I-k}^{I-i-1}D(\hat{\boldsymbol{f}}_j)\mathbf{1},\end{aligned}\tag{6.44}$$

① 详见本小节最后的主要参数估计.

其中 $\hat{\Delta}_{i,J}^{(n;m)}$ 由式(6.37)给出.

3. 条件 MSEP 估计中涉及的主要参数估计

下面将给出 N 维参数 $\boldsymbol{f}_j$，$\boldsymbol{\sigma}_j$ 和 $N\times N$ 维参数 $\mathrm{Cov}(\boldsymbol{\varepsilon}_{i,j+1},\boldsymbol{\varepsilon}_{i,j+1})$ 的估计量 $\hat{\boldsymbol{f}}_j$，$\hat{\boldsymbol{\sigma}}_j$ 和 $\widehat{\mathrm{Cov}}(\boldsymbol{\varepsilon}_{i,j+1},\boldsymbol{\varepsilon}_{i,j+1})$ $(0\leqslant j\leqslant J-1)$. 需要注意的是，年度进展因子的估计 $\hat{\boldsymbol{f}}_j$ 仅当协方差阵 $\boldsymbol{\Sigma}_j$ 已知时才可以计算.

由式(6.25)、式(6.17)和式(6.28)可知，可以使用这些参数估计来给出 $\boldsymbol{\Sigma}_j$，$\boldsymbol{\Sigma}_{i,j}^{C}$ 和 $\boldsymbol{W}_j$ 的估计：

$$\begin{aligned}\hat{\boldsymbol{\Sigma}}_j&=D(\hat{\boldsymbol{\sigma}}^j)\widehat{\mathrm{Cov}}(\boldsymbol{\varepsilon}_{i,j+1},\boldsymbol{\varepsilon}_{i,j+1})D(\hat{\boldsymbol{\sigma}}^j),\\ \hat{\boldsymbol{\Sigma}}_{i,j}^{C}&=(D(\hat{\boldsymbol{C}}_{i,J}^{\mathrm{CL}}))^{1/2}\hat{\boldsymbol{\Sigma}}_j(D(\hat{\boldsymbol{C}}_{i,J}^{\mathrm{CL}}))^{1/2},\end{aligned}\tag{6.45}$$

$$\hat{\boldsymbol{W}}_j=\left(\sum_{k=0}^{I-j-1}(D(\boldsymbol{C}_{k,j}))^{1/2}\hat{\boldsymbol{\Sigma}}_j^{-1}(D(\boldsymbol{C}_{k,j}))^{1/2}\right)^{-1}.\tag{6.46}$$

另外，CL 进展因子 $\boldsymbol{f}_j$ 的估计如式(6.8)所示. 然而，与单一流量三角形的 CL 法相比，这里仅提供了多元 CL 估计量 $\hat{\boldsymbol{f}}_j$ 的一种隐式表达式. 这是因为，一方面，该估计量依赖于参数 $\boldsymbol{\sigma}_j$ 和 $\mathrm{Cov}(\boldsymbol{\varepsilon}_{i,j+1},\boldsymbol{\varepsilon}_{i,j+1})$ [①]的估计；另一方面，也需要通过 $\hat{\boldsymbol{f}}_j$ 来估计这些参数. 因此，下面给出估计这些参数的迭代过程.

1) $\boldsymbol{f}_j$ 的估计

令式(6.11)给出的 $\hat{\boldsymbol{f}}_j^{(0)}$ 为初始值，其中 $\hat{\boldsymbol{f}}_j^{(0)}$ 的元素为一元 CL 估计，且如果忽略了协方差结构，那么这些估计都是最佳估计量. 若 N 个子业务不相关，则估计量 $\hat{\boldsymbol{f}}_j^{(0)}$ 是 $\boldsymbol{f}_j$ 的最优无偏估计量；但是，若子业务相关，则估计量 $\hat{\boldsymbol{f}}_j^{(0)}$ 就不是最优的. 这里需要利用 $\hat{\boldsymbol{f}}_j^{(0)}$ 推导 $\boldsymbol{\sigma}_j$ 和 $\mathrm{Cov}(\boldsymbol{\varepsilon}_{i,j+1},\boldsymbol{\varepsilon}_{i,j+1})$ 的估计量 $\hat{\boldsymbol{\sigma}}_j^{(1)}$ 和 $\widehat{\mathrm{Cov}}(\boldsymbol{\varepsilon}_{i,j+1},\boldsymbol{\varepsilon}_{i,j+1})^{(1)}$ [②]，然后使用这些估计量来确定 $\hat{\boldsymbol{f}}_j^{(1)}$. 对于 $k\geqslant 1$，通过迭代可以得出

$$\begin{aligned}\hat{\boldsymbol{f}}_j^{(k)}&=(\hat{f}_j^{(1)(k)},\cdots,\hat{f}_j^{(N)(k)})^{\mathrm{T}}\\ &=\left(\sum_{i=0}^{I-j-1}(D(\boldsymbol{C}_{i,j}))^{1/2}(\hat{\boldsymbol{\Sigma}}_j^{(k)})^{-1}(D(\boldsymbol{C}_{i,j}))^{1/2}\right)^{-1}\sum_{i=0}^{I-j-1}(D(\boldsymbol{C}_{i,j}))^{1/2}(\hat{\boldsymbol{\Sigma}}_j^{(k)})^{-1}(D(\boldsymbol{C}_{i,j}))^{1/2}\boldsymbol{F}_{i,j+1},\end{aligned}$$

其中
$$\hat{\boldsymbol{\Sigma}}_j^{(k)}=D(\hat{\boldsymbol{\sigma}}_j^{(k)})\widehat{\mathrm{Cov}}(\boldsymbol{\varepsilon}_{i,j+1},\boldsymbol{\varepsilon}_{i,j+1})^{(k)}D(\hat{\boldsymbol{\sigma}}_j^{(k)}).$$

2) $\boldsymbol{\sigma}_j$ 的估计

N 维参数 $\boldsymbol{\sigma}_j$ 也可通过已知数据进行迭代估计，其中 $\boldsymbol{\sigma}_j^2=((\sigma_j^{(1)})^2,\cdots,(\sigma_j^{(N)})^2)^{\mathrm{T}}$ $(0\leqslant j\leqslant J-1)$ 的一个无偏估计量(见下面的定理 6.6)可以表示为

$$\widehat{\boldsymbol{\sigma}}_j^2=\frac{1}{I-j-1}\sum_{i=0}^{I-j-1}(D(\boldsymbol{F}_{i,j+1})-D(\hat{\boldsymbol{f}}_j^{(0)}))^2\boldsymbol{C}_{i,j}.$$

对于 $0\leqslant j\leqslant J-1$，$k\geqslant 1$，以上述估计量作为迭代初始值，进而 $\boldsymbol{\sigma}_j$ 的后续估计可表示为

---

① 见式(6.8)和式(6.25).

② 见下文的式(6.48)～(6.50).

$$\hat{\boldsymbol{\sigma}}_j^{(k)} = \sqrt{\frac{1}{I-j-1}\sum_{i=0}^{I-j-1}(D(\boldsymbol{F}_{i,j+1}) - D(\hat{\boldsymbol{f}}_j^{(k-1)}))^2 \boldsymbol{C}_{i,j}}, \tag{6.47}$$

其中$(\hat{\boldsymbol{\sigma}}_j^{(1)})^2 = \widehat{\boldsymbol{\sigma}}_j^2$.

定理 6.6 在多元 CL 模型假设下,有

(1) 给定 $\mathcal{B}_j^N$, $\widehat{\boldsymbol{\sigma}}_j^2$是$\boldsymbol{\sigma}_j^2$ 的无偏估计,即 $\mathrm{E}(\widehat{\boldsymbol{\sigma}}_j^2 \mid \mathcal{B}_j^N) = \boldsymbol{\sigma}_j^2$;

(2) $\widehat{\boldsymbol{\sigma}}_j^2$是$\boldsymbol{\sigma}_j^2$ 的无条件无偏估计,即 $\mathrm{E}(\widehat{\boldsymbol{\sigma}}_j^2) = \boldsymbol{\sigma}_j^2$.

证明 从(1)很容易证明(2)成立.下面仅给出(1)的证明过程.考虑

$$\begin{aligned}
&\mathrm{E}((D(\boldsymbol{F}_{i,j+1}) - D(\hat{\boldsymbol{f}}_j^{(0)}))^2 \mid \mathcal{B}_j^N) = \mathrm{E}(((D(\boldsymbol{F}_{i,j+1}) - D(\boldsymbol{f}_j)) - (D(\hat{\boldsymbol{f}}_j^{(0)}) - D(\boldsymbol{f}_j)))^2 \mid \mathcal{B}_j^N) \\
&\quad = \mathrm{E}((D(\boldsymbol{F}_{i,j+1}) - D(\boldsymbol{f}_j))^2 \mid \mathcal{B}_j^N) - 2\mathrm{E}((D(\boldsymbol{F}_{i,j+1}) - D(\boldsymbol{f}_j))(D(\hat{\boldsymbol{f}}_j^{(0)}) - D(\boldsymbol{f}_j)) \mid \mathcal{B}_j^N) \\
&\qquad + \mathrm{E}((D(\hat{\boldsymbol{f}}_j^{(0)}) - D(\boldsymbol{f}_j))^2 \mid \mathcal{B}_j^N).
\end{aligned}$$

下面分别计算上述等式后一等号右边三项中每一项.对于第一项,由式(6.24)可得

$$\begin{aligned}
&\mathrm{E}((D(\boldsymbol{F}_{i,j+1}) - D(\boldsymbol{f}_j))^2 \mid \mathcal{B}_j^N) = \mathrm{E}((D(\boldsymbol{F}_{i,j+1} - \boldsymbol{f}_j))^2 \mid \mathcal{B}_j^N) \\
&\quad = \mathrm{E}((D((D(\boldsymbol{C}_{i,j}))^{-1}\boldsymbol{C}_{i,j+1} - \boldsymbol{f}_j))^2 \mid \mathcal{B}_j^N) \\
&\quad = \mathrm{E}((D((D(\boldsymbol{C}_{i,j}))^{-1}(D(\boldsymbol{f}_j)\boldsymbol{C}_{i,j} + (D(\boldsymbol{C}_{i,j}))^{1/2}D(\boldsymbol{\varepsilon}_{i,j+1})\boldsymbol{\sigma}_j) - \boldsymbol{f}_j))^2 \mid \mathcal{B}_j^N) \\
&\quad = \mathrm{E}((D((D(\boldsymbol{C}_{i,j}))^{-1}(D(\boldsymbol{C}_{i,j})\boldsymbol{f}_j + (D(\boldsymbol{C}_{i,j}))^{1/2}D(\boldsymbol{\varepsilon}_{i,j+1})\boldsymbol{\sigma}_j) - \boldsymbol{f}_j))^2 \mid \mathcal{B}_j^N) \\
&\quad = \mathrm{E}((D((D(\boldsymbol{C}_{i,j}))^{-1}(D(\boldsymbol{C}_{i,j}))^{1/2}(D(\boldsymbol{\varepsilon}_{i,j+1})\boldsymbol{\sigma}_j)))^2 \mid \mathcal{B}_j^N) \\
&\quad = \mathrm{E}(((D(\boldsymbol{C}_{i,j}))^{-1/2}D(\boldsymbol{\varepsilon}_{i,j+1})D(\boldsymbol{\sigma}_j))^2 \mid \mathcal{B}_j^N) \\
&\quad = \mathrm{E}(((D(\boldsymbol{C}_{i,j}))^{-1/2}D(\boldsymbol{\sigma}_j)D(\boldsymbol{\varepsilon}_{i,j+1}))^2 \mid \mathcal{B}_j^N) \\
&\quad = (D(\boldsymbol{C}_{i,j}))^{-1}(D(\boldsymbol{\sigma}_j))^2 D(\mathrm{E}(\boldsymbol{\varepsilon}_{i,j+1}\boldsymbol{\varepsilon}_{i,j+1}^{\mathrm{T}})) = (D(\boldsymbol{C}_{i,j}))^{-1}(D(\boldsymbol{\sigma}_j))^2;
\end{aligned}$$

对于第二项,由式(6.11)和不同事故年的独立性假设可得

$$\begin{aligned}
&\mathrm{E}((D(\boldsymbol{F}_{i,j+1}) - D(\boldsymbol{f}_j))(D(\hat{\boldsymbol{f}}_j^{(0)}) - D(\boldsymbol{f}_j)) \mid \mathcal{B}_j^N) \\
&\quad = \mathrm{E}\left((D(\boldsymbol{F}_{i,j+1}) - D(\boldsymbol{f}_j))\left(D\left(\left(\sum_{k=0}^{I-j-1} D(\boldsymbol{C}_{k,j})\right)^{-1}\sum_{i=0}^{I-j-1} D(\boldsymbol{C}_{i,j})\boldsymbol{F}_{i,j+1}\right) - D(\boldsymbol{f}_j)\right) \middle| \mathcal{B}_j^N\right) \\
&\quad = \mathrm{E}\left((D(\boldsymbol{F}_{i,j+1}) - D(\boldsymbol{f}_j))\left(\left(\sum_{k=0}^{I-j-1} D(\boldsymbol{C}_{k,j})\right)^{-1}\sum_{i=0}^{I-j-1} D(\boldsymbol{C}_{i,j})D(\boldsymbol{F}_{i,j+1}) - D(\boldsymbol{f}_j)\right) \middle| \mathcal{B}_j^N\right) \\
&\quad = \mathrm{E}\left((D(\boldsymbol{F}_{i,j+1}) - D(\boldsymbol{f}_j))\left(\left(\sum_{k=0}^{I-j-1} D(\boldsymbol{C}_{k,j})\right)^{-1}\sum_{i=0}^{I-j-1} D(\boldsymbol{C}_{i,j})(D(\boldsymbol{F}_{i,j+1}) - D(\boldsymbol{f}_j))\right) \middle| \mathcal{B}_j^N\right) \\
&\quad = \left(\sum_{k=0}^{I-j-1} D(\boldsymbol{C}_{k,j})\right)^{-1} \mathrm{E}\left((D(\boldsymbol{F}_{i,j+1}) - D(\boldsymbol{f}_j))\left(\sum_{i=0}^{I-j-1} D(\boldsymbol{C}_{i,j})(D(\boldsymbol{F}_{i,j+1}) - D(\boldsymbol{f}_j))\right) \middle| \mathcal{B}_j^N\right) \\
&\quad = \left(\sum_{k=0}^{I-j-1} D(\boldsymbol{C}_{k,j})\right)^{-1} D(\boldsymbol{C}_{i,j})\mathrm{E}((D(\boldsymbol{F}_{i,j+1}) - D(\boldsymbol{f}_j))^2 \mid \mathcal{B}_j^N) \\
&\quad = \left(\sum_{k=0}^{I-j-1} D(\boldsymbol{C}_{k,j})\right)^{-1} D(\boldsymbol{C}_{i,j})D(\boldsymbol{C}_{i,j})^{-1}(D(\boldsymbol{\sigma}_j))^2 = \left(\sum_{k=0}^{I-j-1} D(\boldsymbol{C}_{k,j})\right)^{-1}(D(\boldsymbol{\sigma}_j))^2;
\end{aligned}$$

对于最后一项,由式(6.11)、式(6.24)和不同事故年的独立性假设可得

$$
\begin{aligned}
&\mathrm{E}((D(\hat{\boldsymbol{f}}_j^{(0)})-D(\boldsymbol{f}_j))^2\mid\mathcal{B}_j^{\mathrm{N}})\\
&=\mathrm{E}\left(\left(D\left(\left(\sum_{k=0}^{I-j-1}D(\boldsymbol{C}_{k,j})\right)^{-1}\sum_{i=0}^{I-j-1}D(\boldsymbol{C}_{i,j})\boldsymbol{F}_{i,j+1}\right)-D(\boldsymbol{f}_j)\right)^2\middle|\mathcal{B}_j^{\mathrm{N}}\right)\\
&=\mathrm{E}\left(\left(D\left(\left(\sum_{k=0}^{I-j-1}D(\boldsymbol{C}_{k,j})\right)^{-1}\sum_{i=0}^{I-j-1}\boldsymbol{C}_{i,j+1}\right)-D(\boldsymbol{f}_j)\right)^2\middle|\mathcal{B}_j^{\mathrm{N}}\right)\\
&=\mathrm{E}\left(\left(\left(\sum_{k=0}^{I-j-1}D(\boldsymbol{C}_{k,j})\right)^{-1}\sum_{i=0}^{I-j-1}D(\boldsymbol{C}_{i,j+1})-D(\boldsymbol{f}_j)\right)^2\middle|\mathcal{B}_j^{\mathrm{N}}\right)\\
&=\mathrm{E}\left(\left(\left(\sum_{k=0}^{I-j-1}D(\boldsymbol{C}_{k,j})\right)^{-1}\sum_{i=0}^{I-j-1}(D(\boldsymbol{C}_{i,j+1})-D(\boldsymbol{f}_j)D(\boldsymbol{C}_{i,j}))\right)^2\middle|\mathcal{B}_j^{\mathrm{N}}\right)\\
&=\mathrm{E}\left(\left(\left(\sum_{k=0}^{I-j-1}D(\boldsymbol{C}_{k,j})\right)^{-1}\sum_{i=0}^{I-j-1}((D(C_{i,j}))^{1/2}D(\boldsymbol{\varepsilon}_{i,j+1})D(\boldsymbol{\sigma}_j))\right)^2\middle|\mathcal{B}_j^{\mathrm{N}}\right)\\
&=\left(\sum_{k=0}^{I-j-1}D(\boldsymbol{C}_{k,j})\right)^{-2}\mathrm{E}\left(\left(\sum_{k=0}^{I-j-1}(D(\boldsymbol{C}_{k,j}))^{1/2}D(\boldsymbol{\varepsilon}_{k,j+1})\right)^2\middle|\mathcal{B}_j^{\mathrm{N}}\right)(D(\boldsymbol{\sigma}_j))^2\\
&=\left(\sum_{k=0}^{I-j-1}D(\boldsymbol{C}_{k,j})\right)^{-1}(D(\boldsymbol{\sigma}_j))^2.
\end{aligned}
$$

合并上述三项，最终得出

$$
\mathrm{E}((D(\boldsymbol{F}_{i,j+1})-D(\hat{\boldsymbol{f}}_j^{(0)}))^2\mid\mathcal{B}_j^{\mathrm{N}})=(D(\boldsymbol{\sigma}_j))^2\left((D(\boldsymbol{C}_{i,j}))^{-1}-\left(\sum_{k=0}^{I-j-1}D(\boldsymbol{C}_{k,j})\right)^{-1}\right).
$$

因此，我们有

$$
\begin{aligned}
\mathrm{E}(\widehat{\boldsymbol{\sigma}}_j^2\mid\mathcal{B}_j^{\mathrm{N}})&=\frac{1}{I-j-1}\sum_{i=0}^{I-j-1}\mathrm{E}((D(\boldsymbol{F}_{i,j+1})-D(\hat{\boldsymbol{f}}_j^{(0)}))^2\mid\mathcal{B}_j^{\mathrm{N}})\boldsymbol{C}_{i,j}\\
&=\frac{1}{I-j-1}\sum_{i=0}^{I-j-1}(D(\boldsymbol{\sigma}_j))^2\left((D(\boldsymbol{C}_{i,j}))^{-1}-\left(\sum_{k=0}^{I-j-1}D(\boldsymbol{C}_{k,j})\right)^{-1}\right)\boldsymbol{C}_{i,j}\\
&=\frac{1}{I-j-1}(D(\boldsymbol{\sigma}_j))^2\sum_{i=0}^{I-j-1}\left((D(\boldsymbol{C}_{i,j}))^{-1}\boldsymbol{C}_{i,j}-\left(\sum_{k=0}^{I-j-1}D(\boldsymbol{C}_{k,j})\right)^{-1}\boldsymbol{C}_{i,j}\right)\\
&=\frac{1}{I-j-1}(D(\boldsymbol{\sigma}_j))^2((I-j)\mathbf{1}-\mathbf{1})=\boldsymbol{\sigma}_j^2.
\end{aligned}
$$

综上所述，定理 6.6 中的(1)成立，进而很容易证明(2)也成立.

3) $\mathrm{Cov}(\boldsymbol{\varepsilon}_{i,j+1},\boldsymbol{\varepsilon}_{i,j+1})$的估计

$N\times N$ 维矩阵 $\mathrm{Cov}(\boldsymbol{\varepsilon}_{i,j+1},\boldsymbol{\varepsilon}_{i,j+1})$也可以使用已知数据进行迭代估计. 当 $\boldsymbol{\sigma}_j$ 已知时，其估计量可以表示为

$$
\widehat{\mathrm{Cov}}(\boldsymbol{\varepsilon}_{i,j+1},\boldsymbol{\varepsilon}_{i,j+1})=(\hat{\rho}_j^{(n,m)})_{1\leqslant n,m\leqslant N}=\hat{\boldsymbol{P}}_{j+1}\odot\boldsymbol{Q}_{j+1},\tag{6.48}
$$

其中⊙表示矩阵逐项乘积，而

$$
\hat{\boldsymbol{P}}_{j+1}=\sum_{l=0}^{I-j-1}(D(\boldsymbol{\sigma}_j))^{-1}(D(\boldsymbol{C}_{l,j}))^{1/2}(\boldsymbol{F}_{l,j+1}-\hat{\boldsymbol{f}}_j^{(0)})(\boldsymbol{F}_{l,j+1}-\hat{\boldsymbol{f}}_j^{(0)})^{\mathrm{T}}(D(\boldsymbol{C}_{l,j}))^{1/2}(D(\boldsymbol{\sigma}_j))^{-1},
$$

$$\boldsymbol{Q}_{j+1}=(q_{j+1}^{(n,m)})_{1\leqslant n,m\leqslant N}=\left(\frac{1}{I-j-2+w_{j+1}^{(n,m)}}\right)_{1\leqslant n,m\leqslant N},$$

这里

$$w_{j+1}^{(n,m)}=\frac{\left(\sum_{l=0}^{I-j-1}\sqrt{C_{l,j}^{(n)}}\sqrt{C_{l,j}^{(m)}}\right)^2}{\sum_{l=0}^{I-j-1}C_{l,j}^{(n)}\sum_{l=0}^{I-j-1}C_{l,j}^{(m)}}.$$

可以证明,式(6.48)所示的估计量是正定协方差阵 $\mathrm{Cov}(\boldsymbol{\varepsilon}_{i,j+1},\boldsymbol{\varepsilon}_{i,j+1})(0\leqslant j\leqslant J-1)$的半正定无偏估计量①. 当使用估计量 $\hat{\boldsymbol{\sigma}}_j^{(1)}$ 代替未知参数 $\boldsymbol{\sigma}_j$ 时,式(6.48)所示的参数估计量给出了迭代的初始值. 因此,对于 $0\leqslant j\leqslant J-1$ 和 $k\geqslant 1$ 来说,$N\times N$ 维参数 $\mathrm{Cov}(\boldsymbol{\varepsilon}_{i,j+1},\boldsymbol{\varepsilon}_{i,j+1})$的迭代估计过程可以表示为

$$\widehat{\mathrm{Cov}}(\boldsymbol{\varepsilon}_{i,j+1},\boldsymbol{\varepsilon}_{i,j+1})^{(k)}=(\hat{\rho}_j^{(n,m)(k)})_{1\leqslant n,m\leqslant N}=\hat{\boldsymbol{P}}_{j+1}^{(k)}\odot\boldsymbol{Q}_{j+1},\tag{6.49}$$

其中

$$\hat{\boldsymbol{P}}_{j+1}^{(k)}=\sum_{l=0}^{I-j-1}(D(\hat{\boldsymbol{\sigma}}_j^{(k)}))^{-1}(D(\boldsymbol{C}_{l,j}))^{1/2}(\boldsymbol{F}_{l,j+1}-\hat{\boldsymbol{f}}_j^{(k-1)})(\boldsymbol{F}_{l,j+1}-\hat{\boldsymbol{f}}_j^{(k-1)})^{\mathrm{T}}(D(\boldsymbol{C}_{l,j}))^{1/2}(D(\hat{\boldsymbol{\sigma}}_j^{(k)}))^{-1}.\tag{6.50}$$

对于 $\hat{\rho}_j^{(n,m)}\notin(-1,1)$的情况,在 6.2.3 小节的数值实例中将给出相应的描述.

定理 6.7　在多元 CL 模型假设下,有

(1) 给定 $\mathcal{B}_j^N$,$\widehat{\mathrm{Cov}}(\boldsymbol{\varepsilon}_{i,j+1},\boldsymbol{\varepsilon}_{i,j+1})$是 $\mathrm{Cov}(\boldsymbol{\varepsilon}_{i,j+1},\boldsymbol{\varepsilon}_{i,j+1})$的无偏估计,即

$$\mathrm{E}(\widehat{\mathrm{Cov}}(\boldsymbol{\varepsilon}_{i,j+1},\boldsymbol{\varepsilon}_{i,j+1})\mid\mathcal{B}_j^N)=\mathrm{Cov}(\boldsymbol{\varepsilon}_{i,j+1},\boldsymbol{\varepsilon}_{i,j+1});$$

(2) $\widehat{\mathrm{Cov}}(\boldsymbol{\varepsilon}_{i,j+1},\boldsymbol{\varepsilon}_{i,j+1})$是 $\mathrm{Cov}(\boldsymbol{\varepsilon}_{i,j+1},\boldsymbol{\varepsilon}_{i,j+1})$的无条件无偏估计,即

$$\mathrm{E}(\widehat{\mathrm{Cov}}(\boldsymbol{\varepsilon}_{i,j+1},\boldsymbol{\varepsilon}_{i,j+1}))=\mathrm{Cov}(\boldsymbol{\varepsilon}_{i,j+1},\boldsymbol{\varepsilon}_{i,j+1}).$$

证明　从(1)很容易证明(2)成立,因此这里仅给出(1)的证明过程. 考虑估计量 $\widehat{\mathrm{Cov}}(\boldsymbol{\varepsilon}_{i,j+1},\boldsymbol{\varepsilon}_{i,j+1})(0\leqslant j\leqslant J-1)$中的元素

$$\hat{\rho}_j^{(n,m)}=q_{j+1}^{(n,m)}\sum_{l=0}^{I-j-1}\frac{\sqrt{C_{l,j}^{(n)}}\sqrt{C_{l,j}^{(m)}}}{\sigma_j^{(n)}\sigma_j^{(m)}}\left(\frac{C_{l,j+1}^{(n)}}{C_{l,j}^{(n)}}-\hat{f}_j^{(n)(0)}\right)\left(\frac{C_{l,j+1}^{(m)}}{C_{l,j}^{(m)}}-\hat{f}_j^{(m)(0)}\right).$$

对于 $0\leqslant l\leqslant I-j-1$ 和 $1\leqslant n\leqslant N$,由单一事故年 CL 进展因子的条件无偏性可得

$$f_j^{(n)}=\mathrm{E}(F_{l,j+1}^{(n)}\mid\mathcal{B}_j^N)=\mathrm{E}\left(\frac{C_{l,j+1}^{(n)}}{C_{l,j}^{(n)}}\middle|\mathcal{B}_j^N\right)=\mathrm{E}(\hat{f}_j^{(n)(0)}\mid\mathcal{B}_j^N).$$

这表明

$$\mathrm{E}(\hat{\rho}_j^{(n,m)}\mid\mathcal{B}_j^N)=q_{j+1}^{(n,m)}\sum_{l=0}^{I-j-1}\frac{\sqrt{C_{l,j}^{(n)}C_{l,j}^{(m)}}}{\sigma_j^{(n)}\sigma_j^{(m)}}\mathrm{Cov}(F_{l,j+1}^{(n)}-\hat{f}_j^{(n)(0)},F_{l,j+1}^{(m)}-\hat{f}_j^{(m)(0)}\mid\mathcal{B}_j^N).$$

由于不同事故年的独立性假设,上式的协方差项可以进一步表示为

① 见下面的定理 6.7.

$$
\begin{aligned}
&\operatorname{Cov}(F_{l,j+1}^{(n)}-\hat{f}_j^{(n)(0)},F_{l,j+1}^{(m)}-\hat{f}_j^{(m)(0)}\mid\mathcal{B}_j^N)\\
&\quad=\operatorname{Cov}(F_{l,j+1}^{(n)},F_{l,j+1}^{(m)}\mid\mathcal{B}_j^N)-\operatorname{Cov}(\hat{f}_j^{(n)(0)},F_{l,j+1}^{(m)}\mid\mathcal{B}_j^N)-\operatorname{Cov}(F_{l,j+1}^{(n)},\hat{f}_j^{(m)(0)}\mid\mathcal{B}_j^N)\\
&\qquad+\operatorname{Cov}(\hat{f}_j^{(n)(0)},\hat{f}_j^{(m)(0)}\mid\mathcal{B}_j^N)\\
&\quad=\frac{\operatorname{Cov}(C_{l,j+1}^{(n)},C_{l,j+1}^{(m)}\mid\mathcal{B}_j^N)}{C_{l,j}^{(n)}C_{l,j}^{(m)}}-\operatorname{Cov}\left(\sum_{l=0}^{I-j-1}\frac{C_{l,j}^{(n)}}{\sum_{i=0}^{I-j-1}C_{i,j}^{(n)}}F_{l,j+1}^{(n)},F_{l,j+1}^{(m)}\middle|\mathcal{B}_j^N\right)\\
&\qquad-\operatorname{Cov}\left(F_{l,j+1}^{(n)},\sum_{l=0}^{I-j-1}\frac{C_{l,j}^{(m)}}{\sum_{i=0}^{I-j-1}C_{i,j}^{(m)}}F_{l,j+1}^{(m)}\middle|\mathcal{B}_j^N\right)+\operatorname{Cov}\left(\sum_{l=0}^{I-j-1}\frac{C_{l,j}^{(n)}}{\sum_{i=0}^{I-j-1}C_{i,j}^{(n)}}F_{l,j+1}^{(n)},\sum_{l=0}^{I-j-1}\frac{C_{l,j}^{(m)}}{\sum_{i=0}^{I-j-1}C_{i,j}^{(m)}}F_{l,j+1}^{(m)}\middle|\mathcal{B}_j^N\right)\\
&\quad=\frac{\rho_j^{(n,m)}\sigma_j^{(n)}\sigma_j^{(m)}(C_{l,j}^{(n)}C_{l,j}^{(m)})^{1/2}}{C_{l,j}^{(n)}C_{l,j}^{(m)}}-\operatorname{Cov}\left(\sum_{l=0}^{I-j-1}\frac{C_{l,j+1}^{(n)}}{\sum_{i=0}^{I-j-1}C_{i,j}^{(n)}},\frac{C_{l,j+1}^{(m)}}{C_{l,j}^{(m)}}\middle|\mathcal{B}_j^N\right)\\
&\qquad-\operatorname{Cov}\left(\frac{C_{l,j+1}^{(n)}}{C_{l,j}^{(n)}},\sum_{l=0}^{I-j-1}\frac{C_{l,j+1}^{(m)}}{\sum_{i=0}^{I-j-1}C_{i,j}^{(m)}}\middle|\mathcal{B}_j^N\right)+\operatorname{Cov}\left(\sum_{l=0}^{I-j-1}\frac{C_{l,j+1}^{(n)}}{\sum_{i=0}^{I-j-1}C_{i,j}^{(n)}},\sum_{l=0}^{I-j-1}\frac{C_{l,j+1}^{(m)}}{\sum_{i=0}^{I-j-1}C_{i,j}^{(m)}}\middle|\mathcal{B}_j^N\right)\\
&\quad=\frac{\rho_j^{(n,m)}\sigma_j^{(n)}\sigma_j^{(m)}(C_{l,j}^{(n)}C_{l,j}^{(m)})^{1/2}}{C_{l,j}^{(n)}C_{l,j}^{(m)}}-\operatorname{Cov}\left(\frac{C_{l,j+1}^{(n)}}{\sum_{i=0}^{I-j-1}C_{i,j}^{(n)}},\frac{C_{l,j+1}^{(m)}}{C_{l,j}^{(m)}}\middle|\mathcal{B}_j^N\right)\\
&\qquad-\operatorname{Cov}\left(\frac{C_{l,j+1}^{(n)}}{C_{l,j}^{(n)}},\frac{C_{l,j+1}^{(m)}}{\sum_{i=0}^{I-j-1}C_{i,j}^{(m)}}\middle|\mathcal{B}_j^N\right)+\operatorname{Cov}\left(\sum_{l=0}^{I-j-1}\frac{C_{l,j+1}^{(n)}}{\sum_{i=0}^{I-j-1}C_{i,j}^{(n)}},\sum_{l=0}^{I-j-1}\frac{C_{l,j+1}^{(m)}}{\sum_{i=0}^{I-j-1}C_{i,j}^{(m)}}\middle|\mathcal{B}_j^N\right)\\
&\quad=\frac{\rho_j^{(n,m)}\sigma_j^{(n)}\sigma_j^{(m)}(C_{l,j}^{(n)}C_{l,j}^{(m)})^{1/2}}{C_{l,j}^{(n)}C_{l,j}^{(m)}}-\frac{\rho_j^{(n,m)}\sigma_j^{(n)}\sigma_j^{(m)}(C_{l,j}^{(n)}C_{l,j}^{(m)})^{1/2}}{\sum_{i=0}^{I-j-1}C_{i,j}^{(n)}C_{l,j}^{(m)}}\\
&\qquad-\frac{\rho_j^{(n,m)}\sigma_j^{(n)}\sigma_j^{(m)}(C_{l,j}^{(n)}C_{l,j}^{(m)})^{1/2}}{C_{l,j}^{(n)}\sum_{i=0}^{I-j-1}C_{i,j}^{(m)}}+\frac{\rho_j^{(n,m)}\sigma_j^{(n)}\sigma_j^{(m)}\sum_{l=0}^{I-j-1}(C_{l,j}^{(n)}C_{l,j}^{(m)})^{1/2}}{\sum_{i=0}^{I-j-1}C_{i,j}^{(n)}\sum_{i=0}^{I-j-1}C_{i,j}^{(m)}}\\
&\quad=\rho_j^{(n,m)}\sigma_j^{(n)}\sigma_j^{(m)}(C_{l,j}^{(n)}C_{l,j}^{(m)})^{-1/2}\left(1-\frac{C_{l,j}^{(n)}}{\sum_{i=0}^{I-j-1}C_{i,j}^{(n)}}-\frac{C_{l,j}^{(m)}}{\sum_{i=0}^{I-j-1}C_{i,j}^{(m)}}\right)+\rho_j^{(n,m)}\sigma_j^{(n)}\sigma_j^{(m)}\frac{\sum_{i=0}^{I-j-1}\sqrt{C_{i,j}^{(n)}C_{i,j}^{(m)}}}{\sum_{i=0}^{I-j-1}C_{i,j}^{(n)}\sum_{i=0}^{I-j-1}C_{i,j}^{(m)}}.
\end{aligned}
$$

因此，可以得出

$$
\mathrm{E}(\hat{\rho}_j^{(n,m)}\mid\mathcal{B}_j^N)=q_{j+1}^{(n,m)}\sum_{l=0}^{I-j-1}\rho_j^{(n,m)}\left(1-\frac{C_{l,j}^{(n)}}{\sum_{i=0}^{I-j-1}C_{i,j}^{(n)}}-\frac{C_{l,j}^{(m)}}{\sum_{i=0}^{I-j-1}C_{i,j}^{(m)}}\right)
$$

$$+q_{j+1}^{(n,m)}\rho_j^{(n,m)}\sigma_j^{(n)}\sigma_j^{(m)}\frac{\left(\sum_{i=0}^{I-j-1}\sqrt{C_{i,j}^{(n)}C_{i,j}^{(m)}}\right)^2}{\sum_{i=0}^{I-j-1}C_{i,j}^{(n)}\sum_{i=0}^{I-j-1}C_{i,j}^{(m)}}$$

$$=q_{j+1}^{(n,m)}\rho_j^{(n,m)}(I-j-2+w_{j+1}^{(n,m)})=\rho_j^{(n,m)}.$$

这就完成了定理 6.7 中(1)的证明.

这里需要注意以下三点：第一，$\widehat{\mathrm{Cov}}(\boldsymbol{\varepsilon}_{i,j+1},\boldsymbol{\varepsilon}_{i,j+1})^{(1)}$的初始值($\hat{\rho}_j^{(n,m)(1)}$)采用的是 Braun(2004)，Merz 和 Wüthrich(2007)给出的估计相关系数($\rho_j^{(n,m)}$)的估计量. 第二，若能获得足够多的数据(即 $I>J$)，则可分别使用式(6.47)、式(6.48)～(6.50)，采用迭代方式来估计参数 $\boldsymbol{\sigma}_{J-1}$ 和 $\mathrm{Cov}(\boldsymbol{\varepsilon}_{i,j+1},\boldsymbol{\varepsilon}_{i,j+1})$. 反之，若 $I=J$，则无法从已知数据中估计最后的方差和协方差项. 在这种情况下，对于 $1\leqslant n<m\leqslant N$ 和 $k\geqslant 1$，通过外推方法为指数递减序列 $\hat{\sigma}_0^{(n)(k)},\cdots,\hat{\sigma}_{J-2}^{(n)(k)}$ 和 $|\hat{\rho}_0^{(n,m)(k)}\hat{\sigma}_0^{(n)(k)}\hat{\sigma}_0^{(m)(k)}|,\cdots,|\hat{\rho}_{J-2}^{(n,m)(k)}\hat{\sigma}_{J-2}^{(n)(k)}\hat{\sigma}_{J-2}^{(m)(k)}|$ 分别添加一项 $\hat{\sigma}_{J-1}^{(n)(k)}$ 和 $\hat{\rho}_{J-1}^{(n,m)(k)}$，进而从这些估计中可以得到协方差阵 $\mathrm{Cov}(\boldsymbol{\varepsilon}_{i,J},\boldsymbol{\varepsilon}_{i,J})(1\leqslant n<m\leqslant N)$ 的估计量

$$\widehat{\mathrm{Cov}}(\boldsymbol{\varepsilon}_{i,J},\boldsymbol{\varepsilon}_{i,J})^{(k)}=(\hat{\rho}_{J-1}^{(n,m)(k)})_{1\leqslant n,m\leqslant N},$$

其中 $\hat{\rho}_{J-1}^{(n,m)(k)}=\dfrac{\hat{\varphi}_{J-1}^{(n,m)(k)}}{\hat{\sigma}_{J-1}^{(n)(k)}\hat{\sigma}_{J-1}^{(m)(k)}}$，这里 $\hat{\varphi}_{J-1}^{(n,m)(k)}$ 的定义可以参考 6.2.3 小节中的数值实例. 第三，注意到，当 $j\geqslant I-N+1$ 时，$N\times N$ 维估计 $\hat{\boldsymbol{P}}_{j+1}^{(k)}$ 为奇异矩阵. 这是因为，在这种情况下，由 $I-j$ 个 N 维随机向量的实现值

$$(D(\hat{\boldsymbol{\sigma}}_j^{(k)}))^{-1}(D(\boldsymbol{C}_{l,j}))^{1/2}(\boldsymbol{F}_{l,j+1}-\hat{\boldsymbol{f}}_j^{(k-1)})\quad(0\leqslant l\leqslant I-j-1)\tag{6.51}$$

产生的线性空间维数最多为 $I-j\leqslant I-(I-N+1)=N-1$. 此外，对于某个 $j<I-N+1$ 来说，式(6.51)的实现值可能是线性相关的，这意味着随机矩阵 $\hat{\boldsymbol{P}}_{j+1}^{(k)}$ 的相应实现是奇异的. 在实际应用中，验证估计量 $\widehat{\mathrm{Cov}}(\boldsymbol{\varepsilon}_{i,J},\boldsymbol{\varepsilon}_{i,J})^{(k)}$ 是否可逆以及调整那些不可逆的估计量①是非常重要的.

6.2.3　数值实例

下面考虑两个不同的责任保险业务组合，给出多元 CL 模型中估计 MSEP 的详细过程. 关于多元方法的另一个流行例子是将一个给定的业务流量三角形分解为包含小索赔和大索赔的两个流量三角形.

一、数据来源

使用 Braun(2004)的数据集，该数据集包含一般责任保险业务 A 和车辆责任保险业务 B. 表 6.2 和表 6.3 给出了业务 A 和 B 的累计赔款额 $C_{i,j}^{(1)}$ 和 $C_{i,j}^{(2)}$ 的流量三角形. 这两个业务线之间的正相关可从两个业务都包含责任保险这一事实得到验证，特定的外部事件可能同时影响这两个业务，故有必要考虑两个业务的相依性.

---

① 例如，6.2.3 小节的数值实例中使用外推法进行调整.

表 6.2 业务 A 的累计赔款流量三角形

事故年 \ 进展年	0	1	2	3	4	5	6	7	8	9	10	11	12	13
0	59 966	163 152	254 512	349 524	433 265	475 778	513 660	520 309	527 978	539 039	537 301	540 873	547 696	549 589
1	49 685	153 344	272 936	383 349	458 791	503 358	532 615	551 437	555 792	556 671	560 844	563 571	562 795	
2	51 914	170 048	319 204	425 029	503 999	544 769	559 475	577 425	588 342	590 985	601 296	602 710		
3	84 937	273 183	407 318	547 288	621 738	687 139	736 304	757 440	758 036	782 084	784 632			
4	98 921	278 329	448 530	561 691	641 332	721 696	742 110	752 434	768 638	768 373				
5	71 708	245 587	416 882	560 958	654 652	726 813	768 358	793 603	811 100					
6	92 350	285 507	466 214	620 030	741 226	827 979	873 526	896 728						
7	95 731	313 144	553 702	755 978	857 859	962 825	1 022 241							
8	97 518	343 218	575 441	769 017	934 103	1 019 303								
9	173 686	459 416	722 336	955 335	1 141 750									
10	139 821	436 958	809 926	1 174 196										
11	154 965	528 080	1 032 684											
12	196 124	772 971												
13	204 325													

数据来源：数据来自 Braun(2004).

表 6.3 业务 B 的累计赔款流量三角形

事故年 \ 进展年	0	1	2	3	4	5	6	7	8	9	10	11	12	13
0	114 423	247 961	312 982	344 340	371 479	371 102	380 991	385 468	385 152	392 260	391 225	391 328	391 537	391 428
1	152 296	305 175	376 613	418 299	440 308	465 623	473 584	478 427	478 314	479 907	480 755	485 138	483 974	
2	144 325	307 244	413 609	464 041	519 265	527 216	535 450	536 859	538 920	539 589	539 765	540 742		
3	145 904	307 636	387 094	433 736	463 120	478 931	482 529	488 056	485 572	486 034	485 016			
4	170 333	341 501	434 102	470 329	482 201	500 961	504 141	507 679	508 627	507 752				
5	189 643	361 123	446 857	508 083	526 562	540 118	547 641	549 605	549 693					
6	179 022	396 224	497 304	553 487	581 849	611 640	622 884	635 452						
7	205 908	416 047	520 444	565 721	600 609	630 802	648 365							
8	210 951	426 429	525 047	587 893	640 328	663 152								
9	213 426	509 222	649 433	731 692	790 901									
10	249 508	580 010	722 136	844 159										
11	258 425	686 012	915 109											
12	368 762	909 066												
13	394 997													

数据来源：数据来自 Braun(2004).

二、多元 CL 模型中主要参数的估计

正如上一小节所述，由于 $I=J=13$，没有足够的数据应用估计量(6.47)～(6.50)来推导 $\sigma_{12}^{(1)}$，$\sigma_{12}^{(2)}$ 和 $\rho_{12}^{(1,2)}$ 的估计 $\hat{\sigma}_{12}^{(1)(k)}$，$\hat{\sigma}_{12}^{(2)(k)}$ 和 $\hat{\rho}_{12}^{(1,2)(k)}$，故这里应用外推法来获得最后这些项的估计，即

$$\hat{\sigma}_{12}^{(1)(k)}=\min\{\hat{\sigma}_{11}^{(1)(k)},\hat{\sigma}_{10}^{(1)(k)},(\hat{\sigma}_{11}^{(1)(k)})^2/\hat{\sigma}_{10}^{(1)(k)}\},$$

$$\hat{\sigma}_{12}^{(2)(k)}=\min\{\hat{\sigma}_{11}^{(2)(k)},\hat{\sigma}_{10}^{(2)(k)},(\hat{\sigma}_{11}^{(2)(k)})^2/\hat{\sigma}_{10}^{(2)(k)}\},$$

$$\hat{\rho}_{12}^{(1,2)(k)}=\frac{\hat{\varphi}_{12}^{(1,2)(k)}}{\hat{\sigma}_{12}^{(1)(k)}\hat{\sigma}_{12}^{(2)(k)}}>0,$$

其中

$$\hat{\varphi}_{12}^{(1,2)(k)}=\min\left\{|\hat{\rho}_{11}^{(1,2)(k)}\hat{\sigma}_{11}^{(1)(k)}\hat{\sigma}_{11}^{(2)(k)}|,|\hat{\rho}_{10}^{(1,2)(k)}\hat{\sigma}_{10}^{(1)(k)}\hat{\sigma}_{10}^{(2)(k)}|,\frac{|\hat{\rho}_{11}^{(1,2)(k)}\hat{\sigma}_{11}^{(1)(k)}\hat{\sigma}_{11}^{(2)(k)}|^2}{|\hat{\rho}_{10}^{(1,2)(k)}\hat{\sigma}_{10}^{(1)(k)}\hat{\sigma}_{10}^{(2)(k)}|}\right\}.$$

由式(6.49)和式(6.50)可以推出估计值 $\hat{\rho}_{11}^{(1,2)}=1.001>1$. 然而，这仅仅基于两个观测值. 我们也使用

$$\hat{\rho}_{11}^{(1,2)(k)}=\frac{\hat{\varphi}_{11}^{(1,2)(k)}}{\hat{\sigma}_{11}^{(1)(k)}\hat{\sigma}_{11}^{(2)(k)}}>0$$

来外推 $\hat{\rho}_{11}^{(1,2)(k)}$，其中

$$\hat{\varphi}_{11}^{(1,2)(k)}=\min\left\{|\hat{\rho}_{10}^{(1,2)(k)}\hat{\sigma}_{10}^{(1)(k)}\hat{\sigma}_{10}^{(2)(k)}|,|\hat{\rho}_{9}^{(1,2)(k)}\hat{\sigma}_{9}^{(1)(k)}\hat{\sigma}_{9}^{(2)(k)}|,\frac{|\hat{\rho}_{10}^{(1,2)(k)}\hat{\sigma}_{10}^{(1)(k)}\hat{\sigma}_{10}^{(2)(k)}|^2}{|\hat{\rho}_{9}^{(1,2)(k)}\hat{\sigma}_{9}^{(1)(k)}\hat{\sigma}_{9}^{(2)(k)}|}\right\}.$$

在此基础上，表 6.4 给出了前 3 次迭代($k=1,2,3$)的参数估计. 从表 6.4 中前 3 次迭代的参数估计值可以看出，对于 $k=1,2,3$ 来说，2 维估计值 $\hat{\boldsymbol{f}}_j^{(k-1)}$，$\hat{\boldsymbol{\sigma}}_j^{(k)}$ 和 1 维估计值 $\hat{\rho}_j^{(1,2)(k)}$ 在前 3 次迭代中的变化都非常小. 这一定意义上表明了估计可以快速收敛. 除了进展年 6 和 10 之外，其他相关系数的估计值 $\hat{\rho}_j^{(1,2)(k)}$ 都是正的. 由于估计值 $\hat{\rho}_6^{(1,2)(k)}$ 和$\hat{\rho}_{10}^{(1,2)(k)}$ 分别仅有 7 和 3 个观测值，且前 6 个进展年估计的相关系数相当平稳，故不应过分重视这两个负相关估计.

三、多元 CL 模型中索赔准备金的估计和 MSEP 估计

1. 索赔准备金的估计

表 6.5 给出了前 3 次迭代得出的索赔准备金的均值估计，其中第 2，3 列是使用一元 CL 法估计的子业务 A 和 B 的各事故年索赔准备金；第 4 列是使用多元 CL 法估计的由两个子业务 A 和 B 构成的整体业务的索赔准备金，这些值是基于估计值 $\hat{\boldsymbol{f}}_j^{(0)}$ 得到的，故它们等于两个子业务的由一元 CL 法估计的索赔准备金之和；第 5，6 列分别给出了基于估计值 $\hat{\boldsymbol{f}}_j^{(1)}$ 和 $\hat{\boldsymbol{f}}_j^{(2)}$ 得到的整体业务的索赔准备金，其中所有事故年总的索赔准备金估计值比基于 $\hat{\boldsymbol{f}}_j^{(0)}$ 的估计值大约少 3500；仅出于比较的目的，最后一列给出了合并两个流量三角形到单一流量三角形之后，再利用一元 CL 法估计的索赔准备金，这种计算也可以记为合并计算. 需要注意

表 6.4　前 3 次迭代中参数 f_j，$\boldsymbol{\sigma}_j$ 和 $\rho_j^{(1,2)}$ 的估计值 $\hat{f}_j^{(k-1)}$，$\hat{\boldsymbol{\sigma}}_j^{(k)}$ 和 $\hat{\rho}_j^{(1,2)(k)}$

进展年 j	0	1	2	3	4	5	6	7	8	9	10	11	12
$\hat{f}_j^{(0)}$	3.234 73	1.720 48	1.353 61	1.178 89	1.106 50	1.054 66	1.026 10	1.014 48	1.011 99	1.006 19	1.004 54	1.005 48	1.003 46
	2.225 82	1.269 45	1.120 36	1.066 76	1.035 42	1.016 77	1.009 68	1.000 06	1.003 74	0.999 46	1.003 87	0.998 91	0.999 72
$\hat{\boldsymbol{\sigma}}_j^{(1)}$	132.83	83.83	37.85	26.18	12.01	14.49	7.13	7.21	11.70	6.95	1.63	7.35	1.63
	105.38	24.64	17.94	19.07	12.50	5.55	4.52	2.13	5.14	1.40	3.21	1.37	0.58
$\hat{\rho}_j^{(1,2)(1)}$	0.245 37	0.495 13	0.682 36	0.446 49	0.486 86	0.450 62	−0.171 57	0.802 09	0.336 60	0.687 44	−0.003 79	0.000 01	0.000 00
$\hat{f}_j^{(1)}$	3.226 96	1.719 49	1.352 47	1.178 85	1.106 44	1.054 71	1.026 12	1.015 12	1.012 08	1.006 42	1.004 54	1.005 48	1.003 46
	2.222 36	1.268 81	1.120 02	1.066 52	1.035 63	1.016 84	1.009 70	1.000 22	1.003 83	0.999 43	1.003 87	0.998 91	0.999 72
$\hat{\boldsymbol{\sigma}}_j^{(2)}$	132.85	83.83	37.86	26.18	12.01	14.49	7.13	7.24	11.70	6.59	1.63	7.35	1.63
	105.39	24.64	17.94	19.07	12.51	5.55	4.52	2.13	5.14	1.40	3.21	1.37	0.58
$\hat{\rho}_j^{(1,2)(2)}$	0.247 54	0.495 62	0.682 81	0.446 66	0.487 24	0.450 81	−0.171 76	0.805 63	0.337 18	0.689 38	−0.003 80	0.000 01	0.000 00
$\hat{f}_j^{(2)}$	3.226 87	1.719 49	1.352 47	1.178 85	1.106 44	1.054 71	1.026 12	1.015 14	1.012 08	1.006 42	1.004 54	1.005 48	1.003 46
	2.222 32	1.268 81	1.120 02	1.066 52	1.035 63	1.016 84	1.009 70	1.000 22	1.003 83	0.999 43	1.003 87	0.998 91	0.999 72
$\hat{\boldsymbol{\sigma}}_j^{(3)}$	132.85	83.83	37.86	26.18	12.01	14.49	7.13	7.24	11.70	6.59	1.63	7.35	1.63
	105.39	24.64	17.94	19.07	12.51	5.55	4.52	2.13	5.14	1.40	3.21	1.37	0.58
$\hat{\rho}_j^{(1,2)(3)}$	0.247 57	0.495 63	0.682 81	0.446 66	0.487 24	0.450 81	−0.171 76	0.805 73	0.337 18	0.689 39	−0.003 80	0.000 01	0.000 00

的是,一般来说,两个子业务可以同时满足不同 CL 进展因子的一元 CL 模型假设,而加总业务通常并不满足 CL 模型假设. 从这个角度看,最后一列的合并计算并不是一种基于稳健的统计模型的估计结果.

表 6.5　多元 CL 模型中索赔准备金的估计结果

事故年 i	子业务 A 的索赔准备金	子业务 B 的索赔准备金	整体业务的索赔准备金			合并计算的索赔准备金
			$k=1$	$k=2$	$k=3$	
0						
1	1 945	−135	1 810	1 810	1 810	1 988
2	5 394	−740	4 655	4 655	4 655	5 117
3	10 616	1 211	11 827	11 826	11 826	11 083
4	15 220	992	16 212	16 370	16 371	15 344
5	25 988	3 132	29 120	29 408	29 409	28 010
6	42 133	3 661	45 793	46 813	46 829	44 553
7	75 959	10 045	86 004	87 222	87 241	81 339
8	135 599	21 567	157 165	158 548	158 569	149 553
9	289 659	54 642	344 301	346 116	346 142	329 840
10	561 237	118 575	679 812	681 699	681 729	644 927
11	1 033 307	254 151	1 287 458	1 287 622	1 287 654	1 230 370
12	1 887 590	565 448	2 453 038	2 450 981	2 451 016	2 331 408
13	2 070 616	1 031 063	3 101 679	3 092 156	3 092 098	3 080 525
总计	6 155 261	2 063 612	8 218 874	8 215 277	8 215 350	7 954 058

2. 索赔准备金的 MSEP 估计

表 6.6 给出了各个事故年的条件过程标准差和相应的变异系数的估计结果,其中第 2～5 列分别给出了基于一元 CL 法计算的子业务 A 和 B 的条件过程标准差和相应的变异系数的估计值;第 6,7 列分别给出了基于参数估计量 $\hat{\boldsymbol{f}}_j^{(0)}$,$\hat{\boldsymbol{\sigma}}_j^{(1)}$ 和 $\hat{\rho}_j^{(1,2)(1)}$ 的多元 CL 法得到的由两个子业务 A 和 B 构成的整体业务的条件过程标准差和相应的变异系数的估计值;相比之下,第 8～11 列分别给出了基于参数估计量 $\hat{\boldsymbol{f}}_j^{(k-1)}$,$\hat{\boldsymbol{\sigma}}_j^{(k)}$ 和 $\hat{\rho}_j^{(1,2)(k)}$ $(k=2,3)$ 的估计结果;最后两列给出的是非严格的合并计算估计结果,与其他方法相比,这种方法在最近事故年的估计值更小.

表 6.6 条件过程标准差和相应的变异系数的估计

事故年 i	子业务 A		子业务 B		整体业务						合并计算的估计结果	
	$\sqrt{\widehat{\mathrm{Var}}(C_{i,J}^{(1)}\mid\mathcal{D}_I)}$ 及变异系数		$\sqrt{\widehat{\mathrm{Var}}(C_{i,J}^{(2)}\mid\mathcal{D}_I)}$ 及变异系数		$\sqrt{\widehat{\mathrm{Var}}(C_{i,J}\mid\mathcal{D}_I^N)}$ 及变异系数							
					$k=1$		$k=2$		$k=3$			
0												
1	1 224	62.9%	404	−299.8%	1 289	71.2%	1 289	71.2%	1 289	71.2%	2 536	127.5%
2	5 866	108.7%	1 091	−147.5%	5 966	128.2%	5 966	128.2%	5 966	128.2%	7 551	147.6%
3	6 864	64.7%	2 461	203.2%	7 290	61.6%	7 290	61.6%	7 290	61.6%	8 453	76.3%
4	8 984	59.0%	2 708	273.1%	9 801	60.5%	9 805	59.9%	9 805	59.9%	10 435	68.0%
5	14 204	54.7%	4 750	151.7%	16 143	55.4%	16 149	54.9%	16 149	54.9%	16 665	59.5%
6	16 613	39.4%	5 384	147.1%	19 120	41.8%	19 144	40.9%	19 145	40.9%	19 610	44.0%
7	19 488	25.7%	6 577	65.5%	21 910	25.5%	21 937	25.2%	21 937	25.1%	21 971	27.0%
8	25 425	18.7%	8 127	37.7%	28 933	18.4%	28 965	18.3%	28 966	18.3%	28 869	19.3%
9	31 823	11.0%	14 609	26.7%	39 281	11.4%	39 321	11.4%	39 322	11.4%	40 512	12.3%
10	49 924	8.9%	24 366	20.5%	63 663	9.4%	63 723	9.3%	63 724	9.3%	62 871	9.7%
11	78 731	7.6%	33 227	13.1%	99 918	7.8%	100 003	7.8%	100 004	7.8%	98 979	8.0%
12	172 409	9.1%	47 888	8.5%	199 543	8.1%	199 605	8.1%	199 608	8.1%	174 416	7.5%
13	261 006	12.6%	117 293	11.4%	316 020	10.2%	316 015	10.2%	316 020	10.2%	304 289	9.9%
总计	330 485	5.4%	134 676	6.5%	396 731	4.8%	396 799	4.8%	396 805	4.8%	375 000	4.7%

表 6.7 给出了各个事故年的条件参数误差平方根的估计结果，其中第 2～5 列分别给出了利用一元 CL 法计算的单个子业务 A 和 B 的条件参数误差平方根和相应的变异系数的估计值；第 6～9 列分别给出了使用一元 CL 进展因子和式(6.38)及线性近似式(6.39)计算的参数误差平方根. 与条件过程标准差相比，这些估计值与第 10,11 列 $k=1$ 的估计值并不相同. 相比一元 CL 法，多元 CL 法产生了更低的条件参数误差，因为多元估计量有更小的方差. 表 6.7 的最后两列仅出于比较目的. 注意到，多元估计值 313 074 比利用式(6.38)计算的结果 313 751 仅稍微低一点，表明该例中可以使用一元 CL 法的估计量 $\hat{f}_j^{(0)}$. 从技术上讲，这显然更容易.

表 6.8 给出了各个事故年的预测标准误差和相应的变异系数的估计结果，其中第 2～5 列分别给出了利用一元 CL 法计算的子业务 A 和 B 的估计值；第 6～9 列给出了使用一元 CL 进展因子和式(6.38)及线性近似式(6.39)估计的预测标准差；第 10～15 列分别给出了使用多元 CL 法估计预测标准误差的迭代结果；最后两列给出的是非严格的合并计算的估计值.

表 6.7　条件参数误差平方根和相应的变异系数的估计

事故年 i	子业务 A $\sqrt{\widehat{\mathrm{Var}}(\hat{C}_{i,J}^{(1)\,\mathrm{CL}} \mid \mathcal{D}_I)}$ 及变异系数		子业务 B $\sqrt{\widehat{\mathrm{Var}}(\hat{C}_{i,J}^{(2)\,\mathrm{CL}} \mid \mathcal{D}_I)}$ 及变异系数		整体业务 $\sqrt{\widehat{\mathrm{Var}}(\hat{C}_{i,J}^{\mathrm{CL}} \mid \mathcal{D}_I^N)}$ 及变异系数：式(6.38)		式(6.39)		$k=1$		$k=2$		$k=3$		合并计算的估计结果	
0																
1	1 241	63.8%	449	−333.3%	1 320	72.9%	1 320	72.9%	1 320	72.9%	1 320	72.9%	1 320	72.9%	2 677	134.7%
2	4 436	82.2%	934	−126.3%	4 533	97.4%	4 533	97.4%	4 533	97.4%	4 533	97.4%	4 533	97.4%	6 119	119.6%
3	5 885	55.4%	1 556	128.5%	6 087	51.5%	6 087	51.5%	6 087	51.5%	6 087	51.5%	6 087	51.5%	7 055	63.7%
4	6 656	43.7%	1 708	172.2%	7 037	43.4%	7 037	43.4%	7 032	43.4%	7 034	43.0%	7 034	43.0%	7 834	51.1%
5	8 936	34.4%	2 606	83.2%	9 796	33.6%	9 796	33.6%	9 791	33.6%	9 795	33.3%	9 795	33.3%	10 490	37.5%
6	10 570	25.1%	3 115	85.1%	11 738	25.6%	11 738	25.6%	11 726	25.6%	11 741	25.1%	11 742	25.1%	12 539	28.1%
7	12 853	16.9%	3 570	35.5%	13 991	16.3%	13 991	16.3%	13 978	16.3%	13 996	16.0%	13 996	16.0%	14 328	17.6%
8	15 129	11.2%	4 144	19.2%	16 637	10.6%	16 637	10.6%	16 624	10.6%	16 644	10.5%	16 644	10.5%	16 800	11.2%
9	19 823	6.8%	6 980	12.8%	22 767	6.6%	22 767	6.6%	22 749	6.6%	22 775	6.6%	22 776	6.6%	23 311	7.1%
10	28 777	5.1%	11 022	9.3%	34 105	5.0%	34 103	5.0%	34 081	5.0%	34 116	5.0%	34 116	5.0%	33 520	5.2%
11	42 542	4.1%	15 669	6.2%	51 417	4.0%	51 413	4.0%	51 355	4.0%	51 385	4.0%	51 386	4.0%	50 394	4.1%
12	87 223	4.6%	23 625	4.2%	99 947	4.1%	99 933	4.1%	99 845	4.1%	99 856	4.1%	99 857	4.1%	87 224	3.7%
13	109 321	5.3%	47 683	4.6%	131 770	4.2%	131 734	4.2%	131 682	4.2%	131 589	4.3%	131 590	4.3%	127 150	4.1%
总计	270 878	4.4%	91 599	4.4%	313 751	3.8%	313 718	3.8%	313 122	3.8%	313 071	3.8%	313 074	3.8%	304 861	3.8%

表 6.8 预测标准误差和相应的变异系数的估计

事故年 i	子业务 A	子业务 B	整体业务					合并计算的估计结果
	$\sqrt{\widehat{\mathrm{MSEP}}_{\hat{C}_{i,J}^{(1)}\mid\mathcal{D}_I}}$ 及变异系数	$\sqrt{\widehat{\mathrm{MSEP}}_{\hat{C}_{i,J}^{(2)}\mid\mathcal{D}_I}}$ 及变异系数	$\sqrt{\widehat{\mathrm{MSEP}}_{C_{i,J}\mid\mathcal{D}_I^N}}$ 及变异系数					
			式(6.38)	式(6.39)	$k=1$	$k=2$	$k=3$	
0								
1	1 743 89.6%	604 −448.2%	1 845 101.9%	1 845 101.9%	1 845 101.9%	1 845 101.9%	1 845 101.9%	3 688 185.5%
2	7 354 136.3%	1 436 −194.2%	7 493 161.0%	7 493 161.0%	7 493 161.0%	7 493 161.0%	7 493 161.0%	9 720 190.0%
3	9 042 85.2%	2 912 240.4%	9 497 80.3%	9 497 80.3%	9 497 80.3%	9 497 80.3%	9 497 80.3%	11 010 99.3%
4	11 181 73.5%	3 202 322.8%	12 066 74.4%	12 066 74.4%	12 063 74.4%	12 067 73.7%	12 067 73.7%	13 049 85.0%
5	16 781 64.6%	5 418 173.0%	18 883 64.8%	18 883 64.8%	18 880 64.8%	18 887 64.2%	18 887 64.2%	19 692 70.3%
6	19 691 46.7%	6 221 169.9%	22 435 49.0%	22 435 49.0%	22 429 49.0%	22 458 48.0%	22 459 48.0%	23 276 52.2%
7	23 344 30.7%	7 483 74.5%	25 996 30.2%	25 996 30.2%	25 989 30.2%	26 021 29.8%	26 022 29.8%	26 230 32.2%
8	29 586 21.8%	9 123 42.3%	33 376 21.2%	33 376 21.2%	33 369 21.2%	33 407 21.1%	33 407 21.1%	33 401 22.3%
9	37 492 12.9%	16 191 29.6%	45 402 13.2%	45 401 13.2%	45 393 13.2%	45 441 13.1%	45 442 13.1%	46 739 14.2%
10	57 624 10.3%	26 742 22.6%	72 223 10.6%	72 222 10.6%	72212 10.6%	72 281 10.6%	72 282 10.6%	71 249 11.0%
11	89 490 8.7%	36 737 14.5%	112 372 8.7%	112 370 8.7%	112 343 8.7%	112 432 8.7%	112 434 8.7%	111 069 9.0%
12	193 217 10.2%	53 399 9.4%	223 175 9.1%	223 169 9.1%	223 129 9.1%	223 189 9.1%	223 192 9.1%	195 010 8.4%
13	282 975 13.7%	126 615 12.3%	342 392 11.0%	342 377 11.0%	342 358 11.0%	342 318 11.1%	342 322 11.1%	329 786 10.7%
总计	427 311 6.9%	162 874 7.9%	505 802 6.2%	505 781 6.2%	505 412 6.1%	505 433 6.2%	505 440 6.2%	483 287 6.1%

表 6.9 给出了在两个子业务 A 和 B 所有列的条件 MSEP 估计完全正相关、不相关和完全负相关的假设下，索赔准备金的预测标准误差的估计结果，这些值通过下式计算：

$$\widehat{\mathrm{MSEP}}_{C_{i,J}\mid\mathcal{D}_I^N}=\widehat{\mathrm{MSEP}}_{C_{i,J}^{(1)}\mid\mathcal{D}_I}+\widehat{\mathrm{MSEP}}_{C_{i,J}^{(2)}\mid\mathcal{D}_I}+2c\sqrt{\widehat{\mathrm{MSEP}}_{C_{i,J}^{(1)}\mid\mathcal{D}_I}}\cdot\sqrt{\widehat{\mathrm{MSEP}}_{C_{i,J}^{(2)}\mid\mathcal{D}_I}},\tag{6.52}$$

其中 $c=1,0,-1$.

表 6.9　在相关系数分别为 1,0 和 −1 的假设下估计的预测标准误差

事故年 i	$\sqrt{\widehat{\mathrm{MSEP}}_{C_{i,J}\mid\mathcal{D}_I^N}}$		
	相关系数 $c=1$	相关系数 $c=0$	相关系数 $c=-1$
0			
1	2 347	1 845	1 139
2	8 790	7 493	5 918
3	11 593	9 499	6 130
4	14 383	11 631	7 980
5	22 199	17 634	11 363
6	25 911	20 650	13 470
7	30 827	24 514	15 861
8	38 708	30 960	20 463
9	53 683	40 839	21 301
10	84 366	63 527	30 881
11	126 226	96 737	52 753
12	246 615	200 460	139 818
13	409 590	310 010	156 360
总计	590 186	457 300	264 437

表 6.8 第 6～15 列的多元估计中假设所有事故年的相关系数在 0～1 之间. 注意到，这种相依性建模使 $\sqrt{\widehat{\mathrm{MSEP}}_{C_{i,J}\mid\mathcal{D}_I^N}}$ 增加了约 10%，这可以从表 6.9 中的 457 300 和表 6.8 中的 505 440 计算出来，即(505 440−457 300)/457 300=10.527%. 这表明不同业务线相依性的变化可以导致不确定性的大幅增加.

第三节　多元可加损失准备金评估方法

本节探讨 Hess 等(2006)和 Schmidt(2006b)提出的多元可加损失准备金评估方法(即多元 ALR 方法). 与一元 GLM 类似，多元 ALR 模型也是基于增量赔款额进行建模分析的，且与多元 CL 模型一样，多元 ALR 模型也假设存在几个相依的子业务，进而在这一框架下研究考虑相依结构的多元估计量. 本节结合 Hess 等(2006)，Schmidt(2006b)，Merz 和 Wüthrich(2009a)的研究，给出利用多元 ALR 模型推导索赔准备金的条件 MSEP 估计量的详细过程. 另外，我们也可以将多元 ALR 方法和多元 CL 模型结合起来，这将在下一节加以介绍.

6.3.1 多元 ALR 模型

一、多元 ALR 模型假设

在多元 ALR 模型中，研究的是规范化的增量赔款额，即单个增量损失率. 对于 $0\leqslant i\leqslant I$ 和 $1\leqslant j\leqslant J$，定义事故年 i、进展年 j 的规范化增量赔款额的 N 维向量：

$$\boldsymbol{M}_{i,j}=(M_{i,j}^{(1)},\cdots,M_{i,j}^{(N)})^{\mathrm{T}}=\boldsymbol{V}_i^{-1}\boldsymbol{X}_{i,j},$$

其中

$$\boldsymbol{V}_i=\begin{pmatrix} V_i^{(1,1)} & V_i^{(1,2)} & \cdots & V_i^{(1,N)} \\ V_i^{(2,1)} & V_i^{(2,2)} & \cdots & V_i^{(2,N)} \\ \vdots & \vdots & \ddots & \vdots \\ V_i^{(N,1)} & V_i^{(N,2)} & \cdots & V_i^{(N,N)} \end{pmatrix}$$

是 $N\times N$ 维确定性正定对称阵，$\boldsymbol{M}_{i,j}$ 的元素 $M_{i,j}^{(n)}$ $(1\leqslant n\leqslant N)$ 表示第 n 个子业务在事故年 i、进展年 j 的规范化增量赔款额. 对于 $N=1$ 的一元情况，有 $M_{i,j}=X_{i,j}/V_i$，其中 $V_i\in\mathbb{R}$ 是一个合适的确定性容量测度. 如果令 $X_{i,j}$ 表示增量赔款额，V_i 表示事故年 i 的总保费，那么 $M_{i,j}$ 表示总损失率随时间的支付过程.

类似于多元 CL 模型，下面给出多元 ALR 模型的基本假设：

(1) 对于不同事故年 i，增量赔款额 $\boldsymbol{X}_{i,j}$ 是相互独立的.

(2) 存在 $N\times N$ 维确定性正定对称阵 $\boldsymbol{V}_0,\cdots,\boldsymbol{V}_I$，$N$ 维常数 $\boldsymbol{m}_j=(m_j^{(1)},\cdots,m_j^{(N)})^{\mathrm{T}}$ 和 $\boldsymbol{\sigma}_{j-1}=(\sigma_{j-1}^{(1)},\cdots,\sigma_{j-1}^{(N)})^{\mathrm{T}}$ $(1\leqslant j\leqslant J$，且对于所有 $1\leqslant n\leqslant N, \sigma_j^{(n)}>0)$ 以及 N 维随机变量 $\boldsymbol{\varepsilon}_{i,j}=(\varepsilon_{i,j}^{(1)},\cdots,\varepsilon_{i,j}^{(N)})^{\mathrm{T}}$，使得对于所有 $0\leqslant i\leqslant I$ 和 $1\leqslant j\leqslant J$，有

$$\boldsymbol{X}_{i,j}=\boldsymbol{V}_i\boldsymbol{m}_j+\boldsymbol{V}_i^{1/2}D(\boldsymbol{\varepsilon}_{i,j})\boldsymbol{\sigma}_{j-1}, \tag{6.53}$$

这里随机变量 $\boldsymbol{\varepsilon}_{i,j}$ 是相互独立的，且 $\mathrm{E}(\boldsymbol{\varepsilon}_{i,j})=\boldsymbol{0}$，存在如下正定协方差阵：

$$\mathrm{Cov}(\boldsymbol{\varepsilon}_{i,j},\boldsymbol{\varepsilon}_{i,j})=\mathrm{E}(\boldsymbol{\varepsilon}_{i,j}\boldsymbol{\varepsilon}_{i,j}^{\mathrm{T}})=\begin{pmatrix} 1 & \rho_{j-1}^{(1,2)} & \cdots & \rho_{j-1}^{(1,N)} \\ \rho_{j-1}^{(2,1)} & 1 & \cdots & \rho_{j-1}^{(2,N)} \\ \vdots & \vdots & \ddots & \vdots \\ \rho_{j-1}^{(N,1)} & \rho_{j-1}^{(N,2)} & \cdots & 1 \end{pmatrix},$$

其中对于 $1\leqslant n,m\leqslant N$ 且 $n\neq m$，有 $\rho_{j-1}^{(n,m)}\in(-1,1)$.

在一元情况 $N=1$ 下，一元 ALR 模型可以表示为

$$X_{i,j}/V_i=m_j+V_i^{-1/2}\sigma_{j-1}\varepsilon_{i,j}, \tag{6.54}$$

其中

$$\mathrm{E}(X_{i,j})=V_i m_j,\quad \mathrm{Var}(X_{i,j})=V_i\sigma_{j-1}^2. \tag{6.55}$$

因此,该模型也可以解释为一个 GLM,其中高斯方差函数满足 $p=0$,容量为 V_i,分散参数为 σ_{j-1}^2/V_i.

注意到,在多元 ALR 模型假设下,有

$$\begin{aligned}\mathrm{Cov}(\boldsymbol{X}_{i,j},\boldsymbol{X}_{i,j})&=\mathrm{E}((\boldsymbol{X}_{i,j}-\mathrm{E}(\boldsymbol{X}_{i,j}))(\boldsymbol{X}_{i,j}-\mathrm{E}(\boldsymbol{X}_{i,j}))^{\mathrm{T}})\\&=\mathrm{E}((\mathbf{V}_i^{1/2}D(\boldsymbol{\varepsilon}_{i,j})\boldsymbol{\sigma}_{j-1})(\mathbf{V}_i^{1/2}D(\boldsymbol{\varepsilon}_{i,j})\boldsymbol{\sigma}_{j-1})^{\mathrm{T}})\\&=\mathrm{E}(\mathbf{V}_i^{1/2}D(\boldsymbol{\varepsilon}_{i,j})\boldsymbol{\sigma}_{j-1}\boldsymbol{\sigma}_{j-1}^{\mathrm{T}}D(\boldsymbol{\varepsilon}_{i,j})\mathbf{V}_i^{1/2})\\&=\mathbf{V}_i^{1/2}\mathrm{E}(D(\boldsymbol{\varepsilon}_{i,j})\boldsymbol{\sigma}_{j-1}\boldsymbol{\sigma}_{j-1}^{\mathrm{T}}D(\boldsymbol{\varepsilon}_{i,j}))\mathbf{V}_i^{1/2}.\end{aligned} \tag{6.56}$$

类似于多元 CL 模型的假设,式(6.56)最后一个等号右边的期望值[①]可以表示为

$$\begin{aligned}\boldsymbol{\Sigma}_{j-1}&=\mathrm{E}(D(\boldsymbol{\varepsilon}_{i,j})\boldsymbol{\sigma}_{j-1}\boldsymbol{\sigma}_{j-1}^{\mathrm{T}}D(\boldsymbol{\varepsilon}_{i,j}))=D(\boldsymbol{\sigma}_{j-1})\mathrm{Cov}(\boldsymbol{\varepsilon}_{i,j},\boldsymbol{\varepsilon}_{i,j})D(\boldsymbol{\sigma}_{j-1})\\&=\begin{pmatrix}(\sigma_{j-1}^{(1)})^2 & \sigma_{j-1}^{(1)}\sigma_{j-1}^{(2)}\rho_{j-1}^{(1,2)} & \cdots & \sigma_{j-1}^{(1)}\sigma_{j-1}^{(N)}\rho_{j-1}^{(1,N)}\\ \sigma_{j-1}^{(2)}\sigma_{j-1}^{(1)}\rho_{j-1}^{(2,1)} & (\sigma_{j-1}^{(2)})^2 & \cdots & \sigma_{j-1}^{(2)}\sigma_{j-1}^{(N)}\rho_{j-1}^{(2,N)}\\ \vdots & \vdots & \ddots & \vdots\\ \sigma_{j-1}^{(N)}\sigma_{j-1}^{(1)}\rho_{j-1}^{(N,1)} & \sigma_{j-1}^{(N)}\sigma_{j-1}^{(2)}\rho_{j-1}^{(N,2)} & \cdots & (\sigma_{j-1}^{(N)})^2\end{pmatrix}.\end{aligned} \tag{6.57}$$

下面进一步给出 N 个子业务的相依性假设,这里仅限于考虑 N 个流量三角形中每个流量三角形进展年 $j(1\leqslant j\leqslant J)$ 的相依性假设. 矩阵 $\boldsymbol{\Sigma}_{j-1}$ 体现了 N 个不同子业务在进展年 j 的增量赔款额的相依结构.

这里需要补充以下五点: 第一,对于 $i\neq k$ 或 $j\neq l$,增量赔款额 $\boldsymbol{X}_{i,j}$ 和 $\boldsymbol{X}_{k,l}$ 相互独立;第二,N 维期望增量损失率 $(\boldsymbol{m}_j)_{1\leqslant j\leqslant J}$ 可以解释为多元情况下,预期报告或索赔现金流随不同进展年的进展模式;第三,在更多实际应用中,为了表示事故年 i 的容量测度,即已知的先验信息(如保费、保单数、期望索赔次数等),或者来自专家的外部知识、相似业务组合或市场统计量,一般选取矩阵 $\mathbf{V}_i$ 为对角阵;第四,假设 $\mathbf{V}_i$ 为正定对称阵,显然正定对称阵 $\mathbf{V}_i^{1/2}$[②] 应满足 $\mathbf{V}_i=\mathbf{V}_i^{1/2}\mathbf{V}_i^{1/2}$;第五,多元 ALR 模型是 Hess 等(2006)和 Schmidt(2006b)提出的含独立增量赔款额 $\boldsymbol{X}_{i,j}$ 和正定对称阵 $\boldsymbol{\Sigma}_j=\mathrm{E}(D(\boldsymbol{\varepsilon}_{i,j+1})\boldsymbol{\sigma}_j\boldsymbol{\sigma}_j^{\mathrm{T}}D(\boldsymbol{\varepsilon}_{i,j+1}))$ 的多元 ALR 模型的一个特例.

二、多元 ALR 模型中估计量的无偏性

1. 估计量 $\hat{\boldsymbol{m}}_j$, $\hat{\boldsymbol{C}}_{i,J}^{\mathrm{ALR}}$ 和 $\sum_{n=1}^{N}\hat{C}_{i,J}^{(n)\mathrm{ALR}}$ 的无偏性

定理 6.8 在多元 ALR 模型假设下,对于所有 $1\leqslant i\leqslant I$,有

$$\mathrm{E}(\boldsymbol{C}_{i,J}\mid\mathcal{D}_I^N)=\mathrm{E}(\boldsymbol{C}_{i,J}\mid\boldsymbol{C}_{i,I-i})=\boldsymbol{C}_{i,I-i}+\mathbf{V}_i\sum_{j=I-i+1}^{J}\boldsymbol{m}_j.$$

① 详见 6.2.2 小节的式(6.25).

② $\mathbf{V}_i^{1/2}$ 也称为 $\mathbf{V}_i$ 的平方根.

证明 由增量赔款额的独立性假设可得

$$\mathrm{E}(\boldsymbol{C}_{i,J}\mid\mathcal{D}_I^N)=\boldsymbol{C}_{i,I-i}+\mathrm{E}\left(\sum_{j=I-i+1}^{J}\boldsymbol{X}_{i,j}\mid\mathcal{D}_I^N\right)=\boldsymbol{C}_{i,I-i}+\sum_{j=I-i+1}^{J}\mathrm{E}(\boldsymbol{X}_{i,j})$$

$$=\boldsymbol{C}_{i,I-i}+\boldsymbol{V}_i\sum_{j=I-i+1}^{J}\boldsymbol{m}_j=\mathrm{E}(\boldsymbol{C}_{i,J}\mid\boldsymbol{C}_{i,I-i}).$$

这就完成了定理 6.8 的证明.

该定理可作为给定观测值 $\mathcal{D}_I^N$ 下估计期望最终损失的算法. 如果已知 N 维期望增量损失率 $\{\boldsymbol{m}_j\}_{1\leqslant j\leqslant J}$，那么基于信息 $\mathcal{D}_I^N$ 的 N 个相关流量三角形在事故年 i 的期望索赔准备金可简单定义为

$$\mathrm{E}(\boldsymbol{C}_{i,J}\mid\mathcal{D}_I^N)-\boldsymbol{C}_{i,I-i}=\boldsymbol{V}_i\sum_{j=I-i+1}^{J}\boldsymbol{m}_j.$$

在大多数实际应用中，我们必须从上三角数据中估计比率 $\boldsymbol{m}_j$. 对于 $1\leqslant j\leqslant J$ 来说，Hess 等(2006)和 Schmidt(2006b)提出了如下多元估计量：

$$\hat{\boldsymbol{m}}_j=(\hat{m}_j^{(1)},\cdots,\hat{m}_j^{(N)})^{\mathrm{T}}=\left(\sum_{i=0}^{I-j}\boldsymbol{V}_i^{1/2}\boldsymbol{\Sigma}_{j-1}^{-1}\boldsymbol{V}_i^{1/2}\right)^{-1}\sum_{i=0}^{I-j}(\boldsymbol{V}_i^{1/2}\boldsymbol{\Sigma}_{j-1}^{-1}\boldsymbol{V}_i^{1/2})\boldsymbol{M}_{i,j},\tag{6.58}$$

其中元素 $\hat{m}_j^{(n)}$ 表示基于信息 $\mathcal{D}_I^N$ 估计的第 $n(1\leqslant n\leqslant N)$ 个流量三角形在进展年 j 的增量损失率. 值得注意的是，在 $\boldsymbol{m}_j$ 的估计中融入了协方差结构.

对于 $i+j>I$，$\mathrm{E}(\boldsymbol{C}_{i,j}\mid\mathcal{D}_I^N)$的多元 ALR 估计量可以表示为

$$\hat{\boldsymbol{C}}_{i,j}^{\mathrm{ALR}}=(\hat{C}_{i,j}^{(1)\,\mathrm{ALR}},\cdots,\hat{C}_{i,j}^{(n)\,\mathrm{ALR}})^{\mathrm{T}}=\hat{\mathrm{E}}(\boldsymbol{C}_{i,j}\mid\mathcal{D}_I^N)=\boldsymbol{C}_{i,I-i}+\boldsymbol{V}_i\sum_{l=I-i+1}^{j}\hat{\boldsymbol{m}}_l.\tag{6.59}$$

这表明，在多元 ALR 方法中，给定信息 $\mathcal{D}_I^N$，可以通过最后观测到的规范化累计赔款额 $\boldsymbol{V}_i^{-1}\boldsymbol{C}_{i,I-i}$与加权估计比率 $\hat{\boldsymbol{m}}_{I-i+1},\cdots,\hat{\boldsymbol{m}}_j$ 之和来预测规范化累计赔款额 $\boldsymbol{V}_i^{-1}\boldsymbol{C}_{i,j}$. 从式(6.59)可以得出，对于 $i+j>I$，增量赔款额 $\boldsymbol{X}_{i,j}$的预测量可以表示为

$$\hat{\boldsymbol{X}}_{i,j}^{\mathrm{ALR}}=(\hat{X}_{i,j}^{(1)\,\mathrm{ALR}},\cdots,\hat{X}_{i,j}^{(N)\,\mathrm{ALR}})^{\mathrm{T}}=\boldsymbol{V}_i\,\hat{\boldsymbol{m}}_j.$$

类似于多元 CL 法，这里需要补充以下六点：第一，当 $j=J$ 时，由假设 $I=J$ 可知 $\hat{\boldsymbol{m}}_J=\boldsymbol{M}_{0,J}$. 第二，式(6.58)表示观测到的单个规范化增量赔款额 $\boldsymbol{M}_{i,j}$的加权平均. 在 $N=1$ 的情况下，式(6.58)就是如下一元估计的增量损失率：

$$\hat{m}_j=\sum_{i=0}^{I-j}\frac{V_i}{\sum_{k=0}^{I-j}V_k}M_{i,j},\tag{6.60}$$

其中确定性权重 V_i 也可用于一元 ALR 方法，相关内容可参考 Schmidt(2006a). 第三，在 $N=1$ 的情况下，利用式(6.59)可以得出如下一元 ALR 方法下的估计量①：

① 该估计量与 GLM 中的 BF 估计量类似.

$$\hat{C}_{i,J}^{\mathrm{ALR}}=C_{i,I-i}+\sum_{j=I-i+1}^{J}\frac{\sum\limits_{k=0}^{I-j}X_{k,j}}{\sum\limits_{k=0}^{I-j}V_k}V_i. \tag{6.61}$$

第四，式(6.58)中的协方差阵 $\boldsymbol{\Sigma}_{j-1}$ 体现了不同子业务之间的相依结构. 如果忽略了这种相依结构，那么可以得到如下无偏估计：

$$\hat{\boldsymbol{m}}_j^{(0)}=\left(\sum_{i=0}^{I-j}\boldsymbol{V}_i\right)^{-1}\sum_{i=0}^{I-j}\boldsymbol{V}_i\boldsymbol{M}_{i,j}. \tag{6.62}$$

如果容量 $\boldsymbol{V}_i$ 为对角阵，那么式(6.62)中的元素可以表示为

$$\hat{m}_j^{(n)(0)}=\sum_{i=0}^{I-j}\frac{V_i^{(n,n)}}{\sum\limits_{k=0}^{I-j}V_k^{(n,n)}}M_{i,j}^{(n)}. \tag{6.63}$$

这表明，在这种情况下，$\hat{\boldsymbol{m}}_j^{(0)}$ 中的元素可以通过一元 ALR 方法的估计量来表示. 第五，Hess 等(2006)和 Schmidt(2006b)都证明了，在最小化具有相依结构的流量三角形的期望平方损失准则下，式(6.58)所示的多元增量损失率是 $\boldsymbol{m}_j$ 的最优估计量①. 然而，正如多元 CL 法所述，这里仍假设协方差阵 $\boldsymbol{\Sigma}_{j-1}$ 是已知的. 当无法得到协方差阵的可靠估计时，使用一元估计量更合适. 第六，很容易看出，如果 $j=J$ 或者 $\boldsymbol{\Sigma}_{j-1}$ 和 $\boldsymbol{V}_0,\cdots,\boldsymbol{V}_{I-j}$ 都是对角阵，那么 $\hat{\boldsymbol{m}}_j$ 并不依赖于矩阵 $\boldsymbol{\Sigma}_{j-1}$. 在这种情况下，式(6.58)中的 N 个元素 $\hat{m}_j^{(1)},\cdots,\hat{m}_j^{(N)}$ 与 N 个子业务的一元估计式(6.63)相同. 这意味着，如果 $\boldsymbol{\Sigma}_0,\cdots,\boldsymbol{\Sigma}_{J-2}$ 和 $\boldsymbol{V}_0,\cdots,\boldsymbol{V}_J$ 都是对角阵，那么对于每个单一子业务来说，基于式(6.60)所示的一元估计量、式(6.62)所示的多元预测量、式(6.58)所示的多元预测量得到的整体业务的估计值都是相同的. 然而，正如后续定理 6.10 所述，在其他情况下，使用式(6.58)所示的多元估计量更合理. 因此，合理估计协方差阵 $\boldsymbol{\Sigma}_j$ 是有必要的.

类似于多元 CL 法，下面进一步证明估计量 $\hat{\boldsymbol{m}}_j$ 的无偏性.

定理 6.9　在多元 ALR 模型假设下，有

(1) 给定 $\mathcal{B}_{j-1}^N$，$\hat{\boldsymbol{m}}_j$ 是 $\boldsymbol{m}_j$ 的无偏估计，即 $\mathrm{E}(\hat{\boldsymbol{m}}_j\mid\mathcal{B}_{j-1}^N)=\boldsymbol{m}_j$；

(2) $\hat{\boldsymbol{m}}_j$ 是 $\boldsymbol{m}_j$ 的无条件无偏估计，即 $\mathrm{E}(\hat{\boldsymbol{m}}_j)=\boldsymbol{m}_j$；

(3) 对于 $j\neq k$，$\hat{\boldsymbol{m}}_j$ 和 $\hat{\boldsymbol{m}}_k$ 是相互独立的；

(4) $\mathrm{Var}(\hat{\boldsymbol{m}}_j)=\left(\sum\limits_{l=0}^{I-j}\boldsymbol{V}_l^{1/2}\boldsymbol{\Sigma}_{j-1}^{-1}\boldsymbol{V}_l^{1/2}\right)^{-1}$；

(5) 在给定 $\boldsymbol{C}_{i,I-i}$ 的情况下，估计量 $\hat{\boldsymbol{C}}_{i,J}^{\mathrm{ALR}}$ 是 $\mathrm{E}(\boldsymbol{C}_{i,J}\mid\mathcal{D}_I^N)=\mathrm{E}(\boldsymbol{C}_{i,J}\mid\boldsymbol{C}_{i,I-i})$ 的无偏估计，即

$$\mathrm{E}(\hat{\boldsymbol{C}}_{i,J}^{\mathrm{ALR}}\mid\boldsymbol{C}_{i,I-i})=\mathrm{E}(\boldsymbol{C}_{i,J}\mid\mathcal{D}_I^N);$$

(6) $\hat{\boldsymbol{C}}_{i,J}^{\mathrm{ALR}}$ 是 $\mathrm{E}(\boldsymbol{C}_{i,J})$ 的无条件无偏估计，即 $\mathrm{E}(\hat{\boldsymbol{C}}_{i,J}^{\mathrm{ALR}})=\mathrm{E}(\boldsymbol{C}_{i,J})$.

---

① 该结论详见定理 6.10.

证明 (1) 对于 $k\leqslant j-1$，由 $\mathrm{E}(\boldsymbol{M}_{i,j}\mid\mathcal{B}_{j-1}^{N})=\mathrm{E}(\boldsymbol{M}_{i,j})=\boldsymbol{V}_i^{-1}\mathrm{E}(\boldsymbol{X}_{i,j})=\boldsymbol{m}_j$ 以及 $\boldsymbol{X}_{i,j}$ 和 $\boldsymbol{C}_{i,k}$ 的独立性，可以得出

$$\mathrm{E}(\hat{\boldsymbol{m}}_j\mid\mathcal{B}_{j-1}^{N})=\left(\sum_{i=0}^{I-j}\boldsymbol{V}_i^{1/2}\boldsymbol{\Sigma}_{j-1}^{-1}\boldsymbol{V}_i^{1/2}\right)^{-1}\sum_{i=0}^{I-j}(\boldsymbol{V}_i^{1/2}\boldsymbol{\Sigma}_{j-1}^{-1}\boldsymbol{V}_i^{1/2})\mathrm{E}(\boldsymbol{M}_{i,j}\mid\mathcal{B}_{j-1}^{N})=\boldsymbol{m}_j.$$

(2) 从(1)很容易证明(2)成立.

(3) 对于 $j\neq l$，由规范化增量赔款额 $\boldsymbol{M}_{i,j}=\boldsymbol{V}_i^{-1}\boldsymbol{X}_{i,j}$ 和 $\boldsymbol{M}_{k,l}=\boldsymbol{V}_k^{-1}\boldsymbol{X}_{k,l}$ 的独立性，可以得出对于 $j\neq k$，$\hat{\boldsymbol{m}}_j$ 和 $\hat{\boldsymbol{m}}_k$ 是相互独立的.

(4) 由式(6.56)可以得出

$$\mathrm{Var}(\boldsymbol{M}_{l,j})=\boldsymbol{V}_l^{-1}\mathrm{Var}(\boldsymbol{X}_{l,j})\boldsymbol{V}_l^{-1}=\boldsymbol{V}_l^{-1}(\boldsymbol{V}_l^{1/2}\boldsymbol{\Sigma}_{j-1}\boldsymbol{V}_l^{1/2})\boldsymbol{V}_l^{-1}=\boldsymbol{V}_l^{-1/2}\boldsymbol{\Sigma}_{j-1}\boldsymbol{V}_l^{-1/2}. \tag{6.64}$$

由 $\boldsymbol{M}_{l,j}$ 的独立性可以得出

$$\begin{aligned}\mathrm{Var}(\hat{\boldsymbol{m}}_j)&=\boldsymbol{A}_j\mathrm{Var}\left(\sum_{l=0}^{I-j}(\boldsymbol{V}_l^{1/2}\boldsymbol{\Sigma}_{j-1}^{-1}\boldsymbol{V}_l^{1/2})\boldsymbol{M}_{l,j}\right)\boldsymbol{A}_j\\&=\boldsymbol{A}_j\left(\sum_{l=0}^{I-j}(\boldsymbol{V}_l^{1/2}\boldsymbol{\Sigma}_{j-1}^{-1}\boldsymbol{V}_l^{1/2})\mathrm{Var}(\boldsymbol{M}_{l,j})(\boldsymbol{V}_l^{1/2}\boldsymbol{\Sigma}_{j-1}^{-1}\boldsymbol{V}_l^{1/2})\right)\boldsymbol{A}_j\\&=\boldsymbol{A}_j\left(\sum_{l=0}^{I-j}\boldsymbol{V}_l^{1/2}\boldsymbol{\Sigma}_{j-1}^{-1}\boldsymbol{V}_l^{1/2}\right)\boldsymbol{A}_j=\boldsymbol{A}_j,\end{aligned}$$

其中

$$\boldsymbol{A}_j=\left(\sum_{l=0}^{I-j}\boldsymbol{V}_l^{1/2}\boldsymbol{\Sigma}_{j-1}^{-1}\boldsymbol{V}_l^{1/2}\right)^{-1}. \tag{6.65}$$

(5) 对于 $l>I-i$，$\boldsymbol{C}_{i,I-i}$ 和 $\hat{\boldsymbol{m}}_l$ 具有独立性，再结合(2)可以得出

$$\mathrm{E}(\hat{\boldsymbol{C}}_{i,J}^{\mathrm{ALR}}\mid\boldsymbol{C}_{i,I-i})=\boldsymbol{C}_{i,I-i}+\boldsymbol{V}_i\sum_{l=I-i+1}^{J}\mathrm{E}(\hat{\boldsymbol{m}}_l)=\boldsymbol{C}_{i,I-i}+\boldsymbol{V}_i\sum_{l=I-i+1}^{J}\boldsymbol{m}_j=\mathrm{E}(\boldsymbol{C}_{i,J}\mid\mathcal{D}_I^N).$$

(6) 从(5)很容易证明(6)成立.

从定理 6.9 中的(5)可以看出，我们得到了整体业务的单一事故年 i 的最终损失的条件期望 $\mathrm{E}(\boldsymbol{C}_{i,J}\mid\mathcal{D}_I^N)$ 的无偏估计. 这表明，给定 $\boldsymbol{C}_{i,I-i}$ 情况下，单一事故年 $i(1\leqslant i\leqslant I)$ 的加总最终损失的估计量 $\sum_{n=1}^{N}\hat{C}_{i,J}^{(n)\,\mathrm{ALR}}=\boldsymbol{1}^{\mathrm{T}}\hat{\boldsymbol{C}}_{i,J}^{\mathrm{ALR}}$ 是 $\sum_{n=1}^{N}\mathrm{E}(C_{i,J}^{(n)}\mid\boldsymbol{C}_{i,I-i})$ 的无偏估计.

2. $\boldsymbol{m}_j$ 的方差最小的无偏估计线性组合 $\hat{\boldsymbol{m}}_j$

下面给出的结论与多元 CL 法中的定理 6.3 类似.

定理 6.10 在多元 ALR 模型假设下，通过最小化 $\boldsymbol{m}_j$ 的无偏估计 $\{\boldsymbol{M}_{l,j}\}_{0\leqslant l\leqslant I-j}$ 的所有 N 维线性组合的期望平方损失，即

$$\mathrm{E}((\boldsymbol{m}_j-\hat{\boldsymbol{m}}_j)^{\mathrm{T}}(\boldsymbol{m}_j-\hat{\boldsymbol{m}}_j))=\min_{\boldsymbol{W}_{l,j}\in\mathbb{R}^{N\times N}}\mathrm{E}\left(\left(\boldsymbol{m}_j-\sum_{l=0}^{I-j}\boldsymbol{W}_{l,j}\boldsymbol{M}_{l,j}\right)^{\mathrm{T}}\left(\boldsymbol{m}_j-\sum_{l=0}^{I-j}\boldsymbol{W}_{l,j}\boldsymbol{M}_{l,j}\right)\right),$$

可以得出估计量 $\hat{\boldsymbol{m}}_j$ 是 $\boldsymbol{m}_j$ 的一个 $\mathcal{B}_j^N$ 测度的无偏估计.

该引理的证明过程与一元 CL 模型中年度进展因子的最优估计问题类似，也可以参考 Schmidt(2006b)中定理 4.1 的证明，这里不再展开.

6.3.2　多元 ALR 模型中条件 MSEP 的估计

一、条件 MSEP 的估计量

对于单一事故年 $i(1\leqslant i\leqslant I)$，最终损失 $\sum_{n=1}^{N}\hat{C}_{i,J}^{(n)\text{ ALR}}=\mathbf{1}^{\mathrm{T}}\hat{\boldsymbol{C}}_{i,J}^{\text{ALR}}$ 的条件 MSEP 估计量可以表示为

$$
\begin{aligned}
&\widehat{\mathrm{MSEP}}_{\sum_n C_{i,J}^{(n)}\mid \mathcal{D}_I^N}\left(\sum_{n=1}^{N}\hat{C}_{i,J}^{(n)\text{ ALR}}\right)\\
&=\mathrm{E}\left(\left(\sum_{n=1}^{N}\hat{C}_{i,J}^{(n)\text{ ALR}}-\sum_{n=1}^{N}C_{i,J}^{(n)}\right)^2\middle|\,\mathcal{D}_I^N\right)\\
&=\mathbf{1}^{\mathrm{T}}\mathrm{E}((\hat{\boldsymbol{C}}_{i,J}^{\text{ALR}}-\boldsymbol{C}_{i,J})(\hat{\boldsymbol{C}}_{i,J}^{\text{ALR}}-\boldsymbol{C}_{i,J})^{\mathrm{T}}\mid\mathcal{D}_I^N)\mathbf{1}\\
&=\mathbf{1}^{\mathrm{T}}\mathrm{Var}(\boldsymbol{C}_{i,J}\mid\mathcal{D}_I^N)\mathbf{1}+\mathbf{1}^{\mathrm{T}}(\hat{\boldsymbol{C}}_{i,J}^{\text{ALR}}-\mathrm{E}(\boldsymbol{C}_{i,J}\mid\mathcal{D}_I^N))(\hat{\boldsymbol{C}}_{i,J}^{\text{ALR}}-\mathrm{E}(\boldsymbol{C}_{i,J}\mid\mathcal{D}_I^N))^{\mathrm{T}}\mathbf{1},
\end{aligned}
\tag{6.66}
$$

进而所有事故年总的最终损失的条件 MSEP 估计量可以表示为

$$
\widehat{\mathrm{MSEP}}_{\sum_{i,n} C_{i,J}^{(n)}\mid \mathcal{D}_I^N}\left(\sum_{i,n}\hat{C}_{i,J}^{(n)\text{ ALR}}\right)=\mathrm{E}\left(\left(\sum_{i,n}\hat{C}_{i,J}^{(n)\text{ ALR}}-\sum_{i,n}C_{i,J}^{(n)}\right)^2\middle|\,\mathcal{D}_I^N\right).
\tag{6.67}
$$

二、条件 MSEP 的估计

1. 单一事故年的条件 MSEP 估计

1）条件过程方差的估计

下面推导单一事故年条件过程方差 $\mathbf{1}^{\mathrm{T}}\mathrm{Var}(\boldsymbol{C}_{i,J}\mid\mathcal{D}_I^N)\mathbf{1}$ 的估计. 这一方差源于最终损失 $\boldsymbol{C}_{i,J}$ 的随机波动. 对于单一事故年的过程方差来说，可以推导出如下结论：

定理 6.11　在多元 ALR 模型假设下，给定观测值 $\mathcal{D}_I^N$，事故年 $i(1\leqslant i\leqslant I)$ 的最终损失 $\boldsymbol{C}_{i,J}$ 的条件过程方差可以表示为

$$
\mathbf{1}^{\mathrm{T}}\mathrm{Var}(\boldsymbol{C}_{i,J}\mid\mathcal{D}_I^N)\mathbf{1}=\mathbf{1}^{\mathrm{T}}\boldsymbol{V}_i^{1/2}\sum_{j=I-i+1}^{J}\boldsymbol{\Sigma}_{j-1}\boldsymbol{V}_i^{1/2}\mathbf{1}.
\tag{6.68}
$$

证明　对于 $1\leqslant i\leqslant I$，由增量赔款额 $\boldsymbol{X}_{i,j}$ 的独立性假设可以得出

$$
\begin{aligned}
\mathbf{1}^{\mathrm{T}}\mathrm{Var}(\boldsymbol{C}_{i,J}\mid\mathcal{D}_I^N)\mathbf{1}&=\mathbf{1}^{\mathrm{T}}\mathrm{Var}\left(\sum_{j=I-i+1}^{J}\boldsymbol{X}_{i,j}\right)\mathbf{1}=\mathbf{1}^{\mathrm{T}}\sum_{j=I-i+1}^{J}\mathrm{Var}(\boldsymbol{X}_{i,j})\mathbf{1}\\
&=\mathbf{1}^{\mathrm{T}}\boldsymbol{V}_i^{1/2}\sum_{j=I-i+1}^{J}\boldsymbol{\Sigma}_{j-1}\boldsymbol{V}_i^{1/2}\mathbf{1}.
\end{aligned}
$$

如果使用 $\boldsymbol{\Sigma}_{j-1}$ 的估计代替式(6.68)中的参数 $\boldsymbol{\Sigma}_{j-1}$①，那么可以获得单一事故年条件过程方差的估计量. 另外，从式(6.68)的证明可以得出

---

① 关于 $\boldsymbol{\Sigma}_{j-1}$ 的估计量详见本节最后的主要参数估计.

$$\mathbf{1}^{\mathrm{T}}\mathrm{Var}(\boldsymbol{C}_{i,J}\mid\mathcal{D}_I^N)\mathbf{1}=\mathbf{1}^{\mathrm{T}}\mathrm{Var}\Big(\sum_{j=I-i+1}^{J-1}\boldsymbol{X}_{i,j}+\boldsymbol{X}_{i,J}\Big)\mathbf{1}=\mathbf{1}^{\mathrm{T}}\Big(\sum_{j=I-i+1}^{J-1}\mathrm{Var}(\boldsymbol{X}_{i,j})+\mathrm{Var}(\boldsymbol{X}_{i,J})\Big)\mathbf{1}$$
$$=\mathbf{1}^{\mathrm{T}}(\mathrm{Var}(\boldsymbol{C}_{i,J-1}\mid\mathcal{D}_I^N)+\boldsymbol{V}_i^{1/2}\boldsymbol{\Sigma}_{J-1}\boldsymbol{V}_i^{1/2})\mathbf{1},$$

也可以得出如下关于单一事故年条件过程方差的递推公式：

$$\mathbf{1}^{\mathrm{T}}\mathrm{Var}(\boldsymbol{C}_{i,J}\mid\mathcal{D}_I^N)\mathbf{1}=\mathbf{1}^{\mathrm{T}}(\mathrm{Var}(\boldsymbol{C}_{i,J-1}\mid\mathcal{D}_I^N)+\boldsymbol{V}_i^{1/2}\boldsymbol{\Sigma}_{J-1}\boldsymbol{V}_i^{1/2})\mathbf{1},$$

其中
$$\mathrm{Var}(\boldsymbol{C}_{i,I-i}\mid\mathcal{D}_I^N)=\mathbf{0}.$$

2）条件参数误差的估计

下面使用估计量 $\hat{\boldsymbol{C}}_{i,J}^{\mathrm{ALR}}$ 估计条件期望 $\mathrm{E}(\boldsymbol{C}_{i,J}\mid\mathcal{D}_I^N)$ 估计过程中的不确定性，即需要推导式(6.66)最后一个等号右边第二项的估计量. 由于容量是确定的，故无条件估计也等价于条件重抽样的估计结果，从而条件参数误差可以使用如下无条件重抽样的期望值来估计：

$$\mathbf{1}^{\mathrm{T}}\mathrm{E}((\hat{\boldsymbol{C}}_{i,J}^{\mathrm{ALR}}-\mathrm{E}(\boldsymbol{C}_{i,J}\mid\mathcal{D}_I^N))(\hat{\boldsymbol{C}}_{i,J}^{\mathrm{ALR}}-\mathrm{E}(\boldsymbol{C}_{i,J}\mid\mathcal{D}_I^N))^{\mathrm{T}})\mathbf{1}.$$

一方面，由增量赔款额 $\boldsymbol{X}_{i,j}$ 的独立性、不同进展年 j 的估计量 $\hat{\boldsymbol{X}}_{i,j}^{\mathrm{ALR}}$ 的独立性以及 $\mathrm{E}(\hat{\boldsymbol{X}}_{i,j}^{\mathrm{ALR}})=\mathrm{E}(\boldsymbol{X}_{i,j})$[①]，可以得出

$$\mathbf{1}^{\mathrm{T}}\mathrm{E}((\hat{\boldsymbol{C}}_{i,J}^{\mathrm{ALR}}-\mathrm{E}(\boldsymbol{C}_{i,J}\mid\mathcal{D}_I^N))(\hat{\boldsymbol{C}}_{i,J}^{\mathrm{ALR}}-\mathrm{E}(\boldsymbol{C}_{i,J}\mid\mathcal{D}_I^N))^{\mathrm{T}})\mathbf{1}$$
$$=\mathbf{1}^{\mathrm{T}}\mathrm{Var}\Big(\sum_{j=I-i+1}^{J}\hat{\boldsymbol{X}}_{i,j}^{\mathrm{ALR}}\Big)\mathbf{1}=\mathbf{1}^{\mathrm{T}}\boldsymbol{V}_i\sum_{j=I-i+1}^{J}\mathrm{Var}(\hat{\boldsymbol{m}}_j)\boldsymbol{V}_i\mathbf{1}$$
$$=\mathbf{1}^{\mathrm{T}}\boldsymbol{V}_i\sum_{j=I-i+1}^{J}\Big(\sum_{l=0}^{I-j}\boldsymbol{V}_l^{1/2}\boldsymbol{\Sigma}_{j-1}^{-1}\boldsymbol{V}_l^{1/2}\Big)^{-1}\boldsymbol{V}_i\mathbf{1};$$

另一方面，由定理 6.9 中的(5)可以得出

$$\mathbf{1}^{\mathrm{T}}\mathrm{E}((\hat{\boldsymbol{C}}_{i,J}^{\mathrm{ALR}}-\mathrm{E}(\boldsymbol{C}_{i,J}\mid\mathcal{D}_I^N))(\hat{\boldsymbol{C}}_{i,J}^{\mathrm{ALR}}-\mathrm{E}(\boldsymbol{C}_{i,J}\mid\mathcal{D}_I^N))^{\mathrm{T}})\mathbf{1}=\mathbf{1}^{\mathrm{T}}\mathrm{E}(\mathrm{Var}(\hat{\boldsymbol{C}}_{i,J}^{\mathrm{ALR}}\mid\boldsymbol{C}_{i,I-i}))\mathbf{1}.$$

于是得到

$$\mathbf{1}^{\mathrm{T}}\mathrm{E}(\mathrm{Var}(\hat{\boldsymbol{C}}_{i,J}^{\mathrm{ALR}}\mid\boldsymbol{C}_{i,I-i}))\mathbf{1}=\mathbf{1}^{\mathrm{T}}\boldsymbol{V}_i\sum_{j=I-i+1}^{J}\Big(\sum_{l=0}^{I-j}\boldsymbol{V}_l^{1/2}\boldsymbol{\Sigma}_{j-1}^{-1}\boldsymbol{V}_l^{1/2}\Big)^{-1}\boldsymbol{V}_i\mathbf{1}.\tag{6.69}$$

类似地，式(6.69)可以改写为

$$\mathbf{1}^{\mathrm{T}}\mathrm{E}(\mathrm{Var}(\hat{\boldsymbol{C}}_{i,k}^{\mathrm{ALR}}\mid\boldsymbol{C}_{i,I-i}))\mathbf{1}=\mathbf{1}^{\mathrm{T}}\boldsymbol{V}_i\sum_{j=I-i+1}^{k}\Big(\sum_{l=0}^{I-j}\boldsymbol{V}_l^{1/2}\boldsymbol{\Sigma}_{j-1}^{-1}\boldsymbol{V}_l^{1/2}\Big)^{-1}\boldsymbol{V}_i\mathbf{1}$$
$$=\mathbf{1}^{\mathrm{T}}\boldsymbol{V}_i\Big(\sum_{j=I-i+1}^{k-1}\Big(\sum_{l=0}^{I-j}\boldsymbol{V}_l^{1/2}\boldsymbol{\Sigma}_{j-1}^{-1}\boldsymbol{V}_l^{1/2}\Big)^{-1}+\Big(\sum_{l=0}^{I-k}\boldsymbol{V}_l^{1/2}\boldsymbol{\Sigma}_{k-1}^{-1}\boldsymbol{V}_l^{1/2}\Big)^{-1}\Big)\boldsymbol{V}_i\mathbf{1}$$
$$=\mathbf{1}^{\mathrm{T}}\mathrm{E}(\mathrm{Var}(\hat{\boldsymbol{C}}_{i,k-1}^{\mathrm{ALR}}\mid\boldsymbol{C}_{i,I-i}))\mathbf{1}+\mathbf{1}^{\mathrm{T}}\boldsymbol{V}_i\Big(\sum_{l=0}^{I-k}\boldsymbol{V}_l^{1/2}\boldsymbol{\Sigma}_{k-1}^{-1}\boldsymbol{V}_l^{1/2}\Big)^{-1}\boldsymbol{V}_i\mathbf{1},$$

即可以得出如下关于单一事故年条件参数误差的递推公式：

$$\mathbf{1}^{\mathrm{T}}\mathrm{E}(\mathrm{Var}(\hat{\boldsymbol{C}}_{i,k}^{\mathrm{ALR}}\mid\boldsymbol{C}_{i,I-i}))\mathbf{1}=\mathbf{1}^{\mathrm{T}}\mathrm{E}(\mathrm{Var}(\hat{\boldsymbol{C}}_{i,k-1}^{\mathrm{ALR}}\mid\boldsymbol{C}_{i,I-i}))\mathbf{1}+\mathbf{1}^{\mathrm{T}}\boldsymbol{V}_i\Big(\sum_{l=0}^{I-k}\boldsymbol{V}_l^{1/2}\boldsymbol{\Sigma}_{k-1}^{-1}\boldsymbol{V}_l^{1/2}\Big)^{-1}\boldsymbol{V}_i\mathbf{1},$$

---

① 参考定理 6.9 中的(3)，(6)和(4).

其中 $I-i+1\leqslant k\leqslant J$，且 $\mathrm{Var}(\hat{\boldsymbol{C}}_{i,I-i}^{\mathrm{ALR}}|\boldsymbol{C}_{i,I-i})=\mathbf{0}$.

值得注意的是，在协方差阵 $\boldsymbol{\Sigma}_j$ 已知的假设下，我们推导出了条件参数误差. 正如多元 CL 法所述，在一般情况下，协方差阵 $\boldsymbol{\Sigma}_j$ 是未知的，我们还得到了一个额外的参数估计项. 这里暂时不考虑这一额外的附加项.

3）条件 MSEP 的估计

如果使用相应的估计值代替式(6.68)和式(6.69)中的参数 $\boldsymbol{\Sigma}_{j-1}$，那么就可以得出多元 ALR 模型下，单一事故年条件 MSEP 的估计量.

在多元 ALR 模型假设下，单一事故年 $i(1\leqslant i\leqslant I)$ 的最终损失的条件 MSEP 估计量可以表示为

$$\widehat{\mathrm{MSEP}}_{\sum\limits_n C_{i,J}^{(n)}|\mathcal{D}_I^N}\left(\sum_{n=1}^{N}\hat{C}_{i,J}^{(n)\,\mathrm{ALR}}\right)=\mathbf{1}^{\mathrm{T}}\boldsymbol{V}_i^{1/2}\sum_{j=I-i+1}^{J}\hat{\boldsymbol{\Sigma}}_{j-1}\boldsymbol{V}_i^{1/2}\mathbf{1}+\mathbf{1}^{\mathrm{T}}\boldsymbol{V}_i\sum_{j=I-i+1}^{J}\left(\sum_{l=0}^{I-j}\boldsymbol{V}_l^{1/2}\hat{\boldsymbol{\Sigma}}_{j-1}^{-1}\boldsymbol{V}_l^{1/2}\right)^{-1}\boldsymbol{V}_i\mathbf{1}.$$

最后指出，对于 $N=1$，上述估计量退化为一元 ALR 方法中单一事故年的条件 MSEP 估计量：

$$\widehat{\mathrm{MSEP}}_{C_{i,J}|\mathcal{D}_I}(\hat{C}_{i,J}^{\mathrm{ALR}})=V_i\sum_{j=I-i+1}^{J}\hat{\sigma}_{j-1}^2+V_i^2\sum_{j=I-i+1}^{J}\frac{\hat{\sigma}_{j-1}^2}{\sum\limits_{l=0}^{I-j}V_l},\tag{6.70}$$

其中 V_i 是事故年 i 的已知的 1 维容量测度.

2. 所有事故年条件的 MSEP 估计

下面考虑所有事故年总的最终损失的条件 MSEP. 从多元 ALR 模型假设可知，两个不同事故年 i 和 $k(1\leqslant i<k\leqslant I)$ 的最终损失 $\boldsymbol{C}_{i,J}$ 和 $\boldsymbol{C}_{k,J}$ 是相互独立的. 然而，由于估计量 $\hat{\boldsymbol{C}}_{i,J}^{\mathrm{ALR}}$ 和 $\hat{\boldsymbol{C}}_{k,J}^{\mathrm{ALR}}$ 都使用同一观测值 $\mathcal{D}_I^N$ 来估计参数 $\boldsymbol{m}_j$，故它们并不相互独立. 对于 $i<k$，两个事故年 i 和 k 加总后的条件 MSEP 可以表示为

$$\begin{aligned}&\mathrm{MSEP}_{\sum\limits_n C_{i,J}^{(n)}+\sum\limits_n C_{k,J}^{(n)}|\mathcal{D}_I^N}\left(\sum_{n=1}^{N}\hat{C}_{i,J}^{(n)\,\mathrm{ALR}}+\sum_{n=1}^{N}\hat{C}_{k,J}^{(n)\,\mathrm{ALR}}\right)\\&=\mathrm{E}\left(\left(\sum_{n=1}^{N}(\hat{C}_{i,J}^{(n)\,\mathrm{ALR}}+\hat{C}_{k,J}^{(n)\,\mathrm{ALR}})-\sum_{n=1}^{N}(C_{i,J}^{(n)}+C_{k,J}^{(n)})\right)^2\middle|D_I^N\right).\end{aligned}$$

正如多元 CL 法中 6.2.2 小节所示，我们可以将两个事故年 i 和 k 加总后的条件 MSEP 进一步分解为条件过程方差和条件参数误差，最终得到

$$\begin{aligned}&\mathrm{MSEP}_{\sum\limits_n C_{i,J}^{(n)}+\sum\limits_n C_{k,J}^{(n)}|\mathcal{D}_I^N}\left(\sum_{n=1}^{N}\hat{C}_{i,J}^{(n)\,\mathrm{ALR}}+\sum_{n=1}^{N}\hat{C}_{k,J}^{(n)\,\mathrm{ALR}}\right)\\&=\mathrm{MSEP}_{\sum\limits_n C_{i,J}^{(n)}|\mathcal{D}_I^N}\left(\sum_{n=1}^{N}\hat{C}_{i,J}^{(n)\,\mathrm{ALR}}\right)+\mathrm{MSEP}_{\sum\limits_n C_{k,J}^{(n)}|\mathcal{D}_I^N}\left(\sum_{n=1}^{N}\hat{C}_{k,J}^{(n)\,\mathrm{ALR}}\right)\\&\quad+2\mathbf{1}^{\mathrm{T}}(\hat{\boldsymbol{C}}_{i,J}^{\mathrm{ALR}}-\mathrm{E}(\boldsymbol{C}_{i,J}|\mathcal{D}_I^N))(\hat{\boldsymbol{C}}_{k,J}^{\mathrm{ALR}}-\mathrm{E}(\boldsymbol{C}_{k,J}|\mathcal{D}_I^N))^{\mathrm{T}}\mathbf{1}.\end{aligned}$$

这表明，我们需要进一步推导交叉乘积项的估计量. 使用无条件期望方法，即用条件重抽样

结果的期望值来估计如下交叉乘积项：

$$\mathbf{1}^{\mathrm{T}}\mathrm{E}((\hat{\boldsymbol{C}}_{i,J}^{\mathrm{ALR}}-\mathrm{E}(\boldsymbol{C}_{i,J}\mid\mathcal{D}_I^N))(\hat{\boldsymbol{C}}_{k,J}^{\mathrm{ALR}}-\mathrm{E}(\boldsymbol{C}_{k,J}\mid\mathcal{D}_I^N))^{\mathrm{T}})\mathbf{1}.$$

另外，由增量索赔额 $\boldsymbol{X}_{i,j}$ 的独立性、不同进展年 j 的估计量 $\hat{\boldsymbol{X}}_{i,j}^{\mathrm{ALR}}$ 的独立性以及

$$\mathrm{E}(\hat{\boldsymbol{X}}_{i,j}^{\mathrm{ALR}})=\mathrm{E}(\boldsymbol{X}_{i,j}),$$

可以得出

$$\begin{aligned}&\mathbf{1}^{\mathrm{T}}\mathrm{E}((\hat{\boldsymbol{C}}_{i,J}^{\mathrm{ALR}}-\mathrm{E}(\boldsymbol{C}_{i,J}\mid\mathcal{D}_I^N))(\hat{\boldsymbol{C}}_{k,J}^{\mathrm{ALR}}-\mathrm{E}(\boldsymbol{C}_{k,J}\mid\mathcal{D}_I^N))^{\mathrm{T}})\mathbf{1}\\&=\mathbf{1}^{\mathrm{T}}\mathrm{E}\left(\left(\sum_{j=I-i+1}^{J}(\hat{\boldsymbol{X}}_{i,j}^{\mathrm{ALR}}-\mathrm{E}(\hat{\boldsymbol{X}}_{i,j}^{\mathrm{ALR}}))\right)\left(\sum_{j=I-k+1}^{J}(\hat{\boldsymbol{X}}_{k,j}^{\mathrm{ALR}}-\mathrm{E}(\hat{\boldsymbol{X}}_{k,j}^{\mathrm{ALR}}))\right)^{\mathrm{T}}\right)\mathbf{1}\\&=\mathbf{1}^{\mathrm{T}}\boldsymbol{V}_i\sum_{j=I-i+1}^{J}\mathrm{Var}(\hat{\boldsymbol{m}}_j)\boldsymbol{V}_k\mathbf{1}.\end{aligned}$$

由定理 6.9 中的(4)，可以得出

$$\begin{aligned}&\mathbf{1}^{\mathrm{T}}\mathrm{E}((\hat{\boldsymbol{C}}_{i,J}^{\mathrm{ALR}}-\mathrm{E}(\boldsymbol{C}_{i,J}\mid\mathcal{D}_I^N))(\hat{\boldsymbol{C}}_{k,J}^{\mathrm{ALR}}-\mathrm{E}(\boldsymbol{C}_{k,J}\mid\mathcal{D}_I^N))^{\mathrm{T}})\mathbf{1}\\&=\mathbf{1}^{\mathrm{T}}\boldsymbol{V}_i\sum_{j=I-i+1}^{J}\left(\sum_{l=0}^{I-j}\boldsymbol{V}_l^{1/2}\boldsymbol{\Sigma}_{j-1}^{-1}\boldsymbol{V}_l^{1/2}\right)^{-1}\boldsymbol{V}_k\mathbf{1}.\end{aligned}\tag{6.71}$$

综上所述，在多元 ALR 模型假设下，所有事故年总的最终损失的条件 MSEP 估计量可以表示为

$$\begin{aligned}&\widehat{\mathrm{MSEP}}_{\sum_i\sum_n C_{i,J}^{(n)}\mid\mathcal{D}_I^N}\left(\sum_{i=1}^{I}\sum_{n=1}^{N}\hat{C}_{i,J}^{(n)\,\mathrm{ALR}}\right)\\&=\sum_{i=1}^{I}\widehat{\mathrm{MSEP}}_{\sum_n C_{i,J}^{(n)}\mid\mathcal{D}_I^N}\left(\sum_{n=1}^{N}\hat{C}_{i,J}^{(n)\,\mathrm{ALR}}\right)+2\sum_{1\leqslant i<k\leqslant I}\mathbf{1}^{\mathrm{T}}\boldsymbol{V}_i\sum_{j=I-i+1}^{J}\left(\sum_{l=0}^{I-j}\boldsymbol{V}_l^{1/2}\boldsymbol{\Sigma}_{j-1}^{-1}\boldsymbol{V}_l^{1/2}\right)^{-1}\boldsymbol{V}_k\mathbf{1}.\end{aligned}\tag{6.72}$$

最后指出，对于 $N=1$，式(6.72)所示的估计量退化为如下一元 ALR 方法中所有事故年总的最终损失的条件 MSEP 估计量：

$$\widehat{\mathrm{MSEP}}_{\sum_i C_{i,J}\mid\mathcal{D}_I}\left(\sum_{i=1}^{I}\hat{C}_{i,J}^{\mathrm{ALR}}\right)=\sum_{i=1}^{I}\widehat{\mathrm{MSEP}}_{C_{i,J}\mid\mathcal{D}_I}(\hat{C}_{i,J}^{\mathrm{ALR}})+2\sum_{1\leqslant i<k\leqslant I}V_iV_k\sum_{j=I-i+1}^{J}\frac{\hat{\sigma}_{j-1}^2}{\sum_{l=0}^{I-j}V_l},\tag{6.73}$$

其中 V_i 是事故年 i 的已知的 1 维容量测度.

3. 条件 MSEP 估计中涉及的主要参数估计

对于索赔准备金和条件 MSEP 的估计来说，需要估计 N 维参数 $\boldsymbol{m}_1,\cdots,\boldsymbol{m}_J$ 和 $N\times N$ 维参数 $\boldsymbol{\Sigma}_0,\cdots,\boldsymbol{\Sigma}_{J-1}$，其中多元增量损失率 $\boldsymbol{m}_j$ 的估计量如式(6.58)所示. 然而，式(6.58)所示的估计量仅仅是 $\boldsymbol{m}_j$ 的隐性估计，因为一方面 $\boldsymbol{m}_j$ 依赖于参数 $\boldsymbol{\Sigma}_{j-1}$，另一方面 $\boldsymbol{\Sigma}_{j-1}$ 的估计也依赖于 $\hat{\boldsymbol{m}}_j$. 因此，与多元 CL 法一样，下面给出这些参数的迭代估计过程.

1) $\boldsymbol{m}_j$ 的估计

作为迭代过程的初始值,对于 $1\leqslant j\leqslant J$,定义式(6.62)所示的 $\hat{\boldsymbol{m}}_j^{(0)}$. 估计量 $\hat{\boldsymbol{m}}_j^{(0)}$ 是 $\boldsymbol{m}_j$ 的无偏估计. 从 $\hat{\boldsymbol{m}}_j^{(0)}$ 中可以推导出 $\boldsymbol{\Sigma}_{j-1}$ 的估计 $\hat{\boldsymbol{\Sigma}}_{j-1}^{(1)}(1\leqslant j\leqslant J)$①. 这一估计可进一步用于确定 $\hat{\boldsymbol{m}}_j^{(1)}$,进而对于 $1\leqslant j\leqslant J$ 和 $k\geqslant 1$,有

$$\begin{aligned}\hat{\boldsymbol{m}}_j^{(k)} &= (\hat{m}_j^{(1)(k)},\cdots,\hat{m}_j^{(N)(k)})^{\mathrm{T}}\\ &= \left(\sum_{l=0}^{I-j}\boldsymbol{V}_l^{1/2}\left(\hat{\boldsymbol{\Sigma}}_{j-1}^{(k)}\right)^{-1}\boldsymbol{V}_l^{1/2}\right)^{-1}\sum_{l=0}^{I-j}(\boldsymbol{V}_l^{1/2}(\hat{\boldsymbol{\Sigma}}_{j-1}^{(k)})^{-1}\boldsymbol{V}_l^{1/2})\boldsymbol{M}_{l,j}.\end{aligned}$$

在此基础上,这一算法可以逐步迭代完成估计.

2) $\boldsymbol{\Sigma}_{j-1}$ 的估计

对于 $1\leqslant j\leqslant J$,$N\times N$ 维参数 $\boldsymbol{\Sigma}_{j-1}$ 可以通过已知数据进行迭代估计. 对于 $1\leqslant j\leqslant J$,正定矩阵 $\boldsymbol{\Sigma}_{j-1}$ 的一个半正定估计可以表示为

$$\hat{\boldsymbol{\Sigma}}_{j-1}=\frac{1}{I-j}\sum_{i=0}^{I-j}\boldsymbol{V}_i^{-1/2}(\boldsymbol{X}_{i,j}-\boldsymbol{V}_i\,\hat{\boldsymbol{m}}_j^{(0)})(\boldsymbol{X}_{i,j}-\boldsymbol{V}_i\,\hat{\boldsymbol{m}}_j^{(0)})^{\mathrm{T}}\boldsymbol{V}_i^{-1/2}. \tag{6.74}$$

如果所有矩阵 $\boldsymbol{V}_i$ 都是对角阵,那么随机矩阵(6.74)的对角线元素是 $\boldsymbol{\Sigma}_{j-1}$ 的相应对角线元素 $(\sigma_{j-1}^{(1)})^2,\cdots,(\sigma_{j-1}^{(N)})^2$ 的无偏估计. 然而,它的非对角线元素稍微低估了 $\boldsymbol{\Sigma}_{j-1}$ 的非对角线元素②.

对于 $1\leqslant j\leqslant J$ 和 $k\geqslant 1$,进而可以得到 $\boldsymbol{\Sigma}_{j-1}$ 的估计量的如下迭代公式:

$$\hat{\boldsymbol{\Sigma}}_{j-1}^{(k)}=\frac{1}{I-j}\sum_{i=0}^{I-j}\boldsymbol{V}_i^{-1/2}(\boldsymbol{X}_{i,j}-\boldsymbol{V}_i\,\hat{\boldsymbol{m}}_j^{(k-1)})(\boldsymbol{X}_{i,j}-\boldsymbol{V}_i\,\hat{\boldsymbol{m}}_j^{(k-1)})^{\mathrm{T}}\boldsymbol{V}_i^{-1/2}. \tag{6.75}$$

定理 6.12 在多元 ALR 模型假设和矩阵 $\boldsymbol{V}_0,\cdots,\boldsymbol{V}_{I-j}$ 都是对角阵的附加假设下,估计量 $\hat{\boldsymbol{\Sigma}}_{j-1}(1\leqslant j\leqslant J)$ 的对角线元素是 $\boldsymbol{\Sigma}_{j-1}$ 的相应对角线元素的无偏估计.

证明 对于 $1\leqslant j\leqslant J$ 和 $1\leqslant n\leqslant N$,定义估计量 $\hat{\boldsymbol{\Sigma}}_{j-1}$ 的第 n 个对角线元素为 $(\hat{\sigma}_{j-1}^{(n)})^2$. 由于矩阵 $\boldsymbol{V}_0,\cdots,\boldsymbol{V}_{I-j}$ 都是对角阵,由式(6.74)可得

$$(\hat{\sigma}_{j-1}^{(n)})^2=\frac{1}{I-j}\sum_{i=0}^{I-j}\frac{1}{V_i^{(n,n)}}(X_{i,j}^{(n)}-V_i^{(n,n)}\,\hat{m}_j^{(n)(0)})^2.$$

后续证明与一元情况一样,这里不再展开.

最后需要补充以下三点:第一,一般来说,估计量(6.74)并不是 $\boldsymbol{\Sigma}_{j-1}$ 的无偏估计. 然而,缺乏无偏性这一点并不太重要. 这是因为,我们需要求出相应的逆矩阵,且无偏估计的逆矩阵通常并不是无偏的. 第二,如果可以获得足够的数据(即 $I>J$),那么就可以使用式(6.75)来迭代估计参数 $\boldsymbol{\Sigma}_{J-1}$;否则,对于 $1\leqslant n<m\leqslant N$,$j\leqslant J-1$,在迭代 $k\geqslant 1$ 的过程中,使用 $\boldsymbol{\Sigma}_{j-1}$ 中元素 $\varphi_{j-1}^{(n,m)}$ 的估计量 $\hat{\varphi}_{j-1}^{(n,m)(k)}$,即如式(6.57)所述,使用 $\varphi_{j-1}^{(n,m)}=\sigma_{j-1}^{(n)}\sigma_{j-1}^{(m)}\rho_{j-1}^{(n,m)}$ 的估计量 $\hat{\varphi}_{j-1}^{(n,m)(k)}$ 推导 $\boldsymbol{\Sigma}_{J-1}$ 中元素 $\varphi_{J-1}^{(n,m)}$ 的估计 $\hat{\varphi}_{J-1}^{(n,m)(k)}$,例如可以通过添加一个元素 $\hat{\varphi}_{J-1}^{(n,m)(k)}$ 来外推通

---

① 参见式(6.75)所示的估计量.

② 详见定理 6.12 和补充解释.

常的递减序列$|\hat{\varphi}_0^{(n,m)(k)}|,\cdots,|\hat{\varphi}_{j-2}^{(n,m)(k)}|$. 第三，值得注意的是，当$j\geqslant I-N+2$时，$N\times N$维估计$\hat{\boldsymbol{\Sigma}}_{j-1}^{(k)}$是奇异的. 也就是说，在这种情况下，由$(I-j+1)N$维随机向量的实现值

$$\mathbf{V}_i^{-1/2}(\boldsymbol{X}_{i,j}-\mathbf{V}_i\,\hat{\boldsymbol{m}}_j^{(k-1)})\quad(0\leqslant i\leqslant I-j)\tag{6.76}$$

产生的线性空间的维数最多为$I-j+1\leqslant I-(I-N+2)+1=N-1$. 此外，对于某些$j<I-N+2$，实现值(6.76)可能是线性相关的. 这意味着随机矩阵$\hat{\boldsymbol{\Sigma}}_{j-1}^{(k)}$的相应实现是奇异的. 因此，在实际应用中，检验估计$\hat{\boldsymbol{\Sigma}}_{j-1}^{(k)}$是否可逆，进而调整那些不可逆的估计[①]非常重要.

6.3.3 数值实例

一、数据来源

为了与多元 CL 法进行比较，多元 ALR 方法也使用相同的数据，如表 6.2 和表 6.3 所示. 另外，在这里的数值实例中，2×2 维矩阵$\mathbf{V}_i$为对角阵，且相应的对角线元素$V_i^{(1,1)}$和$V_i^{(2,2)}$分别表示子业务 A 和 B 中不同事故年i的最终损失的先验估计，如表 6.10 所示. 出于比较目的，表 6.10 中也给出了相应的 CL 估计$\hat{C}_{i,J}^{(1)\,\mathrm{CL}}$和$\hat{C}_{i,J}^{(2)\,\mathrm{CL}}$. 从中可以看出，先验估计和 CL 估计是非常接近的.

表 6.10 最终损失的先验估计和 CL 估计

i	子业务 A		子业务 B	
	$V_i^{(1,1)}$	$\hat{C}_{i,J}^{(1)\,\mathrm{CL}}$	$V_i^{(2,2)}$	$\hat{C}_{i,J}^{(2)\,\mathrm{CL}}$
0	510 301	549 589	413 213	391 428
1	632 897	564 740	537 988	483 839
2	658 133	608 104	589 145	540 002
3	723 456	795 248	523 419	486 227
4	709 312	783 593	501 498	508 744
5	845 673	837 088	598 345	552 825
6	904 378	938 861	608 376	639 113
7	1 156 778	1 098 200	698 993	658 410
8	1 214 569	1 154 902	704 129	684 719
9	1 397 123	1 431 409	903 557	845 543
10	1 832 676	1 735 433	947 326	962 734
11	2 156 781	2 065 991	1 134 129	1 169 260
12	2 559 345	2 660 561	1 538 916	1 474 514
13	2 456 991	2 274 941	1 487 234	1 426 060
总计	17 758 413	17 498 658	11 186 268	10 823 418

① 例如，6.3.3 小节的数值实例中使用外推法进行调整.

二、多元 ALR 模型中的主要参数估计

由于 $I=J=13$，故没有足够的数据使用式(6.75)推导 2×2 维矩阵 $\boldsymbol{\Sigma}_{12}$. 因此，对于 $n, m=1,2$，这里使用外推法，即使用 $\hat{\varphi}_{12}^{(n,m)}=\min\left\{|\hat{\varphi}_{10}^{(n,m)}|, \frac{(\hat{\varphi}_{11}^{(n,m)})^2}{|\hat{\varphi}_{10}^{(n,m)}|}\right\}$ 来推导它的元素 $\varphi_{12}^{(n,m)}=\sigma_{12}^{(n)}\sigma_{12}^{(m)}\rho_{12}^{(n,m)}$ 的估计值(注意到 $\rho_{12}^{(1,1)}=\rho_{12}^{(2,2)}=1$). 另外，由于估计量(6.75)会产生不好的条件矩阵 $\hat{\boldsymbol{\Sigma}}_{11}$，故也可使用 $\hat{\varphi}_{11}^{(n,m)}=\min\left\{|\hat{\varphi}_{9}^{(n,m)}|, \frac{(\hat{\varphi}_{10}^{(n,m)})^2}{|\hat{\varphi}_{9}^{(n,m)}|}\right\}$ 来估计它的元素. 在此基础上，表 6.11 给出了前 3 次迭代($k=1,2,3$)中，参数 $\boldsymbol{m}_j$，$\boldsymbol{\sigma}_j$ 和 $\rho_j^{(1,2)}$ 的估计值.

从表 6.11 中前 3 次迭代的参数估计值可以看出，某种意义上讲，3 次迭代后，这些估计值几乎没有任何变化. 也就是说，2 维估计 $\hat{\boldsymbol{m}}_j^{(k-1)}$，$\hat{\boldsymbol{\sigma}}_j^{(k)}$ 和 1 维估计 $\hat{\rho}_j^{(1,2)(k)}$ ($k=1,2,3$)都能快速收敛. 估计量 $\hat{\boldsymbol{m}}_j^{(0)}$ 和 $\hat{\boldsymbol{\sigma}}_j^{(1)}$ 中的第 1,2 个元素分别用于一元 ALR 方法下子业务 A 和 B 的参数估计. 另外，除了进展年 0,6 和 10 之外，我们观测得到的相关系数 $\hat{\rho}_j^{(1,2)(k)}$ 的估计值都是正的. 对这 3 个负的估计值不应过于重视，因为它们都接近于 0. 这与表 6.4 给出的多元 CL 法的例子类似.

三、多元 ALR 模型中索赔准备金的估计和 MSEP 估计

1. 索赔准备金的估计

表 6.12 给出了前 3 次迭代得到的索赔准备金的均值估计，其中第 2,3 列分别是使用一元 ALR 方法得到的子业务 A 和 B 的索赔准备金估计；第 4 列是使用多元 ALR 方法得到的两个子业务 A 和 B 加总后的整体业务的索赔准备金估计，这些值是基于估计值 $\hat{\boldsymbol{m}}_j^{(0)}$ 得到的，故它们等于两个子业务索赔准备金的一元 ALR 估计之和；第 5,6 列分别是基于估计值 $\hat{\boldsymbol{m}}_j^{(1)}$ 和 $\hat{\boldsymbol{m}}_j^{(2)}$ 得到的整体业务的索赔准备金估计，其中所有事故年总的索赔准备金的估计值比基于 $\hat{\boldsymbol{m}}_j^{(0)}$ 的估计值高出 13 300；最后一列是合并两个流量三角形到单一流量三角形之后，再利用一元 ALR 方法估计的索赔准备金，这种计算也可以记为合并计算. 由于这种方法中两个具有不同进展模式的流量三角形是加在一起考虑的(见表 6.11 中估计值 $\hat{\boldsymbol{m}}_j^{(k)}$ 中的元素)，并不合理，导致估计的所有事故年总的索赔准备金约比分别计算子业务 A 和 B 得到的结果小 23 5000～249 000.

2. 索赔准备金的 MSEP 估计

表 6.13 给出了索赔准备金的条件过程标准差和相应的变异系数的估计结果，其中第 2～5列分别是使用一元 ALR 方法计算的子业务 A 和 B 的估计结果；第 6,7 列展示了使用含参数估计值 $\hat{\boldsymbol{m}}_j^{(0)}$，$\hat{\boldsymbol{\sigma}}_j^{(1)}$ 和 $\hat{\rho}_j^{(1,2)(1)}$ 的多元 ALR 方法得到的由两个子业务 A 和 B 组成的整体业务的条件过程标准差的估计；第 8～11 列分别是基于参数估计值 $\hat{\boldsymbol{m}}_j^{(k-1)}$，$\hat{\boldsymbol{\sigma}}_j^{(k)}$ 和 $\hat{\rho}_j^{(1,2)(k)}$ ($k=2,3$)得到的索赔准备金的条件过程标准差的估计；最后两列展示了不太合理的合并计算结果，这些估计值比多元 ALR 方法计算的结果要高.

表 6.11 前 3 次迭代中参数 m_j, σ_j 和 $\rho_j^{(1,2)}$ 的估计值 $\hat{m}_j^{(k-1)}$, $\hat{\sigma}_j^{(k)}$ 和 $\hat{\rho}_j^{(1,2)(k)}$

j	0	1	2	3	4	5	6	7	8	9	10	11	12	13
$\hat{m}_j^{(0)}$		0.199 69	0.206 38	0.175 28	0.121 17	0.084 66	0.048 52	0.024 74	0.014 03	0.011 86	0.006 06	0.004 28	0.005 29	0.003 71
		0.328 97	0.161 29	0.090 54	0.055 77	0.031 66	0.015 48	0.009 10	0.000 06	0.003 49	−0.000 50	0.003 55	−0.001 00	−0.000 26
$\hat{\sigma}_j^{(1)}$	31.58	20.03	14.42	18.92	13.64	13.91	5.79	7.15	12.21	6.09	1.84	0.56	0.17	
	27.74	18.19	15.17	16.00	11.74	5.17	4.70	2.05	4.96	1.35	3.00	1.35	0.61	
$\hat{\rho}_j^{(1,2)(1)}$	−0.026 44	0.848 65	0.591 19	0.371 08	0.340 04	0.312 49	−0.104 60	0.753 42	0.332 12	0.665 73	−0.139 15	0.143 97	0.148 95	
$\hat{m}_j^{(1)}$		0.199 74	0.206 40	0.174 93	0.121 19	0.084 52	0.048 44	0.024 76	0.014 41	0.011 95	0.006 14	0.004 28	0.005 29	0.003 71
		0.328 99	0.161 72	0.090 61	0.055 72	0.031 70	0.015 50	0.009 10	0.000 17	0.003 54	−0.000 51	0.003 54	−0.000 97	−0.000 26
$\hat{\sigma}_j^{(2)}$	31.58	20.03	14.42	18.92	13.64	13.91	5.79	7.15	12.21	6.09	1.84	0.56	0.17	
	27.74	18.20	15.17	16.00	11.74	5.17	4.70	2.05	4.96	1.35	3.00	1.35	0.61	
$\hat{\rho}_j^{(1,2)(2)}$	−0.026 54	0.848 93	0.592 15	0.371 11	0.340 34	0.312 62	−0.104 67	0.755 27	0.332 35	0.666 12	−0.139 21	0.143 99	0.148 94	
$\hat{m}_j^{(2)}$		0.199 74	0.206 40	0.174 93	0.121 19	0.084 52	0.048 44	0.024 76	0.014 41	0.011 95	0.006 14	0.004 28	0.005 29	0.003 71
		0.328 99	0.161 72	0.090 61	0.055 72	0.031 70	0.015 50	0.00 910	0.000 17	0.003 54	−0.000 51	0.003 54	−0.000 97	−0.000 26
$\hat{\sigma}_j^{(3)}$	31.58	20.03	14.42	18.92	13.64	13.91	5.79	7.16	12.21	6.09	1.84	0.56	0.17	
	27.74	18.20	15.17	16.00	11.74	5.17	4.70	2.05	4.96	1.35	3.00	1.35	0.61	
$\hat{\rho}_j^{(1,2)(3)}$	−0.026 54	0.848 93	0.592 16	0.371 11	0.340 34	0.312 62	−0.104 67	0.755 29	0.332 35	0.666 12	−0.139 21	0.143 99	0.148 94	

表 6.12 ALR 模型估计的索赔准备金

事故年 i	子业务 A 的索赔准备金	子业务 B 的索赔准备金	整体业务的索赔准备金			合并计算的索赔准备金
			$k=1$	$k=2$	$k=3$	
1	2 348	−142	2 206	2 206	2 206	2 262
2	5 923	−747	5 176	5 196	5 196	5 442
3	9 608	1 193	10 801	10 815	10 815	10 356
4	13 717	893	14 610	14 677	14 677	13 821
5	26 386	3 154	29 541	29 723	29 723	28 266
6	40 906	3 243	44 149	44 749	44 753	41 604
7	80 946	10 087	91 032	91 808	91 813	84 451
8	143 915	21 058	164 973	165 709	165 715	153 693
9	283 823	55 625	339 448	340 160	340 166	328 700
10	594 362	111 151	705 513	706 398	706 405	659 509
11	1 077 515	235 757	1 313 272	1 313 647	1 313 653	1 246 294
12	1 806 833	568 114	2 374 947	2 376 160	2 376 170	2 325 704
13	2 225 221	1 038 295	3 263 516	3 264 815	3 264 826	3 223 750
总计	6 311 503	2 047 680	8 359 183	8 366 062	8 366 119	8 123 852

表 6.13 条件过程标准差和相应的变异系数的估计

事故年 i	子业务 A		子业务 B		整体业务						合并计算的估计结果	
	$\sqrt{\widehat{\mathrm{Var}}(C_{i,J}^{(1)}\mid\mathcal{D}_I)}$ 及变异系数		$\sqrt{\widehat{\mathrm{Var}}(C_{i,J}^{(2)}\mid\mathcal{D}_I)}$ 及变异系数		$\sqrt{\widehat{\mathrm{Var}}(C_{i,J}\mid\mathcal{D}_I^N)}$ 及变异系数							
					$k=1$		$k=2$		$k=3$			
0												
1	133	5.7%	444	−313.1%	483	21.9%	483	21.9%	483	21.9%	512	22.6%
2	471	7.9%	1134	−151.8%	1 289	24.9%	1 289	24.8%	1 289	24.8%	1 275	23.4%
3	1 640	17.1%	2 418	202.7%	2 783	25.8%	2 783	25.7%	2 783	25.7%	2 851	27.5%
4	5 381	39.2%	2 552	285.9%	6 420	43.9%	6 421	43.7%	6 421	43.7%	6 196	44.8%
5	12 669	48.0%	4 743	150.3%	14 781	50.0%	14 782	49.7%	14 782	49.7%	14 656	51.8%
6	14 763	36.1%	5 043	155.5%	17 227	39.0%	17 233	38.5%	17 234	38.5%	17 020	40.9%
7	17 819	22.0%	6 682	66.3%	20 537	22.6%	20 544	22.4%	20 544	22.4%	20 133	23.8%
8	23 840	16.6%	7 989	37.9%	27 112	16.4%	27 118	16.4%	27 118	16.4%	26 640	17.3%
9	30 227	10.6%	14 366	25.8%	36 978	10.9%	36 985	10.9%	36 985	10.9%	37 860	11.5%
10	43 067	7.2%	21 419	19.3%	53 848	7.6%	53 854	7.6%	53 854	7.6%	53 978	8.2%
11	51 294	4.8%	28 466	12.1%	67 390	5.1%	67 404	5.1%	67 404	5.1%	69 957	5.6%
12	64 413	3.6%	40 112	7.1%	91 552	3.9%	91 569	3.9%	91 569	3.9%	94 860	4.1%
13	80 204	3.6%	51 955	5.0%	107 567	3.3%	107 580	3.3%	107 580	3.3%	110 223	3.4%
总计	131 444	2.1%	77 162	3.8%	174 596	2.1%	174 624	2.1%	174 624	2.1%	179 043	2.2%

表 6.14 给出了估计的条件参数误差平方根和相应的变异系数，其中第 2～5 列分别是使用一元方法计算的子业务 A 和 B 的估计；第 6～11 列分别展示了基于参数估计值 $\hat{\boldsymbol{m}}_j^{(k-1)}$，$\hat{\boldsymbol{\sigma}}_j^{(k)}$ 和 $\hat{\rho}_j^{(1,2)(k)}$ $(k=1,2,3)$ 的多元 ALR 方法估计的由两个子业务 A 和 B 组成的整体业务的条件参数误差和相应的变异系数；最后两列展示了加总计算得到的估计结果，这些估计值比多元方法得到的结果要高.

表 6.14　条件参数误差平方根和相应的变异系数的估计

事故年 i	子业务 A	子业务 B	整体业务			合并计算的估计结果
	$\sqrt{\widehat{\mathrm{Var}}(C_{i,J}^{(1)\mathrm{CL}} \mid \mathcal{D}_I)}$ 及变异系数	$\sqrt{\widehat{\mathrm{Var}}(C_{i,J}^{(2)\mathrm{CL}} \mid \mathcal{D}_I)}$ 及变异系数	$\sqrt{\widehat{\mathrm{Var}}(\hat{C}_{i,J}^{\mathrm{CL}} \mid \mathcal{D}_I^N)}$ 及变异系数			
			$k=1$	$k=2$	$k=3$	
0						
1	149　6.3%	507　−357.2%	549　24.9%	549　24.9%	549　24.9%	576　25.5%
2	375　6.3%	985　−131.9%	1 103　21.3%	1 103　21.2%	1 103　21.2%	1 086　19.9%
3	1 074　11.2%	1 538　128.9%	1 809　16.7%	1 809　16.7%	1 809　16.7%	1 898　18.3%
4	2 916　21.3%	1 547　173.3%	3 515　24.1%	3 515　23.9%	3 515　23.9%	3 383　24.5%
5	6 710　25.4%	2 615　82.9%	7 810　26.4%	7 810　26.3%	7 810　26.3%	7 640　27.0%
6	7 859　19.2%	2 750　84.8%	9 087　20.6%	9 090　20.3%	9 090　20.3%	8 807　21.2%
7	10 490　13.0%	3 584　35.5%	11 887　13.1%	11 890　13.0%	11 890　13.0%	11 283　13.4%
8	12 953　9.0%	4 000　19.0%	14 510　8.8%	14 513　8.8%	14 513　8.8%	13 734　8.9%
9	16 473　5.8%	6 934　12.5%	19 523　5.8%	19 527　5.7%	19 527　5.7%	19 446　5.9%
10	24 583　4.1%	9 520　8.6%	28 861　4.1%	28 865　4.1%	28 865　4.1%	27 814　4.2%
11	30 469　2.8%	13 116　5.6%	36 975　2.8%	36 982　2.8%	36 982　2.8%	36 798　3.0%
12	38 904　2.2%	20 318　3.6%	50 834　2.1%	50 843　2.1%	50 843　2.1%	51 665　2.2%
13	42 287　1.9%	23 687　2.3%	54 274　1.7%	54 282　1.7%	54 282　1.7%	54 980　1.7%
总计	172 174　2.7%	74 052　3.6%	207 119　2.5%	207 157　2.5%	207 157　2.5%	203 909　2.5%

表 6.15 给出了索赔准备金的预测标准误差和相应的变异系数的估计，其中第 2～5 列分别是使用式(6.70)和式(6.73)所示的一元 ALR 方法计算得到的子业务 A 和 B 的估计结果；第 6～11 列展示了多元 ALR 方法中前 3 次迭代得到的由两个子业务 A 和 B 组成的整体业务的索赔准备金的预测标准误差和相应的变异系数的估计. 与多元 CL 模型中的表 6.8 相比，表 6.15 给出的基于多元 ALR 方法估计的预测标准误差明显比多元 CL 法的估计结果要小.

表 6.15 预测标准误差和相应的变异系数的估计

事故年 i	子业务 A	子业务 B	整体业务			合并计算的估计结果
	$\sqrt{\widehat{\mathrm{MSEP}}_{C_{i,J}^{(1)}\mid\mathcal{D}_I}}$ 及变异系数	$\sqrt{\widehat{\mathrm{MSEP}}_{C_{i,J}^{(2)}\mid\mathcal{D}_I}}$ 及变异系数	$\sqrt{\widehat{\mathrm{MSEP}}_{C_{i,J}\mid\mathcal{D}_I^N}}$ 及变异系数			
			$k=1$	$k=2$	$k=3$	
0						
1	200 8.5%	674 −475.0%	731 33.1%	731 33.1%	731 33.1%	770 34.1%
2	602 10.2%	1 502 −201.1%	1 696 32.8%	1 697 32.7%	1 697 32.7%	1 675 30.8%
3	1 961 20.4%	2 866 240.3%	3 319 30.7%	3 319 30.7%	3 319 30.7%	3 425 33.1%
4	6 120 44.6%	2 984 334.3%	7 319 50.1%	7 320 49.9%	7 320 49.9%	7 059 51.1%
5	14 337 54.3%	5 416 171.7%	16 717 56.6%	16 718 56.2%	16 718 56.2%	16 528 58.5%
6	16 724 40.9%	5 744 177.1%	19 477 44.1%	19 484 43.5%	19 484 43.5%	19 163 46.1%
7	20 677 25.5%	7 583 75.2%	23 729 26.1%	23 737 25.9%	23 737 25.9%	23 079 27.3%
8	27 131 18.9%	8 935 42.4%	30 751 18.6%	30 757 18.6%	30 757 18.6%	29 972 19.5%
9	34 424 12.1%	15 952 28.7%	41 815 12.3%	41 823 12.3%	41 823 12.3%	42 562 12.9%
10	49 589 8.3%	23 440 21.1%	61 094 8.7%	61 102 8.6%	61 102 8.6%	60 723 9.2%
11	59 660 5.5%	31 342 13.3%	76 868 5.9%	76 883 5.9%	76 883 5.9%	79 045 6.3%
12	75 250 4.2%	44 965 7.9%	104 718 4.4%	104 737 4.4%	104 738 4.4%	108 017 3.8%
13	90 670 4.1%	57 100 5.5%	120 484 3.7%	120 499 3.7%	120 499 3.7%	123 174 3.8%
总计	216 613 3.4%	106 947 5.2%	270 891 3.2%	270 938 3.2%	270 939 3.2%	271 358 3.3%

表 6.16 给出了在两个子业务 A 和 B 的相应单个增量赔款额之间满足式(6.52)所示的完全正相关、不相关和完全负相关假设下索赔准备金的预测标准误差的估计结果. 与多元 CL 法中的表 6.8和表 6.9 一样,从表 6.15 中的第 6～11 列和表 6.16 中的第 2,3 列可以看出,对于单个事故年和所有事故年来说,使用多元 ALR 方法得到的预测标准误差在不相关和完全正相关假设下的结果之间. 表 6.15 中最后两列所示的由合并计算得到的前 5 个事故年的估计结果比两个流量三角形之间完全正相关假设下得到的估计结果还要大. 这表明,对于一些具有相依性的流量三角形来说,使用合并计算估计索赔准备金是不合适的. 另外,也可以看出,在相关系数等于 0 或 1 的情况下,估计的索赔准备金的预测标准误差分别比考虑两个子业务相依性的估计结果低 29 363(270 939－241 576＝29 363)或高 52 622(323 561－270 939＝52 622). 经验结论告诉我们,使用相依结构时在更高阶矩上会有显著差异.

表 6.16　在相关系数分别为 1,0 和 −1 的假设下估计的预测标准误差

事故年 i	$\sqrt{\widehat{\mathrm{MSEP}}_{C_{i,J}\mid\mathcal{D}_I^N}}$		
	相关系数 $c=1$	相关系数 $c=0$	相关系数 $c=-1$
0			
1	874	703	474
2	2 104	1 618	901
3	4 826	3 472	905
4	9 105	6 809	3 136
5	19 752	15 325	8 921
6	22 469	17 683	10 980
7	28 260	22 024	13 094
8	36 066	28 565	15 197
9	50 376	37 940	18 472
10	73 029	54 850	26 149
11	91 003	67 392	28 318
12	120 215	87 661	30 286
13	147 769	107 151	33 570
总计	323 561	241 576	109 666

第四节　多元 CL 和 ALR 混合方法

本节结合 Merz 和 Wüthrich(2009b)的研究，在前两节基础上给出两种模型的混合方法. 在这一框架中，多元 CL 模型和多元 ALR 模型可以合并到一个模型中. 对于不同子业务使用不同的索赔准备金评估方法来说，这种合并两种不同模型的考虑，为加总各个子业务的整体 MSEP 的估计迈进了重要一步. 事实上，不同子业务采用不同的索赔准备金评估方法也是有必要的. 这是因为，通常不是所有子业务都满足相同的同质性假设. 此外，对于一些可选择的子业务，有时可以获得一些先验信息(如保费、保单数、来自专家的外部意见、相似业务数据、市场统计数据等)，我们应该将这些信息合理融入索赔准备金评估分析之中. 也就是说，在这种情况下，对一部分子业务使用 CL 法，而对另一部分子业务使用 ALR 方法，可能是一种更合理的选择. 从这个角度来讲，注意到 CL 法和 ALR 方法的区别，并根据单个子业务的赔款数据特征，选择合适的评估方法也是有价值的.

为了便于比较，这里简单列举 CL 法和 ALR 方法的三点差异：第一，CL 法基于累积赔款数据，而 ALR 方法则基于增量赔款数据，也就是说，ALR 方法允许为负的增量赔款额进行建模，因此也适用于已发生的赔款数据(对于已发生的赔款，当赔款被高估时，就会出现负

的增量赔款);第二,不像 ALR 方法,CL 法是基于上三角的过去观测值进行回归的,并不使用任何专家意见或已有的先验信息;第三,当观测数据中存在离群值时,ALR 方法比 CL 法更稳健.

6.4.1 多元 CL 和 ALR 混合模型

一、多元 CL 和 ALR 混合模型假设

假设对于前 $K(K\leqslant N)$个流量三角形,使用多元 CL 法;对于剩余 $N-K$ 个流量三角形,使用多元 ALR 方法. 这意味着,需要区分多元 CL 法和多元 ALR 方法的累计赔款和增量赔款流量三角形. 因此,下面引入一些更具体的符号表示. 对于所有 $0\leqslant i\leqslant I$ 和 $0\leqslant j\leqslant J$,定义

$$\boldsymbol{C}_{i,j}^{\mathrm{CL}}=(C_{i,j}^{(1)},\cdots,C_{i,j}^{(K)})^{\mathrm{T}},\quad \boldsymbol{X}_{i,j}^{\mathrm{CL}}=(X_{i,j}^{(1)},\cdots,X_{i,j}^{(K)})^{\mathrm{T}},$$
$$\boldsymbol{F}_{i,j}^{\mathrm{CL}}=(C_{i,j}^{(1)}/C_{i,j-1}^{(1)},\cdots,C_{i,j}^{(K)}/C_{i,j-1}^{(K)})^{\mathrm{T}},$$
$$\boldsymbol{C}_{i,j}^{\mathrm{ALR}}=(C_{i,j}^{(K+1)},\cdots,C_{i,j}^{(N)})^{\mathrm{T}},\quad \boldsymbol{X}_{i,j}^{\mathrm{ALR}}=(X_{i,j}^{(K+1)},\cdots,X_{i,j}^{(N)})^{\mathrm{T}}.$$

这些累计赔款额和增量赔款额分别对应于多元 CL 法和多元 ALR 方法中的流量三角形. 特别地,这表明整体业务的事故年 i、进展年 j 的累计赔款额和增量赔款额可以表示为

$$\boldsymbol{C}_{i,j}=\begin{pmatrix}\boldsymbol{C}_{i,j}^{\mathrm{CL}}\\ \boldsymbol{C}_{i,j}^{\mathrm{ALR}}\end{pmatrix},\quad \boldsymbol{X}_{i,j}=\begin{pmatrix}\boldsymbol{X}_{i,j}^{\mathrm{CL}}\\ \boldsymbol{X}_{i,j}^{\mathrm{ALR}}\end{pmatrix}.$$

另外,对于 $0\leqslant k\leqslant J$,定义

$$B_k^K=\{\boldsymbol{C}_{i,j}^{\mathrm{CL}}\mid i+j\leqslant I,0\leqslant j\leqslant k\}.$$

这个集合由已观测到的截止到进展年 k 的累计赔款额的所有 K 维随机变量组成,即表示前 K 个流量三角形在日历年 I 的所有观测值中,截止到进展年 k 的累计赔款额组成的集合.

下面给出的多元模型是多元 CL 模型和多元 ALR 模型的混合,其基本假设如下:

(1) 对于不同事故年 i,增量赔款额 $\boldsymbol{X}_{i,j}$ 是相互独立的.

(2) 存在常量 $\boldsymbol{f}_j=(f_j^{(1)},\cdots,f_j^{(K)})^{\mathrm{T}}$ 和 $\boldsymbol{\sigma}_j^{\mathrm{CL}}=(\sigma_j^{(1)},\cdots,\sigma_j^{(K)})^{\mathrm{T}}$(其中 $f_j^{(k)}>0,\sigma_j^{(k)}>0,1\leqslant k\leqslant K$),随机变量 $\boldsymbol{\varepsilon}_{i,j+1}^{\mathrm{CL}}=(\varepsilon_{i,j+1}^{(1)},\cdots,\varepsilon_{i,j+1}^{(K)})^{\mathrm{T}}$,使得对于所有 $0\leqslant i\leqslant I$ 和 $0\leqslant j\leqslant J-1$,有

$$\boldsymbol{C}_{i,j+1}^{\mathrm{CL}}=D(\boldsymbol{f}_j)\boldsymbol{C}_{i,j}^{\mathrm{CL}}+(D(\boldsymbol{C}_{i,j}^{\mathrm{CL}}))^{1/2}D(\boldsymbol{\varepsilon}_{i,j+1}^{\mathrm{CL}})\boldsymbol{\sigma}_j^{\mathrm{CL}}.\tag{6.77}$$

(3) 存在常量 $\boldsymbol{m}_j=(m_j^{(1)},\cdots,m_j^{(N-K)})^{\mathrm{T}}$ 和 $\boldsymbol{\sigma}_{j-1}^{\mathrm{ALR}}=(\sigma_{j-1}^{(K+1)},\cdots,\sigma_{j-1}^{(N)})^{\mathrm{T}}$(其中 $\sigma_{j-1}^{(n)}>0,K+1\leqslant n\leqslant N$),随机变量 $\boldsymbol{\varepsilon}_{i,j}^{\mathrm{ALR}}=(\varepsilon_{i,j}^{(K+1)},\cdots,\varepsilon_{i,j}^{(N)})^{\mathrm{T}}$,使得对于所有 $0\leqslant i\leqslant I$ 和 $1\leqslant j\leqslant J$,有

$$\boldsymbol{X}_{i,j}^{\mathrm{ALR}}=\boldsymbol{V}_i\boldsymbol{m}_j+\boldsymbol{V}_i^{1/2}D(\boldsymbol{\varepsilon}_{i,j}^{\mathrm{ALR}})\boldsymbol{\sigma}_{j-1}^{\mathrm{ALR}},\tag{6.78}$$

其中 $\boldsymbol{V}_0,\cdots,\boldsymbol{V}_I$ 为$(N-K)\times(N-K)$维确定性正定对称阵.

(4) 对于 $i\neq k,j\neq l$,随机变量 $\boldsymbol{\varepsilon}_{i,j+1}=\begin{pmatrix}\boldsymbol{\varepsilon}_{i,j+1}^{\mathrm{CL}}\\ \boldsymbol{\varepsilon}_{i,j+1}^{\mathrm{ALR}}\end{pmatrix}$ 和 $\boldsymbol{\varepsilon}_{k,l+1}=\begin{pmatrix}\boldsymbol{\varepsilon}_{k,l+1}^{\mathrm{CL}}\\ \boldsymbol{\varepsilon}_{k,l+1}^{\mathrm{ALR}}\end{pmatrix}$ 是相互独立的,且

$$\mathrm{E}(\boldsymbol{\varepsilon}_{i,j+1})=\boldsymbol{0},$$

存在正定矩阵

$$\operatorname{Cov}(\boldsymbol{\varepsilon}_{i,j+1},\boldsymbol{\varepsilon}_{i,j+1})=\mathrm{E}(\boldsymbol{\varepsilon}_{i,j+1}\boldsymbol{\varepsilon}_{i,j+1}^{\mathrm{T}})=\begin{pmatrix}1 & \rho_j^{(1,2)} & \cdots & \rho_j^{(1,N)}\\ \rho_j^{(2,1)} & 1 & \cdots & \rho_j^{(2,N)}\\ \vdots & \vdots & \ddots & \vdots\\ \rho_j^{(N,1)} & \rho_j^{(N,2)} & \cdots & 1\end{pmatrix},$$

其中对于 $n\neq m$，有固定的 $\rho_j^{(n,m)}\in(-1,1)$.

使用如下符号：

$$\begin{aligned}
&\boldsymbol{\sigma}_j=\begin{pmatrix}\boldsymbol{\sigma}_j^{\mathrm{CL}}\\ \boldsymbol{\sigma}_j^{\mathrm{ALR}}\end{pmatrix},\quad \boldsymbol{\Sigma}_j=\mathrm{E}(D(\boldsymbol{\varepsilon}_{i,j+1})\boldsymbol{\sigma}_j\boldsymbol{\sigma}_j^{\mathrm{T}}D(\boldsymbol{\varepsilon}_{i,j+1})),\\
&\boldsymbol{\Sigma}_j^{(\mathrm{C})}=\mathrm{E}(D(\boldsymbol{\varepsilon}_{i,j+1}^{\mathrm{CL}})\boldsymbol{\sigma}_j^{\mathrm{CL}}(\boldsymbol{\sigma}_j^{\mathrm{CL}})^{\mathrm{T}}D(\boldsymbol{\varepsilon}_{i,j+1}^{\mathrm{CL}})),\\
&\boldsymbol{\Sigma}_j^{(\mathrm{A})}=\mathrm{E}(D(\boldsymbol{\varepsilon}_{i,j+1}^{\mathrm{ALR}})\boldsymbol{\sigma}_j^{\mathrm{ALR}}(\boldsymbol{\sigma}_j^{\mathrm{ALR}})^{\mathrm{T}}D(\boldsymbol{\varepsilon}_{i,j+1}^{\mathrm{ALR}})),\\
&\boldsymbol{\Sigma}_j^{(\mathrm{C,A})}=\mathrm{E}(D(\boldsymbol{\varepsilon}_{i,j+1}^{\mathrm{CL}})\boldsymbol{\sigma}_j^{\mathrm{CL}}(\boldsymbol{\sigma}_j^{\mathrm{ALR}})^{\mathrm{T}}D(\boldsymbol{\varepsilon}_{i,j+1}^{\mathrm{ALR}})),\\
&\boldsymbol{\Sigma}_j^{(\mathrm{A,C})}=\mathrm{E}(D(\boldsymbol{\varepsilon}_{i,j+1}^{\mathrm{ALR}})\boldsymbol{\sigma}_j^{\mathrm{ALR}}(\boldsymbol{\sigma}_j^{\mathrm{CL}})^{\mathrm{T}}D(\boldsymbol{\varepsilon}_{i,j+1}^{\mathrm{CL}}))=(\boldsymbol{\Sigma}_j^{(\mathrm{C,A})})^{\mathrm{T}}.
\end{aligned}\tag{6.79}$$

因此，由式(6.25)可以得出

$$\begin{aligned}
\boldsymbol{\Sigma}_j&=D(\boldsymbol{\sigma}_j)\operatorname{Cov}(\boldsymbol{\varepsilon}_{i,j+1},\boldsymbol{\varepsilon}_{i,j+1})D(\boldsymbol{\sigma}_j)\\
&=\begin{pmatrix}(\sigma_j^{(1)})^2 & \sigma_j^{(1)}\sigma_j^{(2)}\rho_j^{(1,2)} & \cdots & \sigma_j^{(1)}\sigma_j^{(N)}\rho_j^{(1,N)}\\ \sigma_j^{(2)}\sigma_j^{(1)}\rho_j^{(2,1)} & (\sigma_j^{(2)})^2 & \cdots & \sigma_j^{(2)}\sigma_j^{(N)}\rho_j^{(2,N)}\\ \vdots & \vdots & \ddots & \vdots\\ \sigma_j^{(N)}\sigma_j^{(1)}\rho_j^{(N,1)} & \sigma_j^{(N)}\sigma_j^{(2)}\rho_j^{(N,2)} & \cdots & (\sigma_j^{(N)})^2\end{pmatrix}\\
&=\begin{pmatrix}\boldsymbol{\Sigma}_j^{(\mathrm{C})} & \boldsymbol{\Sigma}_j^{(\mathrm{C,A})}\\ \boldsymbol{\Sigma}_j^{(\mathrm{A,C})} & \boldsymbol{\Sigma}_j^{(\mathrm{A})}\end{pmatrix}.
\end{aligned}$$

另外，分别定义由 1 组成的 K 维和 $N-K$ 维单位列向量，即 $\mathbf{1}_K\in\mathbb{R}^K$ 和 $\mathbf{1}_{N-K}\in\mathbb{R}^{N-K}$，进而 N 维单位列向量可以表示为 $\mathbf{1}=(\mathbf{1}_K^{\mathrm{T}},\mathbf{1}_{N-K}^{\mathrm{T}})^{\mathrm{T}}$.

这里需要补充以下四点：第一，对于上述 N 个相关子业务流量三角形来说，其中前 K 个子业务满足 6.2.2 小节中多元 CL 法的同质性假设，其余 $N-K$ 个子业务满足 6.3.1 小节中多元 ALR 方法的同质性假设，故选取多元 CL 和多元 ALR 的混合模型是合适的. 第二，在多元混合模型假设下，累计赔款额 $\boldsymbol{C}_{i,j}^{\mathrm{CL}}$ 和增量赔款额 $\boldsymbol{X}_{i,j}^{\mathrm{ALR}}$ 的性质分别与多元 CL 模型和多元 ALR 模型的假设是一致的. 第三，与 6.2.2 小节中的多元 CL 模型和 6.3.1 小节中的 ALR 模型类似，我们将 N 个子业务之间的相依性假设限制在 N 个流量三角形中的每个相应进展年上. 另外，矩阵 $\boldsymbol{\Sigma}_{j-1}^{(\mathrm{C})}$ 体现了前 K 个子业务在进展年 j 的累计赔款额的相依结构，矩阵 $\boldsymbol{\Sigma}_{j-1}^{(\mathrm{A})}$ 体现了剩余 $N-K$ 个子业务在进展年 j 的增量赔款额的相依结构，这里矩阵 $\boldsymbol{\Sigma}_{j-1}^{(\mathrm{C})}$ 和 $\boldsymbol{\Sigma}_{j-1}^{(\mathrm{A})}$ 分别对应于式(6.25)和式(6.57)；矩阵 $\boldsymbol{\Sigma}_{j-1}^{(\mathrm{C,A})}$ 和 $\boldsymbol{\Sigma}_{j-1}^{(\mathrm{A,C})}$ 体现了前 K 个子业务在进展年 j 的累计赔款额与剩余 $N-K$ 个子业务在进展年 j 的增量赔款额之间的相依结构. 第四，对于 $K=N$ 和 $K=0$ 来说，混合模型的假设分别退化为多元 CL 模型和多元 ALR 模型的假设.

二、多元 CL 和 ALR 混合模型中最终损失的无偏估计

在多元 CL 和 ALR 混合模型中，对于 $i+j>I$，分别使用式(6.9)所示的多元 CL 估计量

$$\hat{\boldsymbol{C}}_{i,J}^{\mathrm{CL}}=(\hat{C}_{i,j}^{(1)\,\mathrm{CL}},\cdots,\hat{C}_{i,j}^{(K)\,\mathrm{CL}})^{\mathrm{T}}=\hat{\mathrm{E}}(\boldsymbol{C}_{i,j}^{\mathrm{CL}}\mid\mathcal{D}_I^N)=\prod_{l=I-i}^{j-1}D(\hat{\boldsymbol{f}}_l)\boldsymbol{C}_{i,I-i}^{\mathrm{CL}}\tag{6.80}$$

和式(6.59)所示的多元 ALR 估计量

$$\hat{\boldsymbol{C}}_{i,J}^{\mathrm{ALR}}=(\hat{C}_{i,j}^{(K+1)\,\mathrm{ALR}},\cdots,\hat{C}_{i,j}^{(N)\,\mathrm{ALR}})^{\mathrm{T}}=\hat{\mathrm{E}}(\boldsymbol{C}_{i,j}^{\mathrm{ALR}}\mid\mathcal{D}_I^N)=\boldsymbol{C}_{i,I-i}^{\mathrm{ALR}}+\boldsymbol{V}_i\sum_{l=I-i+1}^{j}\hat{\boldsymbol{m}}_l\tag{6.81}$$

来估计前 K 个流量三角形的累计赔款额 $\boldsymbol{C}_{i,j}^{\mathrm{CL}}$ 和剩余 $N-K$ 个流量三角形的累计赔款额 $\boldsymbol{C}_{i,j}^{\mathrm{ALR}}$. 这表明，预测的 N 维最终损失 $\boldsymbol{C}_{i,J}$ 可以表示为

$$\hat{\boldsymbol{C}}_{i,j}=((\hat{\boldsymbol{C}}_{i,J}^{\mathrm{CL}})^{\mathrm{T}},(\hat{\boldsymbol{C}}_{i,J}^{\mathrm{ALR}})^{\mathrm{T}})^{\mathrm{T}}.$$

因此，在多元 CL 和 ALR 混合模型中，对于 $i+j>I$，$\mathrm{E}(\boldsymbol{C}_{i,j}\mid\mathcal{D}_I^N)$ 的估计量可以表示为

$$\hat{\boldsymbol{C}}_{i,j}=(\hat{C}_{i,j}^{(1)\,\mathrm{CL}},\cdots,\hat{C}_{i,j}^{(K)\,\mathrm{CL}},\hat{C}_{i,j}^{(K+1)\,\mathrm{ALR}},\cdots,\hat{C}_{i,j}^{(N)\,\mathrm{ALR}})^{\mathrm{T}}=\hat{\mathrm{E}}(\boldsymbol{C}_{i,j}\mid\mathcal{D}_I^N)=\begin{pmatrix}\prod\limits_{l=I-i}^{j-1}D(\hat{\boldsymbol{f}}_l)\boldsymbol{C}_{i,I-i}^{\mathrm{CL}}\\ \boldsymbol{C}_{i,I-i}^{\mathrm{ALR}}+\boldsymbol{V}_i\sum\limits_{l=I-i+1}^{j}\hat{\boldsymbol{m}}_l\end{pmatrix},$$

其中对于 $0\leqslant j\leqslant J-1$，$K$ 维年度进展因子 $\boldsymbol{f}_j$ 的估计量①可以表示为

$$\begin{aligned}\hat{\boldsymbol{f}}_j&=(\hat{f}_j^{(1)},\cdots,\hat{f}_j^{(K)})^{\mathrm{T}}\\&=\left(\sum_{i=0}^{I-j-1}(D(\boldsymbol{C}_{i,j}^{\mathrm{CL}}))^{1/2}(\boldsymbol{\Sigma}_j^{(\mathrm{C})})^{-1}(D(\boldsymbol{C}_{i,j}^{\mathrm{CL}}))^{1/2}\right)^{-1}\sum_{i=0}^{I-j-1}(D(\boldsymbol{C}_{i,j}^{\mathrm{CL}}))^{1/2}(\boldsymbol{\Sigma}_j^{(\mathrm{C})})^{-1}(D(\boldsymbol{C}_{i,j}^{\mathrm{CL}}))^{-1/2}\boldsymbol{C}_{i,j+1}^{\mathrm{CL}},\end{aligned}\tag{6.82}$$

且对于 $0\leqslant j\leqslant J-1$，$N-K$ 维增量损失率 $\boldsymbol{m}_j$ 的估计量②可以表示为

$$\begin{aligned}\hat{\boldsymbol{m}}_j&=(\hat{m}_j^{(1)},\cdots,\hat{m}_j^{(N-K)})^{\mathrm{T}}\\&=\left(\sum_{i=0}^{I-j}\boldsymbol{V}_i^{1/2}(\boldsymbol{\Sigma}_{j-1}^{(\mathrm{A})})^{-1}\boldsymbol{V}_i^{1/2}\right)^{-1}\sum_{i=0}^{I-j}\boldsymbol{V}_i^{1/2}(\boldsymbol{\Sigma}_{j-1}^{(\mathrm{A})})^{-1}\boldsymbol{V}_i^{-1/2}\boldsymbol{X}_{i,j}^{\mathrm{ALR}}.\end{aligned}\tag{6.83}$$

在此基础上，由第二、三节可以得到如下定理：

定理 6.13　在多元 CL 和 ALR 混合模型假设下，有

(1) 给定 $\boldsymbol{C}_{i,I-i}$，估计量 $\hat{\boldsymbol{C}}_{i,j}$ 是 $\mathrm{E}(\boldsymbol{C}_{i,J}\mid\mathcal{D}_I^N)=\mathrm{E}(\boldsymbol{C}_{i,J}\mid\boldsymbol{C}_{i,I-i})$ 的无偏估计；

(2) $\hat{\boldsymbol{C}}_{i,j}$ 是 $\mathrm{E}(\boldsymbol{C}_{i,J})$ 的无条件无偏估计.

证明　(1) 由定理 6.2 中的(4)和定理 6.9 中的(5)，很容易证明(1)成立，进而很容易得出(2)成立.

显然，定理 6.13 中的(1)给出了最终损失的条件期望 $\mathrm{E}(\boldsymbol{C}_{i,J}\mid\mathcal{D}_I^N)$ 的无偏估计. 也就是

---

① 年度进展因子 $\boldsymbol{f}_j$ 的估计量见式(6.8).

② 增量损失率 $\boldsymbol{m}_j$ 的估计量见式(6.58).

说，给定 $\boldsymbol{C}_{i,I-i}$，单一事故年最终损失的估计量

$$\sum_{n=1}^{K}\hat{C}_{i,J}^{(n)\,\mathrm{CL}}+\sum_{n=K+1}^{N}\hat{C}_{i,J}^{(n)\,\mathrm{ALR}}=\mathbf{1}^{\mathrm{T}}\,\hat{\boldsymbol{C}}_{i,j}=\mathbf{1}_{K}^{\mathrm{T}}\,\hat{\boldsymbol{C}}_{i,J}^{\mathrm{CL}}+\mathbf{1}_{N-K}^{\mathrm{T}}\,\hat{\boldsymbol{C}}_{i,J}^{\mathrm{ALR}} \tag{6.84}$$

是 $\sum_{n=1}^{N}\mathrm{E}(C_{i,J}^{(n)}\mid\boldsymbol{C}_{i,I-i})$ 的无偏估计.

最后指出，CL 法的参数估计独立于 ALR 方法的观测值，反之亦然. 也就是说，对于 CL 法的参数估计来说，甚至可以不考虑 ALR 方法的细节，反之亦然. 该结论的推导涉及更多的公式，这里省略了这些推导过程，并忽略了如何进一步改进参数估计的想法. 另外，我们也注意到，如此一种改进通常仅能对整体业务的索赔准备金和相应 MSEP 的估计起到一种边际影响，这可以参见第二、三节的数值实例. 本节的目的仅仅是针对式(6.82)和式(6.83)所示的参数估计量，给出整体 MSEP 的一种估计.

6.4.2 多元 CL 和 ALR 混合模型中 MSEP 的估计

一、单一事故年的条件 MSEP 估计

下面推导式(6.84)所示的单一事故年最终损失的条件 MSEP 估计量：

$$\begin{aligned}
&\widehat{\mathrm{MSEP}}_{\sum_{n=1}^{N}C_{i,J}^{(n)}\mid\mathcal{D}_I^N}\left(\sum_{n=1}^{K}\hat{C}_{i,J}^{(n)\,\mathrm{CL}}+\sum_{n=K+1}^{N}\hat{C}_{i,J}^{(n)\,\mathrm{ALR}}\right)\\
&=\widehat{\mathrm{MSEP}}_{\sum_{n=1}^{K}C_{i,J}^{(n)}\mid\mathcal{D}_I^N}\left(\sum_{n=1}^{K}\hat{C}_{i,J}^{(n)\,\mathrm{CL}}\right)+\widehat{\mathrm{MSEP}}_{\sum_{n=K+1}^{N}C_{i,J}^{(n)}\mid\mathcal{D}_I^N}\left(\sum_{n=K+1}^{N}\hat{C}_{i,J}^{(n)\,\mathrm{ALR}}\right)\\
&\quad+2\mathrm{E}\left(\left(\sum_{n=1}^{K}\hat{C}_{i,J}^{(n)\,\mathrm{CL}}-\sum_{n=1}^{K}C_{i,J}^{(n)}\right)\left(\sum_{n=K+1}^{N}\hat{C}_{i,J}^{(n)\,\mathrm{ALR}}-\sum_{n=K+1}^{N}C_{i,J}^{(n)}\right)\middle|\,\mathcal{D}_I^N\right),
\end{aligned} \tag{6.85}$$

其中右边前两项分别给出的是，对前 K 个流量三角形使用多元 CL 法和对剩余 $N-K$ 个流量三角形使用多元 ALR 方法的情况下，单一事故年 $i(1\leqslant i\leqslant I)$ 的条件 MSEP 估计量. 这两个条件 MSEP 估计量可以参考第二、三节.

另外，需要进一步估计 CL 估计量和 ALR 估计量之间的交叉乘积项：

$$\begin{aligned}
&\mathrm{E}\left(\left(\sum_{n=1}^{K}\hat{C}_{i,J}^{(n)\,\mathrm{CL}}-\sum_{n=1}^{K}C_{i,J}^{(n)}\right)\left(\sum_{n=K+1}^{N}\hat{C}_{i,J}^{(n)\,\mathrm{ALR}}-\sum_{n=K+1}^{N}C_{i,J}^{(n)}\right)\middle|\,\mathcal{D}_I^N\right)\\
&=\mathbf{1}_K^{\mathrm{T}}\mathrm{Cov}(\boldsymbol{C}_{i,J}^{\mathrm{CL}},\boldsymbol{C}_{i,J}^{\mathrm{ALR}}\mid\mathcal{D}_I^N)\mathbf{1}_{N-K}\\
&\quad+\mathbf{1}_K^{\mathrm{T}}(\hat{\boldsymbol{C}}_{i,J}^{\mathrm{CL}}-\mathrm{E}(\boldsymbol{C}_{i,J}^{\mathrm{CL}}\mid\mathcal{D}_I^N))(\hat{\boldsymbol{C}}_{i,J}^{\mathrm{ALR}}-\mathrm{E}(\boldsymbol{C}_{i,J}^{\mathrm{ALR}}\mid\mathcal{D}_I^N))^{\mathrm{T}}\mathbf{1}_{N-K},
\end{aligned} \tag{6.86}$$

其中右边第一项源于最终损失 $\boldsymbol{C}_{i,J}=((\boldsymbol{C}_{i,J}^{\mathrm{CL}})^{\mathrm{T}},(\boldsymbol{C}_{i,J}^{\mathrm{ALR}})^{\mathrm{T}})^{\mathrm{T}}$ 的随机波动，这归因于 $\boldsymbol{C}_{i,J}^{\mathrm{CL}}$ 和 $\boldsymbol{C}_{i,J}^{\mathrm{ALR}}$ 具有相关性的事实；第二项源于需要分别基于估计量 $\hat{\boldsymbol{C}}_{i,J}^{\mathrm{CL}}$ 和 $\hat{\boldsymbol{C}}_{i,J}^{\mathrm{ALR}}$ 估计最终损失的条件期望 $\mathrm{E}(\boldsymbol{C}^{\mathrm{CL}}{}_{i,J}\mid\mathcal{D}_I^N)$ 和 $\mathrm{E}(\boldsymbol{C}_{i,J}^{\mathrm{ALR}}\mid\mathcal{D}_I^N)$ 这一事实，且这些参数误差也可能是相关的. 因此，下面针对单一事故年，分别将这两项作为条件交叉过程方差和条件交叉参数误差来考虑.

1. 条件交叉过程方差的估计

定理 6.14　在多元 CL 和 ALR 混合模型假设下，给定观测值 $\mathcal{D}_I^N$，事故年 $i(1\leqslant i\leqslant I)$ 的最终损失 $\boldsymbol{C}_{i,J}=((\boldsymbol{C}_{i,J}^{\mathrm{CL}})^{\mathrm{T}},(\boldsymbol{C}_{i,J}^{\mathrm{ALR}})^{\mathrm{T}})^{\mathrm{T}}$ 的条件交叉过程方差可以表示为

$$\mathbf{1}_K^{\mathrm{T}}\mathrm{Cov}(\boldsymbol{C}_{i,J}^{\mathrm{CL}},\boldsymbol{C}_{i,J}^{\mathrm{ALR}}\mid\mathcal{D}_I^N)\mathbf{1}_{N-K}=\mathbf{1}_K^{\mathrm{T}}\sum_{j=I-i+1}^{J}\prod_{l=j}^{J-1}D(\boldsymbol{f}_l)\boldsymbol{\Sigma}_{i,j-1}^{\mathrm{CA}}\mathbf{1}_{N-K},\tag{6.87}$$

其中

$$\boldsymbol{\Sigma}_{i,j-1}^{\mathrm{CA}}=\mathrm{E}(D(\boldsymbol{C}_{i,j-1}^{\mathrm{CL}})^{1/2}\boldsymbol{\Sigma}_{j-1}^{(\mathrm{C,A})}\mid\boldsymbol{C}_{i,I-i})\boldsymbol{V}_i^{1/2}.\tag{6.88}$$

证明　对所有 $I-i+1\leqslant j\leqslant k,1\leqslant i\leqslant I$，采用归纳法，可以证明

$$\mathrm{Cov}(\boldsymbol{C}_{i,k}^{\mathrm{CL}},\boldsymbol{X}_{i,j}^{\mathrm{ALR}}\mid\boldsymbol{C}_{i,I-i})=\prod_{l=j}^{k-1}D(\boldsymbol{f}_l)\boldsymbol{\Sigma}_{i,j-1}^{\mathrm{CA}},\tag{6.89}$$

其中 $\boldsymbol{\Sigma}_{i,j-1}^{\mathrm{CA}}$ 的定义如式(6.88)所示.

下面给出采用归纳法的证明过程：

(1) 假设 $k=j$，由式(6.77)～(6.79)可得

$$\begin{aligned}
&\mathrm{Cov}(\boldsymbol{C}_{i,j}^{\mathrm{CL}},\boldsymbol{X}_{i,j}^{\mathrm{ALR}}\mid\boldsymbol{C}_{i,I-i})\\
&=\mathrm{Cov}(D(\boldsymbol{f}_{j-1})\boldsymbol{C}_{i,j-1}^{\mathrm{CL}}+(D(\boldsymbol{C}_{i,j-1}^{\mathrm{CL}}))^{1/2}D(\boldsymbol{\varepsilon}_{i,j}^{\mathrm{CL}})\boldsymbol{\sigma}_{j-1}^{\mathrm{CL}},\boldsymbol{V}_i\boldsymbol{m}_j+\boldsymbol{V}_i^{1/2}D(\boldsymbol{\varepsilon}_{i,j}^{\mathrm{ALR}})\boldsymbol{\sigma}_{j-1}^{\mathrm{ALR}}\mid\boldsymbol{C}_{i,I-i})\\
&=\mathrm{Cov}((D(\boldsymbol{C}_{i,j-1}^{\mathrm{CL}}))^{1/2}D(\boldsymbol{\varepsilon}_{i,j}^{\mathrm{CL}})\boldsymbol{\sigma}_{j-1}^{\mathrm{CL}},\boldsymbol{V}_i^{1/2}D(\boldsymbol{\varepsilon}_{i,j}^{\mathrm{ALR}})\boldsymbol{\sigma}_{j-1}^{\mathrm{ALR}}\mid\boldsymbol{C}_{i,I-i})\\
&=\mathrm{E}((D(\boldsymbol{C}_{i,j-1}^{\mathrm{CL}}))^{1/2}D(\boldsymbol{\varepsilon}_{i,j}^{\mathrm{CL}})\boldsymbol{\sigma}_{j-1}^{\mathrm{CL}}(\boldsymbol{V}_i^{1/2}D(\boldsymbol{\varepsilon}_{i,j}^{\mathrm{ALR}})\boldsymbol{\sigma}_{j-1}^{\mathrm{ALR}})^{\mathrm{T}}\mid\boldsymbol{C}_{i,I-i})\\
&=\mathrm{E}((D(\boldsymbol{C}_{i,j-1}^{\mathrm{CL}}))^{1/2}\mathrm{E}(D(\boldsymbol{\varepsilon}_{i,j}^{\mathrm{CL}})\boldsymbol{\sigma}_{j-1}^{\mathrm{CL}}(\boldsymbol{V}_i^{1/2}D(\boldsymbol{\varepsilon}_{i,j}^{\mathrm{ALR}})\boldsymbol{\sigma}_{j-1}^{\mathrm{ALR}})^{\mathrm{T}}\mid\boldsymbol{C}_{i,j-1})\mid\boldsymbol{C}_{i,I-i})\\
&=\mathrm{E}((D(\boldsymbol{C}_{i,j-1}^{\mathrm{CL}}))^{1/2}\boldsymbol{\Sigma}_{j-1}^{(\mathrm{C,A})}\mid\boldsymbol{C}_{i,I-i})\boldsymbol{V}_i^{1/2}=\boldsymbol{\Sigma}_{i,j-1}^{\mathrm{CA}},
\end{aligned}$$

即 $k=j$ 的情况得证.

(2) 假设对于 $k\geqslant j$，式(6.89)成立. 可以证明，对于 $k+1$ 来说，这也是正确的. 由归纳假设，在条件 $\boldsymbol{C}_{i,l}(l\leqslant k)$ 下，有

$$\begin{aligned}
&\mathrm{Cov}(\boldsymbol{C}_{i,k+1}^{\mathrm{CL}},\boldsymbol{X}_{i,j}^{\mathrm{ALR}}\mid\boldsymbol{C}_{i,I-i})=\mathrm{Cov}(D(\boldsymbol{f}_k)\boldsymbol{C}_{i,k}^{\mathrm{CL}}+(D(\boldsymbol{C}_{i,k}^{\mathrm{CL}}))^{1/2}D(\boldsymbol{\varepsilon}_{i,k+1}^{\mathrm{CL}})\boldsymbol{\sigma}_k^{\mathrm{CL}},\boldsymbol{X}_{i,j}^{\mathrm{ALR}}\mid\boldsymbol{C}_{i,I-i})\\
&=\mathrm{Cov}(D(\boldsymbol{f}_k)\boldsymbol{C}_{i,k}^{\mathrm{CL}},\boldsymbol{X}_{i,j}^{\mathrm{ALR}}\mid\boldsymbol{C}_{i,I-i})+\mathrm{Cov}((D(\boldsymbol{C}_{i,k}^{\mathrm{CL}}))^{1/2}D(\boldsymbol{\varepsilon}_{i,k+1}^{\mathrm{CL}})\boldsymbol{\sigma}_k^{\mathrm{CL}},\boldsymbol{X}_{i,j}^{\mathrm{ALR}}\mid\boldsymbol{C}_{i,I-i})\\
&=D(\boldsymbol{f}_k)\mathrm{Cov}(\boldsymbol{C}_{i,k}^{\mathrm{CL}},\boldsymbol{X}_{i,j}^{\mathrm{ALR}}\mid\boldsymbol{C}_{i,I-i})+\mathbf{0}=D(\boldsymbol{f}_k)D(\boldsymbol{f}_{k-1})\mathrm{Cov}(\boldsymbol{C}_{i,k-1}^{\mathrm{CL}},\boldsymbol{X}_{i,j}^{\mathrm{ALR}}\mid\boldsymbol{C}_{i,I-i})\\
&=D(\boldsymbol{f}_k)D(\boldsymbol{f}_{k-1})\cdots D(\boldsymbol{f}_j)\mathrm{Cov}(\boldsymbol{C}_{i,j}^{\mathrm{CL}},\boldsymbol{X}_{i,j}^{\mathrm{ALR}}\mid\boldsymbol{C}_{i,I-i})=\prod_{l=j}^{k}D(\boldsymbol{f}_l)\boldsymbol{\Sigma}_{i,j-1}^{\mathrm{CA}},
\end{aligned}$$

即式(6.89)得证. 进一步，使用各事故年的独立性假设和结论(6.89)可以得出

$$\begin{aligned}
&\mathbf{1}_K^{\mathrm{T}}\mathrm{Cov}(\boldsymbol{C}_{i,J}^{\mathrm{CL}},\boldsymbol{C}_{i,J}^{\mathrm{ALR}}\mid\mathcal{D}_I^N)\mathbf{1}_{N-K}=\mathbf{1}_K^{\mathrm{T}}\sum_{j=I-i+1}^{J}\mathrm{Cov}(\boldsymbol{C}_{i,J}^{\mathrm{CL}},\boldsymbol{X}_{i,j}^{\mathrm{ALR}}\mid\mathcal{D}_I^N)\mathbf{1}_{N-K}\\
&=\mathbf{1}_K^{\mathrm{T}}\sum_{j=I-i+1}^{J}\mathrm{Cov}(\boldsymbol{C}_{i,J}^{\mathrm{CL}},\boldsymbol{X}_{i,j}^{\mathrm{ALR}}\mid\boldsymbol{C}_{i,I-i})\mathbf{1}_{N-K}=\mathbf{1}_K^{\mathrm{T}}\sum_{j=I-i+1}^{J}\prod_{l=j}^{J-1}D(\boldsymbol{f}_l)\boldsymbol{\Sigma}_{i,j-1}^{\mathrm{CA}}\mathbf{1}_{N-K}.
\end{aligned}\tag{6.90}$$

综上所述，我们完成了定理 6.14 的证明.

从式(6.90)可以看出，对于单个事故年 $i>0,j>I-i$，存在如下条件交叉过程方差的递

推公式：

$$\mathbf{1}_K^{\mathrm{T}}\mathrm{Cov}(\boldsymbol{C}_{i,j}^{\mathrm{CL}},\boldsymbol{C}_{i,j}^{\mathrm{ALR}}\mid\mathcal{D}_I^N)\mathbf{1}_{N-K}=\mathbf{1}_K^{\mathrm{T}}(\boldsymbol{\Sigma}_{i,j-1}^{\mathrm{CA}}+D(\boldsymbol{f}_{j-1})\mathrm{Cov}(\boldsymbol{C}_{i,j-1}^{\mathrm{CL}},\boldsymbol{C}_{i,j-1}^{\mathrm{ALR}}\mid\mathcal{D}_I^N))\mathbf{1}_{N-K},$$

其中

$$\mathrm{Cov}(\boldsymbol{C}_{i,I-i}^{\mathrm{CL}},\boldsymbol{C}_{i,I-i}^{\mathrm{ALR}}\mid\mathcal{D}_I^N)=\mathbf{0}.$$

在此基础上，进一步使用相应的估计值[①]代替式(6.87)中的参数 $\boldsymbol{f}_l$ 和 $\boldsymbol{\Sigma}_{i,j-1}^{\mathrm{CA}}$，就可以获得单一事故年条件交叉过程方差的估计量.

2. 条件交叉参数误差的估计

下面考虑式(6.86)右边的第二项：

$$\mathbf{1}_K^{\mathrm{T}}(\hat{\boldsymbol{C}}_{i,J}^{\mathrm{CL}}-\mathrm{E}(\boldsymbol{C}_{i,J}^{\mathrm{CL}}\mid\mathcal{D}_I^N))(\hat{\boldsymbol{C}}_{i,J}^{\mathrm{ALR}}-\mathrm{E}(\boldsymbol{C}_{i,J}^{\mathrm{ALR}}\mid\mathcal{D}_I^N))^{\mathrm{T}}\mathbf{1}_{N-K}.$$

由定理 6.1 和定理 6.8、式(6.9)和式(6.59)或者式(6.80)和式(6.81)可以得出，事故年 $i(1\leqslant i\leqslant I)$ 的交叉参数误差可以表示为

$$\begin{aligned}&\mathbf{1}_K^{\mathrm{T}}(\hat{\boldsymbol{C}}_{i,J}^{\mathrm{CL}}-\mathrm{E}(\boldsymbol{C}_{i,J}^{\mathrm{CL}}\mid\mathcal{D}_I^N))(\hat{\boldsymbol{C}}_{i,J}^{\mathrm{ALR}}-\mathrm{E}(\boldsymbol{C}_{i,J}^{\mathrm{ALR}}\mid\mathcal{D}_I^N))^{\mathrm{T}}\mathbf{1}_{N-K}\\&=\mathbf{1}_K^{\mathrm{T}}\left(\prod_{j=I-i}^{J-1}D(\hat{\boldsymbol{f}}_j)-\prod_{j=I-i}^{J-1}D(\boldsymbol{f}_j)\right)\boldsymbol{C}_{i,I-i}^{\mathrm{CL}}\left(\sum_{j=I-i+1}^{J}(\hat{\boldsymbol{X}}_{i,j}^{\mathrm{ALR}}-\mathrm{E}(\hat{\boldsymbol{X}}_{i,j}^{\mathrm{ALR}}))\right)^{\mathrm{T}}\mathbf{1}_{N-K}\\&=\mathbf{1}_K^{\mathrm{T}}D(\boldsymbol{C}_{i,I-i}^{\mathrm{CL}})(\hat{\boldsymbol{g}}_{i|J}-\boldsymbol{g}_{i|J})\left(\sum_{j=I-i+1}^{J}(\hat{\boldsymbol{m}}_j-\boldsymbol{m}_j)\right)^{\mathrm{T}}\boldsymbol{V}_i\mathbf{1}_{N-K},\end{aligned}\tag{6.91}$$

其中对于 $I-i+1\leqslant j\leqslant J$，$\hat{\boldsymbol{g}}_{i|J}$ 和 $\boldsymbol{g}_{i|J}$ 的定义如式(6.23)所示.

为了推导条件交叉参数误差的估计量，需要使用条件重抽样方法度量估计量 $\hat{\boldsymbol{f}}_0,\cdots,\hat{\boldsymbol{f}}_{J-1}$ 和 $\hat{\boldsymbol{m}}_1,\cdots,\hat{\boldsymbol{m}}_J$ 围绕真实 CL 进展因子 $\boldsymbol{f}_0,\cdots,\boldsymbol{f}_{J-1}$ 和真实增量损失率 $\boldsymbol{m}_1,\cdots,\boldsymbol{m}_J$ 的波动性. 这表明，给定 $\mathcal{D}_I^N$，对于 $0\leqslant i\leqslant I,0\leqslant j\leqslant J-1$，需要使用如下公式产生新的观测值 $\widetilde{\boldsymbol{C}}_{i,j+1}^{\mathrm{CL}}$ 和 $\widetilde{\boldsymbol{X}}_{i,j+1}^{\mathrm{ALR}}$：

$$\widetilde{\boldsymbol{C}}_{i,j+1}^{\mathrm{CL}}=D(\boldsymbol{f}_j)\boldsymbol{C}_{i,j}^{\mathrm{CL}}+(D(\boldsymbol{C}_{i,j}^{\mathrm{CL}}))^{1/2}D(\widetilde{\boldsymbol{\varepsilon}}_{i,j+1}^{\mathrm{CL}})\boldsymbol{\sigma}_j^{\mathrm{CL}},\tag{6.92}$$

$$\widetilde{\boldsymbol{X}}_{i,j+1}^{\mathrm{ALR}}=\boldsymbol{V}_i\boldsymbol{m}_{j+1}+\boldsymbol{V}_i^{1/2}D(\widetilde{\boldsymbol{\varepsilon}}_{i,j+1}^{\mathrm{ALR}})\boldsymbol{\sigma}_j^{\mathrm{ALR}},\tag{6.93}$$

其中 $\sigma_j^{(1)},\cdots,\sigma_j^{(N)}>0$，且给定 $\mathcal{B}_0^K$ 时，

$$\widetilde{\boldsymbol{\varepsilon}}_{i,j+1}=\begin{pmatrix}\widetilde{\boldsymbol{\varepsilon}}_{i,j+1}^{\mathrm{CL}}\\\widetilde{\boldsymbol{\varepsilon}}_{i,j+1}^{\mathrm{ALR}}\end{pmatrix},\quad\boldsymbol{\varepsilon}_{i,j+1}=\begin{pmatrix}\boldsymbol{\varepsilon}_{i,j+1}^{\mathrm{CL}}\\\boldsymbol{\varepsilon}_{i,j+1}^{\mathrm{ALR}}\end{pmatrix}\tag{6.94}$$

是独立同分布的. 定义

$$\boldsymbol{W}_j=\left(\sum_{k=0}^{I-j-1}(D(\boldsymbol{C}_{k,j}^{\mathrm{CL}}))^{1/2}(\boldsymbol{\Sigma}_j^{(\mathrm{C})})^{-1}(D(\boldsymbol{C}_{k,j}^{\mathrm{CL}}))^{1/2}\right)^{-1}\quad 和\quad\boldsymbol{U}_j=\left(\sum_{k=0}^{I-j-1}\boldsymbol{V}_k^{1/2}(\boldsymbol{\Sigma}_j^{(\mathrm{A})})^{-1}\boldsymbol{V}_k^{1/2}\right)^{-1}.$$

进而，对于多元 CL 进展因子和增量损失率来说，结合式(6.8)和式(6.58)可以得出如下重抽样估计量：

---

① 详见本小节最后的主要参数估计.

$$\hat{\boldsymbol{f}}_j = \boldsymbol{f}_j + \boldsymbol{W}_j \sum_{i=0}^{I-j-1} (D(\boldsymbol{C}_{i,j}^{\mathrm{CL}}))^{1/2} (\boldsymbol{\Sigma}_j^{(\mathrm{C})})^{-1} D(\widetilde{\boldsymbol{\varepsilon}}_{i,j+1}^{\mathrm{CL}}) \boldsymbol{\sigma}_j^{\mathrm{CL}}, \tag{6.95}$$

$$\hat{\boldsymbol{m}}_{j+1} = \boldsymbol{m}_{j+1} + \boldsymbol{U}_j \sum_{i=0}^{I-j-1} \boldsymbol{V}_i^{1/2} (\boldsymbol{\Sigma}_j^{(\mathrm{A})})^{-1} D(\widetilde{\boldsymbol{\varepsilon}}_{i,j+1}^{\mathrm{ALR}}) \boldsymbol{\sigma}_j^{\mathrm{ALR}}. \tag{6.96}$$

在式(6.95)和式(6.96)及下面的论述中，对于多元 CL 进展因子 $\boldsymbol{f}_j$ 和增量损失率 $\boldsymbol{m}_{j+1}$ 的重抽样估计，分别使用前面的符号 $\hat{\boldsymbol{f}}_j$ 和 $\hat{\boldsymbol{m}}_{j+1}$，以避免符号重载.

正如一元 CL 法和多元 CL 法中的条件参数误差，这里也定义了这些重抽样多元估计的条件概率测度 $P_{\mathcal{D}_I^N}^*$. 与定理 6.5 类似，给出如下定理：

定理 6.15　在重抽样假设(6.92)～(6.94)下，有

(1) 在概率测度 $P_{\mathcal{D}_I^N}^*$ 下，估计量 $\hat{\boldsymbol{f}}_0, \cdots, \hat{\boldsymbol{f}}_{J-1}$ 是相互独立的，估计量 $\hat{\boldsymbol{m}}_1, \cdots, \hat{\boldsymbol{m}}_J$ 也是相互独立的，且如果 $k \neq j+1$，那么估计量 $\hat{\boldsymbol{f}}_j$ 与 $\hat{\boldsymbol{m}}_k$ 也是相互独立的；

(2) 对于 $0 \leqslant j \leqslant J-1$，有 $\mathrm{E}_{P_{\mathcal{D}_I^N}^*}(\hat{\boldsymbol{f}}_j) = \boldsymbol{f}_j$，$\mathrm{E}_{P_{\mathcal{D}_I^N}^*}(\hat{\boldsymbol{m}}_{j+1}) = \boldsymbol{m}_{j+1}$；

(3) $\mathrm{E}_{P_{\mathcal{D}_I^N}^*}(\hat{f}_j^{(m)} \hat{m}_{j+1}^{(n)}) = f_j^{(m)} m_{j+1}^{(n)} + T_j(m,n)$，其中 $T_j(m,n)$ 为 $K \times (N-K)$ 维矩阵

$$\boldsymbol{T}_j = \boldsymbol{W}_j \sum_{i=0}^{I-j-1} (D(\boldsymbol{C}_{i,j}^{\mathrm{CL}}))^{1/2} (\boldsymbol{\Sigma}_j^{(\mathrm{C})})^{-1} \boldsymbol{\Sigma}_j^{(\mathrm{C,A})} (\boldsymbol{\Sigma}_j^{(\mathrm{A})})^{-1} \boldsymbol{V}_i^{1/2} \boldsymbol{U}_j \tag{6.97}$$

在位置(m,n)上的元素.

证明　(1) 由式(6.95)和式(6.96)及 $\widetilde{\boldsymbol{\varepsilon}}_{i,j+1}$ 和 $\widetilde{\boldsymbol{\varepsilon}}_{i,k+1}$ 的独立性$(j \neq k)$可得证.

(2) 由式(6.95)和式(6.96)以及 $\mathrm{E}_{P_{\mathcal{D}_I^N}^*}(\widetilde{\boldsymbol{\varepsilon}}_{i,j+1}) = \boldsymbol{0}$ 可以得证.

(3) 由不同事故年的独立性假设可以得出

$$\begin{aligned}\mathrm{Cov}_{P_{\mathcal{D}_I^N}^*}(\hat{\boldsymbol{f}}_j, \hat{\boldsymbol{m}}_{j+1}) &= \boldsymbol{W}_j \sum_{i=0}^{I-j-1} (D(\boldsymbol{C}_{i,j}^{\mathrm{CL}}))^{1/2} (\boldsymbol{\Sigma}_j^{(\mathrm{C})})^{-1} \\ &\quad \cdot \mathrm{Cov}_{P_{\mathcal{D}_I^N}^*}(D(\widetilde{\boldsymbol{\varepsilon}}_{i,j+1}^{\mathrm{CL}}) \boldsymbol{\sigma}_j^{\mathrm{CL}}, D(\widetilde{\boldsymbol{\varepsilon}}_{i,j+1}^{\mathrm{ALR}}) \boldsymbol{\sigma}_j^{\mathrm{ALR}}) (\boldsymbol{\Sigma}_j^{(\mathrm{A})})^{-1} \boldsymbol{V}_i^{1/2} \boldsymbol{U}_j \\ &= \boldsymbol{W}_j \sum_{i=0}^{I-j-1} (D(\boldsymbol{C}_{i,j}^{\mathrm{CL}}))^{1/2} (\boldsymbol{\Sigma}_j^{(\mathrm{C})})^{-1} \boldsymbol{\Sigma}_j^{(\mathrm{C,A})} (\boldsymbol{\Sigma}_j^{(\mathrm{A})})^{-1} \boldsymbol{V}_i^{1/2} \boldsymbol{U}_j = \boldsymbol{T}_j.\end{aligned}$$

因此，有

$$\mathrm{E}_{P_{\mathcal{D}_I^N}^*}(\hat{f}_j^{(m)} \hat{m}_{j+1}^{(n)}) = f_j^{(m)} m_{j+1}^{(n)} + \mathrm{Cov}_{P_{\mathcal{D}_I^N}^*}(\hat{f}_j^{(m)}, \hat{m}_{j+1}^{(n)}) = f_j^{(m)} m_{j+1}^{(n)} + T_j(m,n).$$

综上所述，定理 6.15 得证.

使用定理 6.15，选取式(6.91)所示的条件交叉参数误差的估计量如下：

$$\begin{aligned}&\boldsymbol{1}_K^{\mathrm{T}} D(\boldsymbol{C}_{i,I-i}^{\mathrm{CL}}) \mathrm{E}_{P_{\mathcal{D}_I^N}^*}\left((\hat{\boldsymbol{g}}_{i|J} - \boldsymbol{g}_{i|J})\left(\sum_{j=I-i+1}^{J} (\hat{\boldsymbol{m}}_j - \boldsymbol{m}_j)\right)^{\mathrm{T}}\right) \boldsymbol{V}_i \boldsymbol{1}_{N-K} \\ &= \boldsymbol{1}_K^{\mathrm{T}} D(\boldsymbol{C}_{i,I-i}^{\mathrm{CL}}) \mathrm{Cov}_{P_{\mathcal{D}_I^N}^*}\left(\hat{\boldsymbol{g}}_{i|J}, \sum_{j=I-i+1}^{J} \hat{\boldsymbol{m}}_j\right) \boldsymbol{V}_i \boldsymbol{1}_{N-K}.\end{aligned} \tag{6.98}$$

对所有 $1 \leqslant k, i \leqslant I$，定义矩阵

$$\boldsymbol{\Psi}_{k,i}=(\Psi_{k,i}^{(m,n)})_{m,n}=\mathrm{Cov}_{P^*_{\mathcal{D}_I^N}}\left(\hat{\boldsymbol{g}}_{k|J},\sum_{j=I-i+1}^{J}\hat{\boldsymbol{m}}_j\right)=\sum_{j=I-i+1}^{J}\mathrm{Cov}_{P^*_{\mathcal{D}_I^N}}(\hat{\boldsymbol{g}}_{k|J},\hat{\boldsymbol{m}}_j). \tag{6.99}$$

对于它在位置(m,n)上的元素 $\Psi_{k,i}^{(m,n)}$，下面的结论成立：

定理 6.16　在重抽样假设(6.92)～(6.94)下，对于 $1\leqslant m\leqslant K$ 和 $1\leqslant n\leqslant N-K$ 来说，有

$$\Psi_{k,i}^{(m,n)}=\sum_{j=(I-i+1)\vee(I-k+1)}^{J}\prod_{r=I-k}^{J-1}f_r^{(m)}\frac{1}{f_{j-1}^{(m)}}T_{j-1}(m,n).$$

证明　元素 $\Psi_{k,i}^{(m,n)}$ 的定义如式(6.99)所示.因此，我们计算如下项：

$$\mathrm{Cov}_{P^*_{\mathcal{D}_I^N}}(\hat{\boldsymbol{g}}_{k|J},\hat{\boldsymbol{m}}_j)=\mathrm{E}_{P^*_{\mathcal{D}_I^N}}(\hat{\boldsymbol{g}}_{k|J}\hat{\boldsymbol{m}}_j^{\mathrm{T}})-\mathrm{E}_{P^*_{\mathcal{D}_I^N}}(\hat{\boldsymbol{g}}_{k|J})\mathrm{E}_{P^*_{\mathcal{D}_I^N}}(\hat{\boldsymbol{m}}_j^{\mathrm{T}}).$$

对于 $j-1<I-k$，这个表达式等于 0，即 $K\times(N-K)$ 维矩阵是由 0 组成的.因此

$$\boldsymbol{\Psi}_{k,i}=(\Psi_{k,i}^{(m,n)})_{m,n}=\sum_{j=(I-i+1)\vee(I-k+1)}^{J}\mathrm{Cov}_{P^*_{\mathcal{D}_I^N}}(\hat{\boldsymbol{g}}_{k|J},\hat{\boldsymbol{m}}_j).$$

使用定理 6.15，对于 $j-1\geqslant I-k$，上述等式右边的协方差阵在位置(m,n)上的元素可以表示为

$$\begin{aligned}\mathrm{Cov}_{P^*_{\mathcal{D}_I^N}}(\hat{\boldsymbol{g}}_{k|J},\hat{\boldsymbol{m}}_j)&=\prod_{r=I-k}^{j-2}f_r^{(m)}(f_{j-1}^{(m)}m_j^{(n)}+T_{j-1}(m,n))\prod_{r=j}^{J-1}f_r^{(m)}-\prod_{r=I-k}^{J-1}f_r^{(m)}m_j^{(n)}\\&=\prod_{r=I-k}^{J-1}f_r^{(m)}\frac{1}{f_{j-1}^{(m)}}T_{j-1}(m,n).\end{aligned}$$

综上所述，定理 6.16 得证.

3. 条件 MSEP 的估计

结合式(6.85)～(6.87)、式(6.98)和定理 6.16，用本小节最后给出的相应参数估计代替这些参数，就可以得到多元混合模型下单一事故年最终损失的条件 MSEP 估计量.也就是说，在多元 CL 和 ALR 混合模型假设下，单一事故年 $i(1\leqslant i\leqslant I)$的最终损失的条件 MSEP 估计量可以表示为

$$\begin{aligned}&\widehat{\mathrm{MSEP}}_{\sum_{n=1}^{N}C_{i,J}^{(n)}|\mathcal{D}_I^N}\left(\sum_{n=1}^{K}\hat{C}_{i,J}^{(n)\,\mathrm{CL}}+\sum_{n=K+1}^{N}\hat{C}_{i,J}^{(n)\,\mathrm{ALR}}\right)\\&=\widehat{\mathrm{MSEP}}_{\sum_{n=1}^{K}C_{i,J}^{(n)}|\mathcal{D}_I^N}\left(\sum_{n=1}^{K}\hat{C}_{i,J}^{(n)\,\mathrm{CL}}\right)+\widehat{\mathrm{MSEP}}_{\sum_{n=K+1}^{N}C_{i,J}^{(n)}|\mathcal{D}_I^N}\left(\sum_{n=K+1}^{N}\hat{C}_{i,J}^{(n)\,\mathrm{ALR}}\right)\\&\quad+2\mathbf{1}_K^{\mathrm{T}}\sum_{j=I-i+1}^{J}\prod_{l=j}^{J-1}D(\hat{f}_l)\hat{\boldsymbol{\Sigma}}_{i,j-1}^{\mathrm{CA}}\mathbf{1}_{N-K}+2\mathbf{1}_K^{\mathrm{T}}D(\boldsymbol{C}_{i,I-i}^{\mathrm{CL}})(\hat{\Psi}_{i,i}^{(m,n)})_{m,n}\boldsymbol{V}_i\mathbf{1}_{N-K},\end{aligned} \tag{6.100}$$

其中

$$\hat{\boldsymbol{\Sigma}}_{i,j-1}^{\mathrm{CA}}=(D(\hat{\boldsymbol{C}}_{i,j-1}^{\mathrm{CL}}))^{1/2}\hat{\boldsymbol{\Sigma}}_{j-1}^{(\mathrm{C,A})}\boldsymbol{V}_i^{1/2},$$

$$\hat{\Psi}_{k,i}^{(m,n)}=\hat{g}_{k|J}^{(m)}\sum_{j=(I-i+1)\vee(I-k+1)}^{J}\frac{1}{\hat{f}_{j-1}^{(m)}}\hat{T}_{j-1}(m,n),$$

这里 $\hat{g}_{k|J}^{(m)}$ 表示 $\hat{\boldsymbol{g}}_{k|J}$ 中的第 m 个元素，参数估计 $\hat{\boldsymbol{\Sigma}}_{j-1}^{(\mathrm{C,A})}$ 和 $\hat{T}_{j-1}(m,n)$ 详见本小节最后的主要参数估计.

二、所有事故年的条件 MSEP 估计

下面推导所有事故年条件 MSEP 的估计量. 为此，首先考虑两个不同事故年 i 和 k $(1\leqslant i<k\leqslant I)$. 与多元 CL 法和多元 ALR 方法类似，最终损失 $\boldsymbol{C}_{i,J}$ 和 $\boldsymbol{C}_{k,J}$ 是相互独立的，但需要考虑估计量 $\hat{\boldsymbol{C}}_{i,j}$ 和 $\hat{\boldsymbol{C}}_{k,J}$ 的相依性. 两个事故年 i 和 k 加总后的最终损失或索赔准备金的条件 MSEP 估计可以表示为

$$
\begin{aligned}
&\widehat{\mathrm{MSEP}}_{\sum_{n=1}^{N}(C_{i,J}^{(n)}+C_{k,J}^{(n)})\mid\mathcal{D}_I^N}\left(\sum_{n=1}^{K}\hat{C}_{i,J}^{(n)\,\mathrm{CL}}+\sum_{n=K+1}^{N}\hat{C}_{i,J}^{(n)\,\mathrm{ALR}}+\sum_{n=1}^{K}\hat{C}_{k,J}^{(n)\,\mathrm{CL}}+\sum_{n=K+1}^{N}\hat{C}_{k,J}^{(n)\,\mathrm{ALR}}\right)\\
&=\widehat{\mathrm{MSEP}}_{\sum_{n=1}^{N}C_{i,J}^{(n)}\mid\mathcal{D}_I^N}\left(\sum_{n=1}^{K}\hat{C}_{i,J}^{(n)\,\mathrm{CL}}+\sum_{n=K+1}^{N}\hat{C}_{i,J}^{(n)\,\mathrm{ALR}}\right)+\widehat{\mathrm{MSEP}}_{\sum_{n=1}^{N}C_{k,J}^{(n)}\mid\mathcal{D}_I^N}\left(\sum_{n=1}^{K}\hat{C}_{k,J}^{(n)\,\mathrm{CL}}+\sum_{n=K+1}^{N}\hat{C}_{k,J}^{(n)\,\mathrm{ALR}}\right)\\
&\quad+2\mathrm{E}\left(\left(\sum_{n=1}^{K}\hat{C}_{i,J}^{(n)\,\mathrm{CL}}+\sum_{n=K+1}^{N}\hat{C}_{i,J}^{(n)\,\mathrm{ALR}}-\sum_{n=1}^{N}C_{i,J}^{(n)}\right)\left(\sum_{n=1}^{K}\hat{C}_{k,J}^{(n)\,\mathrm{CL}}+\sum_{n=K+1}^{N}\hat{C}_{k,J}^{(n)\,\mathrm{ALR}}-\sum_{n=1}^{N}C_{k,J}^{(n)}\right)\middle|\mathcal{D}_I^N\right),
\end{aligned}
\tag{6.101}
$$

其中右边前两项分别给出了两个事故年 i 和 $k(1\leqslant i<k\leqslant I)$ 的条件 MSEP 估计，其计算公式如式(6.100)所示.

对于式(6.101)右边的第三项，可以得到如下分解：

$$
\begin{aligned}
&\mathrm{E}\left(\left(\sum_{n=1}^{K}\hat{C}_{i,J}^{(n)\,\mathrm{CL}}-\sum_{n=1}^{K}C_{i,J}^{(n)}\right)\left(\sum_{n=K+1}^{N}\hat{C}_{k,J}^{(n)\,\mathrm{ALR}}-\sum_{n=K+1}^{N}C_{k,J}^{(n)}\right)\middle|\mathcal{D}_I^N\right)\\
&\quad+\mathrm{E}\left(\left(\sum_{n=K+1}^{N}\hat{C}_{i,J}^{(n)\,\mathrm{ALR}}-\sum_{n=K+1}^{N}C_{i,J}^{(n)}\right)\left(\sum_{n=1}^{K}\hat{C}_{k,J}^{(n)\,\mathrm{CL}}-\sum_{n=1}^{K}C_{k,J}^{(n)}\right)\middle|\mathcal{D}_I^N\right)\\
&\quad+\mathrm{E}\left(\left(\sum_{n=1}^{K}\hat{C}_{i,J}^{(n)\,\mathrm{CL}}-\sum_{n=1}^{K}C_{i,J}^{(n)}\right)\left(\sum_{n=1}^{K}\hat{C}_{k,J}^{(n)\,\mathrm{CL}}-\sum_{n=1}^{K}C_{k,J}^{(n)}\right)\middle|\mathcal{D}_I^N\right)\\
&\quad+\mathrm{E}\left(\left(\sum_{n=K+1}^{N}\hat{C}_{i,J}^{(n)\,\mathrm{ALR}}-\sum_{n=K+1}^{N}C_{i,J}^{(n)}\right)\left(\sum_{n=K+1}^{N}\hat{C}_{k,J}^{(n)\,\mathrm{ALR}}-\sum_{n=K+1}^{N}C_{k,J}^{(n)}\right)\middle|\mathcal{D}_I^N\right).
\end{aligned}
\tag{6.102}
$$

对于式(6.102)中的第一项，由不同事故年的独立性假设可以得出

$$
\begin{aligned}
&\mathrm{E}\left(\left(\sum_{n=1}^{K}\hat{C}_{i,J}^{(n)\,\mathrm{CL}}-\sum_{n=1}^{K}C_{i,J}^{(n)}\right)\left(\sum_{n=K+1}^{N}\hat{C}_{k,J}^{(n)\,\mathrm{ALR}}-\sum_{n=K+1}^{N}C_{k,J}^{(n)}\right)\middle|\mathcal{D}_I^N\right)\\
&=\mathbf{1}_K^{\mathrm{T}}(\hat{\boldsymbol{C}}_{i,J}^{\mathrm{CL}}-\mathrm{E}(\boldsymbol{C}_{i,J}^{\mathrm{CL}}\mid\mathcal{D}_I^N))(\hat{\boldsymbol{C}}_{k,J}^{\mathrm{ALR}}-\mathrm{E}(\boldsymbol{C}_{k,J}^{\mathrm{ALR}}\mid\mathcal{D}_I^N))^{\mathrm{T}}\mathbf{1}_{N-K}\\
&=\mathbf{1}_K^{\mathrm{T}}\left(\prod_{j=I-i}^{J-1}D(\hat{\boldsymbol{f}}_j)-\prod_{j=I-i}^{J-1}D(\boldsymbol{f}_j)\right)\boldsymbol{C}_{i,I-i}^{\mathrm{CL}}\left(\sum_{j=I-k+1}^{J}(\hat{\boldsymbol{X}}_{k,j}^{\mathrm{ALR}}-\mathrm{E}(\boldsymbol{X}_{k,J}^{\mathrm{ALR}}))\right)^{\mathrm{T}}\mathbf{1}_{N-K}\\
&=\mathbf{1}_K^{\mathrm{T}}D(\boldsymbol{C}_{i,I-i}^{\mathrm{CL}})(\hat{\boldsymbol{g}}_{i|J}-\boldsymbol{g}_{i|J})\left(\sum_{j=I-k+1}^{J}(\hat{\boldsymbol{m}}_j-\boldsymbol{m}_j)\right)^{\mathrm{T}}\mathbf{V}_k\mathbf{1}_{N-K};
\end{aligned}
$$

类似地，第二项可以表示为

$$\mathrm{E}\left(\left(\sum_{n=K+1}^{N}\hat{C}_{i,J}^{(n)\,\mathrm{ALR}}-\sum_{n=K+1}^{N}C_{i,J}^{(n)}\right)\left(\sum_{n=1}^{K}\hat{C}_{k,J}^{(n)\,\mathrm{CL}}-\sum_{n=1}^{K}C_{k,J}^{(n)}\right)\middle|\mathcal{D}_I^N\right)$$
$$=\mathbf{1}_K^{\mathrm{T}}D(\boldsymbol{C}_{k,I-k}^{\mathrm{CL}})(\hat{\boldsymbol{g}}_{k|J}-\boldsymbol{g}_{k|J})\left(\sum_{j=I-i+1}^{J}(\hat{\boldsymbol{m}}_j-\boldsymbol{m}_j)\right)^{\mathrm{T}}\boldsymbol{V}_i\mathbf{1}_{N-K}.$$

在条件概率测度 $P_{\mathcal{D}_I^N}^*$ 下，对于 $s=i,k$ 和 $t=k,i$，这两项可通过下式估计[①]：

$$\mathbf{1}_K^{\mathrm{T}}D(\boldsymbol{C}_{s,I-s}^{\mathrm{CL}})\mathrm{E}_{P_{\mathcal{D}_I^N}^*}\left((\hat{\boldsymbol{g}}_{s|J}-\boldsymbol{g}_{s|J})\left(\sum_{j=I-t+1}^{J}(\hat{\boldsymbol{m}}_j-\boldsymbol{m}_j)\right)^{\mathrm{T}}\right)\boldsymbol{V}_t\mathbf{1}_{N-K}$$
$$=\mathbf{1}_K^{\mathrm{T}}D(\boldsymbol{C}_{s,I-s}^{\mathrm{CL}})(\boldsymbol{\Psi}_{s,t}^{(m,n)})_{m,n}\boldsymbol{V}_t\mathbf{1}_{N-K}.$$

现在考虑式(6.102)中的第三项.再次使用不同事故年的独立性假设可得

$$\mathrm{E}\left(\left(\sum_{n=1}^{K}\hat{C}_{i,J}^{(n)\,\mathrm{CL}}-\sum_{n=1}^{K}C_{i,J}^{(n)}\right)\left(\sum_{n=1}^{K}\hat{C}_{k,J}^{(n)\,\mathrm{CL}}-\sum_{n=1}^{K}C_{k,J}^{(n)}\right)\middle|\mathcal{D}_I^N\right)$$
$$=\mathbf{1}_K^{\mathrm{T}}(\hat{\boldsymbol{C}}_{i,J}^{\mathrm{CL}}-\mathrm{E}(\boldsymbol{C}_{i,J}^{\mathrm{CL}}\mid\mathcal{D}_I^N))(\hat{\boldsymbol{C}}_{k,J}^{\mathrm{CL}}-\mathrm{E}(\boldsymbol{C}_{k,J}^{\mathrm{CL}}\mid\mathcal{D}_I^N))^{\mathrm{T}}\mathbf{1}_K$$
$$=\mathbf{1}_K^{\mathrm{T}}D(\boldsymbol{C}_{i,I-i}^{\mathrm{CL}})(\hat{\boldsymbol{g}}_{i|J}-\boldsymbol{g}_{i|J})(\hat{\boldsymbol{g}}_{k|J}-\boldsymbol{g}_{k|J})^{\mathrm{T}}D(\boldsymbol{C}_{k,I-k}^{\mathrm{CL}})\mathbf{1}_K.$$

这一项可以使用式(6.43)来估计，即其估计为

$$\mathbf{1}_K^{\mathrm{T}}D(\boldsymbol{C}_{i,I-i}^{\mathrm{CL}})\mathrm{E}_{P_{\mathcal{D}_I^N}^*}((\hat{\boldsymbol{g}}_{i|J}-\boldsymbol{g}_{i|J})(\hat{\boldsymbol{g}}_{k|J}-\boldsymbol{g}_{k|J})^{\mathrm{T}})D(\boldsymbol{C}_{k,I-k}^{\mathrm{CL}})\mathbf{1}_K$$
$$=\mathbf{1}_K^{\mathrm{T}}D(\boldsymbol{C}_{i,I-i}^{\mathrm{CL}})(\Delta_{i,J}^{(n,m)})_{1\leqslant n,m\leqslant N}D(\boldsymbol{C}_{k,I-k}^{\mathrm{CL}})\prod_{j=I-k}^{I-i-1}D(\boldsymbol{f}_j)\mathbf{1}_K.$$

最后考虑式(6.102)中的最后一项：

$$\mathrm{E}\left(\left(\sum_{n=K+1}^{N}\hat{C}_{i,J}^{(n)\,\mathrm{ALR}}-\sum_{n=K+1}^{N}C_{i,J}^{(n)}\right)\left(\sum_{n=K+1}^{N}\hat{C}_{k,J}^{(n)\,\mathrm{ALR}}-\sum_{n=K+1}^{N}C_{k,J}^{(n)}\right)\middle|\mathcal{D}_I^N\right)$$
$$=\mathbf{1}_{N-K}^{\mathrm{T}}(\hat{\boldsymbol{C}}_{i,J}^{\mathrm{ALR}}-\mathrm{E}(\boldsymbol{C}_{i,J}^{\mathrm{ALR}}\mid\mathcal{D}_I^N))(\hat{\boldsymbol{C}}_{k,J}^{\mathrm{ALR}}-\mathrm{E}(\boldsymbol{C}_{k,J}^{\mathrm{ALR}}\mid\mathcal{D}_I^N))^{\mathrm{T}}\mathbf{1}_{N-K}.$$

这一项可以使用式(6.71)来估计，即

$$\mathbf{1}_{N-K}^{\mathrm{T}}(\hat{\boldsymbol{C}}_{i,J}^{\mathrm{ALR}}-\mathrm{E}(\boldsymbol{C}_{i,J}^{\mathrm{ALR}}\mid\mathcal{D}_I^N))(\hat{\boldsymbol{C}}_{k,J}^{\mathrm{ALR}}-\mathrm{E}(\boldsymbol{C}_{k,J}^{\mathrm{ALR}}\mid\mathcal{D}_I^N))^{\mathrm{T}}\mathbf{1}_{N-K}$$
$$=\mathbf{1}_{N-K}^{\mathrm{T}}\boldsymbol{V}_i\left(\sum_{j=I-i+1}^{J}\left(\sum_{l=0}^{I-j}\boldsymbol{V}_l^{1/2}(\boldsymbol{\Sigma}_{j-1}^{(\mathrm{A})})^{-1}\boldsymbol{V}_l^{1/2}\right)^{-1}\right)\boldsymbol{V}_k\mathbf{1}_{N-K}.$$

将上述所有项合并起来，用本小节最后给出的估计值代替相应的参数，可以得到如下所有事故年总的最终损失或索赔准备金的条件 MSEP 估计量：

$$\widehat{\mathrm{MSEP}}_{\sum_i\sum_n C_{i,J}^{(n)}\mid\mathcal{D}_I^N}\left(\sum_{i=1}^{I}\sum_{n=1}^{K}\hat{C}_{i,J}^{(n)\,\mathrm{CL}}+\sum_{i=1}^{I}\sum_{n=K+1}^{N}\hat{C}_{i,J}^{(n)\,\mathrm{ALR}}\right)$$
$$=\sum_{i=1}^{I}\widehat{\mathrm{MSEP}}_{\sum_i C_{i,J}^{(n)}\mid\mathcal{D}_I^N}\left(\sum_{n=1}^{K}\hat{C}_{i,J}^{(n)\,\mathrm{CL}}+\sum_{n=K+1}^{N}\hat{C}_{i,J}^{(n)\,\mathrm{ALR}}\right)$$

① 也可参见定理 6.16.

$$+2\sum_{1\leqslant i<k\leqslant I}\mathbf{1}_K^{\mathrm T}D(\boldsymbol{C}_{i,I-i}^{\mathrm{CL}})(\hat{\Psi}_{i,k}^{(m,n)})_{m,n}\boldsymbol{V}_k\mathbf{1}_{N-K}$$
$$+2\sum_{1\leqslant i<k\leqslant I}\mathbf{1}_K^{\mathrm T}D(\boldsymbol{C}_{k,I-k}^{\mathrm{CL}})(\hat{\Psi}_{k,i}^{(m,n)})_{m,n}\boldsymbol{V}_i\mathbf{1}_{N-K}$$
$$+2\sum_{1\leqslant i<k\leqslant I}\mathbf{1}_K^{\mathrm T}D(\boldsymbol{C}_{i,I-i}^{\mathrm{CL}})(\hat{\Delta}_{i,J}^{(n,m)})_{1\leqslant n,m\leqslant N}D(\boldsymbol{C}_{k,I-k}^{\mathrm{CL}})\prod_{j=I-k}^{I-i-1}D(\hat{\boldsymbol{f}}_j)\mathbf{1}_K$$
$$+2\sum_{1\leqslant i<k\leqslant I}\mathbf{1}_{N-K}^{\mathrm T}\boldsymbol{V}_i\left(\sum_{j=I-i+1}^{J}\left(\sum_{l=0}^{I-j}\boldsymbol{V}_l^{1/2}(\hat{\boldsymbol{\Sigma}}_{j-1}^{(A)})^{-1}\boldsymbol{V}_l^{1/2}\right)^{-1}\right)\boldsymbol{V}_k\mathbf{1}_{N-K},$$

其中使用的估计量如式(6.44)、式(6.72)和式(6.100)所示.

与前面给出的多元 CL 法和多元 ALR 方法类似,也可以得出协方差阵 $\boldsymbol{\Sigma}_j^{(C)}$ 和 $\boldsymbol{\Sigma}_j^{(A)}$ 的估计. 此外,我们仍需要估计多元混合模型的非对角协方差阵 $\boldsymbol{\Sigma}_j^{(C,A)}$,详见下面的主要参数估计.

三、条件 MSEP 估计中涉及的主要参数估计

显然,条件 MSEP 估计量的计算需要估计参数 $\boldsymbol{f}_0,\cdots,\boldsymbol{f}_{J-1}$ 和 $\boldsymbol{m}_1,\cdots,\boldsymbol{m}_J$ 以及 $\boldsymbol{\Sigma}_j^{(C)}$, $\boldsymbol{\Sigma}_j^{(A)}$ 和 $\boldsymbol{\Sigma}_j^{(C,A)}$ $(0\leqslant j\leqslant J-1)$. 在第二、三节中给出了使用迭代估计过程推导的估计 $\hat{\boldsymbol{f}}_j$, $\hat{\boldsymbol{\Sigma}}_j^{(C)}$, $\hat{\boldsymbol{m}}_j$, $\hat{\boldsymbol{\Sigma}}_j^{(A)}$ 和 $\hat{\boldsymbol{\Sigma}}_j^{(C,A)}$. 与式(6.49)、式(6.50)和式(6.75)类似,对于 $0\leqslant j\leqslant J-1$ 和 $k\geqslant 1$,我们进一步提出:

$$\hat{\boldsymbol{\Sigma}}_j^{(C)(k)}=\boldsymbol{Q}_{j+1}\odot\sum_{i=0}^{I-j-1}(D(\boldsymbol{C}_{i,j}^{\mathrm{CL}}))^{1/2}(\boldsymbol{F}_{i,j+1}^{\mathrm{CL}}-\hat{\boldsymbol{f}}_j^{(k-1)})(\boldsymbol{F}_{i,j+1}^{\mathrm{CL}}-\hat{\boldsymbol{f}}_j^{(k-1)})^{\mathrm T}(D(\boldsymbol{C}_{i,j}^{\mathrm{CL}}))^{1/2}\quad(6.103)$$

为 $K\times K$ 维参数 $\boldsymbol{\Sigma}_j^{(C)}$ 的估计量,其中

$$\boldsymbol{Q}_{j+1}=\left(\frac{1}{I-j-2+w_{j+1}^{(n,m)}}\right)_{1\leqslant n,m\leqslant K},\quad w_{j+1}^{(n,m)}=\frac{\left(\sum_{l=0}^{I-j-1}\sqrt{C_{l,j}^{(n)}}\sqrt{C_{l,j}^{(m)}}\right)^2}{\sum_{l=0}^{I-j-1}C_{l,j}^{(n)}\sum_{l=0}^{I-j-1}C_{l,j}^{(m)}},$$

而

$$\hat{\boldsymbol{\Sigma}}_j^{(A)(k)}=\frac{1}{I-j-1}\sum_{i=0}^{I-j-1}\boldsymbol{V}_i^{-1/2}(\boldsymbol{X}_{i,j+1}^{\mathrm{ALR}}-\boldsymbol{V}_i\hat{\boldsymbol{m}}_{j+1}^{(k-1)})(\boldsymbol{X}_{i,j+1}^{\mathrm{ALR}}-\boldsymbol{V}_i\hat{\boldsymbol{m}}_{j+1}^{(k-1)})^{\mathrm T}\boldsymbol{V}_i^{-1/2}\quad(6.104)$$

为 $(N-K)\times(N-K)$ 维参数 $\boldsymbol{\Sigma}_j^{(A)}$ 的估计量,且

$$\hat{\boldsymbol{\Sigma}}_j^{(C,A)}=\frac{1}{I-j-1}\sum_{i=0}^{I-j-1}(D(\boldsymbol{C}_{i,j}^{\mathrm{CL}}))^{1/2}(\boldsymbol{F}_{i,j+1}^{\mathrm{CL}}-\hat{\boldsymbol{f}}_j^{(0)})(\boldsymbol{X}_{i,j+1}^{\mathrm{ALR}}-\boldsymbol{V}_i\hat{\boldsymbol{m}}_{j+1}^{(0)})^{\mathrm T}\boldsymbol{V}_i^{-1/2}$$

为 $K\times(N-K)$ 维参数 $\boldsymbol{\Sigma}_j^{(C,A)}$ 的估计量.

由上述这些估计量,可以得出矩阵 $\boldsymbol{\Sigma}_{i,j}^{\mathrm{CA}}$ 和 $\boldsymbol{T}_j$ 的估计:

$$\hat{\boldsymbol{\Sigma}}_{i,j}^{\mathrm{CA}}=(D(\hat{\boldsymbol{E}}_{i,j}^{\mathrm{CL}}))^{1/2}\hat{\boldsymbol{\Sigma}}_j^{(C,A)}\boldsymbol{V}_i^{1/2},$$

$$\hat{\boldsymbol{T}}_j=\hat{\boldsymbol{W}}_j\sum_{i=0}^{I-j-1}(D(\boldsymbol{C}_{i,j}^{\mathrm{CL}}))^{1/2}(\hat{\boldsymbol{\Sigma}}_j^{(\mathrm{C})})^{-1}\hat{\boldsymbol{\Sigma}}_j^{(\mathrm{C,A})}(\hat{\boldsymbol{\Sigma}}_j^{(\mathrm{A})})^{-1}\boldsymbol{V}_i^{1/2}\hat{\boldsymbol{U}}_j,$$

其中 $\hat{\boldsymbol{W}}_j=\left(\sum_{k=0}^{I-j-1}(D(\boldsymbol{C}_{k,j}^{\mathrm{CL}}))^{1/2}(\hat{\boldsymbol{\Sigma}}_j^{(\mathrm{C})})^{-1}(D(\boldsymbol{C}_{k,j}^{\mathrm{CL}}))^{1/2}\right)^{-1}$， $\hat{\boldsymbol{U}}_j=\left(\sum_{k=0}^{I-j-1}\boldsymbol{V}_k^{1/2}(\hat{\boldsymbol{\Sigma}}_j^{(\mathrm{A})})^{-1}\boldsymbol{V}_k^{1/2}\right)^{-1}$.

如式(6.103)和式(6.104)所示，矩阵 $\hat{\boldsymbol{\Sigma}}_j^{(\mathrm{C})}$ 和 $\hat{\boldsymbol{\Sigma}}_j^{(\mathrm{A})}$ 是在参数 $\boldsymbol{\Sigma}_j^{(\mathrm{C})}$ 和 $\boldsymbol{\Sigma}_j^{(\mathrm{A})}$ 的迭代估计过程中产生的估计值. 最后指出，类似于多元 CL 法和多元 ALR 方法，若无法获得足够的数据，即当 $I=J$ 时，则不能通过前面给出的估计量来估计参数 $\boldsymbol{\Sigma}_j^{(\mathrm{C})}$，$\boldsymbol{\Sigma}_j^{(\mathrm{A})}$ 和 $\boldsymbol{\Sigma}_j^{(\mathrm{C,A})}$. 在这种情况下，也可以使用外推法来推导这些参数的估计值.

6.4.3 数值实例

一、数据来源

这里使用与前两节中的一般责任保险和车辆责任保险业务相同的数据来阐述多元 CL 和 ALR 混合方法. 与多元 ALR 方法的数值实例不同的是，现在假设仅仅拥有业务 A 的最终损失先验估计 V_i. 故仅对业务 A 使用一元 ALR 方法，而对业务 B 使用一元 CL 法. 这表明 $K=N-K=1$，参数 f_j，m_j，$\Sigma_j^{(\mathrm{C})}$，$\Sigma_j^{(\mathrm{A})}$ 和 $\Sigma_j^{(\mathrm{C,A})}$，以及业务 A 中不同事故年 i 的最终损失先验估计 V_i 都是标量，且有 $\Sigma_j^{(\mathrm{C})}=(\sigma_i^{\mathrm{CL}})^2$，$\Sigma_j^{(\mathrm{A})}=(\sigma_j^{\mathrm{ALR}})^2$ 和 $\Sigma_j^{(\mathrm{C,A})}=\sigma_j^{\mathrm{CL}}\sigma_j^{\mathrm{ALR}}\rho_j^{(1,2)}$ 成立.

二、多元 CL 和 ALR 混合模型中的主要参数估计

由于 $I=J=13$，故没有足够的数据用于所提出的估计量来推导参数 $\Sigma_{12}^{(\mathrm{C})}$，$\Sigma_{12}^{(\mathrm{A})}$ 和 $\Sigma_{12}^{(\mathrm{C,A})}$ 的估计. 因此，我们分别使用如下外推法来外推 $\Sigma_{12}^{(\mathrm{C})}$ 和 $\Sigma_{12}^{(\mathrm{A})}$ 的估计：

$$\hat{\Sigma}_{12}^{(\mathrm{C})}=\min\{\hat{\Sigma}_{10}^{(\mathrm{C})},(\hat{\Sigma}_{11}^{(\mathrm{C})})^2/\hat{\Sigma}_{10}^{(\mathrm{C})}\},\quad \hat{\Sigma}_{12}^{(\mathrm{A})}=\min\{\hat{\Sigma}_{10}^{(\mathrm{A})},(\hat{\Sigma}_{11}^{(\mathrm{A})})^2/\hat{\Sigma}_{10}^{(\mathrm{A})}\}.$$

另外，与多元 ALR 方法的数值实例类似，使用 $\hat{\Sigma}_{11}^{(\mathrm{A})}=\min\{\hat{\Sigma}_9^{(\mathrm{A})},(\hat{\Sigma}_{10}^{(\mathrm{A})})^2/\hat{\Sigma}_9^{(\mathrm{A})}\}$来估计 $\Sigma_{11}^{(\mathrm{A})}$.

注意到，$|\Sigma_0^{(\mathrm{C,A})}|$，$|\Sigma_1^{(\mathrm{C,A})}|$，…，$|\Sigma_{12}^{(\mathrm{C,A})}|$通常是递减序列，最后两个协方差 $\Sigma_{12}^{(\mathrm{C,A})}$ 和 $\Sigma_{11}^{(\mathrm{C,A})}$ 使用保守估计：$\hat{\Sigma}_{12}^{(\mathrm{C,A})}=\hat{\Sigma}_{11}^{(\mathrm{C,A})}=|\hat{\Sigma}_{10}^{(\mathrm{C,A})}|$.

在此基础上，表 6.17 给出了多元混合模型中参数 m_j，f_j，$(\Sigma_j^{(\mathrm{A})})^{1/2}$，$(\Sigma_j^{(\mathrm{C})})^{1/2}$，$\Sigma_j^{(\mathrm{C,A})}$ 的估计结果.

在表 6.17 中，1 维参数估计 $\hat{m}_j$ 和$(\hat{\Sigma}_j^{(\mathrm{A})})^{1/2}$与表 6.11 所示的第 1 次迭代的单个子业务 A 中由多元 ALR 方法得到的参数估计 $\hat{m}_j^{(1)(0)}$ 和 $\hat{\sigma}_j^{(1)(1)}$ 相同. 类似地，1 维参数估计 $\hat{f}_j$ 和 $(\hat{\Sigma}_j^{(\mathrm{C})})^{1/2}$也与表 6.4 所示的第 1 次迭代的单个子业务 B 中由多元 CL 法得到的参数估计 $\hat{f}_j^{(2)(0)}$ 和 $\hat{\sigma}_j^{(2)(1)}$ 相同. 另外，从协方差 $\Sigma_j^{(\mathrm{C,A})}$ 的估计 $\hat{\Sigma}_j^{(\mathrm{C,A})}$可以看出，相关系数 $\rho_j^{(1,2)}$ 的估计 $\hat{\rho}_j^{(1,2)}$ 可以表示为 $\hat{\Sigma}_j^{(\mathrm{C,A})}/\sqrt{\hat{\Sigma}_j^{(\mathrm{A})}\hat{\Sigma}_j^{(\mathrm{C})}}$. 注意到，与表 6.11 和表 6.4 类似，对于进展年 0,6 和 10，多元混合方法也得到了负的相关系数.

表 6.17　参数 m_j，f_j，$(\Sigma_j^{(A)})^{1/2}$，$(\Sigma_j^{(C)})^{1/2}$，$\Sigma_j^{(C,A)}$ 的估计结果

业务 A 和 B	0	1	2	3	4	5	6
$\hat{m}_j$		0.199 69	0.20 638	0.175 28	0.121 17	0.084 66	0.048 52
$\hat{f}_j$	2.225 82	1.269 45	1.120 36	1.066 76	1.035 42	1.016 77	1.009 68
$(\hat{\Sigma}_j^{(A)})^{1/2}$	31.58	20.03	14.42	18.92	13.64	13.91	5.79
$(\hat{\Sigma}_j^{(C)})^{1/2}$	105.38	24.64	17.94	19.07	12.50	5.55	4.52
$\hat{\Sigma}_j^{(C,A)}$	−661.28	349.61	148.48	117.50	46.70	24.65	−2.15
$\hat{\rho}_j^{(1,2)}$	−0.198 74	0.708 35	0.574 11	0.325 69	0.273 82	0.319 25	−0.082 15
业务 A 和 B	7	8	9	10	11	12	13
$\hat{m}_j$	0.024 74	0.014 03	0.011 86	0.006 06	0.004 28	0.005 29	0.003 71
$\hat{f}_j$	1.000 06	1.003 74	0.999 46	1.003 87	0.998 91	0.999 72	
$(\hat{\Sigma}_j^{(A)})^{1/2}$	7.15	12.21	6.09	1.84	0.56	0.17	
$(\hat{\Sigma}_j^{(C)})^{1/2}$	2.13	5.14	1.40	3.21	1.37	0.58	
$\hat{\Sigma}_j^{(C,A)}$	11.39	20.71	5.62	−0.84	0.84	0.84	
$\hat{\rho}_j^{(1,2)}$	0.748 51	0.329 98	0.660 28	−0.142 50	0.142 50	0.142 50	

三、多元 CL 和 ALR 混合模型中索赔准备金的估计和 MSEP 估计

1. 索赔准备金的估计

表 6.18 给出了子业务 A 和 B 的最终损失的均值估计以及由两个子业务组成的整体业务的估计结果，其中子业务 A 使用一元 ALR 方法，子业务 B 使用一元 CL 法，整体业务使用多元 CL 和 ALR 混合方法. 表 6.19 给出了子业务 A、子业务 B 和整体业务的索赔准备金估计，其中第 2，3 列分别给出了使用一元 ALR 方法和一元 CL 法估计的子业务 A 和 B 的索赔准备金；第 4 列给出的是使用多元 ALR 方法估计的由子业务 A 和 B 组成的整体业务的索赔准备金（见表 6.12 中的迭代 $k=1$）；第 5 列给出的是使用多元 CL 法估计的整体业务的索赔准备金（见表 6.5 中的迭代 $k=1$）；最后一列记为混合方法，给出了分别使用一元 ALR 方法和一元 CL 法估计子业务 A 和 B 得到的整体业务的索赔准备金估计结果. 在这个例子中，混合方法导致了最保守的索赔准备金估计值 8 375 115.

表 6.18 子业务 A、子业务 B 和整体业务的最终损失估计

事故年 i	子业务 A		子业务 B	整体业务
	V_i	$\hat{C}_{i,J}^{ALR}$	$\hat{C}_{i,J}^{CL}$	$\hat{C}_{i,J}$
0	510 301	549 589	391 428	941 017
1	632 897	564 740	483 839	1 048 579
2	658 133	608 104	540 002	1 148 107
3	723 456	795 248	486 227	1 281 475
4	709 312	783 593	508 744	1 292 337
5	845 673	837 088	552 825	1 389 913
6	904 378	938 861	639 113	1 577 973
7	1 156 778	1 098 200	658 410	1 756 610
8	1 214 569	1 154 902	684 719	1 839 620
9	1 397 123	1 431 409	845 543	2 276 952
10	1 832 676	1 735 433	962 734	2 698 167
11	2 156 781	2 065 991	1 169 260	3 235 251
12	2 559 345	2 660 561	1 474 514	4 135 075
13	2 456 991	2 274 941	1 426 060	3 701 001
总计	17 758 413	17 498 658	10 823 418	28 322 077

表 6.19 子业务 A、子业务 B 和整体业务的索赔准备金估计

事故年 i	子业务 A 的索赔准备金（ALR 方法）	子业务 B 的索赔准备金（CL 法）	整体业务的索赔准备金		
			ALR 方法	CL 法	混合方法
0					
1	2 348	−135	2 206	1 810	2 213
2	5 923	−740	5 176	4 655	5 183
3	9 608	1 211	10 801	11 827	10 819
4	13 717	992	14 610	16 212	14 709
5	26 386	3 132	29 541	29 120	29 518
6	40 906	3 661	44 149	45 793	44 567
7	80 946	10 045	91 032	86 004	90 991
8	143 915	21 567	164 973	157 165	165 482
9	283 823	54 642	339 448	344 301	338 465
10	594 362	118 575	705 513	679 812	712 937
11	1 077 515	254 151	1 313 272	1 287 458	1 331 666
12	1 806 833	565 448	2 374 947	2 453 038	2 372 281
13	2 225 221	1 031 063	3 263 516	3 101 679	3 256 284
总计	6 311 503	2 063 612	8 359 183	8 218 874	8 375 115

2. 索赔准备金的 MSEP 估计

表 6.20 给出了索赔准备金的条件过程标准差和相应的变异系数的估计结果，其中第 2～5 列分别给出了使用一元 ALR 方法和一元 CL 法计算的单个子业务 A 和 B 的估计结果；第 6，7 列给出了使用多元 ALR 方法估计的整体业务索赔准备金的条件过程标准差和相应的变异系数（见表 6.13 中的迭代 $k=1$）；第 8，9 列给出的是使用多元 CL 法估计的整体业务索赔准备金的条件过程标准差和相应的变异系数（见表 6.6 中的迭代 $k=1$）；最后两列记为混合方法，给出的是分别使用一元 ALR 方法和一元 CL 法估计两个子业务 A 和 B 得到的估计结果. 可以看出，除了事故年 $i=9$ 之外，混合方法的估计结果在多元 ALR 方法和多元 CL 法的估计结果之间.

表 6.20　条件过程标准差和相应的变异系数的估计

事故年 i	子业务 A 的条件过程标准差及变异系数（ALR 方法）		子业务 B 的条件过程标准差及变异系数（CL 法）		整体业务的条件过程标准差及变异系数					
					ALR 方法		CL 法		混合方法	
1	133	5.7%	404	−299.8%	483	21.9%	1 289	71.2%	1 055	47.7%
2	471	7.9%	1 091	−147.5%	1 289	24.9%	5 966	128.2%	1 849	35.7%
3	1 640	17.1%	2 461	203.2%	2 783	25.8%	7 290	61.6%	3 122	28.9%
4	5 381	39.2%	2 708	273.1%	6 420	43.9%	9 801	60.5%	6 638	45.1%
5	12 669	48.0%	4 750	151.7%	14 781	50.0%	16 143	55.4%	14 840	50.3%
6	14 763	36.1%	5 384	147.1%	17 227	39.0%	19 120	41.8%	17 482	39.2%
7	17 819	22.0%	6 577	65.5%	20 537	22.6%	21 910	25.5%	20 601	22.6%
8	23 840	16.6%	8 127	37.7%	27 112	16.4%	28 933	18.4%	27 309	16.5%
9	30 227	10.6%	14 609	26.7%	36 978	10.9%	39 281	11.4%	36 894	10.9%
10	43 067	7.2%	24 366	20.5%	53 848	7.6%	63 663	9.4%	55 200	7.7%
11	51 294	4.8%	33 227	13.1%	67 390	5.1%	99 918	7.8%	70 190	5.3%
12	64 413	3.6%	47 888	8.5%	91 552	3.9%	199 543	8.1%	96 243	4.1%
13	80 204	3.6%	117 293	11.4%	107 567	3.3%	316 020	10.2%	144 203	4.4%
总计	131 444	2.1%	134 676	6.5%	174 596	2.1%	396 731	4.8%	202 846	2.4%

表 6.21 给出了估计得到的索赔准备金的条件参数误差平方根和相应的变异系数，其中第2～5列分别给出了使用一元 ALR 方法和一元 CL 法计算的单个子业务 A 和 B 的估计结果；第6～9列分别给出了使用多元 ALR 方法和多元 CL 法得到的整体业务的估计结果（见表 6.14 和表 6.7 中的迭代 $k=1$）；最后两列给出的是混合方法的估计结果，可以看出混合方法得到的估计结果在多元 ALR 方法和多元 CL 法的估计结果之间.

表 6.21 条件参数误差平方根和相应的变异系数的估计

事故年 i	子业务 A 的条件参数误差平方根及变异系数（ALR 方法）		子业务 B 的条件参数误差平方根及变异系数（CL 法）		整体业务的条件参数误差平方根及变异系数					
					ALR 方法		CL 法		混合方法	
1	149	6.3%	449	−333.3%	549	24.9%	1 320	72.9%	1 173	53.0%
2	375	6.3%	934	−126.3%	1 103	21.3%	4 533	97.4%	1 718	33.1%
3	1 074	11.2%	1 556	128.5%	1 809	16.7%	6 087	51.5%	2 263	20.9%
4	2 916	21.3%	1 708	172.2%	3 515	24.1%	7 032	43.4%	3 855	26.2%
5	6 710	25.4%	2 606	83.2%	7 810	26.4%	9 791	33.6%	7 950	26.9%
6	7 859	19.2%	3 115	85.1%	9 087	20.6%	11 726	25.6%	9 452	21.2%
7	10 490	13.0%	3 570	35.5%	11 887	13.1%	13 978	16.3%	12 065	13.3%
8	12 953	9.0%	4 144	19.2%	14 510	8.8%	16 624	10.6%	14 758	8.9%
9	16 473	5.8%	6 980	12.8%	19 523	5.8%	22 749	6.6%	19 621	5.8%
10	24 583	4.1%	11 022	9.3%	28 861	4.1%	34 081	5.0%	29 681	4.2%
11	30 469	2.8%	15 669	6.2%	36 975	2.8%	51 355	4.0%	38 531	2.9%
12	38 904	2.2%	23 625	4.2%	50 834	2.1%	99 845	4.1%	52 909	2.2%
13	42 287	1.9%	47 683	4.6%	54 274	1.7%	131 682	4.2%	66 406	2.0%
总计	172 174	2.7%	91 599	4.4%	207 119	2.5%	313 122	3.8%	223 970	2.7%

表 6.22 给出了索赔准备金的预测标准误差和相应的变异系数的估计，其中第 2～5 列分别给出了使用一元 ALR 方法和一元 CL 法计算的单个子业务 A 和 B 的估计结果；第 6～11列给出的是分别使用多元 ALR 方法（见表 6.15 中的迭代 $k=1$）、多元 CL 法（见表 6.8 中的迭代 $k=1$）和混合方法得到的整体业务的估计结果. 从中可以看出，除了事故年 $i=9$ 之外，混合方法的估计结果在多元 ALR 方法和多元 CL 法的估计结果之间.

表 6.22 预测标准误差和相应的变异系数的估计

事故年 i	子业务 A 的预测标准误差及变异系数（ALR 方法）		子业务 B 的预测标准误差及变异系数（CL 法）		整体业务的预测标准误差及变异系数					
					ALR 方法		CL 法		混合方法	
1	200	8.5%	604	−448.2%	731	33.1%	1 845	101.9%	1 578	71.3%
2	602	10.2%	1 436	−194.2%	1 696	32.8%	7 493	161.0%	2 523	48.7%
3	1 961	20.4%	2 912	240.4%	3 319	30.7%	9 497	80.3%	3 856	35.6%
4	6 120	44.6%	3 202	322.8%	7 319	50.1%	12 063	74.4%	7 676	52.2%
5	14 337	54.3%	5 418	173.0%	16 717	56.6%	18 880	64.8%	16 835	57.0%
6	16 724	40.9%	6 221	169.9%	19 477	44.1%	22 429	49.0%	19 873	44.6%
7	20 677	25.5%	7 483	74.5%	23 729	26.1%	25 989	30.2%	23 873	26.2%
8	27 131	18.9%	9 123	42.3%	30 751	18.6%	33 369	21.2%	31 042	18.8%
9	34 424	12.1%	16 191	29.6%	41 815	12.8%	45 393	13.2%	41 788	12.3%
10	49 589	8.3%	26 742	22.6%	61 094	8.7%	72 212	10.6%	62 674	8.8%
11	59 660	5.5%	36 737	14.5%	76 868	5.9%	112 343	8.7%	80 070	6.0%
12	75 250	4.2%	53 399	9.4%	104 718	4.4%	223 129	9.1%	109 827	4.6%
13	90 670	4.1%	126 615	12.3%	120 484	3.7%	342 358	11.0%	158 759	4.9%
总计	216 613	3.4%	162 874	7.9%	270 891	3.2%	505 412	6.1%	302 174	3.6%

最后指出,本章给出了三种不同索赔准备金评估方法来考虑具有相依性的子业务组成的整体业务的索赔准备金和 MSEP 估计.由于仅考虑两个子业务,也就是说,在多元情况下,仍使用一元参数估计值,故加总一元方法和多元方法得出的索赔准备金估计差异并不大.但是,从表 6.22 中可以看出,在 MSEP 估计上,基于独立性假设的一元方法得到整体业务的 MSEP 的平方根为 $\sqrt{216\ 613^2+162\ 874^2}=271\ 015$,而考虑相依性假设的多元方法得到整体业务的 MSEP 的平方根为 302 174.两种方法得到的 MSEP 估计存在显著差异,表明仔细研究业务组合中子业务之间的相依性是非常有必要的.

第五节 多元索赔准备金评估的贝叶斯非线性分层模型

6.5.1 贝叶斯分层建模方法的引入

对于考虑不同业务线相依性的多元索赔准备金评估,本章第二至四节给出的基于多元 CL 模型、多元 ALR 模型、多元 CL 和 ALR 混合模型的三种评估方法仅局限于多元索赔准备金的最佳估计和 MSEP 的解析计算,尚无法模拟预测分布,且 MSEP 的解析计算也过于复杂.

鉴于此,可以考虑将第四章描述的一元索赔准备金评估的分层模型应用于多元索赔准备金的 MSEP 估计和预测分布模拟中.显然,在分层结构中,可以很自然地考虑同一公司、同一业务的不同赔付类型以及不同相依业务的流量三角形,或者考虑不同公司感兴趣的同一产品、业务或险种的流量三角形的索赔进展模式的同质性和差异性.另外,近年来贝叶斯方法已经成为分层模型中的重要方法,可以将贝叶斯分层模型纳入多元索赔准备金评估方法中,内嵌式地应用 MCMC 方法实施贝叶斯推断,进而模拟索赔准备金的预测分布.这方面的经典文献是 Zhang 等(2012),它首次在分层建模框架下,将贝叶斯非线性模型应用于美国 10 家大型非寿险公司[①]劳工赔款保险业务的索赔准备金评估的预测中.但该文献更多关注如何从统计分析角度检验模型假设的合理性以及评估模型的充足性和预测能力,并没有给出这 10 家非寿险公司的索赔准备金预测分布的模拟结果.本节的研究可以看作对这一遗留问题的补充,创新性地将贝叶斯非线性分层模型应用于考虑不同业务线相依性的多元索赔准备金评估中,设计了一种合适的模型结构,将非线性分层模型与贝叶斯方法结合起来,应用 WinBUGS 软件对精算实务中经典流量三角形数据进行建模分析,并使用 MCMC 方法得到了索赔准备金完整的预测分布及其分布特征.这些研究扩展了已有多元索赔准备金评估

① 在该文献中,选取的 10 家非寿险公司的保费收入约占非寿险行业总保费收入的 36%,相应的事故年为 1988—1997 年,最高可以获得的进展年为 10 年,日历年为 1998—2006 年.该文献利用 10 家公司的 450 个上三角数据(不含对角线数据)估计模型参数,在此基础上主要关注利用两类检验数据(一是 10 家公司的 100 个对角线数据;二是 4 家公司的 180 个下三角数据)来评估模型的充足性及预测能力.

方法中最佳估计和 MSEP 估计的研究范畴. 在贝叶斯框架下结合后验分布实施推断对非寿险公司偿付能力监管和行业决策具有重要作用.

6.5.2 贝叶斯非线性分层模型

一、贝叶斯非线性分层模型结构

1. 累计赔款额的分布假设

为了体现出累计赔款额反复观测值的纵向特征，这里对累计赔款额进行建模，而不是增量赔款额. 由于累计赔款额 $C_{i,j}^{(n)} \triangleq C_{i,n}(j)>0$，故假设 $C_{i,n}(j)$ 服从均值为 $\ln\mu_{i,n}(j)$ 的对数正态分布，即

$$\ln C_{i,n}(j)=\ln\mu_{i,n}(j)+\varepsilon_{i,n}(j), \tag{6.105}$$

其中残差项 $\varepsilon_{i,n}(j)$ 满足一阶自回归过程（平稳的 AR(1) 过程），即

$$\varepsilon_{i,n}(j)=\rho\,\varepsilon_{i,n}(j-1)+\delta_{i,n}(j),\quad \delta_{i,n}(j)\sim N(0,\sigma_n^2(1-\rho^2)),\ \varepsilon_{i,n}(1)\sim N(0,\sigma_n^2). \tag{6.106}$$

2. 非线性增长曲线的引入

对于第 $n(1\leqslant n\leqslant N)$ 个子业务来说，假设事故年 i、进展年 $j(1\leqslant i\leqslant I, j\geqslant 1)$ 的累计赔款额 $C_{i,n}(j)$ 的均值 $\mu_{i,n}(j)$ 满足如下非线性增长曲线[①]：

$$\mu_{i,n}(j)=prem_{i,n}\cdot LR_{i,n}\cdot G((j-0.5);\Theta_n), \tag{6.107}$$

其中 $prem_{i,n}$ 为已知量，表示第 n 个子业务的事故年 i 的均衡保费，而 $LR_{i,n}$ 表示第 n 个子业务的事故年 i 的最终损失率，因此 $prem_{i,n}\cdot LR_{i,n}$ 表示第 n 个子业务的事故年 i 的最终损失；$G((j-0.5);\Theta_n)$[②]表示依赖于参数 Θ_n 的参数化增长曲线，用来度量已经出现的索赔在时刻 j 的比率. 显然，G 应满足 $G(0;\Theta_n)=0$，$\lim\limits_{j\to\infty}G(j;\Theta_n)=1$. 常见的两类增长曲线分别是 Weibull 增长曲线和 Loglogistic 增长曲线，其中 Weibull 增长曲线可以表示为

$$G((j-0.5);\Theta_n)=G((j-0.5);\omega_n,\theta_n)=1-\exp(-((j-0.5)/\theta_n)^{\omega_n}), \tag{6.108}$$

Loglogistic 增长曲线可以表示为

$$G((j-0.5);\Theta_n)=G((j-0.5);\omega_n,\theta_n)=\frac{(j-0.5)^{\omega_n}}{(j-0.5)^{\omega_n}+\theta_n^{\omega_n}}, \tag{6.109}$$

这里 ω_n 为形状参数，θ_n 为尺度参数，且 $\omega_n>0$，$\theta_n>0$.

3. 分层模型的引入

对于一个特定的子业务来说，由于每年的业务经验存在波动性，故最终损失率 $LR_{i,n}$ 是变化的. 考虑到 $LR_{i,n}>0$，使用如下对数正态模型：

---

① 一般地，从累计赔款额的增长模式可以看出，采用非线性结构具有直观吸引力.

② $j-0.5$ 表示事故发生时间在年内服从均匀分布假设下，事故发生的平均日期到评估日的索赔进展时间.

$$\ln LR_{i,n} \sim N(\ln\mu_{LR_n}, \sigma_{LR}^2) \quad (1\leqslant i\leqslant I, 1\leqslant n\leqslant N), \tag{6.110}$$

其中 σ_{LR} 表示在对数刻度下，不同事故年损失率的波动水平.

另外，由于参数 μ_{LR_n}，ω_n 和 θ_n 都是正数，故也使用一个对数刻度下的多层次正态模型，即对于 $1\leqslant n\leqslant N$，假设 $(\ln\mu_{LR_n}, \ln\omega_n, \ln\theta_n)^{\mathrm{T}}$ 服从如下多元正态分布：

$$\ln\begin{pmatrix}\mu_{LR_n}\\ \omega_n\\ \theta_n\end{pmatrix} \sim N\left(\ln\begin{pmatrix}\mu_{LR}\\ \omega\\ \theta\end{pmatrix}, \boldsymbol{\Sigma}\right), \quad \boldsymbol{\Sigma}=\begin{pmatrix}\sigma_{\mu_{LR}}^2 & \sigma_{\mu_{LR},\omega} & \sigma_{\mu_{LR},\theta}\\ \sigma_{\mu_{LR},\omega} & \sigma_{\omega}^2 & \sigma_{\omega,\theta}\\ \sigma_{\mu_{LR},\theta} & \sigma_{\omega,\theta} & \sigma_{\theta}^2\end{pmatrix} \sim \text{Inv-Wishart}_3(\boldsymbol{E}), \tag{6.111}$$

其中 $\sigma_{\mu_{LR}}$ 表示对数刻度下不同子业务损失率的波动水平，不同于事故年的波动水平 σ_{LR}，$\boldsymbol{E}$ 表示 3×3 维单位阵. 在贝叶斯统计分析中，Wishart 分布是多元正态随机向量的协方差阵的逆矩阵的共轭先验分布. 也就是说，Wishart 分布可以作为均值为 $\mathbf{0}$ 的多元正态分布的协方差阵的极大似然估计量的抽样分布.

总体来看，该分层结构不但体现了同一子业务的不同事故年的相关性(因为不同事故年依赖于同一个参数向量 $(\ln\mu_{LR_n}, \ln\omega_n, \ln\theta_n)^{\mathrm{T}}$)，而且体现了不同子业务之间的相依性(因为不同子业务依赖于同一个参数向量 $(\ln\mu_{LR}, \ln\omega, \ln\theta)^{\mathrm{T}}$).

二、最终损失和索赔准备金的估计

在贝叶斯非线性分层模型中，第 n 个子业务的事故年 i 的最终损失 $ULT_{i,n}$ 和索赔准备金 $R_{i,n}$ 的估计分别为

$$\begin{aligned}\widehat{ULT}_{i,n} &= prem_{i,n}\cdot\widehat{LRT}_{i,n}\cdot\exp\left(\frac{1}{2}\sigma_n^2\right),\\ \hat{R}_{i,n} &= \widehat{ULT}_{i,n} - C_{i,n}(I+1-i) \quad (1\leqslant i\leqslant I, 1\leqslant n\leqslant N),\end{aligned} \tag{6.112}$$

所有事故年总的最终损失 $\widehat{ULT}_n$ 和索赔准备金 R_n 的估计分别为

$$\widehat{ULT}_n = \sum_{i=1}^{I}\widehat{ULT}_{i,n}, \quad \hat{R}_n = \sum_{i=1}^{I}\hat{R}_{i,n} \quad (1\leqslant n\leqslant N), \tag{6.113}$$

进而整体业务所有事故年总的最终损失 ULT 和索赔准备金 R 的估计分别为

$$\widehat{ULT} = \sum_{n=1}^{N}\widehat{ULT}_n, \quad \hat{R} = \sum_{n=1}^{N}\hat{R}_n. \tag{6.114}$$

当选取厚尾的 Loglogistic 增长曲线时，可以根据相应业务索赔进展过程的经验信息，选择合适的截断点. 若选取第 20 个进展年末为截断点，则第 n 个子业务的事故年 i $(1\leqslant i\leqslant I, 1\leqslant n\leqslant N)$ 的截尾最终损失 $ULT_{i,n}(20)$ 和截尾索赔准备金 $R_{i,n}(20)$ 的估计的迭代公式分别为

$$\begin{aligned}\widehat{ULT}_{i,n}(20) &= \hat{C}_{i,n}(20) = \hat{\mu}_{i,n}(20)\left(\hat{C}_{i,n}(19)/\hat{\mu}_{i,n}(19)\right)^{\hat{\rho}},\\ \hat{R}_{i,n}(20) &= \widehat{ULT}_{i,n}(20) - C_{i,n}(I+1-i),\end{aligned} \tag{6.115}$$

所有事故年总的截尾最终损失 $ULT_n(20)$ 和截尾索赔准备金 $R_n(20)$ 的估计分别为

$$\widehat{ULT}_n(20)=\sum_{i=1}^{I}\widehat{ULT}_{i,n}(20),\quad \hat{R}_n(20)=\sum_{i=1}^{I}\hat{R}_{i,n}(20)\quad (1\leqslant n\leqslant N).\tag{6.116}$$

因此，整体业务所有事故年总的截尾最终损失 $ULT(20)$ 和截尾索赔准备金 $R(20)$ 的估计分别为

$$\widehat{ULT}(20)=\sum_{n=1}^{N}\widehat{ULT}_n(20),\quad \hat{R}(20)=\sum_{n=1}^{N}\hat{R}_n(20).\tag{6.117}$$

三、最终损失和索赔准备金的预测分布的模拟

为了得到第 n 个子业务所有事故年总的最终损失和索赔准备金的预测分布，首先需要模拟该子业务的事故年 $i(0\leqslant i\leqslant I)$ 的最终损失，即进展年 $j\to\infty$ 时的累计赔款额 $C_{i,n}(\infty)$. 也就是说，在该分层模型中，根据前面给出的模型假设，结合 $\lim\limits_{j\to\infty}G(j;\Theta_n)=1$，需要进一步从下式所示的分布中抽取第 n 个子业务的事故年 i 的最终损失随机数 $C_{i,n}^*(\infty)$：

$$\ln C_{i,n}(\infty)\sim N(\ln(prem_{i,n}\cdot\widehat{LRT}_{i,n}),\sigma_n^2)\quad (1\leqslant i\leqslant I,1\leqslant n\leqslant N).\tag{6.118}$$

然后，计算每次模拟的第 n 个子业务所有事故年总的最终损失和索赔准备金，即

$$\begin{aligned}ULT_n^* &= \sum_{i=1}^{I}C_{i,n}^*(\infty),\\ R_n^* &= \sum_{i=1}^{I}(C_{i,n}^*(\infty)-C_{i,n}(I+1-i))\end{aligned}\quad (1\leqslant n\leqslant N).\tag{6.119}$$

最后，计算每次模拟的整体业务所有事故年总的最终损失和索赔准备金，即

$$ULT^*=\sum_{n=1}^{N}ULT_n^*,\quad R^*=\sum_{n=1}^{N}R_n^*.\tag{6.120}$$

多次模拟运算就可以得到各个子业务及总体业务所有事故年总的最终损失和索赔准备金的预测分布. 类似地，也可以在厚尾 Loglogistic 增长曲线下，模拟各个子业务及整体业务所有事故年总的截尾最终损失和截尾索赔准备金的预测分布.

四、贝叶斯非线性分层模型的推断与检验诊断

1. 监控 MCMC 算法的收敛性

在使用 MCMC 算法实施贝叶斯推断时，可以结合模型参数的后验密度图、自相关图、踪迹图、遍历均值图、蒙特卡洛误差（MC 误差）等简单并快速的追踪方法来监控算法的收敛性. 更高级的技术包括多链的比较和收敛性诊断等，用于高维且复杂的后验分布. 近年来出现了一些用于收敛性诊断的统计检验方法，人们也开发了用于对 BUGS 软件和 WinBUGS 软件的输出进行诊断的 CDOA 和 BOA 软件程序，其中 CDOA 软件程序用于 MCMC 算法的收敛性分析、绘图等，可以轻松导入 WinBUGS，OpenBUGS 和 JAGS(Just Another Gibbs Sampler) 软件的 MCMC 输出，也包括一些诊断方法；BOA 软件程序主要用于 MCMC 序列的诊断、描述分析与可视化以及导入 BUGS 格式的绘图等.

2. 模型假设的残差诊断

通过残差诊断可以评估模型的充足性. 由于该分层模型中含有一阶自回归特征，使得上三角累计赔款额对数形式的残差 $\ln C_{i,n}(j)-\ln\mu_{i,n}(j)$ 既不具有常数方差，也不是零相关的. 因此，沿用 Zhang 等(2012)中的处理方法，需要对残差进行如下标准化处理，将其转换为近似常数方差，且是零相关的：

$$r_{i,n}(j)=\frac{\ln C_{i,n}(j)-\mathrm{E}(\ln C_{i,n}(j)\mid \ln C_{i,n}(j-1))}{\sqrt{\mathrm{Var}(\ln C_{i,n}(j)\mid \ln C_{i,n}(j-1))}}\quad (i+j\leqslant I+1,1\leqslant n\leqslant N). \tag{6.121}$$

这种标准化处理在贝叶斯方法中经常使用，其理论依据也可以参考 Gelman 等(2004).

为了检验模型假设，可以绘制各种类型残差诊断图，如绘制标准化残差与均值 $\ln\mu_{i,n}(j)$ 的图形，上三角各事故年或各进展年标准化残差的图形等. 这些残差诊断图的预期结果始终是残差应随机散布在零线的周围，任何明显的变化或自相关特征都表明模型的某些假设是不正确的.

此外，将模型预测的下三角累计赔款额与后续日历年观测到的下三角真实累计赔款额进行比较，可以评估模型的预测能力. 一般地，评估模型在未来一年的预测能力是至关重要的. 这是因为：第一，这可以对即将到来的日历年的净现金流进行预测；第二，由于承保风险应满足目前的偿付能力监管要求，在评估必需的资本需求时，这也是关键因素.

3. 敏感性分析

在贝叶斯分析中，通常可以获得大量的先验分布，用来描述分析者的先验信息或专家意见. 由于不同的先验分布可以得出不同的后验估计，故有必要进行敏感性分析. 在索赔准备金评估中，我们可以在先验假设的一定范围内，考虑某些关键模型参数的变化对后验推断的影响程度.

6.5.3　数值实例

一、数据来源

为了与多元 CL 法、多元 ALR 方法以及多元 CL 和 ALR 混合方法进行比较，这里也使用相同的数据，如表 6.2 和表 6.3 所示.

二、多元 CL 法、多元 ALR 方法以及多元 CL 和 ALR 混合方法的估计结果

为了便于与后续建立的分层模型进行比较，表 6.23 给出了由多元 CL 法、多元 ALR 方法以及多元 CL 和 ALR 混合方法得到的所有事故年总的索赔准备金估计和 MSEP 的平方根的估计，其中合并计算结果是将两个流量三角形合并成一个流量三角形之后，再利用一元评估方法估计的结果. 需要注意的是，一般来说，即使两个子业务同时满足不同 CL 进展因子的一元 CL 假设，而加总业务可能并不满足 CL 假设. 从这种角度来看，合并计算结果并不是一种基于稳健统计模型的估计结果. 类似地，ALR 方法中的合并计算也存在同样的问题.

表 6.23 多元 CL 法、多元 ALR 方法以及多元 CL 和 ALR 混合方法得到的索赔准备金估计和 MSEP 的平方根的估计

多元评估方法	业务	索赔准备金	MSEP 的平方根	预测误差
多元 CL 法	业务 A(一元 CL 法)	6 155 261	427 311	6.9%
	业务 B(一元 CL 法)	2 063 612	162 874	7.9%
	整体业务(多元 CL 法)	8 215 350	505 440	6.2%
	合并计算(一元 CL 法)	7 954 058	483 287	6.1%
多元 ALR 方法	业务 A(一元 ALR 方法)	6 311 503	216 613	3.4%
	业务 B(一元 ALR 方法)	2 047 680	106 947	5.2%
	整体业务(多元 ALR 方法)	8 366 119	270 939	3.2%
	合并计算(一元 ALR 方法)	8 123 852	271 358	3.3%
多元 CL 和 ALR 混合方法	业务 A(一元 ALR 方法)	6 311 503	216 613	3.4%
	业务 B(一元 CL 法)	2 063 612	162 874	7.9%
	整体业务(混合方法)	8 375 115	302 174	3.6%

从表 6.23 可以看出，三种评估方法中，由一元方法得到的两个子业务的索赔准备金估计之和与由多元方法得到的整体业务的索赔准备金估计相差并不大，尤其在混合方法中，由一元方法和多元方法得到的估计是相同的，但是基于独立性假设的一元方法估计的 MSEP 的平方根为 $\sqrt{216\ 613^2+162\ 874^2}=271\ 015$，而考虑相依性假设的多元方法估计的 MSEP 的平方根为 302 174，两者差异显著. 这清楚地表明，仔细研究业务组合中各子业务之间的相依性是非常有必要的. 另外，从三种多元评估方法的数值结果可以看出，不同的多元方法估计的 MSEP 存在显著差异. 这表明，实际中需要根据特定的数据结构选择一个合适的模型.

三、贝叶斯非线性分层模型的估计结果

1. 非线性增长曲线的选择

在索赔准备金评估中，为了选取合适的增长曲线，我们参考了两类增长曲线中参数 ω 和 θ 的 MLE，针对子业务 A 和 B 分别绘制了两类增长曲线拟合的索赔进展比例，如图6.1 所示. 在图 6.1 中，13 个黑点表示由链梯法得到的索赔进展比例；实线表示基于 Weibull 增长曲线拟合的索赔进展比例，其中子业务 A 和 B 中选取的参数估计值分别为 $\hat{\omega}_A^W=1.41, \hat{\theta}_A^W=3.29$ 和 $\hat{\omega}_B^W=0.89, \hat{\theta}_B^W=1.78$；虚线表示基于 Loglogistic 增长曲线拟合的索赔进展比例，其中子业务 A 和 B 中选取的参数估计值分别为 $\hat{\omega}_A^L=1.22, \hat{\theta}_A^L=3.15$ 和 $\hat{\omega}_B^L=1.52, \hat{\theta}_B^L=2.95$. 从中可以看出，采用 Weibull 增长曲线描述索赔进展更合适.

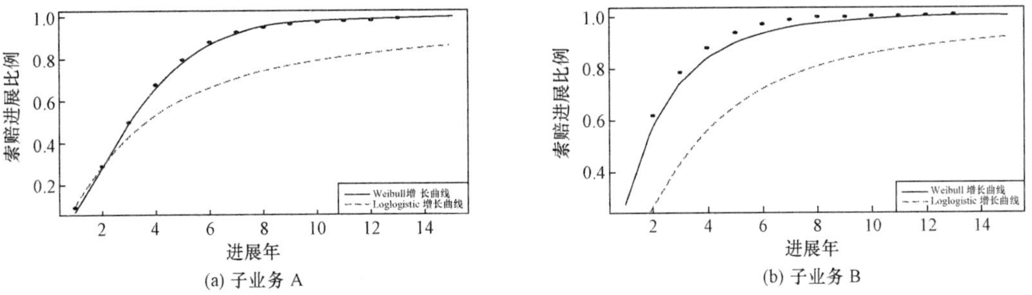

图 6.1　子业务 A 和子业务 B 中两类增长曲线拟合的索赔进展比例

2. 先验分布和参数初始值的选取

在贝叶斯方法中，先验分布的选取和参数初始值的设定都是难点，一般可以参考参数的 MLE 和由非线性分层模型得到的参数估计值以及通过链梯法分析估计出的最终损失和索赔进展比例，以辅助选取一套合适的模型参数初始值.

在该贝叶斯非线性分层模型中，选取的先验分布分别为 $\sigma_1 \sim U(0,100)$，$\sigma_2 \sim U(0,100)$，$\rho \sim U(-1,1)$，$\ln\mu_{LR} \sim N(0,100)$，$\ln\omega \sim N(0,100)$，$\ln\theta \sim N(0,100)$，$\sigma_{LR} \sim U(0,100)$，$\boldsymbol{\Sigma} \sim \text{Inv-Wishart}_3(\boldsymbol{E})$；参数初始值集合为

$$\{\ln\mu_{LR},\ln\omega,\ln\theta,\sigma_1,\sigma_2,\sigma_{LR},\rho\}=\{\ln0.6,\ln1.5,\ln3,0.4,0.4,0.2,0.5\}.$$

另外，由于 $\boldsymbol{\Sigma}^{-1} \sim \text{Wishart}_3(\boldsymbol{E})$，从 $\text{Wishart}_3(\boldsymbol{E})$ 分布中随机产生 $\boldsymbol{\Sigma}^{-1}$ 的初始值为

$$\boldsymbol{\Sigma}^{-1}=\begin{pmatrix} 2.2740097 & 1.2342300 & 0.4283549 \\ 1.2342300 & 0.8356157 & 0.5651983 \\ 0.4283549 & 0.5651983 & 0.9124816 \end{pmatrix}. \tag{6.122}$$

3. MCMC 方法模拟的输出及结果分析

在贝叶斯方法中，MCMC 方法模拟是基于马尔科夫链的构造，采用迭代过程来得到感兴趣参数最终收敛后的目标后验分布[①]，然后直接从目标后验分布中抽取样本. 与一般的模拟方法相比，这种方法会受到初始值的影响，且输出的是相依样本，并非我们需要的独立样本. 鉴于此，为了避免初始值的影响，实际应用中往往会从样本中删除一些最初的迭代结果. 而为了进一步得到相对独立的样本，通常每隔一定的迭代次数(如 5,10,15)之后再抽取样本数，这样也可以提高计算速度并节省高维数据的存储空间.

对于该贝叶斯非线性分层模型，更新 55 000 次，删除最初的 5 000 个值，每隔 5 次抽取一个样本，即所选取的用于模型推断的模拟次数为(55 000－5 000)/5＝10 000 次，进而可以得出 Weibull 增长曲线下，应用 MCMC 方法模拟的子业务 A、子业务 B 和整体业务的所有事故年总

① 目标后验分布也称为平稳分布或均衡分布.

的最终损失及索赔准备金的预测分布[①]，如图 6.2 所示，其中(a)，(b)分别对应于子业务 A 的最终损失及索赔准备金的预测分布；(c)，(d)分别对应于子业务 B 的最终损失及索赔准备金的预测分布；(e)，(f)分别对应于整体业务的最终损失及索赔准备金的预测分布.

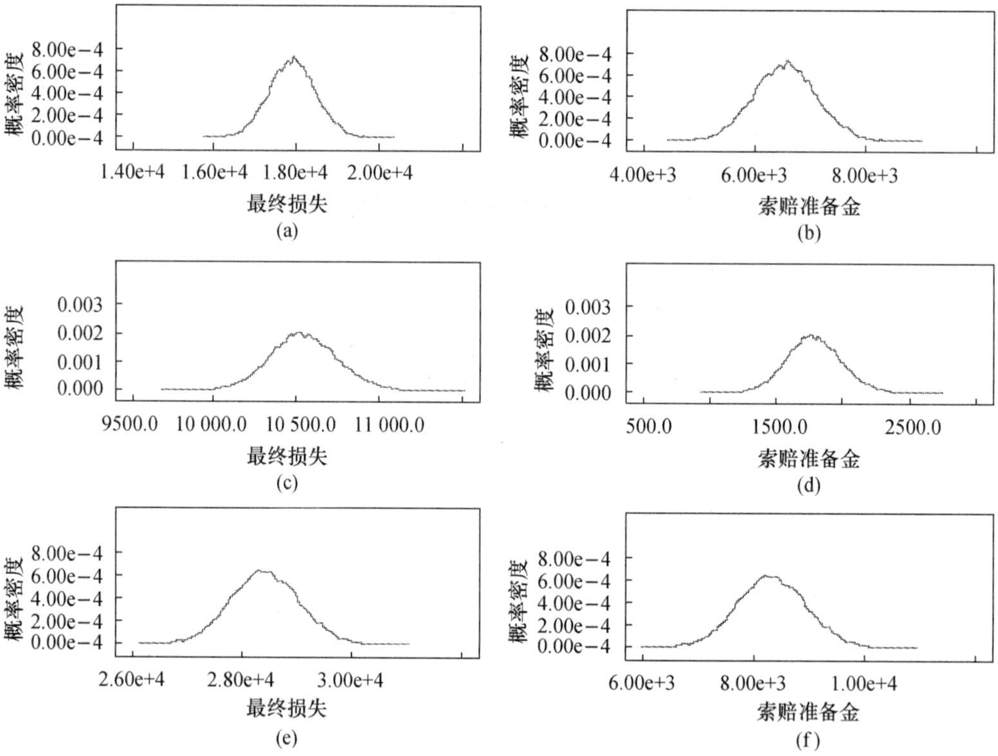

图 6.2 子业务 A、子业务 B 和整体业务的最终损失及索赔准备金的预测分布

表 6.24 给出了由该分层模型得到的子业务 A、子业务 B 和整体业务的所有事故年总的最终损失和索赔准备金的预测分布的分布特征.

表 6.24 子业务 A、子业务 B 和整体业务的最终损失和索赔准备金的预测分布的分布特征

	均值	标准差	MC 误差	2.5% 分位数	中位数	97.5% 分位数	取样起点	样本容量
子业务 A 的最终损失	17 900.0	570.2	18.65	16 800.0	17 900.0	19 030.0	5 001	
子业务 B 的最终损失	10 550.0	204.9	5.133	10 160.0	10 540.0	10 970.0	5 001	10 000
整体业务的最终损失	28 450.0	625.2	20.53	27 240.0	28 430.0	29 690.0	5 001	10 000

① 在 WinBUGS 软件和 R 软件中，给出的是核密度图.

续表

	均值	标准差	MC 误差	2.5% 分位数	中位数	97.5% 分位数	取样起点	样本容量
子业务 A 的索赔准备金	6 555.0	570.2	18.65	5 458.0	6 557.0	7 690.0	5 001	10 000
子业务 B 的索赔准备金	1 787.0	204.9	5.133	1 395.0	1 780.0	2 207.0	5 001	10 000
整体业务的索赔准备金	8 342.0	625.2	20.53	7 138.0	8 330.0	9 586.0	5 001	10 000

从图 6.2 和表 6.24 可以看出：第一，在 Weibull 增长曲线下，无论是子业务 A，还是子业务 B，或者是整体业务，由该贝叶斯非线性分层模型模拟得到的所有事故年总的索赔准备金和最终损失的标准差是相同的，索赔准备金和最终损失的 MC 误差也是相同的. 这些结果是很显然的，正如式(6.118)～(6.120)所示，在每次模拟计算中，索赔准备金和最终损失都相差一个固定的常数. 第二，与表 6.23 相比，该分层模型估计的子业务 A 的索赔准备金更高一些，子业务 B 的索赔准备金更低一些，整体业务的索赔准备金差异并不大. 另外，由该分层模型得到的子业务 A、子业务 B 和整体业务的索赔准备金的标准差都比由三种多元方法得到的索赔准备金的 $\sqrt{\mathrm{MSEP}}$ 大. 这是因为，在贝叶斯分析中，考虑了所有未知参数的不确定性，也考虑了不同子业务、不同事故年索赔进展的同质性和差异性. 此外，该分层模型还考虑了尾部进展，也包含并合理度量了尾部进展的不确定性.

最后指出，我们可以绘制两个子业务及整体业务的各种残差诊断图，并且会发现，几乎所有标准化残差都是有界的，位于区间[−3,3]内，没有检测到明显的离群异常值. 我们也可以考虑不同的先验假设，也会发现不同假设下两个子业务及整体业务的所有事故年总的最终损失和索赔准备金的预测分布都相当一致. 这表明，已知的流量三角形数据对模型参数估计是信息完备的.

第六节　本 章 小 结

本章详细介绍了三种考虑不同业务线相依性的多元索赔准备金评估方法，即多元 CL 法、多元 ALR 方法、多元 CL 和 ALR 混合方法，这为给出所有业务的索赔准备金的 MSEP 估计的解析形式提出了一种统一的方法. 然而，数值实例的分析结果则显示这三种不同方法估计的 MSEP 存在显著差异. 这表明，实际中需要根据特定的数据结构选择一个合适的模型.

由于上述三种多元评估方法中 MSEP 的解析计算很复杂，且尚无法模拟预测分布，本章第五节将第四章提出的贝叶斯分层模型纳入考虑不同业务线相依性的多元索赔准备金评估方法中，提出了基于贝叶斯非线性分层模型的多元索赔准备金评估方法，并使用 MCMC 方法模拟了多元索赔准备金的预测分布. 这种方法至少具有以下四方面的独特之处：第一，将非寿险公司的索赔数据看作不同索赔序列的反复观测值，因此体现了相继观测值之间的相依性. 第二，采用非线性增长曲线为索赔进展过程建模. 这种建模方式不但可以有效避免尾部进展因子的选定问题，而且有利于对超出现有样本范围之外的数据进行预测和外推. 第三，将非线性分层模型与贝叶斯方法结合起来，可以内嵌式地应用 MCMC 方法模拟索赔准备金的预测分布. 这为随机性索赔准备金评估提供了新的思路. 与多元 CL 法、多元 ALR 方法及多元 CL 和 ALR 混合方法相比，贝叶斯非线性分层模型不但可以得到索赔准备金的均值估计和 MC 误差，而且可以模拟预测分布. 第四，分层结构体现了索赔队列之间的主要参数的自然差异，有益于解释它们之间的异质性. 尤其在多元索赔准备金评估框架下，不但可以基于所有感兴趣参数的完整的后验分布为行业、公司和事故年水平开展推断，而且可以通过判断性地选择先验分布，将先验分布和专家意见纳入分析中. 这种在贝叶斯框架下同时结合后验分布实施推断对非寿险公司偿付能力监管和行业决策具有重要作用. 总之，分层建模技术通过使用一套可靠的统计方法改进了已有研究，使精算人员可以汇总多个公司的信息用于行业分析或公司之间的分析，进一步给出更稳定的估计.

最后指出，在本章的论述中，并没有涉及关于模型选择的问题，只是将三种不同的多元方法及贝叶斯非线性分层模型应用于同样的数据集. 当然，由于同样的数据集可能很难满足不同模型的假设，故这会导致一些矛盾. 然而，本章进行这些分析仅仅出于示例的目的，忽略了正确的模型选择问题. 关于模型选择和模型误差的问题可能是最困难的，通常没有相应的统计方法可以回答这样的问题. 也就是说，在大多数情况下，关于索赔进展结果的专家意见和长期经验可能是模型选择的唯一标准.

第七章　稳健索赔准备金评估方法

随着偿付能力Ⅱ法规的颁布，确定非寿险业务的预期利润或预期损失已变得越来越重要. 这意味着财险公司需要尽可能准确地估计未来的索赔准备金. 对于经营非寿险业务的财险公司来说，某事故年的最终损失在该年末通常是不知道的，这依赖于非寿险行业的业务特征. 例如，在责任保险中，由于人身伤害或索赔的长期性，可以预期理赔将持续数年，或由于从事故发生到事件后果的表现形式之间的时滞导致了理赔延迟. 这些特征都一定程度上使得需要采用流量三角形来评估索赔准备金. 索赔准备金评估的主要目的是估计未决赔款准备金. 解决这一问题的一种最传统但也是最流行的方法就是链梯法.

然而，实务中财险公司的工作人员在录入、整理和提取真实索赔数据时，可能存在诸如小数点输入错位等原因导致的记录或复制错误，从而会出现一个或多个观测值明显不同于大多数观测值. 我们将这些观测值称为离群值(Outlying Values). 通常情况下，这些离群值并非是不正确的，而是这些值处于特殊状态下. 如果流量三角形中含有离群值，可能导致无法满足链梯模型的假设条件，从而直接采用链梯法会导致错误的索赔准备金估计. 从更一般意义上讲，这可以归结为索赔准备金评估中的统计诊断问题. 至今，在索赔准备金评估的已有文献中，验证模型假设以及度量模型优劣的文献相对较少，需要借鉴统计学中的各种模型诊断方法，并将其应用于具体的索赔准备金评估研究中. 为此，本章关注流量三角形中的离群值问题，以链梯法为例，阐述由链梯法评估的索赔准备金对离群值具有高度依赖性. 为了解决这一问题，需要借助稳健统计量(Robust Statistics). 另外，稳健统计量也为我们提供了一种动机去考虑稳健链梯法(RCL)和稳健广义线性模型(RGLM)，以识别流量三角形中的离群值，进而光滑离群值，使得估计的索赔准备金接近于没有离群值的估计结果. 本章将给出一种诊断离群值的统计方法，进而排除离群值对索赔准备金估计的影响.

第一节　考虑离群值的稳健链梯法

本节考虑一种稳健链梯法，包括进展因子的稳健估计方法和诊断并调整离群值的稳健估计方法，并应用经典数据和比利时非寿险业务真实数据给出详细的分析结果.

7.1.1　链梯法

一、应用链梯法评估索赔准备金

从前面各章内容可以看出，各种索赔准备金评估方法的存在都是基于不同的假设，或者满足一些特殊要求的. 链梯法是从累计赔款流量三角形出发估计索赔准备金的一种方法，其基本假设是每个事故年的赔款支出具有相同的进展模式. 也就是说，在预测索赔准备金时，每个事故年使用相同的进展因子. 如果令 $C_{i,j}$ 和 $X_{i,j}$ $(0\leqslant i\leqslant I, 0\leqslant j\leqslant J)$ 分别表示事故年 i、进展年 j 的累计赔款额和增量赔款额，且不失一般性假设 $I=J$，那么存在进展因子序列

$$\{f_{j\to j+1}\,|\,j=0,\cdots,J-1\},$$

使得

$$\mathrm{E}(C_{i,j+1}\,|\,C_{i,1},C_{i,2},\cdots,C_{i,j})=C_{i,j}f_{j\to j+1}\quad(0\leqslant i\leqslant I, 0\leqslant j\leqslant J-1), \tag{7.1}$$

其中进展因子的无偏估计[①]可以表示为

$$\hat{f}_{j\to j+1}=\frac{\sum\limits_{i=0}^{I-j-1}C_{i,j+1}}{\sum\limits_{i=0}^{I-j-1}C_{i,j}}\quad(0\leqslant j\leqslant J-1). \tag{7.2}$$

在此基础上，应用链梯法得到

$$\hat{C}_{i,I-i+1}=C_{i,I-i}\hat{f}_{I-i\to I-i+1}\quad(1\leqslant i\leqslant I), \tag{7.3}$$

$$\hat{C}_{i,j+1}=\hat{C}_{i,j}\hat{f}_{j\to j+1}\quad(i+j\geqslant I+1). \tag{7.4}$$

因此，事故年 i 的索赔准备金估计量可以表示为

$$\hat{R}_i=\hat{C}_{i,J}-C_{i,I-i}\quad(1\leqslant i\leqslant I), \tag{7.5}$$

所有事故年总的索赔准备金估计量可以表示为

$$\hat{R}=\hat{R}_1+\hat{R}_2+\cdots+\hat{R}_I=\sum_{i=1}^{I}\hat{R}_i. \tag{7.6}$$

二、链梯法对离群值的敏感性分析

在使用链梯法评估索赔准备金时，诊断流量三角形数据中的离群值是非常重要的. 值得注意的是，一般情况下，离群值是通过大多数赔款数据的分布定义的，如果数据来自厚尾分布，那么观测到的某些大额赔款并不一定都是离群值，因为拟合的分布可能仅仅是观测到的小额赔款数据的分布.

当流量三角形中存在离群值时，需要知道链梯法对离群值的敏感程度. 下面给出一个非常简单的例子，说明离群赔款额的出现可能导致错误的索赔准备金估计. 表 7.1 给出了一个增量赔款流量三角形，可以看出这个流量三角形完全满足前面给出的链梯法的假设条件，即每个事故年的赔款支出具有相同的进展模式. 我们先通过某一增量赔款额乘以一个常数来考虑添加离群值前后链梯法估计的索赔准备金的变化，进而研究链梯法对离群值的敏感性.

① 有关进展因子的无偏估计的证明，可以参考第二章.

表 7.1　每个事故年具有相同进展模式的增量赔款流量三角形

事故年＼进展年	0	1	2	3	4	5
0	12 000	6 000	600	300	150	15
1	13 000	6 500	650	325	162.5	
2	10 000	5 000	500	250		
3	12 000	6 000	600			
4	11 000	5 500				
5	10 000					

按照链梯法的基本思路得到的未来增量赔款额[①]的估计值如表 7.2 所示. 加总表 7.2 中下三角所有增量赔款额，得到索赔准备金的估计值为 $\hat{R}=7482.5$.

表 7.2　链梯法估计的未来增量赔款额

事故年＼进展年	0	1	2	3	4	5
0	12 000	6 000	600	300	150	15
1	13 000	6 500	650	325	162.5	16.25
2	10 000	5 000	500	250	125	12.5
3	12 000	6 000	600	300	150	15
4	11 000	5 500	550	275	137.5	13.75
5	10 000	5 000	500	250	125	12.5

下面通过将事故年 0、进展年 1 的增量赔款额 $X_{0,1}$ 扩大 10 倍[②]来考虑这一离群值对评估结果的影响. 在这种情况下，应用链梯法得到的未来增量赔款额的估计值如表 7.3 所示. 加总表 7.3 中下三角所有增量赔款额，得到索赔准备金的估计值为 $\hat{R}=15\ 842.84$，超过了真实流量三角形评估结果的两倍.

表 7.3　含离群值 $X_{0,1}$ 时链梯法估计的未来增量赔款额

事故年＼进展年	0	1	2	3	4	5
0	12 000	**60 000**	600	300	150	15
1	13 000	6 500	650	325	162.5	4.24
2	10 000	5 000	500	250	52.71	3.24
3	12 000	6 000	600	150.35	62.75	3.86
4	11 000	5 500	311.45	135.89	56.72	3.49
5	10 000	14 310.34	458.87	200.21	83.57	5.14

① 显然，当各列按相同比例增长时，采用增量形式估计索赔准备金与采用累计形式估计的结果相同；同时，采用算术平均和加权平均计算进展因子得到的索赔准备金估计值也相同.

② 这可以视为一种输入错误.

从表 7.2 和表 7.3 可以看出，在有无离群值两种情况下，链梯法估计的未来增量赔款额存在显著差异. 当 $X_{0,1}=60\ 000$ 时，事故年 5、进展年 1 的估计值 $\hat{X}_{5,1}$ 明显增大，而其他增量赔款额都被低估了. 因此，在使用链梯法评估索赔准备金时，一个离群值的出现可能会导致评估结果存在很大差异. 这一定程度上表明，链梯法并不稳健，需要引入一种可行的方式来降低链梯法对离群值的敏感性. 下一小节将给出一种稳健链梯法，它在计算进展因子和增量赔款额时都相当稳健.

7.1.2 稳健链梯法

本小节将考虑一种稳健链梯法，主要包括进展因子的稳健估计方法和诊断并调整离群值的稳健估计方法. 这里需要说明的是，引入稳健链梯法的目的并不是用提出的稳健链梯法代替传统链梯法，而是对已有数据，同时应用两种方法来评估索赔准备金，并对两种评估结果加以比较. 这无疑是非常有用的. 若两种评估方法得到的估计值大致相同，则说明数据不存在问题；如果两种评估方法得到的估计值存在显著差异，那么需要进一步检查流量三角形中的数据. 稳健链梯法可以识别出离群值的位置，有助于进一步研究导致离群的异常值背后的原因.

一、进展因子的稳健估计方法

一方面，导致传统链梯法对离群值具有敏感性的主要原因是链梯法基于累计赔款额 $C_{i,j}$ 定义进展因子，故进展年 0 的离群值将影响所有后续进展年的进展因子. 换一种做法，可以考虑采用增量赔款额 $X_{i,j}$ 来计算进展因子，即采用如下进展因子流量三角形：

$$\left\{\frac{X_{i,j+1}}{X_{i,j}}\middle| i+j\leqslant I-1\right\}. \tag{7.7}$$

进而，可以类似于式(7.2)计算各个进展年进展比率的加权平均. 此时，一个离群值最多只能影响两个进展年的进展因子.

另一方面，Hampel 等(1986)使用影响函数(Influence Function)解释了均值作为一种统计工具对离群值的敏感性. 类似地，在检查链梯法中进展因子的表达式时，采用以均值形式给出的进展因子来评估对离群值具有依赖性. 为了解决这一问题，可以使用一种更稳健的统计量来代替均值. 有关稳健统计量的内容也可参考文献 Huber(1981)，Rousseeuw 和 Leroy(1987)，Maronna 等(2006). 这些文献都使用一种更稳健的统计量——中位数来代替均值. 一元数据的中位数是通过顺序观测值的中间值定义的：如果数据个数为奇数，那么最中间的那个值就是中位数；如果数据个数为偶数，那么最中间两个值的平均数就是中位数. 从中位数的定义可以看出，与均值相比，中位数不受离群值等极端数据的影响.

综合上述两点，使用增量形式的中位数来代替累计形式的均值，可以给出各进展年进展因子的稳健估计方法：

$$\hat{f}_{j\to j+1}=\mathrm{median}\left\{\frac{X_{i,j+1}}{X_{i,j}}\middle| i=0,\cdots,I-j-1\right\} \quad (0\leqslant j\leqslant J-1). \tag{7.8}$$

将上述稳健估计方法应用于表 7.1 的流量三角形中，考虑存在离群值 $X_{0,1}=60\ 000$ 的情况，得到未来增量赔款额的估计值如表 7.4 所示. 从表 7.4 可以看出，这个调整后的进展因子看上去相当完美，因为含有离群值 $X_{0,1}$ 时稳健链梯法估计的未来增量赔款额与不含离群值时传统链梯法的估计值完全相同①.

表 7.4　含离群值 $X_{0,1}$ 时稳健链梯法估计的未来增量赔款额

事故年＼进展年	0	1	2	3	4	5
0	12 000	**60 000**	600	300	150	15
1	13 000	6 500	650	325	162.5	16.25
2	10 000	5 000	500	250	125	12.5
3	12 000	6 000	600	300	150	15
4	11 000	5 500	550	275	137.5	13.75
5	10 000	5 000	500	250	125	12.5

尽管如此，一些问题仍然存在. 仍以表 7.1 为例，如果离群值出现在进展年 4，由于进展年 3 有两个进展因子，采用式(7.8)所示的调整后的进展因子仍会影响最终的索赔准备金估计. 这是因为，对于进展年 3 来说，这种情况下有两个进展比率，导致采用中位数估计等同于均值估计，并且在进展年 4 有两个增量赔款额，很难确定哪一个是离群值. 另外，表 7.4 中的估计结果之所以不受离群值 $X_{0,1}$ 的影响，其原因是这一离群值没有用于估计其他增量赔款额，因此体现了调整后进展因子的稳健性. 然而，如果离群值出现在事故年 4，如 $X_{4,1}=55\ 000$，那么这种仅仅依靠调整进展因子的方式仍不能避免估计结果对离群值的敏感性. 这一离群值情况下的结果如表 7.5 所示. 加总表 7.5 中下三角所有增量赔款额，得到索赔准备金的估计值为 $\hat{R}=16\ 268.75$.

表 7.5　含离群值 $X_{4,1}$ 时稳健链梯法估计的未来增量赔款额

事故年＼进展年	0	1	2	3	4	5
0	12 000	6 000	600	300	150	15
1	13 000	6 500	650	325	162.5	16.25
2	10 000	5 000	500	250	125	12.5
3	12 000	6 000	600	300	150	15
4	11 000	**55 000**	5 500	2 750	1 375	137.5
5	10 000	5 000	500	250	125	12.5

导致失败的原因是离群值 $X_{4,1}$ 仍用于估计未来的增量赔款额. 因此，仅仅考虑进展因子

① 这可以从表 7.2 和表 7.4 中下三角数据完全相同得到证实.

的稳健性是不够的. 下面将给出一种诊断并调整离群值的实施机制.

二、诊断并调整离群值的稳健估计方法

在链梯法中，为了诊断出流量三角形中的离群值，一种直观的处理思路是考虑模型的残差诊断，这可以借助于前面各章介绍的与链梯法等价的随机模型，如 Mack 模型、GLM 框架下的 ODP 模型[①]等. 这里沿用前面各章多次使用的为增量赔款额建模的 ODP 模型，这一模型已被很多著名精算专家广泛采用，如 England 和 Verrall(1999)，Clark (2003)，Guszcza (2008)等. 下面给出在链梯法中诊断并调整离群值的具体做法.

1. 诊断并调整进展年 0 的离群值

1) 上三角增量赔款额残差的定义和计算

● 上三角增量赔款额残差的定义

假设上三角增量赔款额 $X_{i,j}(i+j\leqslant I)$ 相互独立，并且都服从 ODP 分布，且有

$$\mathrm{E}(X_{i,j})=\mu_{i,j},\quad \mathrm{Var}(X_{i,j})=\phi\mu_{i,j},\tag{7.9}$$

其中 ϕ 为分散参数. 进一步，定义含分散参数的 Pearson 残差：

$$r_{i,j}=\frac{X_{i,j}-\mu_{i,j}}{\sqrt{\phi\mu_{i,j}}},\tag{7.10}$$

其中 $X_{i,j}$ 为增量赔款额，$\mu_{i,j}$ 为增量赔款额 $X_{i,j}$ 的期望值.

另外，不含分散参数的 Pearson 残差为

$$r_{\mathrm{P}}^{(i,j)}=\frac{X_{i,j}-\mu_{i,j}}{\sqrt{\mu_{i,j}}};\tag{7.11}$$

分散参数 ϕ 的计算公式为

$$\phi=\frac{\sum\limits_{i+j\leqslant I}(r_{\mathrm{P}}^{(i,j)})^2}{N-p}=\frac{\sum\limits_{i+j\leqslant I}(r_{\mathrm{P}}^{(i,j)})^2}{(I+1)(I+2)/2-(2I+1)},\tag{7.12}$$

其中 $N=(I+1)(I+2)/2$ 为上三角数据的个数，p 为模型待估参数的个数，且 $p=2I+1$[②].

● 上三角增量赔款额残差的计算

保持对角线最近评估日历年的累计赔款额不变，即评估日累计赔款额的拟合值等于真实值. 类似于第二、三章，上三角累计赔款额的拟合值采用逆向计算[③]，即通过后一进展年的累计赔款额拟合值除以相应的进展因子得到，其计算公式为

$$\begin{cases}\hat{C}_{i,I-i-1}=C_{i,I-i}/\hat{f}_{I-i-1\to I-i}, & 0\leqslant i\leqslant I-1,\\ \hat{C}_{i,j}=\hat{C}_{i,j+1}/\hat{f}_{j\to j+1}, & i+j\leqslant I-2,\end{cases}\tag{7.13}$$

其中进展因子 $\hat{f}_{j\to j+1}$ 采用中位数定义，相应的计算公式为

---

① 正如第三章所述，在 GLM 框架下，基于 ODP 模型得到的索赔准备金的 MLE 和链梯法的估计值相同.

② 关于 ODP 模型中待估参数的个数详见第三章.

③ 正如第三章所述，当使用加权进展因子进行逆向计算时，可以保证 ODP 模型和链梯法的一致性.

$$\hat{f}_{j\to j+1}=\text{median}\left\{\frac{C_{i,j+1}}{C_{i,j}}\middle| i=0,\cdots,I-j-1\right\}\quad (0\leqslant j\leqslant J-1). \tag{7.14}$$

进而,得到上三角增量赔款额拟合值的计算公式为

$$\begin{cases}\hat{X}_{i,0}=\hat{C}_{i,0}, & 0\leqslant i\leqslant I-1,\\ \hat{X}_{i,j}=\hat{C}_{i,j}-\hat{C}_{i,j-1}, & 0\leqslant i\leqslant I-1,1\leqslant j\leqslant I-i-1.\end{cases} \tag{7.15}$$

显然,对角线两端点处的增量赔款额拟合值保持不变,即 $\hat{X}_{0,I}=X_{0,I}$,$\hat{X}_{I,0}=X_{I,0}$,其他增量赔款额满足 $\hat{X}_{i,I-i}=C_{i,I-i}-\hat{C}_{i,I-i-1}(1\leqslant i\leqslant I-1)$.

在此基础上,按照式(7.10)计算上三角增量赔款额的 Pearson 残差,其中 $\mu_{i,j}$ 使用估计值 $\hat{X}_{i,j}$ 代替.显然,通过这种计算残差的方式可以看出对角线两端点处的残差为 0,即

$$r_{0,I}=r_{I,0}=0.$$

2）基于经典盒形图的离群值诊断

考虑上三角 $(I+1)(I+2)/2$ 个残差,使用 Tukey(1977)提出的经典盒形图来诊断进展年 0 是否存在离群值.经典盒形图的区间可以表示为

$$[Q_1-1.5IQR,Q_3+1.5IQR], \tag{7.16}$$

其中 Q_1 和 Q_3 分别为 25%分位数和 75%分位数,且 $IQR=Q_3-Q_1$.

显然,离群值的残差更可能落在式(7.16)所示的经典盒形图的区间之外,故可以应用经典盒形图的拒绝规则来判断残差是否落在$[Q_1-1.5IQR,Q_3+1.5IQR]$之外.一般情况下,若落在该区间之外,则为离群残差;否则,就不是离群残差.

这里需要补充的是,从本质上讲,经典盒形图的拒绝规则需要假设数据服从正态分布.可以通过 Shapiro-Wilk 等检验方法来判断数据是否满足正态性假设.正如第三章所述,这里考虑的上三角增量赔款额残差数据一定程度上可以满足正态性假设,即使不满足正态性假设,如残差是偏斜的,也可以使用 Hubert 和 Vandervieren(2008)提出的调整盒形图进行诊断.然而,如果进一步推断出离群点的观测值是源于厚尾索赔分布,那么这种基于调整盒形图的诊断也会产生一种向下的偏差.此时,需要通过一种更稳健的方法来度量尾部权重(可以参考 Brys 等(2006)),并实施相应的偏差修正(Bias Correction).

3）调整离群值

当诊断出进展年 0 存在离群残差时,将相应的赔款额视为离群值,需要对它进行调整.调整方法是：如果同一事故年的进展年 1 的增量赔款额也被诊断为离群值,那么相应的进展年 0 的赔款额应该用进展年 0 中所有赔款额的中位数来代替.另外,取决于数据本身的特征,也可以用进展年 0 的除该离群值之外的其他赔款额的均值来代替.如果同一事故年的进展年 1 的增量赔款额没有被诊断为离群值,那么进展年 0 的赔款额应该用进展年 1 的增量赔款额除以基于增量数据计算的稳健进展因子来代替.也就是说,如果进展年 0 含有离群残差,假设为 $r_{k,0}$,那么

(1) 若 $r_{k,1}$ 是离群残差,则

$$X_{k,0}=\text{median}\{X_{i,0}\mid i=0,\cdots,I\}\quad(0\leqslant k\leqslant I-1);\tag{7.17}$$

（2）若 $r_{k,1}$ 不是离群残差，则

$$X_{k,0}=\frac{X_{k,1}}{\text{median}\left\{\frac{X_{i,1}}{X_{i,0}}\,\middle|\, i=0,\cdots,I-1\right\}}\quad(0\leqslant k\leqslant I-1).\tag{7.18}$$

这里，式(7.17)和式(7.18)中，为了避免符号复杂化，调整后的增量赔款额仍使用符号 $X_{k,0}$.

此外，这里需要注意以下两点：第一，这种诊断进展年 0 的离群值的方法无法诊断出 $X_{I,0}$ 是否为离群值. 这是因为，$r_{I,0}=0$，该残差始终落在式(7.16)所示的经典盒形图的区间内. 本小节后续部分将进一步介绍诊断 $X_{I,0}$ 的方法. 第二，我们并不使用这些残差来诊断其他进展年的增量赔款额. 这是因为，如式(7.14)所示，这里逆向计算中使用的进展因子是基于累计赔款额进行的，这种处理方式会导致一个离群赔款额可以影响除自身残差之外的多个残差.

2. 诊断并调整其他进展年的离群值

为了诊断其他进展年的可能离群值，需要再次考虑残差，不过此时拟合的上三角增量赔款额采用其他方式来获得. 下面给出诊断并调整其他进展年的离群值的具体步骤：

（1）从上文可以看出，现在进展年 0 已经没有离群值了①，故其他进展年的进展因子可以基于进展年 0 的赔款额进行估计，即

$$\hat{f}_j^1=\text{median}\left\{\frac{X_{i,j}}{X_{i,0}}\,\middle|\, i=0,\cdots,I-j\right\}\quad(1\leqslant j\leqslant J).\tag{7.19}$$

（2）计算拟合的上三角增量赔款额：

$$\hat{X}_{i,j}^1=X_{i,0}\hat{f}_j^1\quad(0\leqslant i\leqslant I-1,1\leqslant j\leqslant I-i).\tag{7.20}$$

（3）类似于式(7.10)计算残差 $r_{i,j}^1$：

$$r_{i,j}^1=\frac{X_{i,j}-\hat{X}_{i,j}^1}{\sqrt{\phi^1\hat{X}_{i,j}^1}},\quad \phi^1=\frac{\sum\limits_{i+j\leqslant I}(r_{P_1}^{(i,j)})^2}{(I+1)(I+2)/2-(2I+1)};\tag{7.21}$$

不含分散参数的 Pearson 残差为

$$r_{P_1}^{(i,j)}=\frac{X_{i,j}-\hat{X}_{i,j}^1}{\sqrt{\hat{X}_{i,j}^1}}.$$

（4）在检验残差数据的正态性之后，应用经典盒形图拒绝规则判断是否存在离群残差.

（5）如果存在离群残差，假设为 $r_{k,l}^1(0\leqslant k\leqslant I-1,1\leqslant l\leqslant I-k)$，那么

① $r_{k,l}^1=\text{median}\{r_{i,j}^1\mid i=0,\cdots,I-1,j=1,\cdots,I-i\}$；

② 逆向变换残差 $r_{i,j}^1(i+j\leqslant I)$，得到调整离群值后的上三角增量赔款额 $X_{i,j}^{\mathrm{r}}$ 和累计赔款额 $C_{i,j}^{\mathrm{r}}(i+j\leqslant I)$.

---

① 显然，不论 $X_{I,0}$ 是否为离群值，都不会影响上三角其他进展年的增量赔款额的诊断与调整.

这里，为了避免符号复杂化，调整后的残差仍使用符号 $r_{k,l}^{1}$. 从中可以看出，通过这种方式，一个离群值几乎只能影响自身对应的残差. 显然，此时进展年 0 的所有残差都等于 0，因此使用这些残差，不可能诊断出进展年 0 的可能离群值. 这也是前面需要单独处理进展年 0 的原因.

此外，这里仍需要注意以下两点：第一，$X_{0,J}$ 是进展年 J 的唯一增量赔款额，由式(7.19)和式(7.20)可以得出，$\hat{f}_J^1=X_{0,J}/X_{0,0}$，$\hat{X}_{0,J}^1=X_{0,0}\hat{f}_J^1=X_{0,J}$，即 $r_{0,J}^1=0$，故仍无法检查 $X_{0,J}$ 是否为离群值. 第二，对于进展年 $J-1$ 的两个增量赔款额，这一步虽然也可以实施，但可能仍存在一些问题. 这是因为，此时存在两个比率 $X_{0,J-1}/X_{0,0}$ 和 $X_{1,J-1}/X_{1,0}$，按照式(7.19)计算的进展因子 $\hat{f}_{J-1}^1$ 等同于这两个比率的均值. 如果 $X_{0,J-1}$ 和 $X_{1,J-1}$ 中存在离群值，那么进展因子 $\hat{f}_{J-1}^1$ 也会受到影响，进而影响这两处应用经典盒形图拒绝规则判断的结果. 因此，需要对进展年 $J-1$ 和进展年 J 的三个增量赔款额进行特殊考虑.

3. 稳健链梯法实施中的特殊考虑

1）$X_{I,0}$ 的特殊处理

正如前文所述，这里提出的稳健链梯法不能诊断 $X_{I,0}$ 是否为离群值. 这是因为，$X_{I,0}$ 是最近事故年发生的第 1 个赔款额，因此很难确定该值是否为离群值. 作为一种可行的解决方案，建议计算进展年 0 的所有赔款额的中位数，验证该中位数与 $X_{I,0}$ 之间是否存在较大差异. 也可以借助经典盒形图区间来判断. 也就是说，利用进展年 0 的所有赔款额计算经典盒形图的区间 $[Q_1-1.5IQR, Q_3+1.5IQR]$，若 $X_{I,0}$ 落在 $[Q_1-1.5IQR, Q_3+1.5IQR]$ 之外，则用进展年 0 的所有赔款额的中位数代替该值，即

$$X_{I,0}=\mathrm{median}\{X_{i,0}\mid i=0,\cdots,I\};\tag{7.22}$$

若 $X_{I,0}$ 落在 $[Q_1-1.5IQR, Q_3+1.5IQR]$ 之内，则该值保持不变.

2）$X_{0,J-1}$，$X_{1,J-1}$ 和 $X_{0,J}$ 的特殊处理

显然，实施前面的步骤已经可以诊断并调整上三角中进展年 $0,\cdots,J-2$ 的离群赔款额. 对于进展年 $J-1$ 和进展年 J 的赔款额是否为离群值的诊断，建议首先诊断进展年 $J-1$ 的赔款额，再诊断进展年 J 的赔款额.

- 诊断进展年 $J-1$ 的赔款额 $X_{0,J-1}$ 和 $X_{1,J-1}$

这里需要同时进行以下两方面计算：

一方面，对于调整离群值后的上三角累计赔款额 $C_{i,j}^{\mathrm{r}}$ $(0\leqslant i\leqslant I-j-1, 0\leqslant j\leqslant J-2)$，按照链梯法计算进展年 $0,\cdots,J-3$ 的加权进展因子，即

$$\hat{f}_{j\to j+1}^{\mathrm{r}}=\frac{\sum_{i=0}^{I-j-1}C_{i,j+1}^{\mathrm{r}}}{\sum_{i=0}^{I-j-1}C_{i,j}^{\mathrm{r}}}\quad(0\leqslant j\leqslant J-3).\tag{7.23}$$

利用式(7.23)给出的前 $J-3$ 个进展年的进展因子，采用一些合适的曲线拟合模型外推进展

年 $J-2$ 的进展因子，假设得到的外推进展因子为 $\widetilde{f}_{J-2\to J-1}$.

另一方面，计算进展年 $J-2$ 的加权进展因子：

$$\hat{f}_{J-2\to J-1}=\frac{C_{0,J-2}^{r}+X_{0,J-1}+C_{1,J-2}^{r}+X_{1,J-1}}{C_{0,J-2}^{r}+C_{1,J-2}^{r}}. \tag{7.24}$$

在此基础上，验证外推得到的进展因子 $\widetilde{f}_{J-2\to J-1}$ 与式(7.24)中使用增量赔款额 $X_{0,J-1}$ 和 $X_{1,J-1}$ 估计的加权进展因子 $\hat{f}_{J-2\to J-1}$ 之间是否存在显著差异. 若存在显著差异，则表明 $X_{0,J-1}$ 和 $X_{1,J-1}$ 中存在离群值，需要进一步计算下面两个单个进展比率：

$$F_{0,J-2\to J-1}=\frac{C_{0,J-2}^{r}+X_{0,J-1}}{C_{0,J-2}^{r}},\quad F_{1,J-2\to J-1}=\frac{C_{1,J-2}^{r}+X_{1,J-1}}{C_{1,J-2}^{r}}. \tag{7.25}$$

进而，判断单个进展比率与外推得到的进展因子 $\widetilde{f}_{J-2\to J-1}$ 之间是否存在显著差异，其中差异显著的视为异常值. 若只有比率 $F_{0,J-2\to J-1}$ 被诊断为异常的，则可认为 $X_{0,J-1}$ 是离群值，$X_{1,J-1}$ 不是离群值，故 $C_{1,J-1}^{r}=C_{1,J-2}^{r}+X_{1,J-1}$，且选取比率 $F_{1,J-2\to J-1}$ 作为最终的进展年 $J-2$ 的进展因子，并利用该进展因子得到调整后的 $C_{0,J-1}^{r}=C_{0,J-2}^{r}F_{1,J-2\to J-1}$ 和 $X_{0,J-1}^{r}=C_{0,J-1}^{r}-C_{0,J-2}^{r}$；若只有比率 $F_{1,J-2\to J-1}$ 被诊断为异常的，可做类似处理；若两个比率都被诊断为异常的，则应选定 $\widetilde{f}_{J-2\to J-1}$，并相应调整 $X_{0,J-1}$ 和 $X_{1,J-1}$，最后得到调整后的 $C_{0,J-1}^{r}$ 和 $C_{1,J-1}^{r}$.

最后指出，针对一些真实流量三角形，我们探讨了一些常见的曲线拟合模型，如反函数模型 $\widetilde{f}_{j\to j+1}=b_0+b_1/(j+2)(0\leqslant j\leqslant J-3)$ 和模型 $\widetilde{f}_{j\to j+1}=b_0+b_1/\mathrm{e}^{j+2}(0\leqslant j\leqslant J-3)$. 然而，最好的模型选择仍取决于数据，这可进一步参考 Van Wouwe 等(2009).

- 诊断进展年 J 的赔款额 $X_{0,J}$

类似地，也可以使用曲线拟合模型外推进展年 $J-1$ 的进展因子 $\widetilde{f}_{J-1\to J}$，并验证该值与使用 $X_{0,J}$ 估计的最后进展因子 $\hat{f}_{J-1\to J}=(C_{0,J-1}^{r}+X_{0,J})/C_{0,J-1}^{r}$ 之间是否存在显著差异. 若存在显著差异，则应选定 $\widetilde{f}_{J-1\to J}$，并调整 $X_{0,J}$ 后得到 $C_{0,J}^{r}$. 需要注意的是，若进展年 $J-1$ 的赔款额 $X_{0,J-1}$ 和 $X_{1,J-1}$ 都不是离群值，则需要使用前 $J-2$ 个进展年的进展因子估计曲线拟合模型的参数；若进展年 $J-1$ 的赔款额存在离群值，则只能使用前 $J-3$ 个进展年的进展因子估计曲线拟合模型的参数.

需要补充说明的是，由于在链梯法中假定事故年 0 的赔款已经进展完全，即不论 $X_{0,J-1}$ 和 $X_{0,J}$ 是否为离群值，事故年 0 的索赔准备金都为 0，故都不会影响最终的索赔准备金估计结果. 也就是说，我们并不需要调整 $X_{0,J-1}$ 和 $X_{0,J}$ 中的离群值，只需要根据上述诊断结果调整进展因子，以保证进展因子的稳健性. 对于事故年 1 来说，若 $X_{1,J-1}$ 是离群值，则需要同时调整 $X_{1,J-1}$ 和相应的进展因子，以保证不会影响最终的索赔准备金估计值.

最后，对于调整后的稳健增量赔款数据 $X_{i,j}^{r}(i+j\leqslant I)$，使用传统链梯法评估索赔准备金.

7.1.3　数值实例

一、数据来源

本小节将展示，当引入一个离群值时，如何将提出的稳健链梯法应用于 Taylor 和 Ashe (1983)使用的经典数据集中. 该数据集如表 7.6 所示，它在索赔准备金评估的精算文献中被广泛引用. 这里假设该数据集中没有离群值. 我们比较添加离群值前后链梯法和稳健链梯法的评估结果的差异，以度量两种方法对离群值的敏感程度. 在此基础上，进一步选取来自比利时一家保险公司的两个真实流量三角形数据，对链梯法和稳健链梯法评估的索赔准备金结果进行比较分析. 这两个真实流量三角形数据如表 7.12 和表 7.13 所示.

表 7.6　增量赔款流量三角形

事故年＼进展年	0	1	2	3	4	5	6	7	8	9
0	357 848	766 940	610 542	482 940	527 326	574 398	146 342	139 950	227 229	67 948
1	352 118	884 021	933 894	1 183 289	445 745	320 996	527 804	266 172	425 046	
2	290 507	1 001 799	926 219	1 016 654	750 816	146 923	495 992	280 405		
3	310 608	1 108 250	776 189	1 562 400	272 482	352 053	206 286			
4	443 160	693 190	991 983	769 488	504 851	470 639				
5	396 132	937 085	847 498	805 037	705 960					
6	440 832	847 631	1 131 398	1 063 269						
7	359 480	1 061 648	1 443 370							
8	376 686	986 608								
9	344 014									

数据来源：数据来自 Taylor 和 Ashe(1983)，与第二章表 2.3 相同.

二、链梯法和稳健链梯法对经典数据中离群值敏感程度的比较分析

1. 两种评估方法对离群值的敏感程度比较

下面通过将某一增量赔款额扩大 10 倍的方式引入离群值. 选择乘以 10 的原因是离群值可以归结为小数点误放右边一位的人为错误所致. 从第一小节可以看出，一个离群值对索赔准备金估计的影响高度依赖于离群值所处的位置，故分别观察上三角每一个增量赔款额是合理的.

表 7.7 给出了添加离群值前后，分别使用链梯法和稳健链梯法得到的索赔准备金估计值. 该表的第 2 行是采用不含离群值的原始数据集得到的结果. 从中可以看出，链梯法和稳健链梯法得到的索赔准备金估计值都是 18 680 856. 也就是说，对于不含离群值的数据，使用稳健链梯法是相当安全的. 其余的行依次考虑上三角每一位置的增量赔款额扩大 10 倍以后，即每次只含一个离群值的情况下，两种评估方法得到的估计结果. 从中可以看出，单一离

群值的出现使得两种评估方法的估计结果存在很大差异. 为了更好地显示这种差异，图 7.1 给出了两种评估方法对单一离群值出现位置的敏感程度的比较.

表 7.7 添加离群值前后两种评估方法的估计结果的比较

离群值的位置	扩大 10 倍的离群值	链梯法	稳健链梯法	离群值的位置	扩大 10 倍的离群值	链梯法	稳健链梯法
无	无	18 680 856	18 680 856	(3,0)	3 106 080	14 890 583	18 344 006
(0,0)	3 578 480	12 603 783	18 487 959	(3,1)	11 082 500	16 119 238	18 927 113
(0,1)	7 669 400	12 851 784	18 411 731	(3,2)	7 761 890	19 166 515	18 677 034
(0,2)	6 105 420	15 813 130	18 370 569	(3,3)	15 624 000	26 779 838	18 270 950
(0,3)	4 829 400	18 169 959	18 419 406	(3,4)	2 724 820	20 950 173	18 892 896
(0,4)	5 273 260	20 132 751	18 681 093	(3,5)	3 520 530	23 178 356	18 649 556
(0,5)	5 743 980	22 709 179	18 584 734	(3,6)	2 062 860	22 505 925	18 950 015
(0,6)	1 463 420	20 329 847	18 879 228	(4,0)	4 431 600	14 864 015	19 021 397
(0,7)	1 399 500	21 616 873	19 149 029	(4,1)	6 931 900	17 682 939	18 483 164
(0,8)	2 272 290	28 068 004	18 784 266	(4,2)	9 919 830	21 424 577	18 706 467
(0,9)	679 480	26 382 875	20 410 445	(4,3)	7 694 880	23 930 482	19 199 746
(1,0)	3 521 180	13 064 239	18 619 218	(4,4)	5 048 510	24 047 427	18 934 684
(1,1)	8 840 210	13 080 595	18 628 484	(4,5)	4 706 390	25 775 382	18 733 871
(1,2)	9 338 940	16 044 692	18 713 353	(5,0)	3 961 320	15 906 579	18 362 703
(1,3)	11 832 890	20 313 528	18 757 158	(5,1)	9 370 850	19 712 830	18 663 571
(1,4)	4 457 450	20 318 298	18 713 874	(5,2)	8 474 980	22 724 309	18 761 396
(1,5)	3 209 960	21 142 008	18 740 127	(5,3)	8 050 370	26 011 071	19 204 133
(1,6)	5 278 040	25 833 401	18 526 323	(5,4)	7 059 600	27 889 017	18 444 105
(1,7)	2 661 720	24 770 914	18 865 708	(6,0)	4 408 320	17 251 335	18 786 451
(1,8)	4 250 460	36 975 225	17 328 137	(6,1)	8 476 310	22 268 233	18 761 392
(2,0)	2 905 070	14 594 660	16 911 913	(6,2)	11 313 980	28 111 881	18 608 619
(2,1)	10 017 990	14 881 519	18 942 881	(6,3)	10 632 690	32 254 649	19 273 972
(2,2)	9 262 190	18 190 072	18 744 757	(7,0)	3 594 800	20 451 046	18 679 791
(2,3)	10 166 540	22 260 738	18 608 427	(7,1)	10 616 480	32 812 737	18 463 426
(2,4)	7 508 160	23 910 232	18 437 900	(7,2)	14 433 700	44 155 256	17 631 819
(2,5)	1 469 230	20 281 482	18 899 668	(8,0)	3 766 860	27 531 995	18 643 601
(2,6)	4 959 920	26 993 251	18 345 131	(8,1)	9 866 080	50 350 360	18 336 128
(2,7)	2 804 050	26 124 080	18 501 515	(9,0)	3 440 140	60 313 152	19 004 501

在图 7.1 中，作为比较基准，点线表示不含离群值情况下，两种评估方法的估计结果 18 680 856；实线和虚线分别表示按照表 7.7 的顺序，依次添加单一离群值后，由链梯法和稳健链梯法得到的索赔准备金估计值. 可以看出，添加离群值后，链梯法的评估结果与 18 680 856 存在很大差异，且离群值所处的位置不同，链梯法的评估结果也明显不同. 这说

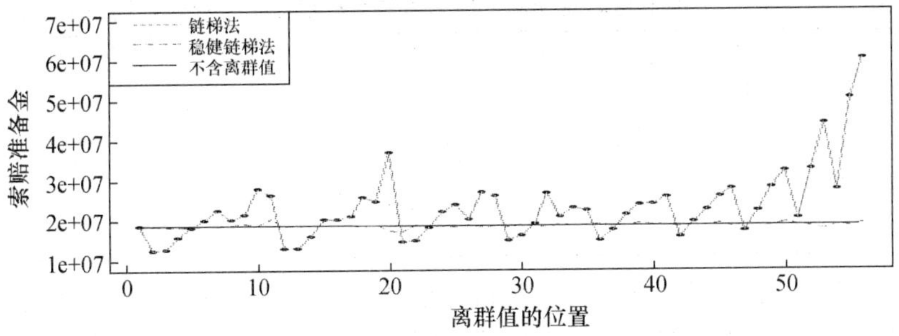

图 7.1　链梯法和稳健链梯法对单一离群值出现位置的敏感程度的比较

明，链梯法的评估结果很大程度上依赖于离群值所处的位置. 相比之下，稳健链梯法的评估结果非常令人满意，即总是可以得到与真正的索赔准备金 18 680 856 非常接近的结果，并且这种方法总可以成功地诊断出所添加的离群值. 因此，稳健链梯法对单一离群值出现位置的敏感程度比链梯法低得多. 这在一定程度上表明稳健链梯法的评估结果更可靠.

需要注意，这里并没有定义稳健链梯法可以排除多少个离群值的影响. 显然，对于各事故年，离群值个数并不太重要，而当某一进展年离群值比正常赔款额还要多时，稳健链梯法也会出问题，但实务中这种情况发生的概率相对较低.

2. 外推进展因子的曲线拟合模型的选择

如第二小节所述，当判断 $X_{0,8}$，$X_{1,8}$ 和 $X_{0,9}$ 是否为离群值时，需要考虑外推进展因子的曲线拟合模型. 表 7.8 给出了两种曲线拟合模型得到的参数估计值.

表 7.8　两种曲线拟合模型得到的参数估计值

两种曲线拟合模型的基本形式		参数 b_0 的估计值	参数 b_1 的估计值
模型 1：$\widetilde{f}_{j\to j+1}=b_0+\dfrac{b_1}{j+2}$	$0\leqslant j\leqslant J-3$	0.0330	6.3346
	$0\leqslant j\leqslant J-2$	0.1505	6.0064
模型 2：$\widetilde{f}_{j\to j+1}=b_0+\dfrac{b_1}{e^{j+2}}$	$0\leqslant j\leqslant J-3$	1.0483	17.6491
	$0\leqslant j\leqslant J-2$	1.0527	17.6042

在此基础上，表 7.9 给出了当 $X_{0,8}$ 为离群值时估计的进展因子和两种模型拟合的进展因子的比较. 可以看出，两种模型估计的进展年 7 的进展因子的相对偏差都比较大. 这说明进展年 8 的两个赔款额 $X_{0,8}$ 和 $X_{1,8}$ 中存在离群值，且模型 2 的拟合效果较好①. 因此选取 $\widetilde{f}_{7\to 8}=1.0505$，进而得到单个进展比率 $(C_{0,7}^{r}+X_{0,8})/C_{0,7}^{r}=1.6301$ 与 $\widetilde{f}_{7\to 8}=1.0505$ 的相对偏差为 55.18%，单个进展比率 $(C_{1,7}^{r}+X_{1,8})/C_{1,7}^{r}=1.0865$ 与 $\widetilde{f}_{7\to 8}=1.0505$ 的相对偏差为 3.43%. 因此，最终选定进展年 7 的进展因子为 1.0865.

---

① 实际中，也可以采取其他合适的曲线拟合模型进行外推，这里仅对两种常见模型进行了比较分析.

表 7.9 当 $X_{0,8}$ 为离群值时估计的进展因子和两种模型拟合的进展因子的比较

进展年	0→1	1→2	2→3	3→4	4→5	5→6	6→7	7→8	8→9
原始数据的进展因子	3.4906	1.7473	1.4574	1.1739	1.1038	1.0863	1.0539	1.0766	1.0177
含离群值时的进展因子	3.4906	1.7473	1.4574	1.1739	1.1038	1.0863	1.0539	1.3166	1.0116
模型 1 拟合的进展因子	3.2003	2.1446	1.6167	1.3000	1.0888	0.9380	0.8249	0.7369	—
模型 1 的相对偏差	−8.32%	22.73%	10.93%	10.74%	−1.36%	−13.65%	−21.73%	−44.03%	—
模型 2 拟合的进展因子	3.4368	1.9270	1.3715	1.1672	1.0920	1.0644	1.0542	1.0505	—
模型 2 的相对偏差	−1.54%	10.28%	−5.89%	−0.57%	−1.07%	−2.02%	0.03%	−20.21%	—

类似地，表 7.10 给出了当 $X_{1,8}$ 为离群值时估计的进展因子和两种模型拟合的进展因子的比较. 可以看出，进展年 8 的两个赔款额 $X_{0,8}$ 和 $X_{1,8}$ 为离群值，且模型 2 拟合效果较好. 故选取 $\tilde{f}_{7\to8}=1.0505$，进而得到 $(C^{r}_{0,7}+X_{0,8})/C^{r}_{0,7}=1.6304$ 与 $\tilde{f}_{7\to8}=1.0505$ 的相对偏差为 55.21%，$(C^{r}_{1,7}+X_{1,8})/C^{r}_{1,7}=1.4552$ 与 $\tilde{f}_{7\to8}=1.0505$ 的相对偏差为 38.53%. 这两个相对偏差都较大. 因此，最终选定进展年 7 的进展因子为 1.0505.

表 7.10 当 $X_{1,8}$ 为离群值时估计的进展因子和两种模型拟合的进展因子的比较

进展年	0→1	1→2	2→3	3→4	4→5	5→6	6→7	7→8	8→9
原始数据的进展因子	3.4906	1.7473	1.4574	1.1739	1.1038	1.0863	1.0539	1.0766	1.0177
含离群值时的进展因子	3.4906	1.7473	1.4574	1.1739	1.1038	1.0863	1.0539	1.5294	1.0116
模型 1 拟合的进展因子	3.2003	2.1446	1.6167	1.3000	1.0888	0.9380	0.8249	0.7369	—
模型 1 的相对偏差	−8.32%	22.73%	10.93%	10.74%	−1.36%	−13.65%	−21.73%	−51.82%	—
模型 2 拟合的进展因子	3.4368	1.9270	1.3715	1.1672	1.0920	1.0644	1.0542	1.0505	—
模型 2 的相对偏差	−1.54%	10.28%	−5.89%	−0.57%	−1.07%	−2.02%	0.03%	−31.31%	—

最后，表 7.11 给出了当 $X_{0,9}$ 为离群值时估计的进展因子和两种模型拟合的进展因子的比较. 可以看出，两种模型估计的进展年 8 的进展因子的相对偏差都比较大，说明进展年 9 的赔款额 $X_{0,9}$ 为离群值，且模型 2 的拟合效果较好. 故最终选定进展年 8 的进展因子为 $\tilde{f}_{8\to9}=1.0535$.

表 7.11 当 $X_{0,9}$ 为离群值时估计的进展因子和两种模型拟合的进展因子的比较

进展年	0→1	1→2	2→3	3→4	4→5	5→6	6→7	7→8	8→9
原始数据的进展因子	3.4906	1.7473	1.4574	1.1739	1.1038	1.0863	1.0539	1.0766	1.0177
含离群值时的进展因子	3.4906	1.7473	1.4574	1.1739	1.1038	1.0863	1.0539	1.0766	1.1772
模型 1 拟合的进展因子	3.1537	2.1527	1.6521	1.3518	1.1516	1.0086	0.9013	0.8179	0.7512
模型 1 的相对偏差	−9.65%	23.20%	13.36%	15.16%	4.33%	−7.15%	−14.48%	−24.03%	−36.19%
模型 2 拟合的进展因子	3.4352	1.9292	1.3752	1.1714	1.0964	1.0688	1.0587	1.0549	1.0535
模型 2 的相对偏差	−1.59%	10.41%	−5.64%	−0.21%	−0.67%	−1.61%	0.45%	−2.01%	−10.51%

三、考虑来自比利时一家保险公司的真实流量三角形数据①

下面我们讨论将传统链梯法和稳健链梯法应用于真实流量三角形中的结果. 考虑来自比利时一家保险公司非寿险业务的两个数据集，此数据来源于 Verdonck 等(2009)，如表 7.12 和表 7.13 所示.

① 类似于经典数据的分析，在分析这两个真实流量三角形数据基础上，最终选择的外推进展因子的曲线拟合模型都是反函数模型. 限于篇幅，这里不再展开.

表 7.12 比利时一家保险公司非寿险业务的真实增量赔款流量三角形(Ⅰ)

事故年 \ 进展年	0	1	2	3	4	5	6	7	8	9
0	135 338 126	90 806 681	68 666 715	55 736 215	46 967 279	35 463 367	30 477 244	24 838 121	18 238 489	14 695 083
1	125 222 434	89 639 978	70 697 962	58 649 114	46 314 227	41 369 299	34 394 512	26 554 172	24 602 209	
2	136 001 521	91 672 958	78 246 269	62 305 193	49 115 673	36 631 598	30 210 729	29 882 359		
3	135 277 744	103 604 885	78 303 084	61 812 683	48 720 135	39 271 861	32 029 697			
4	143 540 778	109 316 613	79 092 473	65 603 900	51 226 270	44 408 236				
5	132 095 863	88 862 933	69 269 383	57 109 637	48 818 781					
6	127 299 710	92 979 311	61 379 607	50 317 305						
7	120 660 241	89 469 673	71 570 718							
8	134 132 283	87 016 365								
9	131 918 566									

数据来源：数据来自 Verdonck 等(2009).

表 7.13 比利时一家保险公司非寿险业务的真实增量赔款流量三角形(Ⅱ)

事故年 \ 进展年	0	1	2	3	4	5	6	7	8	9
0	701 848	232 585	194 470	148 488	98 600	61 875	47 145	32 260	25 628	18 173
1	1 864 592	856 348	441 065	256 385	139 112	103 032	62 855	47 355	33 132	
2	1 152 332	2 381 638	2 545 868	2 613 448	2 310 415	2 712 015	3 662 850	3 704 750		
3	966 722	168 570	149 128	140 050	38 410	9 548	12 308			
4	789 602	485 170	192 082	149 400	140 052	43 518				
5	1 154 888	475 018	619 605	330 220	91 025					
6	1 053 622	459 830	419 665	273 385						
7	1 956 875	368 372	244 525							
8	1 568 152	966 498								
9	1 322 485									

数据来源：数据来自 Verdonck 等(2009).

1．真实增量赔款流量三角形(Ⅰ)的结果比较

对于表 7.12 所示的真实增量赔款流量三角形(Ⅰ)，链梯法估计的结果如表 7.14 所示．可以看出，链梯法建议总的索赔准备金为 $\hat{R}=\sum_{i=1}^{9}\hat{R}_i=1\ 463\ 388\ 942$.

稳健链梯法诊断出原始数据中存在一个离群值，即增量赔款额 $X_{1,8}=24\ 602\ 209$ 为离群值．按照第二小节给出的调整方法，将这一赔款额调整为 $X_{1,8}=18\ 408\ 362$，进展因子调整为 $\hat{f}_{7\to 8}=C_{0,8}/C_{0,7}=506\ 532\ 237/488\ 293\ 748=1.0374$．在此基础上，估计的未来增量赔款额和索赔准备金如表 7.15 所示．稳健链梯法估计的总的索赔准备金为 $\hat{R}=1\ 437\ 093\ 154$，与链梯法的估计结果很接近．

因此，在这个例子中，无论赔款额 $X_{1,8}$ 是否被替换，两种方法估计的结果没有太大差异．进一步仔细观察数据发现，诊断出的赔款额 $X_{1,8}$ 确实有点异常，但判定为离群值仍值得商榷．对非寿险公司来说，明智的做法是待下一评估日历年再进一步判断 $X_{1,8}$ 是否为离群值．也就是说，在下一评估日历年，精算人员需要仔细观察事故年 2、进展年 8 的赔款额 $X_{2,8}$．总之，建议每个评估日历年都要诊断离群值，前面评估日历年的诊断结果可为后续评估日历年提供参考．

2．真实增量赔款流量三角形(Ⅱ)的结果比较

对于表 7.13 所示的真实增量赔款流量三角形(Ⅱ)，链梯法估计的结果如表 7.16 所示．可以看出，链梯法建议总的索赔准备金为 $\hat{R}=18\ 673\ 307$.

稳健链梯法诊断出原始数据中存在 8 个离群值，这些离群值为事故年 2 的所有增量赔款额 $X_{2,0}$，$X_{2,1}$，$X_{2,2}$，$X_{2,3}$，$X_{2,4}$，$X_{2,5}$，$X_{2,6}$和 $X_{2,7}$．从表 7.13 可以看出，事故年 2 的增量赔款额的确异常高．这可能是由于发生了一些特殊情况，一种明智的做法是进一步仔细观察这些观测值．稳健链梯法将调整这些离群值，之后再估计索赔准备金．最终估计的未来增量赔款额和索赔准备金如表 7.17 所示．稳健链梯法估计的索赔准备金为 $\hat{R}=4\ 403\ 582$，与链梯法的估计结果存在显著差异．

此时，强烈建议检查原始赔款数据并确定哪一种索赔准备金估计更接近真实情况．若事故年 2 的观测值的确是异常值，下一年发生如此高赔款额的概率很小，则采用链梯法时财险公司将会预留太多的索赔准备金．在这种情况下，更好的做法是采用稳健链梯法的索赔准备金估计值，这样对事故年 2 的未决赔款来说，可足以保证有一个安全的边际．

从表 7.16 和表 7.17 可以看出，事故年 2 的高观测值也将影响未来赔款额估计．在这种情况下，知道这些数据中包含了一些异常观测值也是非常有用的．而且，没有理由坚信链梯法仍可以产生可靠的估计值．

综上所述，在实务中，离群值是完全有可能出现的，稳健链梯法可以处理多个离群值．我们应用经典数据和比利时一家保险公司非寿险业务的真实数据进行了实证分析，数值结果也表明，稳健链梯法具有优良性能，无论原始数据中存在单个或多个离群值，稳健链梯法都能有效地识别并调整这些离群值，以减少离群值对索赔准备金估计值的影响，并达到良好的估计效果．

表 7.14　链梯法估计的未来增量赔款额和索赔准备金

事故年＼进展年	0	1	2	3	4	5	6	7	8	9	索赔准备金
0	135 338 126	90 806 681	68 666 715	55 736 215	46 967 279	35 463 367	30 477 244	24 838 121	18 238 489	14 695 083	0
1	125 222 434	89 639 978	70 697 962	58 649 114	46 314 227	41 369 299	34 394 512	26 554 172	24 602 209	15 011 643	15 011 643
2	136 001 521	91 672 958	78 246 269	62 305 193	49 115 673	36 631 598	30 210 729	29 882 359	22 446 400	15 564 851	38 011 251
3	135 277 744	103 604 885	78 303 084	61 812 683	48 720 135	39 271 861	32 029 697	28 684 424	23 041 905	15 977 787	67 704 116
4	143 540 778	109 316 613	79 092 473	65 603 900	51 226 270	44 408 236	35 104 160	30 367 042	24 393 535	16 915 039	106 779 775
5	132 095 863	88 862 933	69 269 383	57 109 637	48 818 781	37 514 208	30 867 825	26 702 378	21 449 748	14 873 749	131 407 908
6	127 299 710	92 979 311	61 379 607	50 317 305	44 199 591	35 622 093	29 310 935	25 355 582	20 367 880	14 123 557	168 979 637
7	120 660 241	89 469 673	71 570 718	55 012 848	44 830 352	36 130 447	29 729 224	25 717 425	20 658 545	14 325 111	226 403 952
8	134 132 283	87 016 365	70 456 750	56 947 133	46 406 615	37 400 815	30 774 522	26 621 665	21 384 912	14 828 790	304 821 202
9	131 918 566	93 526 403	71 825 534	58 053 462	47 308 170	38 127 412	31 372 388	27 138 852	21 800 363	15 116 874	404 269 458
总计											1 463 388 942

表 7.15　稳健链梯法估计的未来增量赔款额和索赔准备金

事故年＼进展年	0	1	2	3	4	5	6	7	8	9	索赔准备金
0	135 338 126	90 806 681	68 666 715	55 736 215	46 967 279	35 463 367	30 477 244	24 838 121	18 238 489	14 695 083	0
1	125 222 434	89 639 978	70 697 962	58 649 114	46 314 227	41 369 299	34 394 512	26 554 172	18 408 362	14 831 952	14 831 952
2	136 001 521	91 672 958	78 246 269	62 305 193	49 115 673	36 631 598	30 210 729	29 882 359	19 201 132	15 470 702	34 671 833
3	135 277 744	103 604 885	78 303 084	61 812 683	48 720 135	39 271 861	32 029 697	28 684 424	19 710 539	15 881 140	64 276 103
4	143 540 778	109 316 613	79 092 473	65 603 900	51 226 270	44 408 236	35 104 160	30 367 042	20 866 752	16 812 723	103 150 676
5	132 095 863	88 862 933	69 269 383	57 109 637	48 818 781	37 514 208	30 867 825	26 702 378	18 348 574	14 783 780	128 216 765
6	127 299 710	92 979 311	61 379 607	50 317 305	44 199 591	35 622 093	29 310 935	25 355 582	17 423 121	14 038 126	165 949 447
7	120 660 241	89 469 673	71 570 718	55 012 848	44 830 352	36 130 447	29 729 224	25 717 425	17 671 762	14 238 461	223 330 518
8	134 132 283	87 016 365	70 456 750	56 947 133	46 406 615	37 400 815	30 774 522	26 621 665	18 293 112	14 739 094	301 639 705
9	131 918 566	93 526 403	71 825 534	58 053 462	47 308 170	38 127 412	31 372 388	27 138 852	18 648 498	15 025 434	401 026 153
总计											1 437 093 154

表 7.16 链梯法估计的未来增量赔款额和索赔准备金

事故年＼进展年	0	1	2	3	4	5	6	7	8	9	索赔准备金
0	701 848	232 585	194 470	148 488	98 600	61 875	47 145	32 260	25 628	18 173	0
1	1 864 592	856 348	441 065	256 385	139 112	103 032	62 855	47 355	33 132	44 804	44 804
2	1 152 332	2 381 638	2 545 868	2 613 448	2 310 415	2 712 015	3 662 850	3 704 750	234 276	251 089	485 365
3	966 722	168 570	149 128	140 050	38 410	9 548	12 308	248 762	19 262	20 645	288 670
4	789 602	485 170	192 082	149 400	140 052	43 518	335 820	357 819	27 707	29 696	751 042
5	1 154 888	475 018	619 605	330 220	91 025	408 495	574 541	612 180	47 403	50 805	1 693 424
6	1 053 622	459 830	419 665	273 385	327 050	387 509	545 025	580 730	44 968	48 195	1 933 478
7	1 956 875	368 372	244 525	580 847	466 988	553 317	778 230	829 213	64 209	68 817	3 341 620
8	1 568 152	966 498	808 505	755 655	607 530	719 840	1 012 442	1 078 768	83 533	89 527	5 155 799
9	1 322 485	754 419	662 493	619 187	497 813	589 840	829 600	883 947	68 447	73 359	4 979 105
总计											18 673 307

表 7.17 稳健链梯法估计的未来增量赔款额和索赔准备金

事故年＼进展年	0	1	2	3	4	5	6	7	8	9	索赔准备金
0	701 848	232 585	194 470	148 488	98 600	61 875	47 145	32 260	25 628	18 173	0
1	1 864 592	856 348	441 065	256 385	139 112	103 032	62 855	47 355	33 132	44 804	44 804
2	1 153 610	503 468	300 139	244 066	126 495	63 745	58 190	53 025	27 810	29 806	57 616
3	966 722	168 570	149 128	140 050	38 410	9 548	12 308	25 716	16 784	17 989	60 488
4	789 602	485 170	192 082	149 400	140 052	43 518	36 248	31 801	20 756	22 245	111 050
5	1 154 888	475 018	619 605	330 220	91 025	71 791	55 234	48 458	31 627	33 897	241 007
6	1 053 622	459 830	419 665	273 385	111 703	62 314	47 943	42 061	27 452	29 422	320 896
7	1 956 875	368 372	244 525	300 604	145 312	81 063	62 367	54 717	35 712	38 275	718 049
8	1 568 152	966 498	492 030	354 052	171 148	95 476	73 456	64 445	42 061	45 080	1 337 748
9	1 322 485	532 757	360 142	259 149	125 272	69 884	53 766	47 171	30 787	32 996	1 511 924
总计											4 403 582

7.1.4　主要结论与建议

本节阐述了链梯法评估的索赔准备金受离群值的强烈影响. 通常情况下，离群值将导致高估总的索赔准备金，迫使财险公司预留比实际需要更多的索赔准备金. 依赖于离群值出现的位置，财险公司也可能低估总的索赔准备金，在最坏的情况下，可能导致破产. 为了解决这一问题，本节提出了采用稳健链梯法来评估总的索赔准备金. 这种稳健方法可以有效诊断并调整流量三角形中的离群值，减少离群值对索赔准备金估计的影响.

在实务中，离群值是完全有可能出现的，通过比较链梯法和稳健链梯法的评估结果，可以有效查找并修正异常赔款额. 同时，进一步检查这些异常观测值可以揭示出更多有价值的信息，财险公司精算人员也可以根据具体的情况，采取不同的处理方法调整或保留异常赔款额，以提高索赔准备金估计的准确性.

最后指出，稳健链梯法很容易实施，而且不需要关于随机性模型和 GLM 的理论知识，所有的程序都已写入统计软件 R 中. 进一步需要探讨的是，稳健链梯法中索赔准备金的 MSEP 估计和预测分布的模拟问题.

第二节　考虑离群值的稳健广义线性模型

7.2.1　GLM 的稳健估计与索赔准备金评估

对于 GLM 中的模型参数来说，一些学者已经研究了 MLE 和拟似然估计(QLE)方法的稳健性问题. Cook 和 Weosberg(1982)对一般回归模型中的残差诊断及影响进行了分析研究. Pregibon(1982)基于医学数据研究了 Logistic 模型的稳健性. Stefanski 等(1986)，Carroll 和 Pederson(1993)在 GLM 框架下，通过研究模型对原始数据中离群值的敏感程度来探讨模型的稳健性，得出模型估计值的影响函数是无界的，即当某个解释变量的均值出现微小变化或各解释变量的取值出现离群值时，都会对响应变量的估计结果产生很大影响. Preisser 和 Qaqish(1999)在 Liang 和 Zeger(1986)的 GEE 框架下，提出了一类稳健估计量. 从这一类稳健估计量出发，Cantoni 和 Ronchetti(2001)基于 QLE 方法，提出了一种在 GLM 框架下的稳健推断工具，使得这种估计方法产生的偏差对响应变量和预测量的影响函数是有界的. 他们考虑的是 Mallows 类型的 M 估计的一般类. 在 Mallows 类型中，偏差对响应变量和预测量的影响函数都是有界的. 结合这些 GLM 稳健估计的理论研究，Verdonck 等(2009)首先探讨了链梯法中的稳健性问题，并使用 Cantoni 和 Ronchetti(2001)提出的稳健 GLM 进行了实证研究. Verdonck 和 Debruyne(2011)进一步在 GLM 框架下，通过构造影响函数来研究利用链梯法估计的索赔准备金对离群值的敏感程度，并提出了一套诊断流量三角形中离群值出现位置的有效工具.

结合这些研究，本节考虑识别流量三角形中离群值的 RGLM，进而光滑离群值，并通过这种方式使估计的索赔准备金接近没有离群值的估计结果. 财险公司精算人员可以通过这种方式度量有、无离群值两种情况下估计的索赔准备金的差异. 如果两种情况下得到的结果差异很大，建议进一步仔细观察原始数据.

7.2.2 基于 GLM 和 RGLM 的索赔准备金评估

在索赔准备金评估中，令 $X_{i,j}(0\leqslant i\leqslant I,0\leqslant j\leqslant J)$ 表示事故年 i、进展年 j 的增量赔款额，且期望值 $\mathrm{E}(X_{i,j})=\mu_{i,j}$. 不失一般性，假设 $I=J$.

一、索赔准备金评估的 GLM 和 RGLM

考虑如下乘法模型：

$$\mathrm{E}(X_{i,j})=\mu_{i,j}=\alpha_i\beta_j\gamma_{i+j}, \tag{7.26}$$

其中 α_i，β_j 和 γ_{i+j} 分别为事故年 i、进展年 j 和评估日历年 $i+j$ 的模型参数.

假设增量赔款额随机变量 $X_{i,j}$ 相互独立，并限制它们的分布为 EDF 分布，则式(7.26)所示的乘法模型就是一个 GLM，其中 $X_{i,j}$ 的期望值可以表示为线性形式 $\ln\alpha_i+\ln\beta_j+\ln\gamma_{i+j-1}$ 的指数，即存在一个对数联结函数.

令 $\gamma_{i+j}=1$，如果 $X_{i,j}$ 相互独立，且满足如下泊松分布假设：

$$X_{i,j}\sim\mathrm{Poisson}(\alpha_i\beta_j), \tag{7.27}$$

那么链梯法可以通过式(7.26)推导出来.

当使用 MLE 方法估计模型参数 α_i 和 β_j 时，可以得到满足乘积结构的 GLM，且含有泊松误差和对数联结函数. 由这个 GLM 产生的参数 α_i 和 β_j 的最优估计与利用链梯法得到的参数估计相同.

对于 GLM 框架下的二项模型和泊松模型，RGLM 的代码可参见 R 软件中的稳健统计软件包 robustbase. 我们可以直接调用该软件包，获得 RGLM 的索赔准备金估计结果. 下面进一步考虑 RGLM 下索赔准备金的 MSEP 估计.

二、基于 GLM 和 RGLM 的索赔准备金的 MSEP 估计

正如前面各章所述，由于 MSEP 可以计算出估计的精确度①，故在实务中，除了索赔准备金的均值估计之外，获得 MSEP 估计也是非常重要的. 随着非寿险索赔准备金评估领域的学者们对 MSEP 估计的日益关注，对 MSEP 估计的模型假设也产生了一些争议. 这方面的讨论可以参考 Mack 等(2006)，Venter(2006)，Wüthrich 等(2008). 这些已有讨论主要集中在一系列模型假设上. 通过引入不同假设下的随机性模型，可以得到几乎相同的索赔准备金

① 如通过构造置信区间来计算估计的精确度.

估计,但是得到的 MSEP 估计往往差异很大. 到目前为止,精算学术界仍没有令人信服的答案来支持链梯法的模型假设.

在随机性索赔准备金评估的理论研究中,England 和 Verrall(1999)分别基于对数正态分布、ODP 分布、Gamma 分布假设下的索赔准备金评估模型,使用一阶泰勒展开,推导出了索赔准备金的 MSEP 估计的解析形式. 然而,这些估计的计算相对比较复杂,且仍停留在近似估计基础上. 正如前面各章所述,当很难使用解析的方式估计 MSEP 时,一种流行的技术是 Bootstrap 方法. Bootstrap 方法已被证明是一种非常方便的工具,不但可以得到索赔准备金的 MSEP 估计,而且可以模拟出索赔准备金的预测分布.

在应用 Bootstrap 方法时,通常是对增量赔款的残差进行 Bootstrap 重抽样,而不是对增量赔款本身进行 Bootstrap 重抽样. 这是因为,一些观测值和参数估计之间存在相依性. 回顾前面各章内容可知,重抽样是基于残差独立同分布假设进行的. GLM 框架下可以选择不同类型的残差. 对 ODP 模型来说,通常使用 Pearson 残差. 含分散参数的 Pearson 残差和不含分散参数的 Pearson 残差的定义如式(7.10)和式(7.11)所示. 类似地,对于 RGLM 来说,确定一个稳健估计量的 MSEP 估计是一个更为复杂的问题. 在一些情况下,已有学者尝试回答这一问题,如 Croux 等(2003). 有关稳健估计量的更全面的解决方案仍然是稳健统计中的一个大问题. 这些困难也促使我们进一步探讨如何应用 Bootstrap 方法得到基于 RCL 法和 RGLM 的索赔准备金的 MSEP 估计.

正如 Stromberg(1997)所述,无论初始估计的稳健性如何,Bootstrap 样本协方差阵的击穿点(Breakdown Point)是 $1/(I+1)$. 因此,当 $I+1$ 很大时,击穿值(Breakdown Value)接近 0. 击穿值定义为数据集中离群观测值的最小比例,相应的观测值被替换后,估计值会趋向于无穷. 因此,即使初始估计不受离群值的影响,Bootstrap 协方差估计也可能受离群值的严重影响. Stromberg(1997)得出的结论是: 可以通过一种基于 Bootstrap 方法的可靠方式来估计稳健估计量的方差,但是在计算 Bootstrap 方差估计时,不采用样本方差,而采用一个更稳健的度量值. 这里,我们考虑的尺度稳健度量为中位数绝对偏差(Median Absolute Deviation, MAD),定义为所有偏离样本中位数的绝对距离,即

$$\mathrm{MAD}=1.483\,\mathrm{median}_{j=0,\cdots,J}\left|x_j-\mathrm{median}_{i=0,\cdots,I}(x_i)\right|, \tag{7.28}$$

其中常数 1.483 是一个调整因子,使得对于正态分布来说,MAD 是无偏的. MAD 的击穿值为 50%,而样本方差的击穿点是 0.

由于残差的方差比相应随机变量的方差要小,England 和 Verrall(1999)建议进行偏差调整. 另外,每个残差的方差不但取决于随机变量,而且取决于模型的数据结构. 偏差调整后,基于 Bootstrap 方法估计所有事故年总的索赔准备金的 MSEP 的计算公式为

$$\widehat{\mathrm{MSEP}}_{\mathrm{bs}}=\frac{N}{N-p}\left(\mathrm{SE}_{\mathrm{bs}}\left(\sum_i \hat{R}_i\right)\right)^2+\hat{\phi}\sum_i \hat{R}_i, \tag{7.29}$$

其中 Pearson 的分散参数 ϕ 的估计 $\hat{\phi}$ 可由式(7.12)来计算.

7.2.3 数值实例

一、数据来源

本小节将展示，当引入一个离群值时，如何将提出的 GLM 和 RGLM 应用于 Taylor 和 Ashe(1983)所使用的经典数据集中. 该数据集如表 7.6 所示，假设该数据集中没有离群值. 我们通过比较添加离群值前后 GLM 和 RGLM 的评估结果的差异来度量两种方法对离群值的敏感程度，其中 GLM 中考虑的是 ODP 分布，RGLM 与 GLM 一样，只是参数估计采用 Cantoni 和 Ronchetti(2001)提出的稳健算法. 为了与已有研究结果进行比较，下面也给出了 CL 法和 RCL 法的估计结果.

二、CL 法、RCL 法、GLM 和 RGLM 对离群值敏感程度的比较分析

下面通过将某一增量赔款额扩大 10 倍的方式引入离群值. 表 7.18 给出了添加离群值前后，使用 CL 法、RCL 法、GLM 和 RGLM 得到的索赔准备金估计值，其中第 2 行表示采用不含离群值的原始数据集得到的结果. 可以看出，CL 法、RCL 法和 GLM 得到的索赔准备金估计值都是 18 680 856，RGLM 的估计结果略高一些，为 18 839 333. 故使用 RCL 法和 RGLM 对不含离群值的数据是相当安全的. 其余的行依次是考虑上三角每一位置的增量赔款额扩大 10 倍以后，即每次只含一个离群值情况下，四种评估方法得到的估计结果. 可以看出，单一离群值的出现使得不同评估方法的估计结果差异很大. 为了更能展示这种差异，图 7.2 给出了四种评估方法对单一离群值出现位置的敏感程度的比较.

表 7.18 添加离群值前后四种评估方法的估计结果的比较

离群值的位置	扩大 10 倍的离群值	CL 法	RCL 法	GLM	RGLM
无	无	18 680 856	18 680 856	18 680 856	18 839 333
(0,0)	3 578 480	12 603 783	18 487 959	12 603 783	13 328 668
(0,1)	7 669 400	12 851 784	18 411 731	12 851 784	13 041 002
(0,2)	6 105 420	15 813 130	18 370 569	15 813 130	15 908 930
(0,3)	4 829 400	18 169 959	18 419 406	18 169 959	18 270 311
(0,4)	5 273 260	20 132 751	18 681 093	20 132 751	19 847 842
(0,5)	5 743 980	22 709 179	18 584 734	22 709 179	22 139 912
(0,6)	1 463 420	20 329 847	18 879 228	20 329 847	20 185 642
(0,7)	1 399 500	21 616 873	19 149 029	21 616 873	21 204 448
(0,8)	2 272 290	28 068 004	18 784 266	28 068 004	27 677 539
(0,9)	679 480	26 382 875	20 410 445	26 382 875	26 621 669
(1,0)	3 521 180	13 064 239	18 619 218	13 064 239	13 536 364
(1,1)	8 840 210	13 080 595	18 628 484	13 080 595	13 087 107
(1,2)	9 338 940	16 044 692	18 713 353	16 044 692	15 934 573
(1,3)	11 832 890	20 313 528	18 757 158	20 313 528	19 691 394
(1,4)	4 457 450	20 318 298	18 713 874	20 318 298	20 091 626

续表

离群值的位置	扩大10倍的离群值	CL法	RCL法	GLM	RGLM
(1,5)	3 209 960	21 142 008	18 740 127	21 142 008	20 980 352
(1,6)	5 278 040	25 833 401	18 526 323	25 833 401	25 321 955
(1,7)	2 661 720	24 770 914	18 865 708	24 770 914	24 618 051
(1,8)	4 250 460	36 975 225	17 328 137	36 975 225	37 819 011
(2,0)	2 905 070	14 594 660	16 911 913	14 594 660	15 119 785
(2,1)	10 017 990	14 881 519	18 942 881	14 881 519	14 840 586
(2,2)	9 262 190	18 190 072	18 744 757	18 190 072	17 907 853
(2,3)	10 166 540	22 260 738	18 608 427	22 260 738	21 398 414
(2,4)	7 508 160	23 910 232	18 437 900	23 910 232	23 031 220
(2,5)	1 469 230	20 281 482	18 899 668	20 281 482	20 445 844
(2,6)	4 959 920	26 993 251	18 345 131	26 993 251	26 217 904
(2,7)	2 804 050	26 124 080	18 501 515	26 124 080	25 530 928
(3,0)	3 106 080	14 890 583	18 344 006	14 890 583	15 635 844
(3,1)	11 082 500	16 119 238	18 927 113	16 119 238	16 109 039
(3,2)	7 761 890	19 166 515	18 677 034	19 166 515	18 992 655
(3,3)	15 624 000	26 779 838	18 270 950	26 779 838	26 004 658
(3,4)	2 724 820	20 950 173	18 892 896	20 950 174	20 737 414
(3,5)	3 520 530	23 178 356	18 649 556	23 178 356	22 780 256
(3,6)	2 062 860	22 505 925	18 950 015	22 505 925	22 044 677
(4,0)	4 431 600	14 864 015	19 021 397	14 864 015	15 396 659
(4,1)	6 931 900	17 682 939	18 483 164	17 682 939	17 790 906
(4,2)	9 919 830	21 424 577	18 706 467	21 424 577	21 077 167
(4,3)	7 694 880	23 930 482	19 199 746	23 930 482	23 297 747
(4,4)	5 048 510	24 047 427	18 934 684	24 047 427	23 316 993
(4,5)	4 706 390	25 775 382	18 733 871	25 775 382	24 961 291
(5,0)	3 961 320	15 906 579	18 362 703	15 906 579	16 422 207
(5,1)	9 370 850	19 712 830	18 663 571	19 712 830	19 538 605
(5,2)	8 474 980	22 724 309	18 761 396	22 724 309	22 362 176
(5,3)	8 050 370	26 011 071	19 204 133	26 011 071	25 272 745
(5,4)	7 059 600	27 889 017	18 444 105	27 889 017	26 949 513
(6,0)	4 408 320	17 251 335	18 786 451	17 251 335	17 487 130
(6,1)	8 476 310	22 268 233	18 761 392	22 268 233	21 978 585
(6,2)	11 313 980	28 111 881	18 608 619	28 111 881	27 487 874
(6,3)	10 632 690	32 254 649	19 273 972	32 254 649	31 182 740
(7,0)	3 594 800	20 451 046	18 679 791	20 451 046	20 305 126
(7,1)	10 616 480	32 812 737	18 463 426	32 812 737	31 926 498
(7,2)	14 433 700	44 155 256	17 631 819	44 155 256	43 304 970
(8,0)	3 766 860	27 531 995	18 643 601	27 531 995	27 787 925
(8,1)	9 866 080	50 350 360	18 336 128	50 350 360	50 669 456
(9,0)	3 440 140	60 313 152	19 004 501	60 313 152	61 101 893

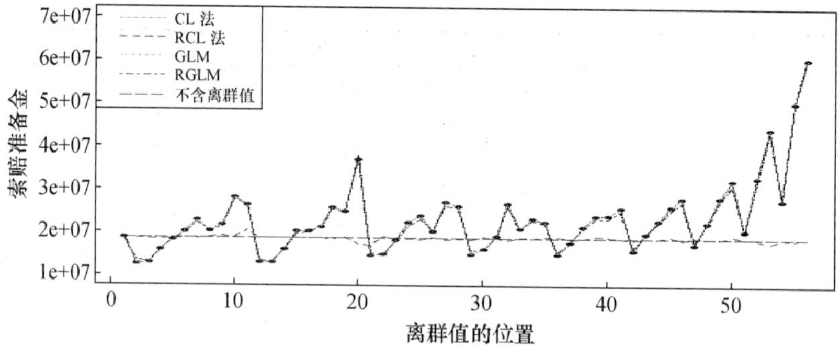

图 7.2 四种评估方法对单一离群值出现位置的敏感程度的比较

在图 7.2 中，作为比较基准，破折线表示不含离群值情况下，CL 法、RCL 法和 GLM 三种评估方法的估计结果 18 680 856. 可以看出，该线是一条与水平轴平行的线. 实线、虚线、点线和点折线分别表示按照表 7.18 的顺序，依次添加单一离群值后，CL 法、RCL 法、GLM 和 RGLM 得到的索赔准备金估计值. 可以看出，添加离群值后，CL 法和 GLM 的评估结果与 18 680 856 存在很大差异，且离群值所处的位置不同，评估结果也明显不同. 这说明，CL 法和 GLM 的评估结果在很大程度上依赖于离群值所处的位置. 相比之下，RCL 法的评估结果非常令人满意，不但可以得到与真正的索赔准备金 18 680 856 非常接近的结果，而且可以成功地诊断出添加的离群值. 此例中 RGLM 的评估结果不如 RCL 法的评估结果好，RCL 法对单一离群值出现位置的敏感性最低，一定程度上表明 RCL 法的评估结果更可靠.

最后指出，与第一节类似，这里并没有给出 RCL 法和 RGLM 可以排除多少个离群值的影响. 很显然，对于各个事故年来说，离群值的个数并不重要. 而当某一进展年的离群值比正常赔款额还要多时，RCL 法和 RGLM 也会出问题，但实务中这种情况发生的概率相对比较低.

三、GLM 和 RGLM 两种评估方法估计的 MSEP

表 7.19 给出了在有、无离群值两种情况下，GLM 和 RGLM 两种评估方法估计的过程标准差、参数误差的平方根(也称标准误差)和 MSEP 的平方根(也称预测标准误差). 这些估计是采用第三章给出的解析解计算的. 正如上一小节所示，这种解析计算相对比较复杂，结合前面章节的研究，也可以考虑应用适当调整后的 Bootstrap 方法得到相应的 MSEP 估计，这里不再展开.

表 7.19 的第 2 行表示不含离群值的情况. 可以看出，与 GLM 相比，RGLM 得到一个更高的标准误差. 这种现象并不意外，就是通常所说的在稳健性与效率之间的权衡结果. 在不含离群值的情况下，更高的标准误差是选取稳健方法的代价. 一旦数据中存在离群值，可以看到稳健性是有价值的.

表 7.19 有、无离群值两种情况下 GLM 和 RGLM 估计的预测标准误差

离群值的位置	GLM					RGLM				
	索赔准备金	过程标准差	标准误差	预测标准误差	预测误差	索赔准备金	过程标准差	标准误差	预测标准误差	预测误差
无	18 680 856	991 281	2 773 836	2 945 641	16%	18 839 333	995 482	2 885 763	3 052 641	16%
(0,0)	12 603 783	2 001 129	3 868 885	4 355 777	35%	13 328 668	2 057 872	4 243 470	4 716 129	35%
(0,1)	12 851 784	2 158 696	5 808 489	6 196 654	48%	13 041 002	2 174 531	5 997 412	6 379 462	49%
(0,2)	15 813 130	2 028 503	5 592 581	5 949 100	38%	15 908 930	2 034 639	5 767 989	6 116 327	38%
(0,3)	18 169 959	1 759 367	4 876 929	5 184 574	29%	18 270 311	1 764 218	5 079 659	5 377 304	29%
(0,4)	20 132 751	2 454 842	6 880 735	7 305 529	36%	19 847 842	2 437 411	7 030 374	7 440 909	37%
(0,5)	22 709 179	2 841 425	8 100 531	8 584 422	38%	22 139 912	2 805 644	8 141 656	8 611 516	39%
(0,6)	20 329 847	1 340 754	3 742 123	3 975 061	20%	20 185 642	1 335 990	3 841 710	4 067 383	20%
(0,7)	21 616 873	1 429 223	4 055 386	4 299 864	20%	21 204 448	1 415 524	4 114 679	4 351 355	21%
(0,8)	28 068 004	1 591 570	4 968 837	5 217 512	19%	27 677 539	1 580 461	5 016 041	5 259 137	19%
(0,9)	26 382 875	1 178 039	4 073 488	4 240 410	16%	26 621 669	1 183 364	4 238 684	4 400 772	17%
(1,0)	13 064 239	1 790 286	3 706 757	4 116 451	32%	13 536 364	1 822 349	3 979 342	4 376 770	32%
(1,1)	13 080 595	2 115 415	6 018 383	6 379 335	49%	13 087 107	2 115 942	6 056 457	6 415 441	49%
(1,2)	16 044 692	2 338 189	6 912 569	7 297 310	45%	15 934 573	2 330 152	7 014 895	7 391 777	46%
(1,3)	20 313 528	2 850 787	8 761 813	9 213 922	45%	19 691 394	2 806 793	8 805 152	9 241 687	47%
(1,4)	20 318 298	1 976 868	5 677 448	6 011 774	30%	20 091 626	1 965 811	5 843 034	6 164 857	31%
(1,5)	21 142 008	1 790 789	5 126 993	5 430 744	26%	20 980 352	1 783 931	5 283 293	5 576 342	27%
(1,6)	25 833 401	2 492 522	7 455 212	7 860 843	30%	25 321 955	2 467 756	7 506 232	7 901 477	31%
(1,7)	24 770 914	1 751 620	5 195 978	5 483 280	22%	24 618 051	1 746 209	5 349 410	5 627 205	23%
(1,8)	36 975 225	2 034 427	7 051 081	7 338 708	20%	37 819 011	2 057 511	7 444 823	7 723 907	20%
(2,0)	14 594 660	1 684 087	3 764 563	4 124 086	28%	15 119 785	1 714 116	4 052 293	4 399 917	29%
(2,1)	14 881 519	2 412 397	7 200 817	7 594 170	51%	14 840 586	2 409 079	7 221 805	7 613 024	51%
(2,2)	18 190 072	2 460 474	7 521 792	7 913 993	44%	17 907 853	2 441 313	7 507 250	7 894 226	44%
(2,3)	22 260 738	2 704 794	8 482 663	8 903 453	40%	21 398 414	2 651 889	8 354 859	8 765 625	41%
(2,4)	23 910 232	2 859 290	8 783 432	9 237 111	39%	23 031 220	2 806 242	8 671 749	9 114 506	40%
(2,5)	20 281 482	1 157 402	3 308 526	3 505 128	17%	20 445 844	1 162 092	3 438 647	3 629 704	18%
(2,6)	26 993 251	2 458 910	7 551 950	7 942 178	29%	26 217 904	2 423 355	7 466 806	7 850 213	30%
(2,7)	26 124 080	1 831 805	5 570 316	5 863 781	22%	25 530 928	1 810 893	5 592 984	5 878 843	23%
(3,0)	14 890 583	1 761 024	3 950 086	4 324 857	29%	15 635 844	1 804 555	4 294 745	4 658 460	30%
(3,1)	16 119 238	2 638 772	8 028 257	8 450 801	52%	16 109 039	2 637 940	8 058 938	8 479 694	53%
(3,2)	19 166 515	2 242 705	6 798 377	7 158 747	37%	18 992 655	2 232 510	6 823 232	7 179 178	38%
(3,3)	26 779 838	3 795 862	12 801 199	13 352 126	50%	26 004 658	3 740 531	12 758 094	13 295 132	51%
(3,4)	20 950 174	1 464 202	4 261 008	4 505 561	22%	20 737 414	1 456 781	4 368 312	4 604 819	22%
(3,5)	23 178 356	1 943 235	5 769 684	6 088 137	26%	22 780 256	1 926 476	5 850 772	6 159 776	27%
(3,6)	22 505 925	1 432 692	4 191 586	4 429 672	20%	22 044 677	1 417 935	4 238 425	4 469 316	20%
(4,0)	14 864 015	2 212 136	4 839 681	5 321 283	36%	15 396 659	2 251 423	5 183 507	5 651 340	37%
(4,1)	17 682 939	2 138 418	6 238 429	6 594 758	37%	17 790 906	2 144 936	6 434 150	6 782 259	38%
(4,2)	21 424 577	2 810 554	8 796 152	9 234 257	43%	21 077 167	2 787 674	8 805 360	9 236 097	44%
(4,3)	23 930 482	2 391 862	7 436 559	7 811 748	33%	23 297 747	2 360 029	7 463 218	7 827 475	34%
(4,4)	24 047 427	2 358 711	7 150 581	7 529 563	31%	23 316 993	2 322 613	7 191 595	7 557 352	32%

续表

离群值的位置	GLM					RGLM				
	索赔准备金	过程标准差	标准误差	预测标准误差	预测误差	索赔准备金	过程标准差	标准误差	预测标准误差	预测误差
(4,5)	25 775 382	2 482 646	7 578 955	7 975 217	31%	24 961 291	2 443 134	7 570 871	7 955 312	32%
(5,0)	15 906 579	2 076 970	4 633 439	5 077 653	32%	16 422 207	2 110 365	4 953 327	5 384 152	33%
(5,1)	19 712 830	2 566 932	7 710 848	8 126 888	41%	19 538 605	2 555 564	7 752 112	8 162 484	42%
(5,2)	22 724 309	2 508 335	7 769 521	8 164 386	36%	22 362 176	2 488 269	7 783 418	8 171 479	37%
(5,3)	26 011 071	2 419 470	7 624 235	7 998 924	31%	25 272 745	2 384 884	7 654 009	8 016 953	32%
(5,4)	27 889 017	2 913 656	9 186 368	9 637 362	35%	26 949 513	2 864 160	9 185 662	9 621 840	36%
(6,0)	17 251 335	2 144 435	4 814 285	5 270 289	31%	17 487 130	2 159 041	5 056 248	5 497 918	31%
(6,1)	22 268 233	2 356 623	7 070 566	7 452 957	33%	21 978 585	2 341 247	7 081 958	7 458 925	34%
(6,2)	28 111 881	3 040 508	9 867 531	10 325 350	37%	27 487 874	3 006 573	9 799 392	10 250 247	37%
(6,3)	32 254 649	2 907 098	9 647 333	10 075 825	31%	31 182 740	2 858 384	9 573 349	9 990 964	32%
(7,0)	20 451 046	1 802 428	4 282 590	4 646 431	23%	20 305 126	1 795 987	4 411 048	4 762 658	23%
(7,1)	32 812 737	2 625 085	8 501 763	8 897 811	27%	31 926 498	2 589 392	8 353 339	8 745 469	27%
(7,2)	44 155 256	3 595 127	12 995 414	13 483 535	31%	43 304 970	3 560 348	12 987 604	13 466 771	31%
(8,0)	27 531 995	1 999 178	5 402 816	5 760 827	21%	27 787 925	2 008 448	5 638 150	5 985 199	22%
(8,1)	50 350 360	2 465 830	9 314 344	9 635 212	19%	50 669 456	2 473 634	9 514 113	9 830 423	19%
(9,0)	60 313 152	1 781 166	9 199 244	9 370 093	16%	61 101 893	1 792 785	9 628 969	9 794 443	16%

为了更好地比较两种评估方法得到的预测标准误差，图 7.3 给出了 GLM，RGLM 两种评估方法得到的预测标准误差（利用解析估计）对单一离群值的敏感程度的比较. 从中可以看出，在有、无离群值两种情况下，两种评估方法估计的预测标准误差都很接近.

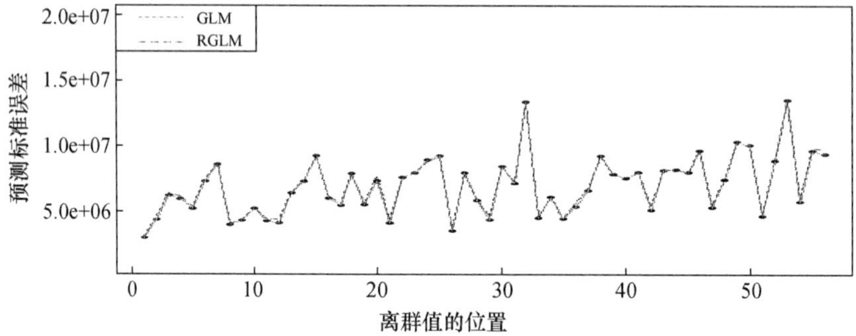

图 7.3 GLM 和 RGLM 得到的预测标准误差对单一离群值的敏感程度的比较

第三节 本章小结

本章探讨了流量三角形中的离群值问题. 结合数值实例，本章阐述了基于 CL 法和 GLM 评估的索赔准备金对离群值具有高度依赖性，即流量三角形中的异常赔款额会对 CL

法和 GLM 得到的索赔准备金估计结果产生很大的影响. 为了排除离群值对索赔准备金估计的影响,本章详细探讨了基于 RCL 法和 RGLM 的两种稳健索赔准备金评估方法. 这两种稳健评估方法都可以有效识别出流量三角形中的离群值,并通过调整离群值,使估计的索赔准备金接近没有离群值情况下的估计结果.

与前面各章给出的评估方法相比,这种稳健评估方法在研究索赔准备金评估、隐藏的离群值和构建一个更符合实际的索赔准备金评估模型等方面都具有诊断性能,是一种非常方便的辅助手段,有助于获得索赔准备金评估的新的洞察力. 在实务中,财险公司的精算人员可以通过同时应用以往的评估方法和稳健评估方法估计索赔准备金,并对两种评估结果进行比较. 如果两种评估结果差异很大,建议进一步仔细观察原始数据,进而分析导致异常索赔额背后的原因,并根据具体情况,采取合理的处理方法调整或保留异常赔款额,提高索赔准备金估计的准确性.

总之,关于索赔准备金评估中的数据和模型的统计诊断以及模型的选择问题是一个具有重要实际应用价值的研究专题. 对该专题的深入研究,可以指导索赔准备金评估模型和方法的选择,避免机械地使用评估模型与方法. 以下两个方面可以作为进一步的研究方向: 第一,考虑稳健 GLM 及各种扩展模型,如稳健广义线性混合模型(RGLMM)、稳健分层广义线性模型(RHGLM)等,并合理评估出离群值对索赔准备金估计的影响程度;第二,除了索赔准备金估计之外,作为一种波动性度量,获取索赔准备金的 MSEP 估计和预测分布也是很有研究意义的. 这需要借鉴前面各章内容,进一步在稳健性框架下,考虑索赔准备金评估的各种随机性模型与方法,如考虑适当调整后的 Bootstrap 方法和 MCMC 方法.

参考文献

［1］ Ajne B. Additivity of chain-ladder projections. ASTIN Bulletin，1994，24(2)：311-318.

［2］ Björkwall S，Hössjer O，Ohlsson E，et al. A generalized linear model with smoothing effects for claims reserving. Insurance：Mathematics and Economics，2011，49(1)：27-37.

［3］ Braun C. The prediction error of the chain ladder method applied to correlated runoff triangles. ASTIN Bulletin，2004，34(2)：399-423.

［4］ Brys G，Hubert M，Struyf A. Robust measures of tail weight. Computational Statistics and Data Analysis，2006，50(3)：733-759.

［5］ Cantoni E，Ronchetti E. Robust inference for generalized linear models. Journal of the American Statistical Association，2001，96(455)：1022-1030.

［6］ Carroll R J，Pederson S. On robustness in the logistic regression model. Journal of the Royal Statistical Society，Series B，1993，55(3)：693-706.

［7］ Clark D R. LDF curve fitting and stochastic loss reserving：a maximum likelihood approach. Casualty Actuarial Society Forum，Fall，2003：41-91.

［8］ Cook R D，Weisberg S. Residuals and Influence in Regression. New York：Chapman and Hall，1982.

［9］ Croux C，Dhaene G，Hoorelbeke D. Robust standard errors for robust estimators. Research Report，Department of Applied Economics，University of Leuven，2003.

［10］ Davidian M，Giltinan D. Nonlinear Models for Repeated Measurement Data. London：Chapman and Hall，1995.

［11］ England P D，Verrall R J. Analytic and bootstrap estimates of prediction errors in claims reserving. Insurance：Mathematics and Economics，1999，25(3)：281-293.

［12］ England P D，Verrall R J. Stochastic claims reserving in general insurance. British Actuarial Journal，2002，8(3)：443-518.

［13］ England P D，Verrall R J. Predictive distributions of outstanding liabilities ingeneral insurance. Annuals of Actuarial Science，2007，1(2)：221-270.

［14］ Frees E W. Regression Modeling with Actuarial and Financial Applications. New York：Cambridge University Press，2010.

［15］ Gelman A，Carlin J，Stern H，Rubin D. Bayesian Data Analysis. London：Chapman and Hall，2004.

［16］ Gelman A，Hill J. Data Analysis Using Regression and Multilevel/Hierarchical Models. New York：Cambridge University Press，2007.

［17］ Geweke J，Whiteman C H. Bayesian Forecasting//Elliott G，Granger C W J，Timmerman A. In Handbook of Economic Forecasting. Amsterdam：North-Holland，2006.

[18] Gigante P, Picech L, Sigalotti L. Claims reserving in the hierarchical generalized linear models framework. Insurance: Mathematics and Economics, 2013, 52(2): 381-390.

[19] Guszcza J. Hierarchical growth curve models for loss reserving. Casualty Actuarial Society E-Forum, Fall 2008, 146-172.

[20] Hachemeister C A, Stanard J N. IBNR claims count estimation with static lag functions. ASTIN Meeting, Portimão, Portugal, 1975.

[21] Halliwell L J. Loss prediction by generalized least squares. Proceedings of the Casualty Actuarial Society,1996, 83: 436-489.

[22] Hampel F R, Ronchetti E M, Rousseeuw P J, et al. Robust Statistics: The Approach Based on Influence Functions. New York: Wiley, 1986.

[23] Hess K T, Schmidt K D, Zocher M. Multivariate loss prediction in the multivariate additive model. Insurance: Mathematics and Economics, 2006, 39(2): 185-191.

[24] Houltram A. Reserving judgement. The Institute of Actuaries of Australia, XIVth General Insurance Seminar ,2003.

[25] Huber P J. Robust Statistics. New York: Wiley, 1981.

[26] Hubert M, Vandervieren E. An adjusted boxplot for skewed distributions. Computational Statistics and Data Analysis, 2008, 52(12): 5186-5201.

[27] Klemmt H J. Trennung von schadenarten und additivitä t bei chain ladder prognosen. ASTIN Meeting, Munich, Fall ,2004.

[28] Mack T. Distribution-free calculation of the standard error of chain ladder reserve estimates . ASTIN Bulletin, 1993, 23(2): 213-225.

[29] Mack T, Quarg T, Braun C. The mean square error of prediction in the chain ladder reserving method: a comment. ASTIN Bulletin, 2006, 36(2): 543-552.

[30] Maronna R, Martin D, Yohal V. Robust Statistics: Theory and Methods. New York: Wiley, 2006.

[31] McCullough P, Nelder J A. Generalized Linear Models. 2nd ed. London: Chapman & Hall/CRC, 1989.

[32] Merz M, Wüthrich M V. Prediction error of the chain ladder reserving method applied to correlated run-off triangles. Annals of Actuarial Science, 2007, 2(1): 25-50.

[33] Merz M, Wüthrich M V. Prediction error of the multivariate chain ladder reserving method . North American Actuarial Journal, 2008, 12(2): 175-197.

[34] Merz M, Wüthrich M V. Prediction error of the multivariate additive loss reserving method for dependent lines of business. Variance, 2009a, 3(1): 131-151.

[35] Merz M, Wüthrich M V. Combining chain-ladder and additive loss reserving method for dependent lines of business. Variance, 2009b, 3(2): 270-291.

[36] Meyers G. Stochastic loss reserving with the collective risk model. Variance, 2009, 3(2): 239-269.

[37] Ntzoufras I. Bayesian Modeling Using WinBUGS. Hoboken, New Jersey: John Wiley & Sons, Inc, 2009.

[38] Pinheiro J C, Bates D M. Mixed-Effects Models in S and S-Plus. New York: Springer-Verlag, 2000.

[39] Pole A, West M, Harrison J. Applied Bayesian Forecasting and Time Series Analysis. New York: Chapman & Hall, 1994.

[40] Pregibon D. Resistant fits for some commonly used logistic models with medical applications. Biometrics, 1982, 38(2): 485-498.

[41] Preisser J S, Qaqish B F. Robust regression for clustered data with applications to binary regression. Biometrics, 1999, 55(2): 574-579.

[42] Pröhl C, Schmidt K D. Multivariate chain-ladder. Dresdner Schriften zur Versicherungs mathematik, 2005, 3: 1-15.

[43] Quarg G, Mack T. Munich chain ladder. Blätter der DGVFM, Band, 2004, 26(4): 597-630.

[44] Raudenbush S W, Bryk A S. Hierarchical Linear Models: Applications and Data Analysis Methods. 2nd ed. New York: SAGE Publications, 2002.

[45] Renshaw A E, Verrall R J. A stochastic model underlying the chain ladder technique. British Actuarial Journal, 1998, 4(4): 903-923.

[46] Rousseeuw P, Leroy A. Robust Regression and Outlier Detection. New York: Wiley, 1987.

[47] Schmidt K D. Methods and models of loss reserving based on run-off triangles: a unifying survey. Casualty Actuarial Society Forum, Fall, 2006a: 269-317.

[48] Schmidt K D. Optimal and additive loss reserving for dependent lines of business. Casualty Actuarial Society Forum, Fall, 2006b: 319-351.

[49] Sherman R E. Extrapolating, smoothing, and interpolating development factors. Proceedings of the Casualty Actuarial Society, 1984, 71: 122-155.

[50] Stefanski L A, Carroll R J, Ruppert D. Optimally bounded score functions for generalized linear models with applications to logistic regression. Biometrika, 1986, 73(2): 413-424.

[51] Stromberg A J. Robust covariance estimates based on resampling. Journal of Statistical Planning and Inference, 1997, 57(2): 321-334.

[52] Taylor G, Ashe F R. Second moments of estimates of outstanding claims. Journal of Econometrics, 1983, 23(1): 37-61.

[53] Taylor G, McGuire G, Greenfield A. Loss reserving: past, present and future. www.economics.unimelb.edu.au/ACT/html/no109.pdf, 2003.

[54] Tukey J W. Exploratory Data Analysis. Reading, MA: Addison-Wesley, 1977.

[55] Van Wouwe M, Verdonck T, Van Rompay K. Application of classical and robust chain-ladder methods:results for the Belgium non-Life business. Global Business and Economics Review, 2009, 11(2): 99-115.

[56] Venter G. Discussion of the mean square error of prediction in the chain-ladder reserving method. ASTIN Bulletin, 2006, 36(2): 566-571.

[57] Verdonck T, Debruyne M. The influence of individual claims on the chain-ladder estimates: Analysis and diagnostic tool. Insurance: Mathematics and Economics, 2011, 48(1): 85-98.

[58] Verdonck T, Van Wouwe M, Dhaene J. A robustification of the Chain-Ladder Method. North American Actuarial Journal, 2009, 13(2): 280-298.

[59] Wüthrich M V, Merz M. Stochastic Claims Reserving Methods in Insurance. New Jersey: Wiley, 2008.

[60] Wüthrich M V, Merz M, Bühlmann H. Bounds on the estimation error in the chain ladder method. Scandinavian Actuarial Journal, 2008, (4): 283-300.

[61] Zehnwirth B. Probabilistic development factor models with applications to loss reserve variability, prediction Intervals and risk based capital. Casualty Actuarial Society Forum, Spring, 1994, 2: 447-606.

[62] Zhang Y W, Dukic V, Guszcza J. A Bayesian non-linear model for forecasting insurance loss payments. Journal Royal Statistical Society, Series A, 2012, 175(2): 637-656.

[63] 吴小平. 保险公司非寿险业务准备金评估实务指南. 北京: 中国财政经济出版社,2005.

[64] 张连增. 未决赔款准备金评估的随机性模型与方法. 北京: 中国金融出版社,2008.

[65] 张连增,段白鸽. 非寿险索赔准备金评估随机性方法. 北京: 北京大学出版社,2013.

附　　录

附录 A　逆向计算与过度分散泊松模型和链梯法的一致性

在 ODP 模型假设下，对于不同事故年 i 和进展年 $j\,(0\leqslant i\leqslant I, 0\leqslant j\leqslant J)$，假设 $I=J$，参数 $\hat{\mu}_i$ 和 $\hat{\gamma}_j$ 满足如下方程：

$$\sum_{j=0}^{I-i}\hat{\mu}_i\hat{\gamma}_j=\sum_{j=0}^{I-i}X_{i,j}=C_{i,I-i}, \tag{A1}$$

$$\sum_{i=0}^{I-j}\hat{\mu}_i\hat{\gamma}_j=\sum_{i=0}^{I-j}X_{i,j}, \tag{A2}$$

其中 $C_{i,I-i}$ 为对角线上的累计赔款额.

现设 $j<I-i$，考虑如何由 $C_{i,I-i}$ 得到 $C_{i,j}$ 的拟合值. 显然

$$\hat{C}_{i,j}=\sum_{k=0}^{j}\hat{\mu}_i\hat{\gamma}_k=\hat{\mu}_i\sum_{k=0}^{j}\hat{\gamma}_k=\hat{\mu}_i\sum_{k=0}^{I-i}\hat{\gamma}_k\frac{\sum_{k=0}^{j}\hat{\gamma}_k}{\sum_{k=0}^{I-i}\hat{\gamma}_k}=C_{i,I-i}\frac{\sum_{k=0}^{j}\hat{\gamma}_k}{\sum_{k=0}^{I-i}\hat{\gamma}_k}. \tag{A3}$$

由 Wüthrich 和 Merz (2008)的推论 2.18 有

$$\sum_{k=0}^{j}\hat{\gamma}_k=\prod_{k=j}^{J-1}\frac{1}{\hat{f}_k}, \tag{A4}$$

其中 $\hat{f}_k$ 为进展因子估计，进而可以得到

$$\frac{\sum_{k=0}^{j}\hat{\gamma}_k}{\sum_{k=0}^{I-i}\hat{\gamma}_k}=\frac{\prod_{k=j}^{J-1}\frac{1}{\hat{f}_k}}{\prod_{k=I-i}^{J-1}\frac{1}{\hat{f}_k}}=\prod_{k=j}^{I-i-1}\frac{1}{\hat{f}_k}. \tag{A5}$$

最后，得到

$$\hat{C}_{i,j}=C_{i,I-i}\prod_{k=j}^{I-i-1}\frac{1}{\hat{f}_k}=\frac{C_{i,I-i}}{\prod_{k=j}^{I-i-1}\hat{f}_k}. \tag{A6}$$

附录 B　考虑分数进展年和分数进展月的不同暴露期调整

如果一个事故年进展了 9 个月，令 $G^*(4.5\,|\,\omega,\theta)$ 表示这 9 个月的累计赔款额占最终损

失的百分比，那么损失进展因子 $LDF_9^* = \dfrac{1}{G^*(4.5|\omega,\theta)}$ 表示计算这 9 个月的最终损失需要进行的调整. 为了估计整个事故年累计赔款额占最终损失的比例，需要乘以一个表示事故进展比例的因子，则截至 9 个月的事故年累计赔款额占最终损失的比例可以表示为

$$G(9|\omega,\theta)=\frac{9}{12}G^*(4.5|\omega,\theta). \tag{B1}$$

可以看出，这种调整需要进行两个计算：一是计算暴露期的比例 Expos(j)；二是计算平均进展期 AvgAge(j). 显然，这些函数很容易用于事故年或保单年的计算.

一、计算暴露期的比例 Expos(j)

按照平行四边形法则，以进展年为单位，对于事故年来说，有

$$\text{Expos}(j)=\begin{cases} j, & j\leqslant 1, \\ 1, & j>1; \end{cases} \tag{B2}$$

对于保单年来说，有

$$\text{Expos}(j)=\begin{cases} j^2/2, & j\leqslant 1, \\ 1-\dfrac{1}{2}(\max\{2-j,0\})^2, & j>1. \end{cases} \tag{B3}$$

以进展月为单位，对于事故年来说，有

$$\text{Expos}(j)=\begin{cases} j/12, & j\leqslant 12, \\ 1, & j>12; \end{cases} \tag{B4}$$

对于保单年来说，有

$$\text{Expos}(j)=\begin{cases} \dfrac{1}{2}\left(\dfrac{j}{12}\right)^2, & j\leqslant 12, \\ 1-\dfrac{1}{2}\left(\max\left\{2-\dfrac{j}{12},0\right\}\right)^2, & j>12. \end{cases} \tag{B5}$$

二、计算平均进展期 AvgAge(j)

按照平行四边形法则，以进展年为单位，对于事故年来说，有

$$\text{AvgAge}(j)=\max\left\{j-0.5,\frac{j}{2}\right\}=\begin{cases} \dfrac{j}{2}, & j\leqslant 1, \\ j-0.5, & j>1; \end{cases} \tag{B6}$$

对于保单年来说，有

$$\text{AvgAge}(j)=\begin{cases} j/3, & j\leqslant 1, \\ \dfrac{j-1+\dfrac{1}{3}(2-j)(1-\text{Expos}(j))}{\text{Expos}(j)}, & j>1. \end{cases} \tag{B7}$$

以进展月为单位，对于事故年来说，有

$$\mathrm{AvgAge}(j)=\max\left\{j-6,\frac{j}{2}\right\}=\begin{cases}j/2, & j\leqslant 12,\\ j-6, & j>12;\end{cases}\tag{B8}$$

对于保单年来说，有

$$\mathrm{AvgAge}(j)=\begin{cases}j/3, & j\leqslant 12,\\ \dfrac{j-12+\frac{1}{3}(24-j)(1-\mathrm{Expos}(j))}{\mathrm{Expos}(j)}, & j>12.\end{cases}\tag{B9}$$

在上述基础上，包含分数进展年和分数进展月的累计赔款额占最终损失的比例的计算公式可以表示为

$$G(j\,|\,\omega,\theta)=\mathrm{Expos}(j)\cdot G^{*}(\mathrm{AvgAge}(j)\,|\,\omega,\theta).\tag{B10}$$

附录C 关于对数似然函数的导数计算

一、参数误差估计中涉及的导数计算

正如3.3.1小节所示，ODP分布的对数似然函数与式(3.55)成正比，即

$$\ln L^{*}=\sum_{i,j}(x_{i,j}\ln\mu_{i,j}-\mu_{i,j}).\tag{C1}$$

在Cape Cod方法中，有

$$\mu_{i,j}=prem_i\cdot ELR(G(j-0.5)-G(j-1.5)),\tag{C2}$$

其中当 $j=1$ 时，令 $G(j-1.5)=0$.

我们使用下面的导数来计算参数误差中使用的信息阵. 正如第三章所述，精确的对数似然函数的导数要求所有值都除以一个常数比例因子——分散参数 ϕ. 在计算中，先忽略这一常数，在最后的协方差阵中再考虑它，显然也是一样的. 下面给出信息阵中涉及的所有导数计算：

$$\frac{\partial^2\ln L^{*}}{\partial ELR^2}=\sum_{i,j}\left(\frac{-x_{i,j}}{ELR^2}\right),\tag{C3}$$

$$\frac{\partial^2\ln L^{*}}{\partial ELR\partial\omega}=-\sum_{i,j}prem_i\left(\frac{\partial G(j-0.5)}{\partial\omega}-\frac{\partial G(j-1.5)}{\partial\omega}\right),\tag{C4}$$

$$\frac{\partial^2\ln L^{*}}{\partial ELR\partial\theta}=-\sum_{i,j}prem_i\left(\frac{\partial G(j-0.5)}{\partial\theta}-\frac{\partial G(j-1.5)}{\partial\theta}\right),\tag{C5}$$

$$\frac{\partial\ln L^{*}}{\partial\omega}=\sum_{i,j}\left(\frac{x_{i,j}}{G(j-0.5)-G(j-1.5)}-prem_i\cdot ELR\right)\left(\frac{\partial G(j-0.5)}{\partial\omega}-\frac{\partial G(j-1.5)}{\partial\omega}\right),\tag{C6}$$

$$\begin{aligned}\frac{\partial^2\ln L^{*}}{\partial\omega^2}=&\sum_{i,j}\Bigg(\left(\frac{-x_{i,j}}{(G(j-0.5)-G(j-1.5))^2}\right)\left(\frac{\partial G(j-0.5)}{\partial\omega}-\frac{\partial G(j-1.5)}{\partial\omega}\right)^2\\&+\left(\frac{x_{i,j}}{G(j-0.5)-G(j-1.5)}-prem_i\cdot ELR\right)\left(\frac{\partial^2 G(j-0.5)}{\partial\omega^2}-\frac{\partial^2 G(j-1.5)}{\partial\omega^2}\right)\Bigg),\end{aligned}\tag{C7}$$

$$\frac{\partial^2 \ln L^*}{\partial\omega\partial\theta}=\sum_{i,j}\Bigg(\Big(\frac{-x_{i,j}}{(G(j-0.5)-G(j-1.5))^2}\Big)\Big(\frac{\partial G(j-0.5)}{\partial\omega}-\frac{\partial G(j-1.5)}{\partial\omega}\Big)$$
$$\cdot\Big(\frac{\partial G(j-0.5)}{\partial\theta}-\frac{\partial G(j-1.5)}{\partial\theta}\Big)+\Big(\frac{x_{i,j}}{G(j-0.5)-G(j-1.5)}-prem_i\cdot ELR\Big)$$
$$\cdot\Big(\frac{\partial^2 G(j-0.5)}{\partial\omega\partial\theta}-\frac{\partial^2 G(j-1.5)}{\partial\omega\partial\theta}\Big)\Bigg),\tag{C8}$$

$$\frac{\partial \ln L^*}{\partial\theta}=\sum_{i,j}\Big(\frac{x_{i,j}}{G(j-0.5)-G(j-1.5)}-prem_i\cdot ELR\Big)\Big(\frac{\partial G(j-0.5)}{\partial\theta}-\frac{\partial G(j-1.5)}{\partial\theta}\Big),\tag{C9}$$

$$\frac{\partial^2 \ln L^*}{\partial\theta^2}=\sum_{i,j}\Bigg(\Big(\frac{-x_{i,j}}{(G(j-0.5)-G(j-1.5))^2}\Big)\Big(\frac{\partial G(j-0.5)}{\partial\theta}-\frac{\partial G(j-1.5)}{\partial\theta}\Big)^2$$
$$+\Big(\frac{x_{i,j}}{G(j-0.5)-G(j-1.5)}-prem_i\cdot ELR\Big)\Big(\frac{\partial^2 G(j-0.5)}{\partial\theta^2}-\frac{\partial^2 G(j-1.5)}{\partial\theta^2}\Big)\Bigg).\tag{C10}$$

在 LDF 方法中，只要将上述求导公式中的 ELR 变为 ULT_i，并令 $prem_i=1$ 即可得出相应的计算公式.

二、两种增长曲线的分布性质及导数计算

1. Weibull 增长曲线的分布性质及导数计算

下面进一步给出两种分布形式的增长曲线中，Weibull 增长曲线和 Loglogistic 增长曲线的一些分布性质及相应的导数计算公式.

对于 Weibull 增长曲线，有

$$G(x)=F(x)=1-\exp\Big(-\Big(\frac{x}{\theta}\Big)^{\omega}\Big),\tag{C11}$$

其中 $G(\theta)=1-\exp(-1)\approx 63.2\%$，$LDF=(G(\theta))^{-1}\approx 1.582$.

相应的概率密度和 k 阶原点矩分别为

$$f(x)=\frac{\omega}{x}\Big(\frac{x}{\theta}\Big)^{\omega}\exp\Big(-\Big(\frac{x}{\theta}\Big)^{\omega}\Big),\tag{C12}$$

$$\mathrm{E}(X^k)=\theta^k\Gamma\Big(1+\frac{k}{\omega}\Big).\tag{C13}$$

k 阶原点矩的推导过程如下：

$$\mathrm{E}(X^k)=\int_0^{+\infty}x^k\frac{\omega}{x}\Big(\frac{x}{\theta}\Big)^{\omega}\exp\Big(-\Big(\frac{x}{\theta}\Big)^{\omega}\Big)\mathrm{d}x.\tag{C14}$$

先设 $y=\frac{x}{\theta}$，则 $x=y\theta$，进而上式变为

$$\mathrm{E}(X^k)=\int_0^{+\infty}\theta^k y^{k-1}\omega y^{\omega}\mathrm{e}^{-y^{\omega}}\mathrm{d}y;\tag{C15}$$

再设 $y^{\omega}=t$,则 $y=t^{\frac{1}{\omega}}$,进而得出

$$\mathrm{E}(X^k)=\int_0^{+\infty}\theta^k t^{(k/\omega)+1-1}\mathrm{e}^{-t}\mathrm{d}t=\theta^k\Gamma\left(1+\frac{k}{\omega}\right). \tag{C16}$$

相应的导数计算公式为

$$\frac{\partial G(x)}{\partial\omega}=\exp\left(-\left(\frac{x}{\theta}\right)^{\omega}\right)\left(\frac{x}{\theta}\right)^{\omega}\ln\frac{x}{\theta}, \tag{C17}$$

$$\frac{\partial G(x)}{\partial\theta}=\exp\left(-\left(\frac{x}{\theta}\right)^{\omega}\right)\left(\frac{x}{\theta}\right)^{\omega}\left(-\frac{\omega}{\theta}\right), \tag{C18}$$

$$\frac{\partial^2 G(x)}{\partial\omega^2}=\exp\left(-\left(\frac{x}{\theta}\right)^{\omega}\right)\left(\frac{x}{\theta}\right)^{\omega}\ln\left(\frac{x}{\theta}\right)^2\left(1-\left(\frac{x}{\theta}\right)^{\omega}\right), \tag{C19}$$

$$\frac{\partial^2 G(x)}{\partial\omega\partial\theta}=\exp\left(-\left(\frac{x}{\theta}\right)^{\omega}\right)\left(\frac{x}{\theta}\right)^{\omega}\left(-\frac{1}{\theta}\right)\left(1+\omega\ln\frac{x}{\theta}\left(1-\left(\frac{x}{\theta}\right)^{\omega}\right)\right), \tag{C20}$$

$$\frac{\partial^2 G(x)}{\partial\theta^2}=\exp\left(-\left(\frac{x}{\theta}\right)^{\omega}\right)\left(\frac{x}{\theta}\right)^{\omega}\frac{\omega}{\theta^2}\left(1+\omega\left(1-\left(\frac{x}{\theta}\right)^{\omega}\right)\right). \tag{C21}$$

2. Loglogistic 增长曲线的分布性质及导数计算

对于 Loglogistic 增长曲线,有

$$G(x)=F(x)=\frac{x^{\omega}}{x^{\omega}+\theta^{\omega}}=1-\frac{1}{1+\left(\frac{x}{\theta}\right)^{\omega}}, \tag{C22}$$

其中 $G(\theta)=0.5$,即 θ 是该分布的中位数,$LDF=(G(\theta))^{-1}=2$.

相应的概率密度和 k 阶原点矩分别为

$$f(x)=\frac{\omega}{x}\cdot\frac{x^{\omega}}{x^{\omega}+\theta^{\omega}}\cdot\frac{\theta^{\omega}}{x^{\omega}+\theta^{\omega}}, \tag{C23}$$

$$\mathrm{E}(X^k)=\theta^k\Gamma(1+k/\omega)\Gamma(1-k/\omega). \tag{C24}$$

k 阶原点矩的推导过程如下：

$$\mathrm{E}(X^k)=\int_0^{+\infty}x^k\frac{\omega}{x}\cdot\frac{x^{\omega}}{x^{\omega}+\theta^{\omega}}\cdot\frac{\theta^{\omega}}{x^{\omega}+\theta^{\omega}}\mathrm{d}x. \tag{C25}$$

先设 $y=\frac{x}{\theta}$,$x=y\theta$,$\mathrm{d}x=\theta\mathrm{d}y$,则有

$$\mathrm{E}(X^k)=\int_0^{+\infty}\theta^k y^{k-1}\omega\frac{y^{\omega}}{(y^{\omega}+1)^2}\mathrm{d}y; \tag{C26}$$

再设 $y^{\omega}=t$, $y=t^{\frac{1}{\omega}}$,$\mathrm{d}y=\frac{1}{\omega}t^{\frac{1}{\omega}-1}\mathrm{d}t$,则有

$$\mathrm{E}(X^k)=\theta^k\int_0^{+\infty}t^{\frac{k}{\omega}}\left(\frac{1}{1+t}\right)^2\mathrm{d}t. \tag{C27}$$

考虑积分,设变量 $s=\frac{1}{1+t}$,则有

$$
\begin{aligned}
E(X^k) &= \theta^k \int_0^{+\infty} t^{\frac{k}{\omega}} \left(\frac{1}{1+t}\right)^2 dt = \theta^k \int_0^1 \left(\frac{1-s}{s}\right)^{\frac{k}{\omega}} ds = \theta^k \int_0^1 s^{-\frac{k}{\omega}} (1-s)^{\frac{k}{\omega}} ds \\
&= \theta^k \int_0^1 s^{1-\frac{k}{\omega}-1} (1-s)^{1+\frac{k}{\omega}-1} ds = \theta^k B\left(1-\frac{k}{\omega}, 1+\frac{k}{\omega}\right),
\end{aligned} \tag{C28}
$$

其中 Beta 函数为

$$
B(x,y)=\int_0^1 t^{x-1}(1-t)^{y-1}dt. \tag{C29}
$$

Beta 函数和 Gamma 函数具有以下关系(推导很复杂,这里从略):

$$
B(x,y)=\frac{\Gamma(x)\Gamma(y)}{\Gamma(x+y)}. \tag{C30}
$$

最后,得到

$$
\begin{aligned}
E(X^k) &= \theta^k B\left(1-\frac{k}{\omega}, 1+\frac{k}{\omega}\right) = \theta^k \frac{\Gamma\left(1-\frac{k}{\omega}\right)\Gamma\left(1+\frac{k}{\omega}\right)}{\Gamma(2)} \\
&= \theta^k \Gamma\left(1-\frac{k}{\omega}\right)\Gamma\left(1+\frac{k}{\omega}\right),
\end{aligned} \tag{C31}
$$

这里 $\Gamma(n)=(n-1)!$.

相应的导数计算公式为

$$
\frac{\partial G(x)}{\partial \omega}=\frac{x^\omega}{x^\omega+\theta^\omega}\cdot\frac{\theta^\omega}{x^\omega+\theta^\omega}\ln\frac{x}{\theta}, \tag{C32}
$$

$$
\frac{\partial G(x)}{\partial \theta}=\frac{x^\omega}{x^\omega+\theta^\omega}\cdot\frac{\theta^\omega}{x^\omega+\theta^\omega}\left(-\frac{\omega}{\theta}\right), \tag{C33}
$$

$$
\frac{\partial^2 G(x)}{\partial \omega^2}=\frac{x^\omega}{x^\omega+\theta^\omega}\cdot\frac{\theta^\omega}{x^\omega+\theta^\omega}\ln\left(\frac{x}{\theta}\right)^2\left(1-\frac{2x^\omega}{x^\omega+\theta^\omega}\right), \tag{C34}
$$

$$
\frac{\partial^2 G(x)}{\partial \omega \partial \theta}=\frac{x^\omega}{x^\omega+\theta^\omega}\cdot\frac{\theta^\omega}{x^\omega+\theta^\omega}\cdot\left(-\frac{1}{\theta}\right)\left(1+\omega\ln\frac{x}{\theta}\left(1-\frac{2x^\omega}{x^\omega+\theta^\omega}\right)\right), \tag{C35}
$$

$$
\frac{\partial^2 G(x)}{\partial \theta^2}=\frac{x^\omega}{x^\omega+\theta^\omega}\cdot\frac{\theta^\omega}{x^\omega+\theta^\omega}\cdot\frac{\omega}{\theta^2}\left(1+\omega\left(1-\frac{2x^\omega}{x^\omega+\theta^\omega}\right)\right). \tag{C36}
$$

附录 D　Wishart 分布

在统计学中,Wishart 分布是广义的多维 χ^2 分布,或者在非整数自由度情况下的广义 Gamma 分布.该分布是由 John Wishart 于 1928 年首次提出的.它是定义在对称、非负定随机变量矩阵上的概率分布族.这些分布在多元统计量协方差阵的估计中非常重要.在贝叶斯统计中,Wishart 分布是多元正态随机向量协方差阵的逆矩阵的共轭先验.

一、定义

假设 $\boldsymbol{X}$ 是 $n\times p$ 维矩阵，$\boldsymbol{X}$ 的每行都是独立的，且来自均值为 $\boldsymbol{0}$ 的 p 元正态分布：

$$\boldsymbol{X}_i=(x_i^1,\cdots,x_i^p)\sim N(\boldsymbol{0},\boldsymbol{\Sigma}), \tag{D1}$$

则 Wishart 分布是如下 $p\times p$ 维随机矩阵的概率分布：

$$\boldsymbol{S}=\boldsymbol{X}^{\mathrm{T}}\boldsymbol{X}. \tag{D2}$$

也称 $\boldsymbol{S}$ 为散布矩阵(Scatter Matrix).

$\boldsymbol{S}$ 的概率分布可以表示为 $\boldsymbol{S}\sim W_p(\boldsymbol{\Sigma},n)$，其中正整数 n 表示自由度个数. 有时，也表示为

$$\boldsymbol{S}\sim W_p(\boldsymbol{\Sigma},p,n).$$

当 $n\geqslant p$ 时，如果 $\boldsymbol{\Sigma}$ 是可逆的，那么 $\boldsymbol{S}$ 是以概率 1 可逆的. 如果 $p=1$，$\boldsymbol{\Sigma}=\boldsymbol{E}$，那么该分布是自由度为 n 的 χ^2 分布.

Wishart 分布可以产生来自多元正态分布的样本协方差均值的分布. 在多元统计分析中，对 Wishart 分布的检验通常采用似然比检验方法. 它也出现在随机矩阵的谱理论(Spectral Theory)和多元贝叶斯分析中.

二、概率密度

令 $\boldsymbol{X}$ 表示 $p\times p$ 维对称随机变量矩阵，且为正定矩阵. 当 $n\geqslant p$ 时，如果 $\boldsymbol{X}$ 的概率密度可以表示为

$$\frac{1}{2^{\frac{np}{2}}|\boldsymbol{V}|^{\frac{n}{2}}\Gamma_p\left(\frac{n}{2}\right)}|\boldsymbol{X}|^{\frac{n-p-1}{2}}\exp\left(-\frac{1}{2}\mathrm{tr}(\boldsymbol{\Sigma}^{-1}\boldsymbol{X})\right), \tag{D3}$$

其中 $\boldsymbol{\Sigma}$ 为某个 $p\times p$ 维正定矩阵，$\Gamma_p\left(\frac{n}{2}\right)$为如下多元 Gamma 函数：

$$\Gamma_p\left(\frac{n}{2}\right)=\pi^{\frac{1}{4}p(p-1)}\prod_{j=1}^{p}\Gamma\left(\frac{n}{2}+\frac{1-j}{2}\right), \tag{D4}$$

那么称 $\boldsymbol{X}$ 为具有几个自由度的 Wishart 分布.

事实上，上述定义可以推广到任意 $n>p-1$ 的情况. 如果 $n\leqslant p-2$，那么 Wishart 分布不再具有概率密度，相反，它代表着一种奇异分布.

三、性质

(1) 取对数后的期望为

$$\mathrm{E}(\ln|\boldsymbol{X}|)=\sum_{i=1}^{p}\psi\left(\frac{n+1-i}{2}\right)+p\ln2+\ln|\boldsymbol{\Sigma}|, \tag{D5}$$

其中 $\psi(\cdot)$为 Gamma 函数取对数后的导数.

这在涉及 Wishart 分布的贝叶斯网络的变分贝叶斯推导中非常有用.

(2) Wishart 分布的信息熵(Entropy)满足如下公式：

$$H(\boldsymbol{X})=-\ln B(\boldsymbol{\Sigma},n)-\frac{n-p-1}{2}\mathrm{E}(\ln|\boldsymbol{X}|)+\frac{np}{2}, \tag{D6}$$

其中 $B(\boldsymbol{\Sigma},n)$ 是 Wishart 分布的标准化常数：

$$B(\boldsymbol{\Sigma},n)=\frac{1}{|\boldsymbol{\Sigma}|^{\frac{n}{2}}2^{\frac{np}{2}}\Gamma_p\left(\frac{n}{2}\right)}. \tag{D7}$$

四、多元正态分布的估计量

Wishart 分布是均值为 **0** 的多元正态分布的协方差阵极大似然估计量的抽样分布，这一结论的推导使用了谱定理.

最后指出，关于 Wishart 分布的详细介绍也可以进一步参考以下网页的内容：http://en.wikipedia.org/wiki/Wishart_distribution#cite_note－0.

附录 E　残差的标准差为小于 1 的常数的证明

先考虑方阵形式的数据，三角形形式的数据类似.

考虑 $n\times n$ 维矩阵 $\mathbf{A}$，其元素记为 $A_{i,j}(1\leqslant i,j\leqslant n)$. 设 $\mathbf{A}$ 的每一列都是标准化的. 具体来说，每列的样本均值为 0，样本方差为 1. 把这 n 列数据按列顺序合并为一个向量，记为 $\mathbf{c}$，则向量 $\mathbf{c}$ 的长度为 n^2. 问题转化为计算向量 $\mathbf{c}$ 中所有数据的样本均值和样本方差.

设向量 $\mathbf{c}$ 中所有数据的样本均值为 $\bar{c}$，样本方差为 s^2，标准差为 s，矩阵 $\mathbf{A}$ 每列的均值用 $\overline{A}_j(1\leqslant j\leqslant n)$ 表示，则有

$$\bar{c}=\frac{\sum_{i=1}^{n}A_{i,1}+\sum_{i=1}^{n}A_{i,2}+\cdots+\sum_{i=1}^{n}A_{i,n}}{n\cdot n}=\frac{\overline{A}_1+\overline{A}_2+\cdots+\overline{A}_n}{n}=0, \tag{E1}$$

$$\begin{aligned}s^2&=\frac{1}{n\cdot n-1}\left(\sum_{i=1}^{n}A_{i,1}^2+\sum_{i=1}^{n}A_{i,2}^2+\cdots+\sum_{i=1}^{n}A_{i,n}^2\right),\\&=\frac{n-1}{n\cdot n-1}\left(\frac{1}{n-1}\sum_{i=1}^{n}A_{i,1}^2+\frac{1}{n-1}\sum_{i=1}^{n}A_{i,2}^2+\cdots+\frac{1}{n-1}\sum_{i=1}^{n}A_{i,n}^2\right)=\frac{n}{n+1}.\end{aligned} \tag{E2}$$

故有 $s=\sqrt{n/n+1}$. 特别地，当 $n=7$ 时，$s=\sqrt{7/8}=0.9354$.

对三角形数据 $A_{i,j}(i+j\leqslant n+1)$，采用同样的思路，加以调整，得到

$$\bar{c}=\frac{\sum_{i=1}^{n}A_{i,1}+\sum_{i=1}^{n-1}A_{i,2}+\cdots+\sum_{i=1}^{1}A_{i,n}}{(1+n)n/2}=0, \tag{E3}$$

$$\begin{aligned}s^2&=\frac{1}{(1+n)n/2-1}\left(\sum_{i=1}^{n}A_{i,1}^2+\sum_{i=1}^{n-1}A_{i,2}^2+\cdots+\sum_{i=1}^{1}A_{i,n}^2\right)\\&=\frac{(1+n-1)(n-1)/2}{(1+n)n/2-1}=\frac{n}{n+2},\end{aligned} \tag{E4}$$

故有 $s=\sqrt{n/(n+2)}$. 特别地，当 $n=7$ 时，$s=\sqrt{7/9}=0.8819$.